国家社会科学基金一般项目（20BJL111）优秀等级结题成果

以中心城市为核心的城市群行政区划设置扁平化研究

曾　鹏　王　翡　王家聪　著

中国财经出版传媒集团

经济科学出版社
Economic Science Press

图书在版编目（CIP）数据

以中心城市为核心的城市群行政区划设置扁平化研究/
曾鹏，王翡，王家聪著 . -- 北京：经济科学出版社，
2022.8
国家社会科学基金一般项目
ISBN 978 - 7 - 5218 - 3890 - 9

Ⅰ. ①以… Ⅱ. ①曾…②王…③王… Ⅲ. ①城市群
- 行政区划 - 研究 - 中国 Ⅳ. ①K928.2

中国版本图书馆 CIP 数据核字（2022）第 134234 号

责任编辑：李晓杰
责任校对：郑淑艳
责任印制：范 艳

以中心城市为核心的城市群行政区划设置扁平化研究
曾 鹏 王 翡 王家聪 著
经济科学出版社出版、发行 新华书店经销
社址：北京市海淀区阜成路甲 28 号 邮编：100142
教材分社电话：010 - 88191645 发行部电话：010 - 88191522
网址：www. esp. com. cn
电子邮箱：lxj8623160@ 163. com
天猫网店：经济科学出版社旗舰店
网址：http://jjkxcbs. tmall. com
北京季蜂印刷有限公司印装
710 × 1000 16 开 22.75 印张 420000 字
2022 年 10 月第 1 版 2022 年 10 月第 1 次印刷
ISBN 978 - 7 - 5218 - 3890 - 9 定价：89.00 元
（图书出现印装问题，本社负责调换。电话：010 - 88191510）
（版权所有 侵权必究 打击盗版 举报热线：010 - 88191661
QQ：2242791300 营销中心电话：010 - 88191537
电子邮箱：dbts@ esp. com. cn）

作 者 简 介

曾鹏，男，1981年7月生，汉族，广西桂林人，中共党员。哈尔滨工业大学管理学博士，中国社会科学院研究生院经济学博士（第二博士），中央财经大学经济学博士后，经济学二级教授，现任广西民族大学研究生院院长，重庆大学、广西民族大学博士生导师，博士后合作导师。是国家社会科学基金重大项目首席专家、教育部哲学社会科学研究重大项目首席专家、"广西五一劳动奖章"、"广西青年五四奖章"获得者，入选国家民委"民族研究优秀中青年专家"、国家旅游局"旅游业青年专家"、民政部"行政区划调整论证专家"和"全国基层政权建设和社区治理专家"、广西区党委、政府"八桂青年学者"、广西区政府"广西'十百千'人才工程第二层次人选"、广西区党委宣传部"广西文化名家暨'四个一批'人才"、广西教育厅"广西高等学校高水平创新团队及卓越学者"、广西区教育工委、广西教育厅"广西高校思想政治教育杰出人才支持计划"卓越人才、广西知识产权局"广西知识产权（专利）领军人才"等专家人才称号。

曾鹏教授主要从事城市群与区域经济可持续发展方面的教学与科研工作。主持国家社会科学基金项目5项（含重大项目1项、重点项目1项、一般项目1项、西部项目2项）、教育部哲学社会科学研究后期资助重大项目2项、省部级项目20项。出版《区域协调发展战略引领中国城市群新型城镇格局优化研究》《珠江—西江经济带城市发展研究（2010−2015）（10卷本）》《中国—东盟自由贸易区带动下的西部民族地区城镇化布局研究——基于广西和云南的比较》《区域经济发展数学模型手册：北部湾城市群的算例》《中西部地区城市群培育与人口就近城镇化研究》等著作11部（套）；在 *Journal of Cleaner Production*、《科研管理》、《自然辩证法研究》、《社会科学》、《国际贸易问题》、《农业经济问题》等SCI源期刊、EI源期刊、CSSCI源期刊、中文核心期刊上发表论文112篇，在省级期刊上发表论文 25 篇，在《中国社会科学报》《中国人口报》《中国城市报》《中国经济时报》《广西日报》的理论版发表论文 43 篇，在 CSSCI 源辑刊、国际年会和论文集上发表论文 26 篇。论文中有 1 篇被 SCI 检索，有 9 篇被 EI 检索，有 4 篇被 ISTP/ISSHP 检索，有 96 篇被 CSSCI 检索，有 3 篇被《人大复印资料》《社会科学文摘》全文转载。学术成果获省部级优秀成果奖 31 项，其中广西社会科学优秀成果奖一等奖 2 项、二等奖 4 项、三等奖 8 项；国家民委社会科学优秀成果奖二等奖 1 项、三等奖 1 项；商务部商务发展研究成果奖三等奖 1 项、优秀奖 1 项；团中央全国基层团建创新理论成果奖二等奖 1 项；民政部民政政策理论研究一等奖 1 项、二等奖 5 项、三等奖 3 项、优秀奖 1 项；广西高等教育自治区级教学成果奖二等奖 1 项；全国优秀博士后学术成果 1 项。

王翡，女，1994 年 1 月生，汉族，河南平顶山人，广西民族大学国际商务专业硕士，主要从事国际商务与区域经济可持续发展的科研工作，参与研究国家级项目 1 项。

王家聪，男，1997 年 11 月生，汉族，山东泰安人，广西民族大学应用经济学专业硕士生，主要从事区域经济可持续发展方面的科研工作，参与研究国家级项目 2 项，省部级项目 1 项。

序 一

改革开放以来，中国在行政区划调整政策的指引下，城市的发展空间布局逐步得到优化，但在经济发展新常态、内外发展环境不断发生变化、实行区域协调发展战略的背景下，行政区划设置也面临改变。2018年11月，党中央和国务院提出意见，通过中心城市引领城市群发展和建立新的区域互动协同发展机制。党的十九届四中全会明确，要优化行政区划设置。行政区划设置优化战略作为新时代下党中央对我国城市经济发展的目标要求，是我国城市发展战略演进与政策变迁的必然结果，对未来我国经济发展方式实现战略性转型至关重要。

以中心城市为核心的城市群的空间结构是城市群内城市遵循客观发展规律而形成的，是新时代我国城市群发展的主要空间形式。中国城市群的发展面临着城镇化与工业化、土地城镇化失衡，人口过于集中在中心城市，以及由大城市病与中心城市发展空间有限引发的环境资源承载力不足等问题。在以中心城市为核心的城市群为主体的行政区划设置优化战略下，中心城市的经济辐射面积得以扩大，对周围城市的经济带动作用得以增强，城郊经济发展速度得以加快，从而使城市群行政区划设置得到优化。同时，党的十九届四中全会报告中明确提出，以城市群为主体构建大中小城市（镇）协调发展的城镇格局，优化行政区划设置。因此，要尊重经济发展的客观规律，对城市群进行科学合理的行政区划，构建以中心城市为核心的城市群行政区划设置扁平化结构，梳理城市间的关系，以便实现对城市群的有效管理。

2014年3月16日，党中央、国务院批准实施的《国家新型城镇化规划（2014—2020年）》提出，中国的城镇化发展主体形态应为城市群。2016年3月，"十三五"规划纲要提出构建新型城镇化。2017

年，党的十九大报告提出，以城市群为主体构建大中小城市和小城镇协调发展的城镇格局，加快农业转移人口市民化。因此，可以认为，未来中国以中心城市为核心的城市群将在行政区划设置优化战略引导下进行，以解决中国城市群内发展不平衡不充分发展的现实困境，重塑中心城市和城市群内大中小城市（镇）的关系，加强城市群综合承载能力和资源优化配置能力，进而缩小城市群内城市的发展差距。

目前，关于以中心城市为核心的城市群行政区划设置扁平化的研究仍然没有得出一个为大家所认同的理论体系。这也体现了以中心城市为核心的城市群行政区划设置扁平化问题研究的繁杂和困难。一方面，我国以中心城市为核心的城市群行政区划设置扁平化研究包含了我国以九大国家中心城市为核心的九大城市群，研究范围广，影响因素多，资料获取、数据统计与分析研究都存在很大的困难。另一方面，以中心城市为核心的城市群行政区划设置扁平化问题研究涉及多个学科，特别是城市经济学、国际贸易学、发展经济学、城市规划学、地理经济学、区域经济学、产业经济学以及社会学、民族学等。

近年来，曾鹏教授等作者也一直在关注着以中心城市为核心的城市群行政区划设置扁平化问题。他们在广泛收集国内外有关区域协调发展、城市群新型城镇格局、区域协调发展与城市群新型城镇格局相互作用等研究文献的基础上，研究区域协调发展战略引领中国城市群新型城镇格局优化，重点探讨了以中心城市为核心的城市群行政区划设置扁平化模式的作用机制、演化规律、实现路径，以中心城市为核心的城市群行政区划设置扁平化模式的政策评估、配置优化、空间识别、态势研判、空间锁定等内容。曾鹏教授等作者从以中心城市为核心的城市群行政区划设置扁平化模式的内在关系出发，运用区域经济学理论、空间经济学理论、数量经济学理论构建"政策评估—配置优化—空间识别—态势研判—空间锁定"的以中心城市为核心的城市群行政区划设置扁平化模式，具有较强的系统性和创新性，有利于多元化、多角度开展以中心城市为核心的城市群行政区划设置扁平化问题的研究。同时，弥补了国内外学者研究行政区划设置与城市群发展关系两者研究相互割裂的不足。

　　这部著作体现了学术性、时代性和实践性的统一，反映了曾鹏教授等作者对现实深切关注、对学问孜孜以求的精神。在本书出版之际，我欣然接受他们的请求，乐为此序。治学无止境，望曾鹏教授等作者在既得成果的基础上，继续发扬虚心好学的精神，与时俱进，不断攀登，在治学上达到更高的水平，取得更多、更丰硕的成果。

程恩富

2022 年 7 月

序 二

  行政区划设置优化是新时代下党中央对中国城市发展的要求，反映出中国城镇化发展的现实状况。习近平总书记在党的十九届四中全会报告中指出，"要优化行政区划设置，提高中心城市和城市群综合承载和资源优化配置能力，实行扁平化管理，形成高效率组织体系"。这是对我国城市群行政区划设置优化发展的新部署、新要求，是新时代解决"人民日益增长的美好生活需要"和"不平衡不充分的发展"之间矛盾的重要途径，对加快建设现代化经济体系、促进高质量发展、实现"两个一百年"奋斗目标，具有重大战略意义。

  城市群的发展反映出城镇化对区域经济社会的空间影响作用，行政区划设置优化是新时代我国城市群发展面临的一项全新任务，国家治理、城市治理和基层之间的逻辑关系是城市群行政区划设置优化的关键。以中心城市为核心的城市群是地理空间与经济社会发展的有机统一，也是城市间经济联系在空间格局上的分布形态与基本特征。行政区划设置优化一方面需要以中心城市为增长极，明确城市群中心，发挥中心城市的辐射带动作用，另一方面也需要通过行政区划调整来培养城市群中具备良好发展基础的县域，重塑中心城市与城市群内大中小城市（镇）的关系，从而优化城市群格局。可见，"要优化行政区划设置，提高中心城市和城市群综合承载和资源优化配置能力，实行扁平化管理，形成高效率组织体系"作为党和国家城市群发展的重大战略决策，是我国在经济新常态下城市群行政区划设置优化的重要方向。

  但是，目前我国以中心城市为核心的城市群行政区划设置仍存在区域间发展差距较大以及城市群内部在区域市场、资源配置、空间组织管理、行政管理等方面的不协调、不均衡、不系统等问题，这与缺乏系统、深入的理论指导有着直接的关系。曾鹏教授等作者正是结合行政区划设置与城市群发展，对我国城市群展开了以中心城市为核心的城市群行政区划设置扁平化的研究，第一次构建起"政策评估—配置优化—空间识别—态势研判—空间锁定"的以中心城市为核心的城市群行政区划设置扁平化模式及其实现路径，并从空间经济学角度，研究区域经济系统，揭示区域经济运行规律，探索以中心城市为核心的城市群行政区划设置扁平化的互动机制、演化规律、实现路径，取得了丰硕的成果。

本书观点鲜明，论证严密，既有学术价值，又有实践意义。重点探讨了以中心城市为核心的城市群行政区划设置扁平化模式的作用机制、演化规律、实现路径，以及其政策评估、资源配置优化、空间范围识别、态势研判、空间范围锁定等内容，探寻了以中心城市为核心的城市群行政区划设置扁平化模式的具体实现路径。在研究中，作者通过丰富的理论和实证模型，构建和验证了以中心城市为核心的城市群行政区划设置扁平化模式的作用机制，提出了切实可行的对策建议，具有很强的现实操作性，对以中心城市为核心的城市群行政区划设置扁平化模式的实现具有直接的指导意义。

面对范围广、内容复杂的论题，这本书中所涉及的研究或许还存在一些值得推敲的地方，有待进一步深化和完善，但总体而言不失为一项较高水平的研究成果。理论来源于实践，反过来指导实践，在实践中发展并接受实践的检验。我相信《以中心城市为核心的城市群行政区划设置扁平化研究》对于有效破解我国城市群内部不平衡不充分发展的现实困境，重塑中心城市与城市群内大中小城市（镇）间的关系，进而提升城市群整体综合承载和资源优化配置能力，具有重要参考价值和理论支持意义。著作的出版，凝结了曾鹏教授等作者的智慧和汗水，是一件值得庆贺的事情。

2022 年 7 月

序　三

  从体制机制创新层面优化行政区划设置，重塑中心城市与城市群内大中小城市（镇）间的空间关系，行政区划设置扁平化是未来我国中心城市与城市群行政区划设置优化的模式、路径和重点战略部署。在此背景下，进行以中心城市为核心的城市群行政区划设置扁平化的研究，对于我国城市群和中心城市经济建设发展具有很强的指导作用。研究如何实现以中心城市为核心的城市群行政区划设置扁平化模式，无论学界还是实践工作部门都充满关注与期待。

  曾鹏教授等作者撰写的《以中心城市为核心的城市群行政区划设置扁平化研究》，反映了在"要优化行政区划设置，提高中心城市和城市群综合承载和资源优化配置能力，实行扁平化管理，形成高效率组织体系"的重大战略决策的大背景下，以中心城市为核心的城市群行政区划设置扁平化模式作为经济新常态下我国行政区划设置优化的重要方向。曾鹏教授等作者以中心城市为核心的城市群行政区划设置扁平化作为研究对象，从理论层面对以中心城市为核心的城市群行政区划设置扁平化模式的作用机理进行理论框架构建，对以中心城市为核心的城市群行政区划设置扁平化模式的实现关系以及演化过程展开讨论研究。研究成果对于破解中国城市群内不平衡不充分发展的现实困境，提升我国城市群的综合承载和资源优化配置能力，具有重要的理论价值和现实意义。

  本书在理论和实践上拓展了我国以中心城市为核心的城市群行政区划设置扁平化问题的研究视野，综合运用定性分析和定量分析的方法，从静态和动态两个维度构建"政策评估—配置优化—空间识别—态势研判—空间锁定"的以中心城市为核心的城市群行政区划设置扁

1

平化模式的理论框架。本书通过对以中心城市为核心的城市群行政区划设置扁平化模式进行实证检验，得到一个多元数据分析框架模型，动态模拟"政策评估—配置优化—空间识别—态势研判—空间锁定"的以中心城市为核心的城市群行政区划设置扁平化模式的作用机理。全书在研究方法、理论上和应用上都具备一定的创新性。

第一，从文献回顾的角度，寻找当前以中心城市为核心的城市群行政区划设置扁平化中普遍存在的一系列突出问题产生的背景、原因和发展趋势。这些问题包括：分割区域市场，阻碍要素流动；重复建设，浪费资源，配置效率低；抑制大城市在人口城市化上的优势；城市空间扩展不稳定；管理层次过多，行政管理成本较高；抑制后发地区大城市有序科学发展等。

第二，对以中心城市为核心的城市群行政区划设置扁平化模式展开理论框架分析。曾鹏教授等作者在界定以中心城市为核心的城市群行政区划设置扁平化模式的内涵基础上，分析其特征和构成维度，阐释以中心城市为核心的城市群行政区划设置扁平化模式的必要性和可行性，探析以中心城市为核心的城市群行政区划设置扁平化模式的格局及趋势，总结以中心城市为核心的城市群行政区划设置扁平化模式演化的一般规律，并构建出以中心城市为核心的城市群行政区划设置扁平化模式演化过程理论框架。

第三，对以中心城市为核心的城市群行政区划设置扁平化模式展开实证分析。通过对以扁平化管理的行政区划优化设置政策、城市资源、中心城市与城市群的行政区划扩张范围、政区位势、行政规划调整的中心城市进行调整前后的城郊空间测度研究，以构建多元分析框架数学模型的方法全方位、多角度地分析以中心城市为核心的城市群行政区划设置扁平化模式的主要影响因素及发展过程中存在的突出问题。

第四，对以中心城市为核心的城市群行政区划设置扁平化模式进行现实分析。从顶层设计的角度，通过对以中心城市为核心的城市群行政区划设置扁平化政策的梳理，提出对促进以中心城市为核心的城市群行政区划设置扁平化的政策建议：完善行政区划调整政策，提升城市经济发展水平；挖掘中心城市发展潜力，提升区域资源配置效率；明确中心城市辐射范围，提升空间扩张的合理性；弥补中心城市发展不足，提升中心城市政区位势；建设城郊与城区一体化，提升区域综合承载能力。

目前针对我国行政区划与城市群发展问题的研究尚未形成系统的理论总结，针对以中心城市为核心的城市群行政区划设置扁平化的研究更是一个新课题。曾鹏教授等作者由九大国家中心城市出发对以中心城市为核心的城市群行政区划设置扁平化问题展开研究，并形成系统的理论体系，填补了关于以中心城市为核心的城市群行政区划设置扁平化相关方面的理论空白，进一步丰富了空间经济学、区域经济学等学科研究的理论内涵。通过展开以中心城市为核心的城市群行政区划设置扁平化模式的实证分析，为政府科学优化行政区划设置，合理进行以中心城市为核心的城市群行政区划设置扁平化提供了理论支撑。研究成果对于重塑中心城市和城市群内大中小城市（镇）的关系，行政区划设置扁平化，缩短城市群内经济发展差距具有十分重要的决策参考价值。

在当前优化行政区划设置的大环境下，提出立足现实的研究思路、实施方案和政策建议，定会为有关方面提供有益的借鉴和启示，引起积极的讨论，促进以中心城市为核心的城市群行政区划设置扁平化的研究。作为最先阅读这本书的读者，我很高兴将这本书推荐给广大读者，同时也对作者今后的发展，表示诚挚的祝福。

2022 年 7 月

目 ■ 录

Contents

第 1 章

绪　论

1.1　研究背景与问题提出

1.1.1　研究背景

中华人民共和国成立以来，随着城镇化进程的加快，中国城市行政区划设置经历了一个探索—加速—调整—优化的政策演化历程。行政区划设置扁平化是由经济基础决定的，是随着社会经济和城镇化的持续快速发展，城市群经济联系不断加强，国家权力的空间配置优化使得区域经济持续发展。城市群行政区划设置，从量的角度来看，是指在一个特定的城市群范围内，其行政区划、自然区划、城镇体系划分、交通网络格局、主体功能区划和人口分布等协调一致引导地方发展的架构，有利于充分发挥各城市间的比较优势，提高城市群整体的发展效率，有利于在经济发展方面缩小各城市间的发展差距；从质的角度来看，是指在一个特定的城市群范围内，增强城市内生发展动力，打造资源有效自由流动、扩大产业规模、基本公共服务均等及资源环境可承载的协调发展，来提高城市群发展质量的模式。从城市行政区划设置发展的短期层面来看，中心城市发展提升是基石，而从长期发展层面来看，中心城市和其他城市经济差距缩小，城市群的高质量发展是城市行政区划设置更高层次的发展目标。城市行政区划设置关系着经济长期稳定增长以及城市群间、城市群内发展差距的收敛。

21 世纪前，我国在政策上偏重发展中小城市。1980 年，国务院提出要合理控制大中城市的发展、积极培育小城市，由此我国开始兴起撤县设市的行政区划调整。1986 年，民政部出台了撤县设市的宽松标准，撤县设市的行政区划调整明显增加。1993 年，撤县设市的标准提高，但全国约一半的县级城市都满足此标准。在此期间，我国县级市数量增长了近 3 倍。与此同时，过快的城市扩张占用了大量土地。因此，1997 年我国提出耕地保护通知，撤县设市的步伐开始停止，此后"撤县设区"成为主要的行政区划调整手段。一些城市随着经济总量增长，需要不断扩展城市的发展空间。因此，2001 年我国提出不同规模城市要协调发展，200 万以上人口的城市加快发展速度。随着我国地区间产业转移和生产要素流动加速，撤县设区开始大规模发生。城市群是新时代下中国特色新型城镇化发展中的顶梁柱，支撑着我国现代化和区域协调发展。"十一五"时期，我国首次提出将城市群作为主体推进我国城镇化。2009 年，财政部的财政改革意见也促使政府为了地方利益加速了撤县设区。撤县设区的过程中，粗放式的城市发展带来的土地不合理开发问题突出，中央也意识到这个问题，开始严格审批撤县设区，各城市不能盲目通过扩张进行发展。"十二五"时期，我国明确提出要以大城市为依托，以中小城市为重点，逐步形成辐射作用强的城市群，促进大中小城市和小城镇协调发展。2015 年，国家着力建设以中心城市为核心的城市群，优化区域发展的空间布局，撤县设区再次兴起，2016 年就发生了 34 起撤县设区。2018 年，我国明确提出同步推进撤县设市和撤县（市）设区，培养更多的中小城市。对于经济发达的中心城市，一部分其辖区内没有县级城市，一部分则使用撤县设区推进其综合实力的提升。同时，越来越多的普通地级市有扩大辖区面积的需求。

党的十九大报告中指出，应积极发挥中西部特色优势，注重培育中西部城市群，从而推动西部地区城市体系进一步完善，中西部地区与东部地区一体化发展，让"胡焕庸线"两侧的民众共享发展成果，进一步增强城市整体协同发展，为消除"胡焕庸线"背后的地区发展差距带来新的机遇。国家对中部地区实行崛起战略后，其经济增速提升，但是地方政府竞争激烈，各城市的经济合作不够密切。产业和城市集聚存在时间和空间上的分布差异，产业集聚和城市集聚的协调效率较低，地区缺乏统一的发展规划指导，内部经济结构混乱无序，导致中部地区的整体发展依然落后。长三角城市群在发展的过程中存在"内源式"和"外延式"两种扩展现象，上海作为中心城市，通过行政区划设置扁平化促使城市地位和辐射带动作用日益巩固，城市群的综合经济实力强，但其也存在行政级别划分意识严重，行政区划和经济区域边界较不一致，区域规划体系不清、规划范围变动过大、网络化发展不足，产业结构同构性较为严重，城市群的建设缺乏协调规划，生态系统功能退化、环境质量区域恶化等问题。京津冀城市群保持着单核心的空间结构，在中心城市周围较容易产生"集聚阴影"。京津地区与河北地区的城市发展差距较大、城市群内层级分布不合理，主要是政策和制度原因，应加快区域副中心建设。由于中心城市之间缺乏跨行政区划的桥梁节点城市，中心城市不能很好地对周围城市产生辐射带动作用，反而促使各类要素资源与信息流向中心城市，进而产生负面影响。珠江三角洲城市群由于地势原因形成了一个相对闭合的空间格局，其空间结构在"点—线—面—域"四个层面均呈现出明显单极化的态势，香港、澳门与珠三角经过几十年的跨境互动构成了"大珠三角"。此后，国家成立粤港澳大湾区，以广州市为核心城市，区域网络结构呈现"缺位型金字塔形结构"。广州与香港、深圳形成了一个多中心格局，可以通过优化城市群空间结构和发展环境来增强各城市竞争力，再通过加强产业发展协调、功能分工和发展方向来进一步提升区域的城市功能和综合竞争力。东部地区的经济总量大、经济发展水平较高，国家的重大基础投资、产业布局重心倾向于东部沿海地带，但其内部的行政区划碎片化导致了一系列发展问题。辽中南城市群在东北老工业基地振兴中充分发挥了其区位优势，该城市群由辽宁中部和辽宁南部城市群构成，其中大城市较多，而中小城市则相对发展较弱，城市群内发展极其不平衡。其内部正在形成"两核—两轴多圈层分布"的空间发展形态，以沈阳市和大连市为两核，以沈大交通轴、南部沿海轴为两轴，依托"两核—两轴"发展起来的多圈层形态在沈阳经济区和沿海经济带建设的辐射带动下促进了区域内经济社会的蓬勃发展。长江中游城市群资源集聚能力的空间相关性较弱，空间溢出效应较小，受城市间地理距离影响较大，其内部产业转型升级整体上呈较为缓慢的变化趋势，第二产业仍是其主要发展方向，可以通过行政区划调整加强核心城市联系、促进区域合作、培育区域中心城市、打破行政壁垒，以促进省际毗邻城市组团发展从而加快城市群一体化的进程。成渝城市群在空间上呈现整体增长与局部收缩并存的状况，其收缩的主要原因是经济发展水平不高、人口自然增长率与老龄化程度高共同作用，可以通过行政区划来引导城市空间规划布局，集约高效地利用城市的土地资源，避免出现人口流失和空间扩张的悖论，进一步提升城市生产、生活和生态品质，推动城市转型，从而提高城市群的发展质量。关中平原城市群内城市的总体规模偏小，等级结构存在断层的现象，城市群内部的城市间经济联系较弱，未能形成网络化的发展格局，城市间的职能分工较不明确，应着力构建城市群内的网络化城镇布局形态，强化城市的职能分工，进而推进横向错位发展和纵向分工合作。

由于未能很好地构建中国主体功能区制度的综合体系，城市主体功能规划建设存在进程拖沓，政策引导不力，呈现功能相似等问题。城市群功能分工存在明显的区域差异，相关技术规范和标准构建仍存在不合理之处，在相关程序的执行上不够明确，生产力和人口布局以及环境生态承载能力也较不协调。此外，中国城市群发展还存在产业梯度退役受阻、制度障碍、法律体系不完善等问题。中国区域性发展战略、向城市倾斜的政策、国有企业改革是促使中国地区差距加剧的重要原因，外资水平对区域协调发展综合效率有积极影响，但能源消耗、产业结构、人力资本存量和技术水平对其有负面影响。

党的十九届四中全会提出"优化行政区划设置，提高中心城市和城市群综合承载和资源优化配置能力，实行扁平化管理，形成高效率组织体系"，用行政区划扁平化来加强空间布局优化和治理能力，构建中心城市和城市群内大中小城市（镇）的协调发展。这是新时代一项全新的任务，是针对我国城镇化发展现状提出的符合我国国情的城市发展战略选择，是未来我国以中心城市为核心的城市群行政区划设置优化的方向、重点和目标，这是城市群发展到了一定阶段的必然选择。党和政府为全面推进各城市群的协同发展，国务院印发《长江三角洲区域一体化发展规划纲要》，旨在将长江中游城市群打造为全国发展强劲活跃的增长极、全国高质量发展样板区、率先基本实现现代化引领区、区域一体化发展示范区和新时代改革开放新高地、内陆开放合作示范区。随着《长江三角洲区域一体化发展规划纲要》正式公布，京津冀、长三角、粤港澳大湾区三大城市群的发展规划都已出炉。通过大力培育壮大城市群和中心城市，以高质量的协同发展为重点，能够实现中国各个城市群经济社会的发展。通过解决城市群发展不协同的问题，带动东北、中部和西部城市群协同发展，推动城市群的一体化进程。因此，在中国城镇化和工业化进程中，城市群在人口和经济集聚方面的吸引力不断增强，城市群也成为中国城镇化发展过程中最有活力和潜力的核心地区，把握着中国经济发展的命脉。

2020年以来，我国积极实施"双循环"战略，在顺应国外大循环的趋势下，以国内大循环为主，推动经济平稳向好发展。目前，城市群中规模各异的城市互联互补，经济聚集在各城市空间内正向影响着城市发展，中国东部、中部、东北部和西部的城市群成为经济发展的基石，形成四大区域为支撑的经济稳定增长结构。"双循环"的关键在于把握产业链条核心环节的技术，有效地聚集和配置国际资源。各中心城市争先成为"双循环"战略中的节点城市，东部地区的三大城市群已具备成为国内大循环中心的条件。但是以中心城市为核心的城市群还要提高自身应对外部冲击的调节适应能力，通过提升经济抗风险能力以实现城市群高质量发展转型。

我国区域经济一直深受经济转型困难、区域市场分割和发展差距大等问题的困扰。首先，东北和西部地区转型困难。东北地区城市整体发展过度依赖资源优势，以重工业为主，其技术创新的脚步跟不上科技信息发展速度，企业升级改造步伐缓慢，从而经济一蹶不振。西部地区城市整体发展落后，在科技信息发展中，部分城市抓住了经济发展机遇进而抢占先机完成了"弯道超车"，但是整体发展还是落后于东部地区。其次，目前我国部分地区还存在较为严重的市场分割现象，经济生产、流通、消费和分配等环节均存在循环不畅通的情况。东南沿海地区的城市高市场化经济相互融合高度一体，中西部地区的城市低市场化经济相互融合度低。其中，各地方政府的政策存在差异性且多针对本地区内有效，此外，财政权力的地方分权，也加剧了市场分割，使得经济和产业融合困难。最后，我国当前仍面临较大的区域发展差距。东部地区城市群的经济发展快、优势强、对各类要素资源的吸引力大，东北、中部和西部地区的城市群经济发展要明显滞后。东部和西部地区的人均可支配收入差距不断拉大，中心城市与非中心城市发展水平差距较大，城市群整体高质量发展水平较低，各区域的城市群经济发展也较不协同。

在我国城镇化的建设中，城市人口不断增长。根据美国学者提出的"纳瑟姆曲线"，我国的城镇化水平已经超过30%这个拐点，经济已经进入持续的高速增长阶段，同时城镇化正处于高速发展阶段。在改革开放前后，我国城镇化经历了从计划经济到市场经济不同增长速度的变化。从计划经济体制下城镇化曲折上升的阶段，到市场经济下城镇化加速上升的阶段，人口和经济要素大量涌向城市。当今，城镇化水平在空间上存在巨大差异，由东向西不断下降，新型城镇化发展水平排名逐渐固化，东部地区新型城镇化质量整体水平要高于中西部地区，这种不平衡也带来了地区经济发展的差异。西部地区的城镇化没有完全突破重物轻人、片面追求"量"的扩张的粗放发展方式以及行政干预过度、市场发育相对滞后的困境，仍处于"自上而下"的发展模式。因此，我国"十四五"规划指出，通过区域城市群差异化发展战略，加快东部地区城市群高质量发展，推动中部地区城市群建设，支持西部城市群一体化带动发展，实施边境地区城市群内部发展，进而缩小中部、东部和西部城市群的城镇化发展差距，提升全国城镇化水平。基于国际和中国经济社会发展现实状况、中国区域发展战略演进与政策变迁，以中心城市为核心的城市群行政区划设置扁平化是实现新时代下党中央对中国城市群高质量发展目标的重要途径和必然选择。

1.1.2 问题提出

党的十九大以来，中国加速构建新发展格局，加快城市群建设成为构建双循环新发展格局的重要路径。在经济发展新常态、内外发展环境不断发生变化的背景下，城市群的发展也遇到很多机遇和挑战。

第一，我国城市群发展差距明显。各区域的城市群发展存在明显差距，东部、西部、南部和北部四大区域呈阶梯状态分布。中国城市群在发展过程中，其内部城市群在经济分工合作、空间组织管理、生态建设保护等方面不协调、不均衡、不系统的情况，导致了城市群内部呈现不经济、空间不均衡等发展问题。中国大部分城市群经济的快速发展主要依赖资源消耗性产业，缺乏生态环境保护思想。尤其是东北部和中部地区，无序开发的问题仍较为突出。中国城市群数量较多，但大部分城市群的经济发展规模不足，其内部各城市间缺乏协调机制，很难形成一个有机系统的整体。城市群在发展的过程中缺少完整的全局性规划方案，城市内逐渐出现产业趋同、过度竞争、合作不足等问题，争夺"入群"资格的现象普遍，在一定程度上阻碍了城市群的健康发展。

第二，我国中心城市发展水平有待提升。1980 年，我国出台控制大城市扩张政策后，大城市的数量增长不足且发展落后，大城市的发展潜力还有待进一步开发，省域内的中心城市有待成长为城市群内的中心城市，并进一步成为区域中心。中西部地区的一些省会城市主导着其他城市，其整合资源的能力也高于全国平均水平，但并不能与省内外其他的重要城市拉开明显距离。区域差距的存在，使得我国东部和中西部地区的城镇化水平处于不同阶段，现实中简单地根据行政区划分城市等级会与城市的生态真实构造产生错位，城市群内部中心城市受到空间限制，其区域经济辐射带动力无法发挥，促使城市群内部城市间的经济发展差距拉大。北京、上海等超大中心城市拥有强大的城市群带动作用，远超普通的中心城市。这部分普通的中心城市是我国未来重要的储备辐射源，应该进行重点开发。

第三，我国中心城市数量少。中国城市经济竞争力分布不均衡，经济高度集中在少数城市。我国长期以来户籍制度带来的本地人和外地人的差别待遇，阻碍了人口随市场变化而产生的流动和聚集，经济要素聚集在中心城市，使得中心城市和城市群内大中小城市（镇）出现严重的两极分化，中心城市对外围城市的极化作用增强，对外围城市的带动作用不够，促使城市群内大中城市一直无法成长为中心城市，反而使城市间差距越来越大，中心城市和其他功能性城市差距加大，大部分地区城市两极分化严重。我国的中心城市数量少，且对人口的吸引力比其他城市大，大量的外来务工人员涌向中心城市，对中心城市的市场造成冲击，也对基础公共设施服务造成压力，引发"大城市病"的风险，形成中心城市深受"大城市病"的困扰，外围城市的公共基础供应出现剩余现象。同时，我国的中小城市（镇）也很难融入以大城市为核心的都市圈发展，如很多中西部地区主要是省会城市在唱独角戏。东部沿海地区的人口流动多表现为多中心的集聚，中西部地区则是单中心的集聚，大量的农业人口趋向于向大城市转移从而导致"大城市病"日益严重。人口过于集中在超大城市，"大城市病"与中小城市功能性萎缩会使环境资源承载力不足。因此，各城市在城镇化的发展中要注重土地、人口、经济和社会四个方面的协调。

第四，现有行政区划框架抑制城镇化发展。首先，中国在快速推进城镇化的进程中，城市经济和规模的发展冲击了目前的行政管理模式，带来了城市与城市群的发展协调问题、资源整合问题，我国的行政区划法治化建设滞后，无法应对城镇化快速发展带来的问题，特别是行政区划上体制性与机构性的矛盾问题，出现无法可依的现象。其次，行政成本昂贵。一方面是政府不计成本和铺张浪费现象严重，为了政绩搞面子工程，政府机构庞大复杂；另一方面是财政支出没有完善的预算、监督和评估体系。某些地方财政可供使用和统筹调剂的财力极为有限，财力与责任极不对称，出现了"小政府+大社会"现象，导致居民难以获得基本的公共服务保障。因此，在城市群行政区划设置的过程中，政府要尊重经济发展的客观规律，对城市群进行科学合理规划，要根据经济实力，差异对待各区域，同时也要构建城市群整体系统全局的协调发展体制机制，梳理城市间的关系，以便实现对城市群的有效管理。

党的十九届四中全会报告从体制机制创新层面提出优化行政区划设置，提高中心城市和城市群综合承载与资源优化配置能力，实行扁平化管理，形成高效率组织体系，明确了未来我国中心城市与城市群行政区划设置优化的方向、重点和目标，这也是城市群发展到一定阶段的必然选择。通过体制机制创新来构建"政策评估—配置优化—空间识别—态势研判—空间锁定"模式并进行系统政策设计，拓宽发展空间、增强发展后劲，以极化中心城市为核心构建都市圈，运用撤县改区或城市合并的方式形成高效率组织体系从而实行扁平化管理，将有效解决城市群内部不平衡不充分发展的现实困境，带动城市群内大中小城市（镇）发展，进而提高我国城市群的综合承载和资源优化配置能力。

因此，本书把以中心城市为核心的城市群行政区划设置扁平化作为研究对象，首先从文献梳理的理论角度对当前以中心城市为核心的城市群行政区划设置中普遍存在的一系列突出问题产生的背景、原因和发展趋势展开研究讨论。这些问题包括：分割区域市场，阻碍要素流动；重复建设，浪费资源，配置效率低；抑制大城市在人口城镇化上的优势；城市空间扩展不稳定；管理层次过多，行政管理成本较高；抑制后发地区大城市有序科学发展等。其次，本书从理论层面对以中心城市为核心的城市群行政区划设置扁平化的作用机理进行理论框架构建，对以中心城市为核心的城市群行政区划设置扁平化模式以及演化过程展开研究讨论。再次，本书从理论结合实际的角度出发，选取我国具有典型性和代表性的九大中心城市（北京、天津、上海、广州、重庆、成都、武汉、郑州、西安）及其对应的城市群（京津冀、长三角、珠三角、成渝、长江中游、中原、关中平原）进行案例调查，结合内在基础和外部挑战，研判以中心城市为核心的城市群行政区划设置中存在突出问题的现实背景、原因和未来走向。通过提出以中心城市为核心的城市群行政区划设置扁平化是破解城市群内部不平衡不充分发展关键的理论与现实依据，并结合以中心城市为核心的城市群行政区划设置扁平化过程中呈现出的独有特征，研判"政策评估—配置优化—识别范围—态势研判—空间锁定"的以中心城市为核心的城市群行政区划设置扁平化模式的政策走向及后续影响。通过实证研究的方法对以中心城市为核心的城市群行政区划设置扁平化的政策评估、中心城市行政区划设置扁平化对资源配置影响的测算、以中心城市为核心的城市群行政区划设置调整范围界定、中心城市行政区划调整对区域发展影响的态势研判、中心城市行政区划调整前后的城郊空间测度及研究空间锁定展开研究，为以中心城市为核心的城市群行政区划设置扁平化模式提供理论依据和现实依据。本书对于以中心城市为核心的城市群行政区划设置扁平化，拓宽发展空间、增强发展后劲，以极化中心城市为核心构建都市圈，运用撤县改区或城市合并的方式形成高效率组织体系来实行扁平化管理，有效解决了城市群内部不平衡不充分发展的现实困境，带动城市群内大中小城市（镇）发展，进而提高我国城市群的综合承载和资源优化配置能力，具有重要的理论价值和现实意义。

1.2 基于文献计量学的研究综述

文献综述是通过网络等途径对相关领域进行专业性资料收集，并对这些资料进行分析研究，进而全面掌握该领域发展的一种学术论文。而伴随着学术研究的深入，文献数量增多，传统的文献分析方法已经不能满足学术研究的需求，需要更高效的评价工具帮助分析大量的文献资料。文献计量学是文献学融合计量学等其他学科形成的一门学科，通过对文献资料进行定量化管理，帮助研究者深入了解文献资料间的关系、结构等，以便更好地进行学术研究。

文献计量学采用科学性和计量性的方法研究科学信息，是文献学进一步发展形成的重要学科。其研究的主要对象是研究领域的文献数量，作者数量和词汇数量。国内文献计量学的传播和应用比较晚，从 20 世纪 60 年代才开始出现对国外文献计量学的介绍；20 世纪 80 年代，刘植惠教授发表了关于文献计量学的应用性论文。中国文献计量学不断发展的同时也推动了其他学科的建设发展。

根据上面的分析，本书将采取文献计量学的研究方法，通过 CiteSpace 软件对"以中心城市为核心的城市群行政区划设置扁平化"相关文献的知识热点、知识结构和变化趋势进行分析并展开综述研究。通过选择数据来源来构建检索式，对相应领域进行文献研究，对所研究领域热点与前沿进行分析，为研究选取参考文献。该软件能够抓取特定专业领域的知识，运用现代信息科学技术将这些知识形成完整的可视化图片。本书主要从对以中心城市为核心的城市群的研究、对行政区划调整的研究以及对城市群行政区划设置扁平化的研究三个方面进行分析。

1.2.1 关于以中心城市为核心的城市群的文献计量

基于中国的现实发展过程，本书通过以中心城市为核心的城市群理论对城市群经济的运行机理进行了深度的剖析。在政策导向方面，《全国城镇体系规划（2010—2020 年）（草案）》在"全球职能城市"的基础上，提出在全国具备引领、辐射、集散功能的国家级中心城市的概念；在地理位置上，国家中心城市分布在我国东、中、西部等地区，形成以中心城市为核心的城市群发展格局非常必要。其中，城市群的不断发展建设导致发达地区与欠发达地区的不协调问题，特别是地区间差距的扩大，使得建设一个和谐的高密度城市社会成为一个迫切而严峻的挑战。所以，在推进城市群建设基础上，要科学合理地划分有关键问题的区域，积极推进城市区域一体化，从而促进人口与产业分布的适度空间均衡。通过加快建设城市群现代化产业体系，充分发挥中心城市的科技创新辐射带动能力，从而推进城市群点、线、面相结合的空间结构新格局。通过对中心城市新技术的开发和应用，带动城市群劳动生产率提高，加快对周边城市的产业结构进行升级。通过完善城市间的互动机制和完善生态补偿的长效机制，来协调城市群网络的发展。中国应建立以中心城市为核心的城市互联体系来促进城市群协调高质量发展。

1. 研究数据及发文量的初步分析

英文数据以 WOS（Web of Science）为来源，由于通过所有数据库进行文献收集会存在字段缺失的现象，因此，通过核心数据库（Web of Science Core Collection）进行文献收集。以京津冀城市群、长江中游城市群、成渝城市群、长江三角洲城市群、中原城市群、关中平原城市群、珠江三角洲和粤港澳大湾区为主题构建英文检索式；选择在 1991 年 1 月至 2020 年 12 月内英文语种的文献，在 2021 年 6 月 3 日，对检索出的文献进行筛选，删除与之不相关的文献，最终得到 1221 条检索信息，将文献数据导入 CiteSpace 中进行初步检验，发现字段缺失数据有 4 条，最终进行知识产权链条领域文献计量分析，有效数据为 1196 条。

中文数据以中国知网为来源，构建检索式主题为：长江中游城市群、京津冀城市群、成渝城市群、长江三角洲城市群、中原城市群、澳港澳大湾区、关中平原城市群和珠三角城市群。2021 年 6 月 2 日，对检索出的时间在 1991 年 1 月至 2020 年 12 月的文献进行筛选，将不相关的文献剔除之后，得到有效文献数量为 2290 篇，将文献数据导入 CiteSpace 中进行初步检验，软件运行结果良好，数据丢失 1 条，最终进行知识产权链条领域文献计量分析，有效数据为 2289 条。

将上述以中心城市为核心的城市群的文献数据导出，按照发文年份以及发文数量将对应信息提取出来并放入 Excel 中进行分析，得到 1991 年 1 月至 2020 年 12 月以中心城市为核心的城市群研究领域英文文献与中文文献的发文数量趋势比较图，如图 1 - 1 所示。

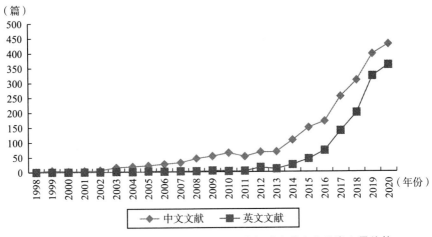

图 1 - 1 以中心城市为核心的城市群研究领域中英文文献发文量趋势

通过图1－1可以看出，关于以中心城市为核心的城市群的中文文献从1998年开始发表，英文文献从2003年开始发表，出现较大差异。1998～2002年，以中心城市为核心的城市群研究领域中英文发文量大致相同。2003～2013年，以中心城市为核心的城市群研究领域中文发文量呈现较为快速的增长趋势，说明在这一时期，中国对以中心城市为核心的城市群领域的研究不断发展，中国对该研究领域非常重视。2013～2020年，英文文献发文量的增长速度比中文文献更快，但未来中文文献发表量仍具有增长的趋势。

2. 关于以中心城市为核心的城市群研究领域的国家分析

对以中心城市为核心的城市群的文献进行国家分布的文献计量分析，可以方便学者更好掌握该研究领域在国际上较为权威的国家。一个国家在某科研领域的发文量以及与其他国家合作的密切程度，反映出该国家在该领域的国际影响力。可以通过对国家共现网络可视化研究和对各国在某科研领域国家共现网络各节点中心性的分析，得出该研究领域的国家共现网络的关键节点，进而分析出具有较大影响力的国家，从而帮助学者正确认识自己所在的国家在该研究领域的国际地位，也为今后的发展提供方向。

将检索出的英文文献数据导入CiteSpace软件中，节点类型设置为国家，首选标准N设置为50，再从CiteSpace软件所整理的数据表格中，提取"国家"和"发文量"两个字段下的数据，得到以中心城市为核心的城市群研究领域国家分布图，如图1－2所示。

以中心城市为核心的城市群研究领域发文量排名前三的国家分别为中国、美国、英国，其中，发文量排名第一的是中国，发文数量为1172篇，约占发文总量的97.99%；发文量排名第二的是美国，发文数量为170篇，约占发文总量的14.21%；发文量排名第三的是英国，发文数量为39篇，约占发文总量的3.26%。

通过把将检索出的英文文献数据导入CiteSpace软件中，节点类型设置为国家，首选标准N设置为50，其余设置均选用默认值，进行可视化分析，得到以中心城市为核心的城市群研究领域国家知识图谱，如图1－3所示。

由图1 3可知，中国与其他国家展开了较多合作，说明中国在该研究领域的研究地位较高；仅次于中国的国家是美国，美国与英国、德国等国家也均有合作。

在CiteSpace软件的分析结果中，中心性的数值大小代表该节点关键性的大小，因而通过对各个国家发文量中心性的分析，可以得出各个国家所在节点的关

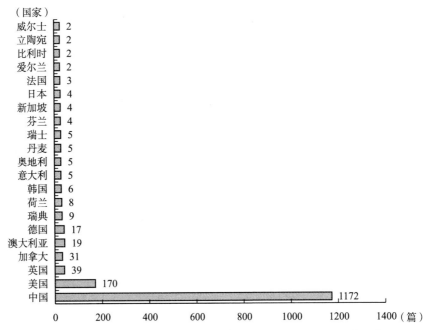

图 1 – 2　以中心城市为核心的城市群研究领域英文文献的国家分布

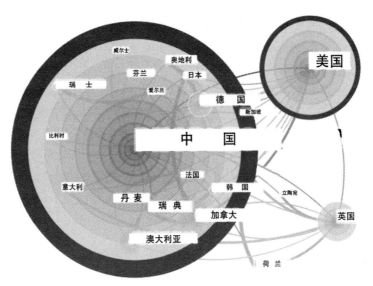

图 1 – 3　以中心城市为核心的城市群研究领域英文文献的国家共现

键性，进而明确该国家与其他国家合作的紧密性，以及在以中心城市为核心的城市群研究领域的国际地位。通常认为，中心度大于0.1的节点，可以被看作关键节点，本书选取中心度大于0的国家，如表1-1所示。

表1-1　　　　以中心城市为核心的城市群研究领域国家发文中心度排名

发文量（篇）	国家	首次发文年份	中心度
1172	中国	2005	1.25
170	美国	2009	0.29
35	英国	2016	0.10
31	加拿大	2015	0.02
19	澳大利亚	2017	0.01
17	德国	2017	0.02
6	韩国	2018	0.01
3	法国	2019	0.01

由表1-1可以看出，只有8个国家的中心度大于0，剩余国家的中心度均为0，说明只有这8个国家与其他国家在以中心城市为核心的城市群研究领域有一定合作，中心度排名前五的国家除了中国，均为发达国家，说明发达国家在该研究领域的国际地位比较高，与其他国家合作更为紧密。中心度大于0.1的国家为中国、美国、英国3个国家，表明这3个国家在以中心城市为核心的城市群研究领域国家合作网络中位于关键节点。首次发文年份最早的是中国，其中心度不仅位于第一且发文量也最多，说明中国在以中心城市为核心的城市群发展方面的理念形成较早，再通过与各国家深入的合作，其在该研究领域的国际地位也在不断提高。美国的发文量在所有的国家中排名第二，其中心度为0.29，说明美国在以中心城市为核心的城市群研究领域具有一定国际影响力，对其他国家存在一定的影响。

3. 以中心城市为核心的城市群研究的期刊分析

可以通过对期刊文献进行分析来帮助学者更加准确地把握所研究领域具有权威性的期刊，在一定程度上有利于指导学者选择适合的期刊，也为后期研究奠定基础。期刊共被引分析方法是文献计量学和科学计量学中的一种定量研究方法，现已被国内外学者广泛应用于多个学科领域的研究。期刊的共被引是指两本期刊被同一篇文献引用的现象，可以通过共被引关系的强弱来确定期刊之间关系的紧密程度，进而来探索期刊之间的内部联系；再通过分析期刊的共被引，来对期刊进行定位和分类，从而确定其在学科领域中处于核心还是边缘位置，以便对学术期刊进行评价。在此过程中，还可以通过对以中心城市为核心的城市群研究领域期刊共被引网络各节点的中心性进行分析，得出网络中的关键节点，也为进一步确定载文质量高的期刊提供依据。同时，期刊载文量反映出某一期刊在一定时间段内刊载论文数量的多少，载文量的多少在一定程度上也能够反映出期刊的信息占有、传递和输出能力。

因此，对期刊进行分析时应通过期刊共被引可视化分析，并综合中心性分析以及载文量分析来确定这一领域的权威期刊。

首先，对以中心城市为核心的城市群研究领域的英文期刊进行分析。

将检索出的英文文献数据导入 CiteSpace 软件中，节点类型栏选择引用期刊，首选标准 N 设置为 30。但由于数据量较大，涉及期刊较多，直接进行可视化所得图像不够直观易读，因此，需对图片进行处理，进行可视化分析，得到知识产权链条研究英文期刊共被引可视图，如图 1-4 所示。

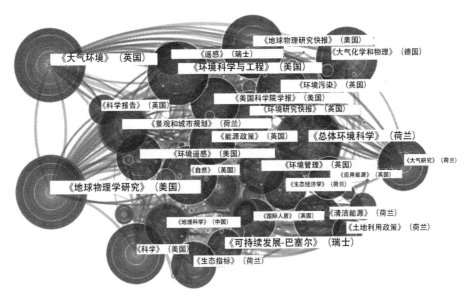

图 1-4　以中心城市为核心的城市群研究领域英文期刊共被引可视图

由图 1-4 可知，以中心城市为核心的城市群研究领域期刊被引频次排名较为靠前的期刊中，英文期刊明显多于其他期刊，其中《总体环境科学》是被引频次最高的期刊，该期刊是著名的自然科学综合类学术期刊，其科学新闻报道、综述、分析及书评等部分，具有一定的权威性。其在 2019 年共发表论文 6314 篇，影响因子是 5.589，期刊的影响因子呈现上升趋势，在 6417 种 SCI 期刊中排名第18 位。同时可以发现，以中心城市为核心的城市群研究领域的被引英文期刊还集中在《地球物理学研究》《大气环境》《清洁能源》《环境科学与工程》《自然》《科学》等。期刊的研究方向多分布在自然学、环境科学、经济学、管理学以及政府与法律领域中。

从被引期刊中心性的角度分析，将 CiteSpace 中以中心城市为核心的城市群研究领域英文期刊共被引分析所得数据导出，按照中心度大于 0.1 的标准提取数据，得到以中心城市为核心的城市群研究领域英文期刊共被引网络的关键节点，如表 1 - 2 所示。

表 1 - 2　　以中心城市为核心的城市群研究领域英文期刊共被引网络关键节点

期刊名称（简称）	被引频次	首次出现年份	中心度
《地理学报》	128	2005	0.38
《经济地理》	34	2012	0.31
《应用地理学》	105	2012	0.25
《地球物理学研究》	392	2012	0.23
《大气环境》	517	2009	0.14
《环境管理》	231	2012	0.14
《地理科学》	209	2013	0.14
《生态学报》	2	2013	0.14
《景观和城市规划》	234	2012	0.11
《城市研究》	11	2005	0.11
《总体环境科学》	609	2012	0.1

通过表 1　2 可以看出，《地理学报》《应用地理学》《地球物理学研究》杂志的中心度和被引频次都比较高，表明这三个期刊所刊载以中心城市为核心的城市群研究领域的论文质量较高，对以中心城市为核心的城市群领域的学术研究起到支撑作用，因此，从中心性的角度出发，《地理学报》《经济地理》《应用地理学》3 个期刊在以中心城市为核心的城市群研究领域居于核心地位。

将检索得到的英文文献数据导入 CiteSpace 软件中，节点类型栏选择为来源，首选标准 N 设置为 30，将运行结果导出，对期刊名称进行计数，得到 1991～2020 年以中心城市为核心的城市群研究领域英文文献期刊分布，其中载文量排名前 10 的期刊，如表 1－3 所示。

表 1－3　　　　　1991～2020 年以中心城市为核心的城市群研究领域
英文文献期刊分布（前 10）

期刊名称（简称）	载文量（篇）	占比（%）	期刊名称（简称）	载文量（篇）	占比（%）
《地理科学》	11	2.17	《总体环境科学》	8	1.58
《大气环境》	10	1.98	《国际环境研究与公共卫生》	7	1.38
《中国地理科学》	10	1.98	《可持续性》	7	1.38
《大气化学与物理》	9	1.78	《应用能源》	6	1.19
《环境科学与污染研究》	8	1.58	《大气污染研究》	6	1.19

由表 1－3 可知，以中心城市为核心的城市群领域发文量排名前 10 位的英文期刊一共发文 94 篇，占比约 18.58%，其发文量高出其他期刊很多，说明论文在期刊上的集中度高，以中心城市为核心的城市群领域的研究在英文期刊中分布集中，形成了较为稳定的期刊群和代表性期刊。此外，结合图 1－4 可以看出，以中心城市为核心的城市群研究领域发文量与被引频次排名前 10 位的英文期刊出现重复。从期刊载文量的角度出发，可以认为，《地理科学》《大气环境》《总体环境科学》3 个期刊在以中心城市为核心的城市群研究领域的权威性较高。

对以中心城市为核心的城市群研究领域的中文期刊进行分析。由于从中国知网中导出的论文文献数据缺少"参考文献"字段，无法通过 CiteSpace 软件对中国知网中导出的论文文献数据进行共被引分析。因此，对以中心城市为核心的城市群研究领域的中文期刊进行分析，主要从载文量和学科研究层次两方面进行分析。

首先，将检索得到的中国知网文献数据导出为表格，对期刊名称进行计数，得到以中心城市为核心的城市群研究领域中文文献期刊分布，其中载文量排名前 10 的期刊如表 1－4 所示。

表 1-4   1991~2020 年以中心城市为核心的城市群研究领域
中文文献期刊分布（前 10）

期刊名称（简称）	载文量（篇）	占比（%）	期刊名称（简称）	载文量（篇）	占比（%）
《经济地理》	165	7.21	《地理研究》	51	2.23
《城市发展研究》	86	3.76	《经济问题探究》	47	2.05
《长江流域资源与环境》	84	3.67	《中国人口·资源与环境》	40	1.75
《地域研究与开发》	67	3.6	《地理科学进展》	35	1.53
《统计与决策》	48	2.93	《华东经济管理》	33	1.44

由表 1-4 可知，以中心城市为核心的城市群研究领域发文量排名前 10 位的中文期刊共发文数量为 677 篇，占比约为 30%，要远高于其他期刊的数量，说明国内以中心城市为核心的城市群的论文在期刊上的集中度比较高，以中心城市为核心的城市群研究领域在国内形成了较为稳定的期刊群和比较有代表性的期刊。其中，《经济地理》在该领域刊登 165 篇文章，数量是最多的，该期刊刊登的以中心城市为核心的城市群研究领域的文章主要集中在城市群高质量发展评估、空间格局、协调发展、城市群对比、城市经济与城市群研究等方面，涉及的学科主要有经济体制改革、企业经济、工业经济等，是该研究领域最为核心的期刊。《城市发展研究》是排名第二的期刊，发文量为 86 篇，该期刊刊登的以中心城市为核心的城市群研究领域的文章主要集中在经济发展、空间结构、功能、演变研究等方面，涉及的学科主要有宏观经济管理、工业经济、经济学等，也是该研究领域较为核心的期刊。排名第三位的期刊为《长江流域资源与环境》，发文量为 84 篇，该期刊刊登的以中心城市为核心的城市群研究领域的文章主要集中在区域资源、土地使用与环境、城市化与旅游、城市地理与新型城镇化等方面，涉及的学科主要有环境科学与资源利用、经济体制改革、旅游经济、资源利用等。其他期刊的发文量较低，均低于 80 篇。由此可以看出，排名前 3 的期刊在以中心城市为核心的城市群研究领域具有一定的权威性，能够较好地把握以中心城市为核心的城市群研究方向和状态。

其次，将发文前 10 的期刊，按照中国知网期刊检索之后的研究层次分组来进行分类，以便进一步确认在以中心城市为核心的城市群研究领域比较权威期刊的文献研究层次，也为选取参考文献提供指导意见。分类结果如表 1-5 所示。

表 1 - 5   以中心城市为核心的城市群研究领域中文核心期刊研究层次

研究层次	期刊名称
基础研究（社科）	《经济地理》《城市发展研究》《地理研究》《经济问题探究》
政策研究（社科）	《统计与决策》《华东经济管理》《中国人口·资源与环境》
行业指导（社科）	《长江流域资源与环境》《地域研究与开发》

由表 1 - 5 可知，以中心城市为核心的城市群研究集中分布在社会科学领域的基础研究层次、社会科学领域的政策研究层次以及社会科学领域的行业指导研究层次中，其中，《经济地理》《城市发展研究》《地理研究》《经济问题探究》的研究集中在基础研究（社科），所以，在进行有关以中心城市为核心的城市群研究领域的社会科学基础研究时，参考这几个期刊为主；《统计与决策》《华东经济管理》《中国人口·资源与环境》的研究集中在政策研究（社科），所以，在进行有关以中心城市为核心的城市群研究领域的社会科学政策研究时，参考这几个期刊为主；《长江流域资源与环境》《地域研究与开发》的研究集中在行业指导（社科），所以，在进行有关以中心城市为核心的城市群领域的社会科学行业指导时，参考这几个期刊为主。

根据对中英文期刊的研究发现，在以中心城市为核心的城市群的研究领域，英文文献可以重点选取《地理学报》《经济地理》《应用地理学》等期刊中的文献作参考，中文文献可以重点选取《经济地理》《城市发展研究》《地理研究》《经济问题探究》等期刊中的文献作参考。

4. 以中心城市为核心的城市群研究领域的研究团队分析

本书将研究团队分为个人作者研究团队和机构研究团队两类进行研究，其中，根据检索出的英文数据库和中国知网数据库导出的文献数据信息的适用范围，对文献进行研究，作者分析主要通过共被引分析来进行，机构分析主要通过合作网络分析来进行，对中文文献的研究，仅通过合作网络进行分析。

首先，对以中心城市为核心的城市群研究领域英文文献作者及机构团队进行分析。

将检索得到的英文文献数据导入 CiteSpace 软件中，节点类型栏选择为引用作者，首选标准 N 设置为 30，进行可视化分析，得到以中心城市为核心的城市群研究领域英文文献作者共被引可视图，如图 1 - 5 所示。

图 1 − 5 以中心城市为核心的城市群研究领域英文文献作者共被引可视图

由图 1 − 5 可知，以中心城市为核心的城市群研究领域的英文文献被引频次较高的作者为张强、张岩、李阳、李想等人，将 CiteSpace 软件运行结果导出，得到以中心城市为核心的城市群英文文献作者被引频次排名，被引频次高的作者被认为在这一领域具有一定权威性。

按照中心度大于 0.1 则视为关键节点的标准，将以中心城市为核心的城市群研究领域英文文献作者共被引网络关键节点提取出来，如表 1 − 6 所示。

表 1 − 6 以中心城市为核心的城市群研究领域英文文献作者共被引网络关键节点

作者	被引频次	中心度	首次出现年份
张强	159	0.41	2012
张岩	149	0.18	2015
李阳	81	0.16	2012
李想	88	0.14	2013
王建	113	0.12	2014
斯准特	31	0.1	2012

由表 1 − 6 可知，张强、张岩、李阳、李想、王建、斯准特与其他作者的关

联程度较高，形成以上作者为中心的多个学术研究联盟。从这一角度出发，也可认为以上作者在以中心城市为核心的城市群研究领域具有一定权威性。

将检索得到的英文文献数据导入 CiteSpace 软件中，节点类型栏选择机构，首选标准 N 设置为 30，进行可视化分析，得到以中心城市为核心的城市群研究领域英文文献机构合作可视图，如图 1-6 所示。

图 1-6　以中心城市为核心的城市群研究领域英文文献机构合作可视图

通过图 1-6 可以看出，中国科学院的发文量最高，并且与多个机构有所合作，整体来看，机构之间的连线有 339 条，节点（即发文机构）有 89 个，贡献网络密度仅为 0.0866，说明在国际上，各机构间合作良好并且已形成规模化的研究机构群体，但仍需要加强国际研究合作。

将 CiteSpace 软件运行的数据导出，得到以中心城市为核心的城市群研究领域英文文献发文量在 50 篇以上的机构，如表 1-7 所示。

表 1-7　　以中心城市为核心的城市群研究领域英文文献发文量高的机构

发文量（篇）	机构名称	机构性质	地区
319	中国科学院	高校	中国
157	中国科学院大学	高校	中国
118	北京师范大学	高校	中国
87	北京大学	高校	中国

续表

发文量（篇）	机构名称	机构性质	地区
79	南京大学信息科技学院	高校	中国
77	清华大学	高校	中国

　　根据表 1-7 可以看出，以中心城市为核心的城市群研究领域英文文献发文量排名前 3 位的机构为中国科学院、中国科学院大学以及北京师范大学。从研究机构的类别上看，以中心城市为核心的城市群研究机构较为单一，发文的研究机构集中在高校，表明目前国际上该领域的研究主力是世界范围内各大高校。从地域上看，前 5 位的机构全位于中国，说明中国高校在以中心城市为核心的城市群研究领域具有一定国际影响力。

　　下面，对以中心城市为核心的城市群研究领域中文文献作者及机构团队进行分析。

　　将检索得到的中国知网的文献数据导入 CiteSpace 软件中，节点类型栏选择作者，首选标准 N 设置为 30，进行可视化分析，得到以中心城市为核心的城市群研究领域中文文献作者合作网络可视图，如图 1-7 所示。

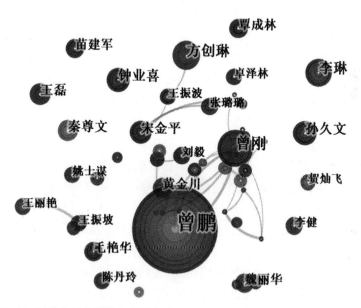

图 1-7　以中心城市为核心的城市群研究领域中文文献作者合作网络可视图

通过图 1 - 7 可以看出，曾鹏的发文量最高，整体来看，作者之间的连线有 290 条，而节点（即作者）有 387 个，共现网络密度为 0.0039，说明国内以中心城市为核心的城市群研究领域的作者联系较弱，大多未形成科研合作团队。

将 CiteSpace 软件运行的数据导出，得到以中心城市为核心的城市群研究领域发文量排名靠前的中文文献作者，如表 1 - 8 所示。

表 1 - 8　　　以中心城市为核心的城市群研究领域发文量高的中文文献作者

作者	发文量（篇）	单位
曾鹏	31	广西民族大学
曾刚	13	华东师范大学
方创琳	10	中国科学院地理科学与资源研究所
李琳	10	湖南大学
钟业喜	9	江西师范大学
孙久文	9	中国人民大学

如表 1 - 8 所示，曾鹏、曾刚等学者是以中心城市为核心的城市群研究领域的重要学者，在以中心城市为核心的城市群研究领域具有较强影响力，因此，可以重点选取以上学者的文章进行参考。其中，来自广西民族大学的曾鹏致力于综合承载力、等级规模、旅游规模、空间结构与城市群的研究；来自华东师范大学的曾刚致力于创新网络、一体化趋势、资源投入与以中心城市为核心的城市群的研究；来自中国科学院地理科学与资源研究所的方创琳致力于生态环境、空间分异格局与城市群的研究；湖南大学的李琳致力于绿色发展、协同创新与以中心城市为核心的城市群的研究；江西师范大学的钟业喜致力于空间格局演变与城市群研究；中国人民大学的孙久文致力于京津冀城市群的研究。

将检索得到的中国知网文献数据导入 CiteSpace 软件中，在节点类型栏中选择机构，首选标准 N 设置为 30，其余选项均保持默认，进行可视化分析，得到以中心城市为核心的城市群研究领域中文文献研究机构合作可视图，如图 1 - 8 所示。

通过图 1 - 8 可以看出，中国科学院地理科学与资源研究所有关以中心城市为核心的城市群研究领域中文文献发文量最高，同时其与多个机构有所合作，暨南大学经济学院和中国科学院大学的发文量也较多。整体来看，机构之间的连线有 182 条，节点（即发文机构）有 225 个，贡献网络密度仅为 0.0072，说明国内各机构间合作不够密切，因此，要加强与国际国内的研究合作，还可以建立适度规模化的研究机构群体。中央财经大学与桂林理工大学有合作，形成了较小规模的研究机构群体，还需进一步扩大其规模。将 CiteSpace 软件中的数据导出，得到以中心城市为核心的城市群研究领域中文文献发文量排名前 5 位的机构，如表 1-9 所示。

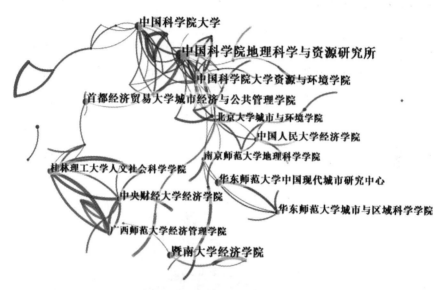

图 1-8　以中心城市为核心的城市群研究领域中文文献研究机构合作可视图

表 1-9　　以中心城市为核心的城市群研究领域中文文献发文量高的机构

发文量（篇）	机构名称	机构性质	地区
57	中国科学院地理科学与资源研究所	科研机构	华北地区
36	暨南大学经济学院	高校	华南地区
35	中国科学院大学	高校	华北地区
25	中国科学院大学资源与环境学院	高校	华北地区
23	首都经济贸易大学城市经济与公共管理学院	高校	华北地区

由表 1-9 可以看出，以中心城市为核心的城市群研究领域中文文献发文量排名前 3 位的机构为中国科学院地理科学与资源研究所、暨南大学经济学院和中国社会科学院大学。从研究机构的类别上看，该研究领域的研究机构较为单一，

发文的研究机构集中在高校，表明目前国内对以中心城市为核心的城市群研究的主力为各大高校。从地域上看，以中心城市为核心的城市群的研究中文文献主要集中在华北、华南地区，华中、华东等地区对以中心城市为核心的城市群的研究规模较小。

5. 以中心城市为核心的城市群研究领域的重要文献分析

对重要文献进行分析，可以为进行更加详细的文献综述提供帮助，可以直观展示以中心城市为核心的城市群研究领域发展过程中的奠基性文献以及核心文献等重要文献，从而准确地梳理出以中心城市为核心的城市群领域研究发展过程中的重要研究成果，为后续研究提供重要参考。

对以中心城市为核心的城市群研究领域的重要英文文献分析，将检索得到的英文文献数据导入 CiteSpace 软件中，在节点类型栏中选择参考文献，首选标准 N 设置为 30，进行可视化分析，得到以中心城市为核心的城市群研究领域英文文献共被引运行图，在运行图中选择时间轴的显示方式，如图 1 - 9 所示。

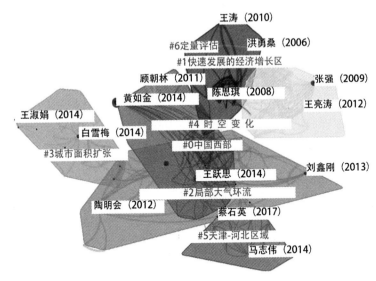

图 1 - 9　以中心城市为核心的城市群研究领域英文文献共被引参考文献聚类分析

由图 1 - 9 可知，以中心城市为核心的城市群研究领域英文文献的共被引参考文献知识图谱中有节点 172 个、链接 310 条，密度值为 0.0211。英文数据库核心合集期刊的文献共被引网络中有多个突出的节点，这直观地反映了以中心城市为核心的城市群研究领域的基础文献，高被引文献发挥了较为良好的媒介作用，是网络连接中不同时间段过渡的关键点。所以，挖掘出关键节点对以中心城市为核心的城市群的研究具有非常重要的意义。

按照中心度大于0.1则视为关键节点的标准，提取以中心城市为核心的城市群研究领域英文文献共被引网络的关键节点，得到以中心城市为核心的城市群研究领域英文核心文献表，如表1-10所示。

表1-10　　　　　以中心城市为核心的城市群研究领域英文核心文献

中心度	作者	题目
0.49	张强	《2006年美国宇航局因特克斯-B任务的亚洲排放量》
0.48	王军	《中国三大城市群城市化对区域气候影响的嵌套高分辨率建模》
0.37	白雪梅	《实现中国的城市梦想》
0.32	刘鑫刚	《区域雾霾的形成与演化机制：中国特大城市北京的案例研究》
0.28	黄如金	《中国雾霾事件对颗粒物污染的二级气溶胶贡献》
0.22	王跃思	《2013年1月中国中东部地区重雾污染事件形成机制》
0.19	张宁	《中国长三角城市化对当地和区域气候的影响模型》
0.14	陈志强	《中国特大城市空气污染》
0.14	陶明会	《华北平原区域雾霾污染卫星观测》
0.13	张帅	《北京PM2.5的化学特征和来源分配：季节性视角》
0.13	王亮涛	《2013年中国河北南部严重雾霾：模型评估、来源分配和政策影响》
0.12	任广源	《城市化对华北地区地表气温趋势的影响》
0.12	琼斯	《大规模气温记录中的城市化效应——以中国为例》
0.11	田广津	《中国长三角特大城市区域的城市增长、规模分布和时空动态格局》

由表1-10可知，中心度最高的文章为张强发表于2009年的《2006年美国宇航局因特克斯-B任务的亚洲排放量》，该文为支持由美国国家航空航天局资助的洲际化学运输实验B阶段，编制了2006年亚洲空气污染物排放的新清单，其中对中国的碳排放量进行了重点研究；排名第二的为王军于2012年发表的《中国三大城市群城市化对区域气候影响的嵌套高分辨率建模》；排名第三的为白雪梅在2014年发表的《实现中国的城市梦想》。

对以中心城市为核心的城市群研究领域中文核心文献分析，由于从中国知网中导出的文献数据缺少"参考文献"字段，无法通过CiteSpace软件对中国知网导出的文献数据进行共被引分析，因此，对以中心城市为核心的城市群研究领域的中文重要文献分析，主要从文献的被引频次进行分析，如表1-11所示。

表1-11　　　　以中心城市为核心的城市群领域研究中文核心文献

排名	被引频次	作者	题目
1	319	宋建波、武春友	《城市化与生态环境协调发展评价研究——以长江三角洲城市群为例》
2	286	张占仓	《河南省新型城镇化战略研究》
3	271	刘继来、刘彦随、李裕瑞	《中国"三生空间"分类评价与时空格局分析》
4	249	崔木花	《中原城市群9市城镇化与生态环境耦合协调关系》
5	197	张耀军、岑俏	《中国人口空间流动格局与省际流动影响因素研究》
6	192	叶玉瑶	《城市群空间演化动力机制初探——以珠江三角洲城市群为例》
7	188	赵燕菁	《探索新的范型：概念规划的理论与方法》
8	186	孙久文、原倩	《京津冀协同发展战略的比较和演进重点》
9	183	姚士谋、陈爽	《长江三角洲地区城市空间演化趋势》
10	178	郑国、赵群毅	《山东半岛城市群主要经济联系方向研究》

通过表1-11可知，被引频次第一的是宋建波、武春友于2010年2月发表的《城市化与生态环境协调发展评价研究——以长江三角洲城市群为例》，被引频次为319次，该文对长三角城市化与生态环境进行分析，讨论城市化与生态环境发展水平之间的关系，作者认为长三角存在四类城市化发展类型，总结了长三角城市化进程中生态环境发展环境的变化；被引频次第二的是张占仓于2010年9月发表的《河南省新型城镇化战略研究》；被引频次排名第三的文章为刘继来、刘彦随和李裕瑞在2017年7月发表的《中国"三生空间"分类评价与时空格局分析》。

6. 以中心城市为核心的城市群研究领域的研究热点及前沿分析

对文献关键词的共现分析以及突变分析可以直观地反映出以中心城市为核心的城市群领域的研究热点及前沿，从而准确把握这一领域的学术研究范式，更易从中发现目前该领域研究中的学术空白，为更好地选择学术研究方向提供帮助。

首先，对以中心城市为核心的城市群研究领域的研究热点进行分析。

英文文献方面，将检索得到的英文文献数据导入 CiteSpace 软件中，节点类型栏选择关键词，首选标准 N 设置为 20，进行可视化分析，得到英文文献中以中心城市为核心的城市群研究领域关键词共现图；之后，选择时间线显示，采用关键词聚类，调整图像后得到以中心城市为核心的城市群研究领域英文文献研究热点图，如图 1 - 10 所示。

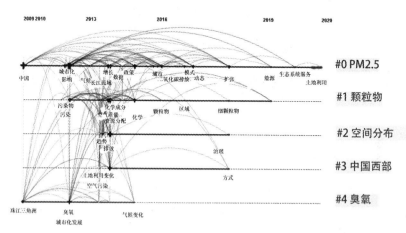

图 1 - 10 以中心城市为核心的城市群研究领域英文文献研究热点

由图 1 - 10 可知，以中心城市为核心的城市群领域高频关键词聚类分 5 个类别，PM2.5、细颗粒物、空间分布、中国西部、臭氧。这 5 个类别代表了以中心城市为核心的城市群研究领域的热点。在聚类图中提取关键词，以时间顺序对研究热点进行梳理，如表 1 - 12 所示，可以清晰地展现以中心城市为核心的城市群研究领域英文文献研究热点脉络。

由表 1 - 12 可以看出，各个时期以中心城市为核心的城市群的研究方向。2009 年，以中心城市为核心的城市群正式成为热点，研究学者在这一阶段主要对中国以中心城市为核心的城市群本身进行研究，研究珠江三角洲相关的话题；随着研究学者的增多，各个研究学者的研究视角各有不同，学者们开始关注以中心城市为核心的城市群所带来的其他影响；2012 年，以中心城市为核心的城市群等首次成为研究热点，在一定程度上反映了国际上以中心城市为核心的城市群领域的研究逐渐开始成熟。此后的研究热点逐渐向以中心城市为核心的城市群和经济发展方面转移，如以中心城市为核心的城市群经济可持续发展、以中心城市为核心的城市群环境可持续发展方面。根据 2020 年研究热点词发现，以中心城市为核心的城市群的研究目前正受到各个领域学者的重视，涉及生态环境、土地利用等多个领域。

表1-12　　以中心城市为核心的城市群研究领域英文文献热点关键词脉络

年份	关键词
2009	中国、珠江三角洲、太平洋
2012	影响、城市化、模式、污染、城市群、污染物
2013	气候、区域发展、近期趋势
2014	空气污染、排放、空气质量、长江三角洲、增长、趋势、PM2.5、颗粒物、气溶胶、城市、臭氧、中国西部、三角洲、土地利用变化、空间分布、气溶胶光学深度、事件、挥发性有机化合物、沃夫化学模型、时间变化、转型、污染、城区、PM10、大气污染物、区域雾霾
2015	城市、来源分配、气候变化、政策、参数、霾、化学、降水、城市热岛、面积、干沉积、边界层、交通
2016	模式、二氧化碳排放、京津冀区域、京津冀、美国、化学成分、库存
2017	动态、系统、可持续性
2018	扩张、管理、方式、地区
2019	能量消耗、细颗粒物
2020	土地利用、生态系统服务

由表1-12可以看出，英文文献中以中心城市为核心的城市群学术研究正朝着实践、跨学科研究以及理论等多个角度发展；同时，也可以看出30年以来，对以中心城市为核心的城市群的研究较少，在这一方面的研究还有待开拓。

中文文献方面，将检索得到的中国知网文献数据导入CiteSpace软件中，节点类型栏选择关键词，首选标准N设置为20，进行可视化分析，选择时间线显示用关键词聚类，得到以中心城市为核心的城市群研究领域中文文献研究热点，如图1-11所示。

由图1-11可知，以中心城市为核心的城市群研究领域中文文献的高频关键词聚类分为8类，分别为城市群、地缘经济关系、京津冀城市群、京津冀、网络结构、粤港澳大湾区、因子分析、区域经济。其中，因子分析和区域经济近年来热度有些不足，其余各类均在过去20年间保持稳定热度。以时间顺序对以中心城市为核心的城市群研究领域的中文文献热点进行梳理，得到以中心城市为核心的城市群研究领域中文文献热点关键词脉络表，如表1-13所示。

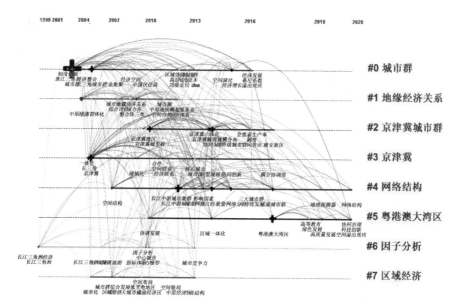

图 1-11　以中心城市为核心的城市群研究领域中文文献研究热点

表 1-13　　以中心城市为核心的城市群研究领域中文文献热点关键词脉络

年份	研究热点
1999	长江三角洲城市带、长江三角洲经济、长江三角洲
2003	大都市带、经济全球化、制度创新、珠江三角洲
2004	中原城市群
2005	经济整合、长江三角洲地区、经济一体化、一体化、城市化、长三角、长三角城市群、京津冀
2006	区域发展
2007	城市旅游、产业集聚、区域经济、空间结构
2008	大珠三角、城市承载力、综合评价、城市群综合发展水平、武汉城市圈、整合、中国十大城市群
2009	匹配、经济空间、指标体系、湾区、空间经济联系、河南省、产业集群、地缘经济关系、中国、区域合作、城镇化、珠三角
2010	区位商、空间布局、长三角地区、因子分析、中心城市、成渝经济区、引力模型、京津冀地区、协调发展、京津冀城市群
2011	十大城市群、城市圈、中部地区崛起、空间自相关、合作、空间联系、经济联系效率
2012	效率、区域协调发展、生产者服务业、高层论坛、空间格局、功能定位、城市体系、长江中游城市集群、中原经济区

续表

年份	研究热点
2013	核心城市、区域治理、人力资本、城市流、城市竞争力、产业结构、城市网络
2014	京津冀一体化、新型城镇化、区域一体化、影响因素、京津冀协同发展、长江经济带、协同发展
2015	城市规模分布、协同创新、空间演化、世界级城市群、社会网络分析、经济增长
2016	京津冀区域、经济发展、城市效率、全要素生产率、三大城市群、可持续发展、测度、基尼系数、空间效应、溢出效应
2017	耦合协调度、雄安新区、成渝城市群
2019	地理探测器、澳门、路径、高等教育、绿色发展、高质量发展
2020	空间差异、网络结构、珠三角城市群、协同治理、科技创新、空间溢出效应

由表 1 - 13 可以看出，以中心城市为核心的城市群研究领域，中文文献研究热点脉络相对于英文文献更多，这与中国近年来的发展战略有很大的关系，其中，中国社会科学院的《2006 年城市竞争力蓝皮书》和中国科学院地理科学与资源研究所的《2010 中国城市群发展报告》影响巨大。从 2008 ~ 2010 年开始，热点凸显的关键词数量明显开始增多。同时，可以看出，在过去 10 年间，每年均有热点凸显的关键词出现，说明在过去 10 年间中国以中心城市为核心的城市群研究持续保持热度。与英文文献中以中心城市为核心的城市群的研究不同，中国在 2010 ~ 2016 年已对中心城市与城市群的关系开展了大量研究，同时已开始逐渐出现空间联系、区域治理、可持续发展等关于以中心城市为核心的城市群及关于城市群方面的研究。此外，中文文献研究热点紧随着中国国情的发展，2010 年首次出现"中心城市"这一关键词，其中"城市群"这一关键词一直频繁成为热点凸显关键词，说明随着中国城市群的中心城市核心性增强，"城市群"建设发展取得显著成效，对这方面的研究也逐渐发展起来。2019 ~ 2020 年，研究者们则开始更多关注空间溢出效应、高质量发展、绿色发展等方面。

下面，对以中心城市为核心的城市群研究领域的研究前沿进行分析。

以中心城市为核心的城市群研究领域英文文献前沿分析。将检索得到的英文文献数据导入 CiteSpace 软件中，节点类型栏选择关键词，首选标准 N 设置为 20，进行可视化分析和突变分析，由于研究中没有明显的突现关键词，故将突发性下的数值调整为 $f(x) = 4.0$，最少保持 9 个关键词，得到英文文献前沿术语，如表 1 - 14 所示。

表 1 – 14　　　　以中心城市为核心的城市群研究领域英文文献前沿术语

关键词	强度	开始年份	结束年份	2003～2020 年
珠江三角洲	4.0872	2009	2015	
污染物	6.4812	2012	2016	
气候	5.114	2013	2016	
气溶胶	8.599	2014	2016	
政策	8.6386	2015	2016	
城市	9.092	2016	2017	
京津冀	7.9168	2016	2018	
制度	14.005	2017	2018	
京津冀地区	16.0026	2017	2018	

注："▄"为关键词频次突然增加的年份，"▃"为关键词频次无显著变化的年份。

如表 1 – 14 所示，1991～2020 年以中心城市为核心的城市群研究领域英文文献突现关键词为珠江三角洲、污染物，说明以中心城市为核心的城市群在国际上成为热点的初期，学者们重点研究以中心城市为核心的城市群所代表的城市群本身以及城市群发展问题；2003～2016 年突现关键词在珠江三角洲和污染物的基础上新出现了气候、气溶胶，说明在这一阶段，学者们开始关注以中心城市为核心的城市群相关的可持续发展问题，在这一过程中，对以中心城市为核心的城市群的研究不断深入，以中心城市为核心的城市群中，中心城市的核心作用逐渐明显；2015 年，政策这一关键词开始成为该领域的研究前沿术语，至 2016 年结束；2016 年，城市成为该领域的研究前沿，至 2017 年结束；2003～2020 年，突现关键词分别为城市、制度以及京津冀地区，说明在这段时期，该研究领域已经成为学者们研究重点。通过对以中心城市为核心的城市群研究领域英文文献前沿的分析可知，国际目前对以中心城市为核心的城市群的研究前沿在于对城市群的中心城市以及以中心城市为核心的城市群系统的研究，这也符合目前中国对以中心城市为核心的城市群发展的战略部署，近年以中心城市为核心的城市群研究领域英文文献对中国学者研究该领域具有参考价值。

以中心城市为核心的城市群研究领域中文文献前沿分析。将检索得到的中国知网的文献数据导入 CiteSpace 软件中，节点类型栏选择关键词，首选标准 N 设置为 20，其余选项均保持默认，进行可视化分析和突变分析，由于研究时间跨度较大，将突发性下的最短持续时间设置为 3，提取突变最少保持 3 年并且强度大于 5 的关键词，得到中文文献前沿术语，如表 1 – 15 所示。

表 1 – 15　　　　以中心城市为核心的城市群研究领域中文文献前沿术语

关键词	强度	开始年份	结束年份	1998～2020 年
长江三角洲	29. 2509	1999	2011	
珠江三角洲	6. 3548	2003	2013	
中原城市群	27. 1455	2004	2013	
城市化	6. 1313	2005	2015	
区域经济	6. 4212	2007	2016	
珠三角	10. 6725	2009	2015	
中国十大城市群	7. 1317	2012	2017	
京津冀地区	5. 0356	2014	2016	
京津冀	5. 1649	2014	2017	
京津冀协同发展	5. 6995	2014	2016	
协同发展	6. 6991	2014	2016	
长江经济带	7. 1472	2015	2017	
世界级城市群	5. 6692	2015	2017	
新型城镇化	5. 4821	2016	2018	
社会网络分析	6. 5066	2016	2018	
城市网络	5. 4462	2017	2020	

注："▬"为关键词频次突然增加的年份，"▭"为关键词频次无显著变化的年份。

　　如表 1 – 15 所示，2003 年之前出现突现关键词长江三角洲，说明在 2003 年前，中国对以中心城市为核心的城市群的研究尚处起步阶段，还没有形成较为鲜明的学术前沿。2003～2010 年中文以中心城市为核心的城市群文献突现关键词为珠江三角洲、中原城市群、城市化、区域经济、珠三角，说明国内在以中心城市为核心的城市群研究领域产生学术前沿的初期，学者们重点研究以中心城市为核心的城市群相关的城市化建设以及珠三角和中原区域经济问题；2010～2015 年突现关键词为中国十大城市群、京津冀地区、京津冀、京津冀协同发展、协同发展、长江经济带、世界级城市群，说明在这一阶段，学者们开始关注以中心城市为核心的城市群内部的十大城市群、京津冀城市群以及其地区协同发展、长江经济带以及世界化的问题。2015 年至今，突现关键词为新型城镇化、社会网络分析、城市网络，说明中国以中心城市为核心的城市群战略的提出得到了学者的广泛认可。

1.2.2 关于行政区划调整的文献计量

行政区划是指国家根据建设的需要，遵循客观因素，按照一定的原则，将一个国家的领土进行划分以便分地域实施行政管理，是国家政权建设和行政管理的重要手段。从学术空间角度来看，行政区划是国家对地方管理在空间上的体现。通过多样化的形式进行行政区划调整，加快培育不同规模的城市，调节行政区域与经济发展区域的错位，可以提升中国区域经济增长。行政区划调整的发展是国家行政管理适应社会经济发展的转型升级过程，可以通过空间的调整重塑国家组织结构，推动城市群以及区域经济发展。

1. 可以对研究数据及发文量的初步分析

英文数据以 WOS 为来源，由于通过所有数据库进行文献收集会存在字段缺失的现象，因此，通过 WOS 的核心数据库进行文献收集。以行政区划调整、行政区划改革、行政区划和行政区划扁平化为主题构建英文检索式；选择在 1991 年 1 月至 2020 年 12 月内英文语种的文献，在 2021 年 6 月 7 日，对检索出的文献进行筛选，得到 1121 条文献信息，将文献数据导入 CiteSpace 中进行初步检验，最终进行知识产权链条领域文献计量分析，有效英文文献数据为 1118 条。

中文数据以中国知网为来源，以行政区划改革、行政区划调整、行政区划设置和行政区划扁平化为主题构建中文检索式。2021 年 6 月 7 日，对 1991 年 1 月至 2020 年 12 月的中国知网文献数据进行检索和筛选，剔除不相关的文献后得到有效文献数量 365 篇，将文献数据导入 CiteSpace 中进行初步检验，最终进行行政区划调整领域文献计量分析，有效的中国知网文献数据有 365 条。

将上述行政区划调整文献的数据再次导出，按照发文年份以及发文数量将对应信息提取出来并导出为表格进行分析，可以得到 1991 年 1 月至 2020 年 12 月行政区划调整研究领域英文文献与中文文献的发文数量趋势比较图，如图 1 – 12 所示。

由图 1 – 12 可以看出，中英文文献关于行政区划调整的研究从 2011 年开始。1991～2004 年，对行政区划调整研究领域各年度的英文文献发文量均高于中文，说明在这一时期，中国对行政区划调整的研究还处于起步阶段，并且发展还较为缓慢，需要与国际接轨。2003～2011年，行政区划调整研究领域中英文文献发文量开始呈现波动、缓慢增长的趋势，其英文文献发文量均高于中文，说明在这一时期，中国对该领域的研究开始逐渐步入正轨。2011～2018年，关于行政区划调整研究领域中英文文献发文量的增长趋势差异巨大，英文文献发文量迅速增长，说明这一时期国际上对行政区划调整研究领域迅速发展起来。2019～2020年，对行政区划调整研究领域中英文文献发文量的增长趋势差异明显，英文文献发文量的增长趋势低于中文文献发文量的增长趋势。

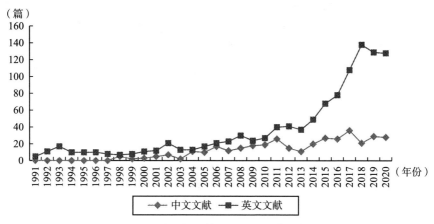

图1－12 行政区划调整研究领域中英文文献分布

2. 行政区划调整研究领域的国家分析

将检索出的英文文献数据导入 CiteSpace 软件中，节点类型设置为国家，首选标准 N 设置为60，其余设置均选用默认值，再从 CiteSpace 软件所整理的数据中提取"国家"和"发文量"两个字段下的数据，得到行政区划调整研究领域发文量的国家分布图，如图1－13所示。

由图1－13可知，行政区划调整研究领域发文量排名前三的国家分别为美国、中国、英国，其中，发文量排名第一的是美国，发文数量为289篇，约占发文总量的26.91%；发文量排名第二的是中国，发文数量为209篇，约占发文总量的19.46%；发文量排名第三的是英国，发文数量为88篇，约占发文总量的8.19%。

将检索出的英文文献数据导入 CiteSpace 软件中，节点类型设置为国家，首选标准 N 设置为60，其余设置均选用默认值，进行可视化分析，得到行政区划调整研究领域发文量国家知识图谱，如图1－14所示。

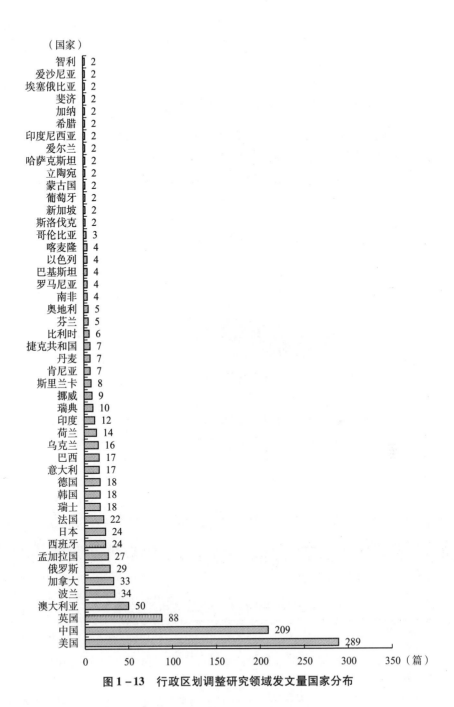

图 1-13 行政区划调整研究领域发文量国家分布

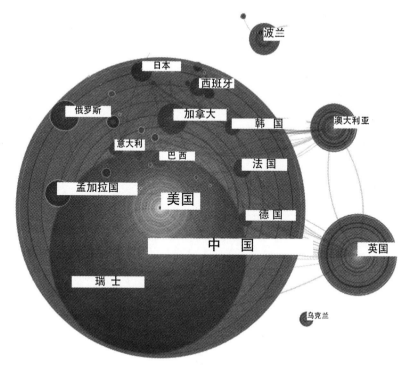

图 1 - 14　行政区划调整研究领域发文量的国家共现

由图 1 - 14 可知，该领域的研究中，美国与大部分国家的合作比较紧密，说明美国在行政区划调整领域的研究地位较高；仅次于美国的国家是中国，中国与澳大利亚、英国等国家也均有合作。

在 CiteSpace 软件的分析结果中，中心性的数值大小代表该节点关键性的大小，因而可以通过对各个国家发文量中心性的分析，来得出各个国家所在节点的关键性，进而表明该国家与其他国家合作的紧密性，以及在行政区划调整领域的国际研究中所处的地位。通常认为，中心度大于 0.1 的节点，可以被看作关键节点，本书中心度排名前 10 的国家如表 1 - 16 所示。

表 1 - 16　　　　　　行政区划调整研究领域国家发文量中心度排名

发文量（篇）	国家	首次发文年份	中心度
289	美国	1992	0.42
197	中国	2002	0.19
79	英国	2004	0.17

续表

发文量（篇）	国家	首次发文年份	中心度
50	澳大利亚	2005	0.10
29	俄罗斯	2015	0.07
12	印度	2017	0.07
18	德国	2001	0.04
22	法国	2002	0.03
14	荷兰	2012	0.03
33	加拿大	2007	0.02
17	意大利	2002	0.02
17	巴西	2010	0.02

由表 1 - 16 可以看出，只有 3 个国家的中心度大于 0.1，其他国家的中心度均小于 0.1，其中，中心度大于 0.1 的国家为美国、中国、英国 3 个国家，表明这些国家在行政区划调整领域国家合作网络中位于关键节点。首次发文年份最早的是美国，且发文量也是最多的，说明美国在行政区划调整方面的理念形成得比较早，再通过与各国家的深入合作，其在行政区划调整研究的国际地位不断提高。中国的发文量在所有的国家中排名第二，其中心度的监测值为 0.19，远远超过其他国家，说明中国在国际上行政区划调整文献具有一定影响力，在该方面的研究较有权威性。

3. 行政区划调整研究领域的期刊分析

首先，对行政区划调整研究领域的英文期刊进行分析，将检索得到的英文文献数据导入 CiteSpace 软件中，节点类型栏选择引用期刊，首选标准 N 设置为 30。但由于数据量较大，涉及期刊较多，直接进行可视化所得图像不够直观易读，因此，需对图像进行处理，故选中修剪栏下的核心期刊以及修剪片状网，使图像更加简明易读，其余选项均保持默认，进行可视化分析，得到行政区划调整研究领域英文期刊共被引可视图，如图 1 - 15 所示。

由图 1 15 可知，行政区划调整研究领域英文期刊被引频次排名较为靠前的期刊被引频次明显多于其他期刊，其中《公共科学图书馆》是被引频次最高的期刊，该期刊主要涉及生态工程、环境科学等方面，具有一定的权威性。据最新统计，《公共科学图书馆》在 2019 年发表论文 16226 篇，影响因子为 2.74。同时可以发现，行政区划调整研究领域的被引英文期刊还集中在《柳叶刀》《科学》

《自然》《美国科学院院报》《美国经济评论》《环境管理》《城市研究》等。期刊的研究方向多分布在环境科学、地理学、城市经济、管理学、社会学等领域。

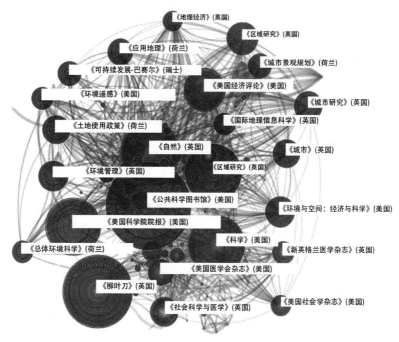

图 1 – 15 行政区划调整研究领域英文期刊共被引可视图

从被引期刊中心性的角度分析，将 CiteSpace 中对行政区划调整研究领域英文期刊共被引分析所得数据导出为表格，按照中心度大于 0.1 的标准提取数据，得到行政区划调整研究领域英文期刊共被引网络的关键节点，如表 1 – 17 所示。

表 1 – 17　　　　行政区划调整研究领域英文期刊共被引网络关键节点

期刊名称（简称）	被引频次	首次出现年份	中心度
自然	79	2002	0.22
美国经济评论	56	1993	0.22
科学	80	2002	0.18
美国科学院院报	75	2009	0.16
柳叶刀	98	1999	0.14
社会科学与医学	40	1997	0.12

通过表 1–17 可以看出，《自然》《科学》《美国科学院院报》《柳叶刀》的中心度和被引频次均较高，表明这四个期刊所刊载的行政区划调整研究论文质量较高，对行政区划调整领域的学术研究起到支撑作用，因此，从中心性的角度出发，《自然》《美国经济评论》《科学》《美国科学院院报》《柳叶刀》《社会科学与医学》6 个期刊在行政区划调整研究领域居于核心地位。

将检索得到的英文文献数据导入 CiteSpace 软件中，节点类型栏选择来源，首选标准 N 设置为 30，其余选项均选择默认运行数据，将运行结果导出为表格，对期刊名称进行计数，得到 1989～2019 年行政区划调整研究领域英文文献期刊分布，其中载文量排名前 10 的期刊，如表 1–18 所示。

表 1–18　　1986～2019 年行政区划调整研究领域英文文献期刊分布（前 10）

期刊名称（简称）	载文量（篇）	占比（%）	期刊名称（简称）	载文量（篇）	占比（%）
运动训练	7	0.68	卫生服务研究	6	0.58
公共科学图书馆	7	0.68	化学教育杂志	5	0.49
地理科学杂志	7	0.68	国际地理信息杂志	5	0.49
公共卫生	6	0.58	学术医学	5	0.49
可持续性	6	0.58	土地使用政策	5	0.49

由表 1–18 可知，行政区划调整研究领域发文量排名前 10 位的英文期刊一共发文 59 篇，占比约 5.74%，行政区划调整研究领域的研究在英文期刊中分布不均匀，尚未形成较为稳定的期刊群和代表性期刊。此外，结合图 1–15 可以看出，在行政区划调整研究领域，发文量排名前 10 位的英文期刊中只有《公共科学图书馆》的被引频次明显高于其他期刊。因而从期刊载文量的角度出发，可以认为，《公共科学图书馆》在行政区划调整研究领域具有一定的权威性。

下面对行政区划调整研究领域的中文期刊进行分析，由于通过中国知网导出的论文文献数据缺少"参考文献"字段，无法通过 CiteSpace 软件对中国知网导出的论文文献数据进行共被引分析，因此，对知识产权链条研究的中文期刊从载文量和研究层次两个方面进行分析。

首先，将检索得到的中国知网的数据导出为表格，对期刊名称进行计数，得到 1991～2020 年行政区划调整研究领域中文文献期刊分布，其中载文量排名前 10 的期刊如表 1–19 所示。

表 1 - 19   1991 ~ 2020 年行政区划调整研究领域中文文献期刊分布（前 10）

期刊名称（简称）	载文量（篇）	占比（%）	期刊名称（简称）	载文量（篇）	占比（%）
经济地理	32	8.77	中国行政管理	7	1.92
城市问题	11	3.01	人文地理	7	1.92
城市发展研究	11	3.01	经济社会体制比较	7	1.92
城市规划	10	2.74	北京行政学院学报	7	1.92
地理研究	9	2.47	中国历史地理论丛	6	1.64

由表 1 - 19 可知，行政区划调整研究领域发文量排名前 10 位的中文期刊共发文 127 篇，占比约为 31%，说明国内行政区划调整的论文在期刊上的集中度较低，行政区划调整相关研究领域在国内还未形成较为稳定的期刊群和比较有代表性的期刊。其中，《经济地理》在该领域刊登 32 篇文章，数量是最多的，该期刊刊登的现有行政区划调整领域文章主要集中在城市空间、区域服务、城市化、行政管理等方面，涉及的学科主要有宏观经济管理、工业经济、经济学等，也是研究以中心城市为核心的城市群领域较为核心的期刊。排名第二位的期刊为《城市问题》，发文量为 11 篇，该期刊刊登的行政区划调整领域的文章主要集中在城市发展变化、城市规划与城市管理、区域治理等方面，涉及的学科主要有宏观经济管理与可持续发展、经济体制改革等。排名并列第二位的期刊为《城市发展研究》，发文量为 11 篇，该期刊刊登的行政区划调整领域的文章主要集中在城镇空间结构、城市发展、城市化响应等方面，涉及的学科主要有宏观经济管理与可持续发展、经济体制改革等。可以看出，排名前三的期刊在行政区划调整研究领域具有一定的权威性。

接下来将发文前 10 的期刊按照中国知网期刊检索之后的研究层次分组来进行分类，以便进一步确认在行政区划调整研究领域比较权威期刊的文献研究层次，也为研究选取参考文献提供指导意见。行政区划调整研究领域中文核心期刊研究层次的分类结果如表 1 - 20 所示。

表 1 - 20   行政区划调整研究领域中文核心期刊研究层次

研究层次	期刊名称
基础研究（社科）	《经济地理》《城市发展研究》《城市问题》《地理研究》《中国历史地理论丛》《人文地理》

研究层次	期刊名称
政策研究（社科）	《城市规划》《中国行政管理》《经济社会体制比较》
行业指导（社科）	《北京行政学院学报》

由表1－20可知，国内行政区划调整研究主要集中分布在社会科学领域的基础研究、社会科学领域的政策研究以及社会科学领域的行业指导研究中，其中，《经济地理》《城市发展研究》《城市问题》《地理研究》《中国历史地理论丛》《人文地理》的研究集中在基础研究（社科），所以，在进行有关行政区划调整领域的社会科学基础研究时，重点参考这几个期刊；《城市规划》《中国行政管理》《经济社会体制比较》的研究集中在政策研究（社科），所以，在进行有关行政区划调整领域的社会科学政策研究时，重点参考这几个期刊；《北京行政学院学报》的研究集中在行业指导（社科），所以，在进行有关行政区划调整领域的社会科学行业指导时，重点参考这一个期刊。

根据对中英文期刊的研究发现，在行政区划调整研究领域，英文文献可重点选取《公共科学图书馆》期刊中的文献作参考，中文文献可以重点选取《城市规划》《经济地理》《城市发展研究》《城市问题》等期刊中的文献作参考。

4. 行政区划调整领域的研究团队分析

首先对行政区划调整研究领域的英文作者及团队分析。

将检索得到的英文文献数据导入CiteSpace软件中，节点类型栏选择引用作者，首选标准N设置为30，其余选项均保持默认，进行可视化分析，得到行政区划调整研究领域英文文献作者共被引可视图，如图1－16所示。

由图1－16可知，在国际上行政区划调整研究领域，被引频次较高的作者为刘颖、李想、徐洁等人，将CiteSpace软件中运行的结果导出，得到行政区划调整研究领域英文作者被引频次排名，因为作者数量过多，所以，同时被引频次高的作者才可被认为在这一领域具有一定权威性。

按照中心度大于0.1则视为关键节点的标准，将行政区划调整研究领域英文文献作者共被引网络关键节点提取出来，如表1－21所示。

由表1－21可知，刘颖、巴蒂、徐洁与其他作者的关联程度较高，并且形成了以上作者为中心的多个学术研究联盟。从这一角度出发，也可认为以上作者在行政区划调整研究领域具有一定权威性。

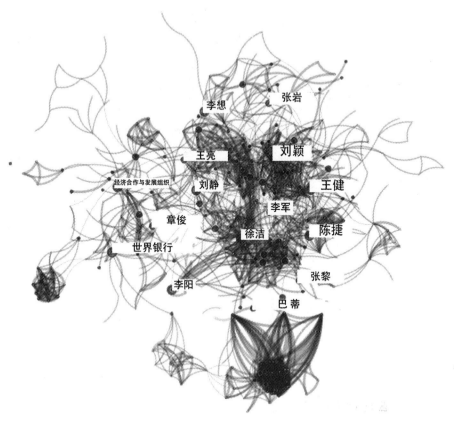

图1-16   行政区划调整研究领域英文文献作者共被引可视图

表1-21   行政区划调整研究领域英文文献作者共被引网络关键节点

作者	被引频次	中心度	首次出现年份
刘颖	24	0.18	2015
巴蒂	9	0.15	2016
徐洁	16	0.13	2017
陈旭	6	0.13	2017
卡根	4	0.11	2011
泰勒	9	0.1	2017

　　将检索得到的英文文献数据导入 CiteSpace 软件中，节点类型栏选择机构，首选标准 N 设置为30，其余选项均保持默认，进行可视化分析，得到行政区划

调整研究领域英文文献机构合作可视图，如图 1 - 17 所示。

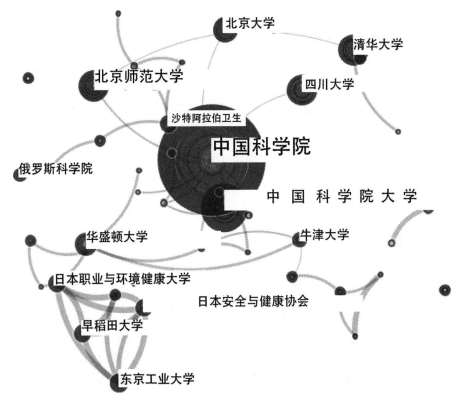

图 1 - 17　行政区划调整研究领域英文文献机构合作可视图

　　由图 1 - 17 可以看出，中国科学院的发文量最高，同时其与中国科学院大学、北京师范大学、清华大学间的联系较为紧密，整体来看，机构之间的连线有 77 条，节点（即发文机构）有 93 个，贡献网络密度仅为 0.018，说明国际上该领域各机构间研究比较分散，需要进一步加强合作。

　　将 CiteSpace 软件中运行的数据导出，得到行政区划调整研究领域英文文献发文量在 10 篇以上的机构，如表 1 - 22 所示。

　　由表 1 - 22 可以看出，行政区划调整研究领域英文文献发文量排名前 3 位的机构为中国科学院、中国科学院大学以及北京师范大学。从研究机构的类别方面分析，行政区划调整研究领域的研究机构较为单一，发文的研究机构集中在高校，表明目前在国际上对行政区划调整研究的主力是各大高校。从地域上看，中国在行政区划调整方面的研究规模较大，排名前 6 位的机构中全在中国，说明中国高校在该研究领域具有较高的国际影响力。

表1-22　　　　　行政区划调整研究领域英文文献发文量高的机构

发文量	机构名称	机构性质	地区
39	中国科学院	研究机构	中国
17	中国科学院大学	高校	中国
11	北京师范大学	高校	中国
11	清华大学	高校	中国
11	四川大学	高校	中国
9	北京大学	高校	中国
8	华盛顿大学	高校	美国
7	东京工业大学	高校	日本
6	牛津大学	高校	英国
6	早稻田大学	高校	日本

　　下面对行政区划调整研究领域的中文文献作者及团队进行分析。将检索得到的中国知网的数据导入 CiteSpace 软件中，节点类型栏选择作者，首选标准 N 设置为30，选中修剪栏下的核心期刊以及修剪片状网，使图像更加简明易读，其余选项均保持默认，进行可视化分析，得到行政区划调整研究领域中文文献作者合作网络可视图，如图1-18所示。

　　由图1-18可以看出，孟祥林的发文量最高，但其没有与任何一位学者有所合作，整体来看，作者之间的连线仅有16条，而节点（即作者）有36个，共现网络密度仅为0.0254，说明在国内，各个作者联系较弱，大多未形成科研合作团队。将 CiteSpace 软件中运行的数据导出，得到行政区划调整研究领域中文文献发文量排名前5位的作者，如表1-23所示。

　　根据表1-23中可以看出，王开泳、李金龙、赵聚军等学者在行政区划调整研究领域具有一定影响力，因此，可以重点选取以上学者的文章进行参考。其中，来自中国科学院地理科学与资源研究所的王开泳致力于行政区划、撤县（市）设区、行政区划调整、行政区划与地理学、行政区划格局演变的研究，来自中山大学的李金龙致力于行政区划体制改革、省直管县、政府管理体制与区域经济一体化的研究，来自南开大学的赵聚军致力于行政区划调整与区域协同发展、政府职能转变的研究，来自上海交通大学的熊竞致力于行政区划治理，来自

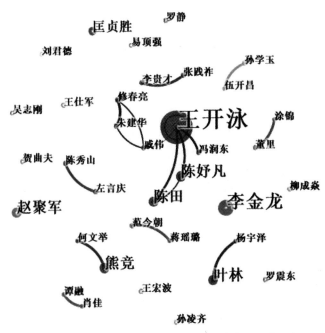

图 1-18　行政区划调整研究领域中文文献作者合作网络可视图

表 1-23　　　　　　行政区划调整研究领域中文文献发文量高的作者

作者	发文量（篇）	单位
王开泳	12	中国科学院地理科学与资源研究所
李金龙	6	中山大学
赵聚军	4	南开大学
熊竞	4	上海交通大学
叶林	4	中山大学

中山大学的叶林致力于行政区划调整的逻辑、行政区调整中的政府组织重构的研究。

　　将检索得到的中国知网文献数据导入 CiteSpace 软件中，在节点类型栏中选择机构，首选标准 N 设置为 30，其余选项均保持默认，进行可视化分析，得到行政区划调整研究领域中文文献机构合作可视图，如图 1-19 所示。

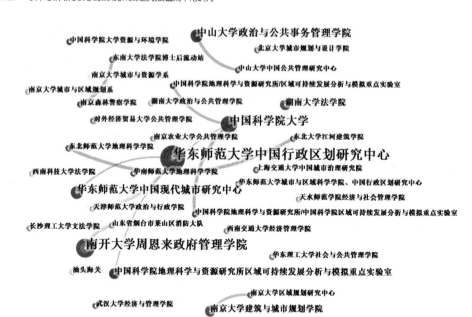

图1-19 行政区划调整研究领域中文文献机构合作可视图

通过图1-19可以看出,华东师范大学在中国行政区划调整研究领域的发文量最高,但只与天津师范大学政治与行政学院有合作,究其原因,可能是其发文量虽然较高,但是质量偏低,因此没有与其他机构形成学术联盟。整体来看,机构之间的连线仅有10条,而节点(即发文机构)有35个,贡献网络密度仅为0.0168,该领域各机构间研究比较分散,需要进一步加强合作。

将CiteSpace软件运行的数据导出,得到行政区划调整研究领域中文文献发文量排名前5位的机构,如表1-24所示。

表1-24 行政区划调整研究领域中文文献发文量高的机构

发文量(篇)	机构名称	机构性质	地区
8	华东师范大学中国行政区划研究中心	科研机构	华东地区
6	南开大学周恩来政府管理学院	高校	华北地区
5	中国科学院大学	高校	华北地区
4	华东师范大学中国现代城市研究中心	科研机构	华东地区
4	中山大学政治与公共事务管理学院	高校	华南地区

根据表 1-24 可以看出，行政区划调整研究领域中文文献发文量排名前 3 位的机构为华东师范大学中国行政区划研究中心、南开大学周恩来政府管理学院、中国科学院大学，华东师范大学中国行政区划研究中心和华东师范大学中国现代城市研究中心是依托华东师范大学的科研机构，该领域的研究机构主力集中在高校，具有单一性的特征。从地域上看，该研究集中在华东和华北，华南、华中等地区对行政区划调整的研究规模较小。

5. 行政区划调整领域的重要文献分析

首先，对行政区划调整研究领域英文重要文献进行分析。

将检索得到的英文文献数据导入 CiteSpace 软件中，节点类型栏选择引用期刊，首选标准 N 设置为 30，进行可视化分析，得到行政区划调整研究领域英文文献共被引运行图，如图 1-20 所示。

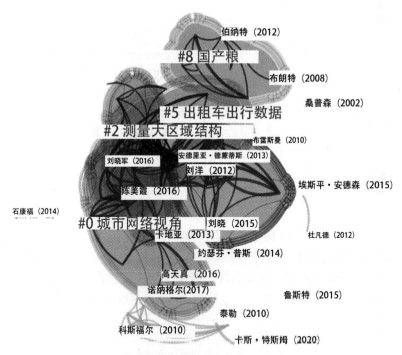

图 1-20　行政区划调整研究领域英文文献共被引参考文献聚类分析

由分析图 1-20 可知，行政区划调整研究领域英文文献共被引参文献知识图谱中有节点 238 个、链接 697 条，密度为 0.0247。英文文献核心期刊的文献共被引网络中有多个突出的节点,这直观地反映了行政区划调整研究领域的基础文献,高被引文献发挥了较为良好的媒介作用,也是网络连接中一个时间到另一个时间段过渡的关键点,所以挖掘出关键节点对行政区划调整的研究具有非常重要的意义。

按照中心度大于 0.1 则视为关键节点的标准,提取行政区划调整研究领域英文文献共被引网络的关键节点,得到该研究领域英文核心文献表,如表 1 - 25 所示。

表 1 - 25　　　　　　　　　行政区划调整研究领域英文核心文献

中心度	作者	题目
0.05	安德里亚·德蒙蒂斯	《通勤网络和社区检测:一种规划子区域的方法》
0.04	匡文慧	《1990~2010 年间中国快速而大规模的城市和工业用地扩张:基于 CLUD 的轨迹、模式和驱动因素分析》
0.03	欧阳晓灵	《工业部门的能源反弹效应:基于长三角城市群的实证研究》
0.02	高天真	《中国内蒙古蒙古族人群中 23 个 Y - STR 基因座的群体遗传学》
0.02	约瑟芬·普普斯	《23 个 STR 基因座 Y 染色体单倍型多样性的全球分析》

由表 1 - 25 可知,中心度最高的文章为安德里亚·德蒙蒂斯发表于 2013 年的《通勤网络和社区检测:一种规划子区域的方法》,该文研究"理想"的区域划分,通过应用分组方法,采用基于加权模块化最大化的算法,对意大利撒丁岛进行分析,作者认为撒丁岛是劳动力聚集区的城市;排名第二的为匡文慧于 2016 年发表的《1990~2010 年间中国快速而大规模的城市和工业用地扩张:基于 CLUD 的轨迹、模式和驱动因素分析》;排名第三的为欧阳晓灵在 2018 年发表的《工业部门的能源反弹效应:基于长三角城市群的实证研究》。

下面,对行政区划调整研究领域中文重要文献进行分析。由于中国知网中导出的文献信息中关于共被引相关字段缺失,文献的被引频次可以反映出该文献是否是行政区划调整领域的重要文献,因此,从被引频次方面对中文行政区划调整领域的核心文献进行分析,得到行政区划调整研究领域中文核心文献表,如表 1 - 26 所示。

表 1 - 26　　　　　　　　　行政区划调整研究领域中文核心文献

排名	被引频次	作者	题目
1	619	王健、鲍静、刘小康等	《"复合行政"的提出——解决当代中国区域经济一体化与行政区划冲突的新思路》

排名	被引频次	作者	题目
2	293	孙学玉、伍开昌	《当代中国行政结构扁平化的战略构想——以市管县体制为例》
3	226	周振鹤	《行政区划史研究的基本概念与学术用语刍议》
4	212	王贤彬、聂海峰	《行政区划调整与经济增长》
5	203	孙学玉、伍开昌	《构建省直接管理县市的公共行政体制——一项关于市管县体制改革的实证研究》
6	190	张占斌	《政府层级改革与省直管县实现路径研究》
7	187	张京祥、吴缚龙	《从行政区兼并到区域管治——长江三角洲的实证与思考》
8	167	何显明	《市管县体制绩效及其变革路径选择的制度分析——兼论"复合行政"概念》
9	164	张京祥、沈建法、黄钧尧等	《都市密集地区区域管治中行政区划的影响》
10	160	刘君德	《中国转型期"行政区经济"现象透视——兼论中国特色人文—经济地理学的发展》

由表1-26可知，被引频次第一是王健、鲍静、刘小康等于2004年3月发表的《"复合行政"的提出——解决当代中国区域经济一体化与行政区划冲突的新思路》，该文对中国区域经济一体化与行政区划展开研究，作者提出"复合行政"的新概念，认为可以从转变政府职能的角度，转换政府管理方式，缓解中国经济一体化过程中与行政区划的矛盾。排名第二的是孙学玉和伍开昌于2004年3月发表的《当代中国行政结构扁平化的战略构想——以市管县体制为例》。排名第三的是周振鹤在2001年3月发表的《行政区划史研究的基本概念与学术用语刍议》。

6. 行政区划调整研究领域的研究热点及前沿分析

对文献关键词的共现分析以及突变分析可以直观地反映出行政区划调整领域的研究热点及前沿，从而准确把握这一领域的学术研究范式，更易从中发现目前该领域研究中的学术空白，为更好地选择学术研究方向提供帮助。

首先是对行政区划调整研究领域的研究热点进行分析。

英文文献方面，将检索得到的英文文献数据导入CiteSpace软件中，在节点类型栏中选择关键词，首选标准N设置为20，进行可视化分析，得到行政区划调整研究领域英文文献关键词的共现图后，选择时间线显示，采用关键词聚类，选择对数极大近似率，调整图像后得到行政区划调整研究领域英文文献热点图，如图 1 –21 所示。

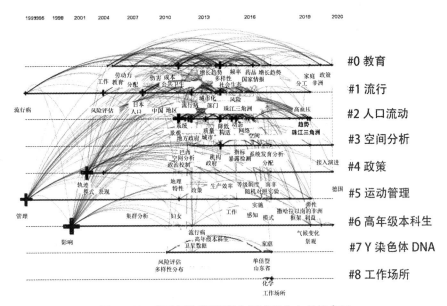

图 1 –21　行政区划调整研究领域英文文献热点图

由图 1 –21 可知，行政区划调整领域高频关键词聚类分为 9 个类别：教育、流行、人口流动、空间分析、政策、运动管理、高年级本科生、Y 染色体 DNA、工作场所。以时间顺序对行政区划调整研究领域的热点进行梳理，得到行政区划调整研究领域英文文献热点关键词脉络表，如表 1 –27 所示。

表 1 –27　　　　　　　行政区划调整研究领域英文文献热点关键词脉络

年份	关键词
1993	流行病、管理
2000	影响
2002	试验、频率、模型
2003	药
2004	绩效、风险因素
2005	工作、教育

年份	关键词
2006	速度
2007	喜马拉雅山、社会生态、国家情报、劳动力、分工
2008	问责制、地区、澳大利亚、日本、人口
2009	西班牙
2010	上海、成本、多样性、儿童
2011	行政问题、地理学、本科研究、陆地、流行病、高年级本科生、身份、政策、力量、女性、死亡率、护理、中国
2012	混乱、公共政策、巴西、风险评估、精神分裂症、政治控制、分配、土地利用、疾病、压力、空间分析、政策、风险、系统、城市化、地区
2013	乌干达、合法性、集群分析、生产力、辅助、地区
2014	层次、复旦、复杂、行政数据、项目、医学教育、威胁、战略、医疗健康、指数、感染、时间系列、孟加拉国、气候、不平等、流行、健康、城市
2015	肯尼亚、法国、移民、漏洞、就业、分离、河流流域、划界、地下水、授权、干旱、决策、事项、应急部门、曝光、权力下放、机构、监管、感知、质量、模式
2016	地方政府、土地退化、病毒、发病率、决策支持系统、定居、荒漠化、需求、分类、社区检测、可持续发展、科学、昆士兰、市场、性别、欧洲、中等收入国家、社区、规模、城市、信息、动态、增长、治理
2017	多态性、偏远、农村、风险评估、基因、东亚、河南省、建筑、南非、随机对照试验、挑战、基础设施、少数民族、撒哈拉以南的非洲、控制、美国、家庭、基础设置投资、土地利用变化、系统发育分析、经济增长、辽宁省、Y-染色体DNA连续重复片段、团队、单倍型、卫星数据、山东省、实施、图像、伙伴、遥感、远程医疗、指标、框架、设计、效率、趋势、收入、暴露检测、化学、职业卫生、工作单位
2018	青少年、就业、空间
2019	利益、地方政府、弹性、非洲、温度、状态、香港、通路、气候变化、高血压、贸易、分工、珠江三角洲、网络
2020	景观、服务、进化、淘汰、德国、家庭政策、波兰、决定因素

　　由表1-27可知各个时期行政区划调整的研究方向。2002年，行政区划调整正式成为热点，学者们在这一阶段主要对行政区划调整本身进行研究；2011~2013年，学者们开始关注行政区划调整的社会生态、管理以及行政区划调整带来的风险因素等方面；2014~2017年，研究热点词比往年明显增多，表明行政区

划调整的研究受到各个领域学者的重视，各学者主要关注的是风险问题、空间分析、城市化发展等多个领域；2017～2020年，学者们主要关注行政区划调整中社区发展问题及城市发展过程中带来的环境问题等。从表中可以直观地看出，国外对行政区划调整方面的研究相对成熟。

中文文献方面，将检索得到的中国知网文献数据导入 CiteSpace 软件中，节点类型栏选择关键词，首选标准 N 设置为 10，进行可视化分析，得到行政区划调整链条中文关键词共现图后，选择时间线显示，采用关键词聚类，选择对数极大近似率，调整图像后得到行政区划调整研究领域中文文献热点图，如图 1 - 22 所示。

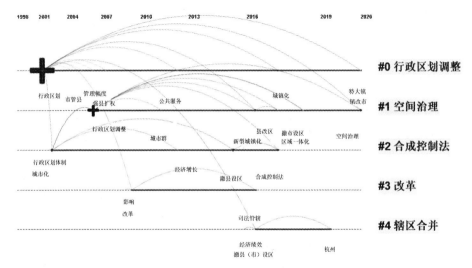

图 1 - 22　行政区划调整研究领域中文文献热点

由图 1 - 22 可知，行政区划调整研究领域中文文献的高频关键词聚类分为 5 类：行政区划调整、空间治理、合成控制法、改革、辖区合并。其中，对行政区划调整和空间治理的研究在近年来继续保持热度，对行政区划调整的研究自 2001 年城市群城镇格局的相关研究热点出现至今持续保持热度，说明近年来中国学界对行政区划调整的研究热情高涨。此外，"合成控制法"从 2002 年开始出现热度，至 2017 年逐渐减退；"改革"从 2008 年开始出现热度，至 2016 年热度逐渐减退；"辖区合并"从 2016 年开始出现热度，至 2019 年热度开始减退。以时间顺序对该领域的热点进行梳理，得到行政区划调整研究领域中文文献热点关键词脉络表，如表 1 - 28 所示。

表 1-28　　　　　　　　行政区划调整研究领域中文文献热点关键词脉络

年份	研究热点
1998	直辖市、地级市、地域行政区
2001	行政区划
2002	城市化、行政区划体制
2004	市管县
2005	俄罗斯
2006	行政区划调整、粤东地区、广东省、汕头市、经济社会发展、管理幅度、现行行政区划
2007	强县扩权、行政区划改革
2009	改革、创新、影响、政府职能
2010	省直管县、清代、体制改革
2011	城乡一体化、中国、城市群、区域经济
2012	经济增长、公共服务
2014	司法区划、司法管辖制度、适当分离
2015	撤县设区、跨行政区划、区划调整、司法公正
2016	新型城镇化、撤县（市）设区、司法管辖、经济绩效
2017	城镇化、司法改革、合成控制法、跨行政区划法院、跨行政区划检察院、县改区、国际经验、集中管辖
2018	撤市设区、重庆市、区域一体化
2019	杭州
2020	空间治理、特大镇

　　由表 1-28 可以看出，中国自 1998 年开始，"行政区划"成为研究热点，因此，行政区划调整研究领域中文文献热点脉络主要集中在 1998~2020 年，这与中国近年来的战略有很大的关系。近些年来，中国行政区划调整的进程不断加深，取得了卓越成就，2001~2017 年，每年的热点突现关键词逐渐增多。可以看出，自 2001 年以来，对行政区划的研究开始被各领域学者广泛关注，2011 年，学者们开始关注行政区划调整与城市群的关系，因此为本书以中心城市为核心的城市群行政区划调整的切入点选择等方面提供了重要的参考依据。具体来看，2011 年，学者主要关注中国城市群和城乡一体化及区域经济的发展。2018~2020 年，学界对行政区划调整的关注重心转为区域一体化、撤市设区以及空间治理等

方面。

下面，对行政区划调整研究领域的研究前沿进行分析。

行政区划调整研究领域的英文文献前沿分析。将检索得到的英文文献数据导入 CiteSpace 软件中，在节点类型栏中选择关键词，首选标准 N 设置为 20，其余选项均保持默认可视化分析，下一步进行突变分析，由于研究时间跨度较大，涉及关键词较多，故将突发性下的 f(x) 值设置为 3.0，得到行政区划调整研究领域英文文献前沿术语，如表 1-29 所示。

表 1-29 行政区划调整研究领域英文文献前沿术语

关键词	强度	开始年份	结束年份	1991~2020 年
流行病	4.3921	1993	2010	
管理	4.7469	1993	2007	
风险因素	5.9217	2004	2010	
速度	3.782	2006	2011	
同一性	3.6672	2011	2013	
疾病	4.2946	2012	2014	
生产力	3.7667	2013	2014	
动态	3.7691	2016	2017	
信息	3.7691	2016	2017	
工作单位	4.7396	2017	2018	

注："▬"为关键词频次突然增加的年份，"▬"为关键词频次无显著变化的年份。

如表 1-29 所示，1993 年之前，英文文献中没有出现有关行政区划调整文献突现关键词；2002~2016 年，英文行政区划调整文献突现关键词为流行病、管理、风险因素、速度、同一性、疾病、生产力。这说明，在行政区划调整成为热点的初期，学者们重点研究行政区划调整领域的危险因素及城市经济增长，之后开始重点关注城市产业生产发展等问题；2016 年至今，突现关键词为动态、信息、工作单位，说明行政区划调整的研究经过多年发展，学者们开始对行政区划调整的变化趋势等进行重点研究。通过以上对行政区划调整研究领域英文研究前沿的分析可以看出，目前行政区划调整的研究前沿对行政区划调整领域的研究较不充分，近年行政区划调整研究领域的英文文献对中国学者研究中国行政区划调整领域的参考价值较小。

行政区划调整研究领域的中文研究前沿分析。将检索得到的中国知网的文献数据导入 CiteSpace 软件中，在节点类型栏中选择关键词，首选标准 N 设置为 20，其余选项均保持默认，选择可视化分析，下一步进行突变分析。由于研究时间跨度较大，将突发性下的最短持续时间设置为 1，提取突变最少保持 1 年的关键词，f(x) 值设置为 3.0，得到行政区划调整研究领域中文文献前沿术语，如表 1 – 30 所示。

表 1 – 30　　　　　　　　行政区划调整研究领域中文文献前沿术语

关键词	强度	开始年份	结束年份	1998 ~ 2020 年
地级市	3.228	1998	1998	
直辖市	3.258	1998	2006	
市管县	4.3035	2004	2004	
省直管县	4.9502	2010	2010	
城市化	4.3399	2011	2013	
新型城镇化	3.6609	2016	2017	
撤县设区	3.9112	2017	2020	
撤县（市）设区	3.5506	2018	2020	

注："▬" 为关键词频次突然增加的年份，"▭" 为关键词频次无显著变化的年份。

由表 1 – 30 可以看出，1998 年之前没有出现有关行政区划调整文献突现关键词，说明在 1998 年前，中国对行政区划调整的研究尚处起步阶段，没有形成较为鲜明的学术前沿。1998 ~ 2010 年，行政区划调整研究领域中文文献突现关键词为地级市、直辖市、市管县、省直管县，说明在国内行政区划调整产生学术前沿领域产生的初期，学者们重点研究行政区划调整的直辖市问题；2010 ~ 2016 年，突现关键词为城市化、新型城镇化，说明在这一阶段，学者们开始关注行政区划调整领域的城市化和新型城镇化发展的问题，国内对行政区划调整的研究逐渐发展起来，涉及领域逐渐广泛；2016 年至今，突现关键词分别为撤县设区和撤县（市）设区，说明中国行政区划调整的提出得到了学者们的广泛认可，学者们开始对行政区划调整政策进行重点研究，为行政区划调整的构建作出贡献。

1.2.3 关于城市群行政区划设置扁平化的文献计量

城市群行政区划设置扁平化，就是通过体制机制创新来重塑中心城市与城市群内大中小城市（镇）间的关系，以极化中心城市为核心构建都市圈，运用撤县改区或城市合并的方式形成高效率组织体系来实行扁平化管理，提高城市群整体综合承载和资源优化配置能力。城市群行政区划设置扁平化方面的研究所取得的成就较少，因此，本书通过研究行政区划与城市群、行政区划与中心城市的关系来对城市群行政区划设置扁平化进行研究。本节市群行政区划设置扁平化的文献综述是通过分析城市群的行政区划、中心城市的行政区划的相关文献进行的。由于中国知网和英文核心期刊数据库导出文献信息数量有限，故本节在分析城市群行政区划设置扁平化研究领域英文文献发文量高的机构时不使用 CiteSpace 软件对文献进行可视化分析。

1. 研究数据及发文量的初步分析

英文数据以 WOS 为来源，由于通过所有数据库进行文献收集会存在字段缺失的现象，因此，通过核心数据库进行文献收集。以行政区划和城市群、中心城市为主题建立英文检索公式；选择在 1991 年 1 月至 2020 年 12 月内英文语种的文献，2021 年 6 月 11 日，对检索出的文献进行筛选，得到 47 条检索信息，将文献数据导入 CiteSpace 中，对数据进行初步检验，最终进行城市群行政区划设置扁平化研究领域文献计量分析，有效英文文献数据为 46 条。

中文数据以中国知网为来源，以行政区划和城市群、行政区划和中心城市为主题建立中文检索公式。2020 年 6 月 11 日，对时间在 1991 年 1 月至 2020 年 12 月的中国知网文献进行检索筛选后，得到 146 篇有效核心期刊文献，将文献数据导入 CiteSpace 中对数据进行初步检验，软件运行结果良好，没有数据丢失，最终进行知识产权链条领域文献计量分析，有效的中国知网的文献数据有 145 条。

由此可知，中国知网和英文核心期刊数据库中关于城市群行政区划设置扁平化研究领域的文献数据较少，国内外关于城市群行政区划设置扁平化研究领域的研究处于割裂状态。

将上述城市群行政区划设置扁平化文献的数据导出，按照发文年份以及发文数量将对应信息提取出来并导出为表格进行分析，可以得到 1991 年 1 月至 2020 年 12 月城市群行政区划设置扁平化研究领域英文文献与中文文献的发文数量趋势比较图，如图 1 - 23 所示。

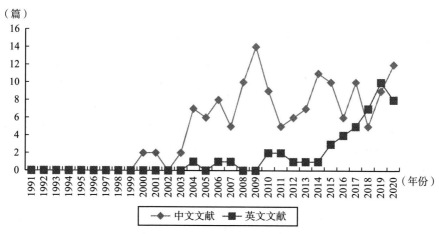

图 1 - 23 城市群行政区划设置扁平化研究领域中英文文献分布

2. 城市群行政区划设置扁平化研究领域的国家分析

将检索出的英文文献数据库文献数据导入 CiteSpace 软件中，节点类型设置为国家，首选标准 N 设置为 50，其余设置均选用默认值，再将 CiteSpace 软件所整理的数据导出为表格，提取"国家"和"发文量"两个字段下的数据，得到不同国家在城市群行政区划设置扁平化的研究领域发文量排名，如图 1 - 24 所示。

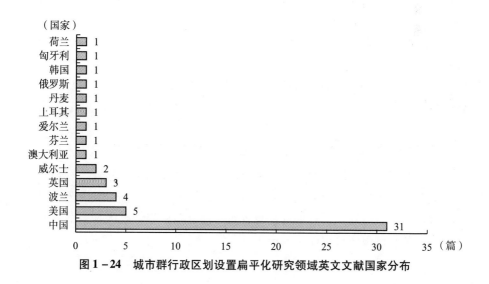

图 1 - 24 城市群行政区划设置扁平化研究领域英文文献国家分布

城市群行政区划设置扁平化的研究领域发文量排名前三的国家分别为中国、美国、波兰，其中，发文量排名第一的是中国，发文数量为 31 篇，约占发文总量的 57.41%；发文量排名第二的是美国，发文数量为 5 篇，约占发文总量的 9.26%；发文量排名第三的是波兰，发文数量为 4 篇，约占发文总量的 7.41%。

在 CiteSpace 软件的分析结果中，中心性的数值大小代表该节点关键性的大小，因而通过对各个国家发文量中心性的分析，可以得出各个国家所在节点的关键性，进而明确该国家与其他国家合作的紧密性，以及在城市群行政区划设置扁平化领域的国际研究中所处的地位。通常认为，中心度大于 0 的节点，可以被看作关键节点，本书中心度大于 0 的国家如表 1-31 所示。

表 1-31 　　　　城市群行政区划设置扁平化研究领域国家发文中心度排名

发文量（篇）	国家	首次发文年份	中心度
31	中国	2006	0.35
5	美国	2010	0.01

由表 1-31 可以看出，只有 2 个国家的中心度大于 0，其他国家的中心度均小于 0，说明只有中国和美国 2 个国家与其他国家在城市群行政区划设置扁平化研究领域有一定的合作。中国的中心度大于 0.1，表明中国在城市群行政区划设置扁平化研究领域的国家合作网络中位于关键节点。中国首次发文年份早于美国，其中心度不仅位于第一且发文量也较多，说明中国在城市群行政区划设置扁平化方面的理念形成得比较早，再通过与各国深入的合作，其在该研究领域的国际地位也在不断提高。中国的发文量在所有的国家中排名第一，其中心度的监测值为 0.35，数值相对较高，说明中国在国际上城市群行政区划设置扁平化文献具有较高影响力。

3. 城市群行政区划设置扁平化研究领域的期刊分析

首先，对城市群行政区划设置扁平化研究领域的期刊进行分析。

将检索得到的英文文献数据导入 CiteSpace 软件中，节点类型栏选择引用文献，其余选项均保持默认，进行可视化分析，得到城市群行政区划设置扁平化研究领域英文期刊共被引可视图，如图 1-25 所示。

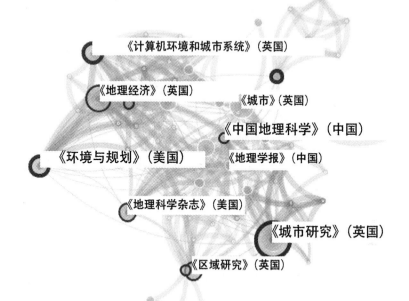

图 1 – 25   城市群行政区划设置扁平化研究领域英文期刊共被引可视图

由图 1 – 25 可知，城市群行政区划设置扁平化研究领域英文期刊被引频次排名较为靠前的期刊明显多于其他期刊，其中《城市研究》是被引频次最高的期刊，该期刊是著名的城市研究类学术期刊。据 2015 年最新统计，城市研究杂志的影响因子为 2.182，在学科中排名第 18 位。同时可以发现，英文"二者关系"研究的被引期刊还集中在《城市经济学杂志》《区域科学与城市经济学》《国际人居》《区域研究》《区域科学杂志》《城市》《环境与规划》《景观与城市规划》《经济地理杂志》《地理分析》《土地利用政策》等。期刊的研究方向多分布在地理经济学、生态规划、公共管理等领域中。

从被引期刊中心性的角度分析，将 CiteSpace 中对城市群行政区划设置扁平化研究领域英文期刊共被引分析所得数据导出为表格，按照中心度大于 0.1 的标准提取数据，得到城市群行政区划设置扁平化研究领域英文期刊共被引网络的关键节点，如表 1 – 32 所示。

表1-32 城市群行政区划设置扁平化研究领域英文期刊共被引网络关键节点

期刊名称（简称）	被引频次	首次出现年份	中心度
《环境与规划》	10	2016	0.34
《城市研究》	15	2015	0.25
《清洁生产杂志》	5	2018	0.24
《计算机环境和城市系统》	10	2016	0.23
《城市地理》	3	2020	0.19
《经济地理》	13	2015	0.15
《中国地理科学》	10	2017	0.15
《地理科学杂志》	10	2017	0.14
《美国科学院院报》	6	2016	0.14
《区域研究》	10	2015	0.1

由表1-32可以看出，《环境与规划》《城市研究》《区域研究》《计算机环境和城市系统》的中心度和被引频次都比较高，表明这3个期刊所刊载的城市群行政区划设置扁平化研究论文质量较高，对城市群行政区划设置扁平化领域的学术研究起到支撑作用，因此，从中心性的角度出发，《环境与规划》《城市研究》这两个期刊在城市群行政区划设置扁平化研究领域居于核心地位。

从发文集中情况来看，将检索得到的英文文献数据导入CiteSpace软件中，在节点类型栏中选择来源，首选标准N设置为30，其余选项均选择默认运行数据，将运行结果导出为表格，对期刊名称进行计数，得到1986~2019年城市群行政区划设置扁平化研究领域英文文献期刊分布，其中载文量排名前8的期刊如表1-33所示。

**表1-33   1986~2019年城市群行政区划设置扁平化研究领域
英文文献期刊分布（前8）**

期刊名称（简称）	载文量（篇）	占比（%）	期刊名称（简称）	载文量（篇）	占比（%）
《中国地理科学》	4	9.09	《可持续性》	2	4.55
《城市》	3	6.82	《国际人居》	1	2.27
《城市规划与发展杂志》	3	6.82	《增长与变化》	1	2.27
《地理科学杂志》	3	6.82	《区域研究》	1	2.27

由表 1 - 33 可知，城市群行政区划设置扁平化研究领域发文量排名前 8 位的英文期刊一共发文 32 篇，占比约 70%，其发文量并没有高出其他期刊很多，说明论文在期刊上的集中度不高，城市群行政区划设置扁平化的研究在英文期刊中均匀分布，并没有形成较为稳定的期刊群和代表性期刊。此外，结合图 1 - 4 可以看出，在城市群行政区划扁平化设置领域，发文量排名前 10 位的英文期刊和在该领域被引频次明显高的期刊是《地理科学杂志》和《中国地理科学》，因此，可以认为这两个期刊在城市群行政区划设置扁平化研究领域具有一定的权威性。

下面，对城市群行政区划设置扁平化研究领域的中文期刊进行分析。由于通过中国知网导出的论文文献数据缺少"参考文献"字段，无法通过 CiteSpace 软件对中国知网导出的论文文献数据进行共被引分析，因此，对知识产权链条研究的中文期刊，从载文量和研究层次两个方面进行分析。

首先，将检索得到的中国知网的数据导出为表格，对期刊名称进行计数，得到 1991 ~ 2020 年中文城市群行政区划设置扁平化文献期刊分布，其中载文量排名前 8 的期刊如表 1 - 34 所示。

表 1 –34 　　　　 1986 ~ 2019 年城市群行政区划设置扁平化研究领域的
中文文献期刊分布（前 8）

期刊名称（简称）	载文量（篇）	占比（%）	期刊名称（简称）	载文量（篇）	占比（%）
《经济地理》	12	8.22	《中国行政管理》	5	3.42
《城市发展研究》	9	6.16	《人文地理》	5	3.42
《城市规划》	8	5.48	《城市问题》	5	3.42
《经济社会体制比较》	6	4.11	《城市规划学刊》	3	2.05

由表 1 - 34 可知，城市群行政区划设置扁平化研究领域发文量排名前 8 位的中文期刊共发文数量为 53 篇，占比约为 36%，说明国内城市群行政区划设置扁平化的论文在期刊上的集中度比较低，城市群行政区划设置扁平化相关领域的研究在国内还没有形成较为稳定的期刊群和比较有代表性的期刊。其中，《经济地理》在该领域刊登 12 篇文章，数量是最多的，该期刊刊登的城市群行政区划设置扁平化研究领域的文章主要集中在区域经济理论与方法、产业经济与产业集群、城市与城市群、产业经济与创新发展、城市地理与新型城镇化等方面，涉及

的学科主要有宏观经济管理与可持续发展、经济体制改革、农业经济、旅游、工业经济、环境科学与资源利用等。排名第二位的期刊为《城市发展研究》，发文量为9篇，该期刊刊登的城市群行政区划设置扁平化研究领域的文章主要集中在区域研究、旅游研究、城市研究、生态环境、区域创新与发展、区域开发与发展等方面，涉及的学科主要有宏观经济管理与可持续发展、经济体制改革、工业经济、地理等。排名第三位的期刊为《城市规划》，发文量为8篇，该期刊刊登的城市群行政区划扁平化设置领域的文章主要集中在城市经济、城市规划、城乡规划、城镇化、区域与城市、城市空间等方面，涉及的学科主要有宏观经济管理与可持续发展、建筑科学与工程、经济体制改革等学科。可以看出，排名前三的期刊在城市群行政区划扁平化设置研究领域具有一定的权威性，能够较好地把握城市群行政区划扁平化设置研究方向和研究状态。

接下来将发文前10的期刊按照中国知网期刊检索之后的研究层次分组来进行分类，以便进一步确认在城市群行政区划设置扁平化研究领域权威期刊的文献研究层次，也为研究选取参考文献指导意见，分类结果如表1-35所示。

表1-35　　城市群行政区划设置扁平化研究领域中文文献核心期刊研究层次

研究层次	期刊名称
基础研究（社科）	《经济地理》《城市发展研究》《人文地理》《城市问题》《中国行政管理》
政策研究（社科）	《城市规划》《经济社会体制比较》
行业指导（社科）	《城市规划学刊》

由表1-35可知，国内城市群行政区划扁平化设置研究主要集中分布在社会科学领域的基础研究、社会科学领域的政策研究以及社会科学领域的行业指导研究中，其中《经济地理》《城市发展研究》《人文地理》《城市问题》《中国行政管理》的研究集中在基础研究（社科），所以，在进行有关城市群行政区划设置扁平化研究领域的社会科学基础研究时，参考这几个期刊为主；《城市规划》《经济社会体制比较》的研究集中在政策研究（社科），所以，在进行有关城市群行政区划设置扁平化研究领域的社会科学政策研究时，参考这两个期刊为主；《城市规划学刊》的研究集中在行业指导（社科），所以，在进行有关城市群行政区划设置扁平化研究领域的社会科学行业指导时，参考这一期刊为主。

根据对中英文期刊的研究发现，在城市群行政区划设置扁平化研究领域，英文文献可重点选取《地理科学杂志》和《中国地理科学》等期刊中的文献作参考，中文文献可以重点选取《经济地理》《城市发展研究》《人文地理》等期刊中的文献作参考。

4. 城市群行政区划设置扁平化研究领域的研究团队分析

首先,对城市群行政区划设置扁平化研究领域的英文文献作者进行分析。

将检索得到的英文文献数据导入 CiteSpace 软件,节点类型栏选择引用作者,其余选项均保持默认,进行可视化分析,得到城市群行政区划设置扁平化研究领域英文文献作者共被引可视图,如图 1 – 26 所示。

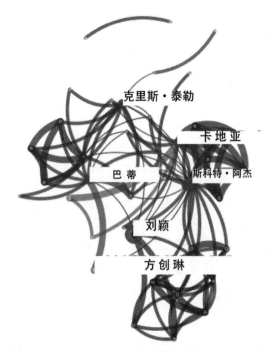

图 1 – 26 城市群行政区划设置扁平化研究领域英文文献作者共被引可视图

由图 1 – 26 可知,城市群行政区划设置扁平化研究领域英文文献被引频次较高的作者为刘颖、斯科特·阿杰、克里斯·泰勒等人,将 CiteSpace 软件中运行的结果导出,得到城市群行政区划设置扁平化研究领域的英文文献作者被引频次排名,因为作者数量过多,所以,同时被引频次高的作者才可被认为在这一领域具有一定权威性。

按照中心度大于0.1 则视为关键节点的标准,将城市群行政区划设置扁平化研究领域的英文作者共被引网络关键节点提取出来,得到城市群行政区划设置扁平化研究领域的英文作者共被引网络关键节点，如表1-36所示。

表1-36 城市群行政区划设置扁平化研究领域英文文献作者
共被引网络关键节点

作者	被引频次	中心度	首次出现年份
方创琳	2	0.49	2019
斯科特·阿杰	4	0.43	2019
克里斯·泰勒	4	0.4	2017
卡地亚	4	0.29	2015
刘颖	5	0.24	2019
巴蒂	4	0.22	2016
陈越	2	0.14	2019
陈龙	2	0.1	2019
洛施	2	0.1	2017

由表1-36可知，方创琳、斯科特·阿杰与其他作者的关联程度较高，形成以上作者为中心的多个学术研究联盟。从这一角度出发，也可认为以上作者在城市群行政区划设置扁平化研究领域具有一定权威性。

将检索得到的英文文献数据导入CiteSpace软件中，节点类型栏选择机构，其余选项均保持默认，进行可视化分析，由于关于城市群行政区划设置扁平化研究领域英文文献的机构数据有限，故无法进行可视化图分析。将CiteSpace软件运行的数据导出，得到城市群行政区划设置扁平化研究领域的英文文献发文量在2篇以上的机构，如表1-37所示。

表1-37 城市群行政区划设置扁平化研究领域英文文献发文量高的机构

发文量（篇）	机构名称	机构性质	地区
4	中国科学院	科研机构	中国
2	华东师范大学	高校	中国

根据表1-37可以看出，城市群行政区划设置扁平化研究领域英文文献发文量排名靠前的机构为中国科学院、华东师范大学，说明中国在城市群行政区划设置扁平化研究领域仍处于起步阶段。

下面，对城市群行政区划设置扁平化研究领域中文文献的作者及机构团队进行分析。

将检索得到的中国知网的数据导入 CiteSpace 软件中，节点类型栏选择作者，首选标准 N 设置为 30，进行可视化分析，得到城市群行政区划设置扁平化研究领域中文文献作者合作网络可视图，如图 1 – 27 所示。

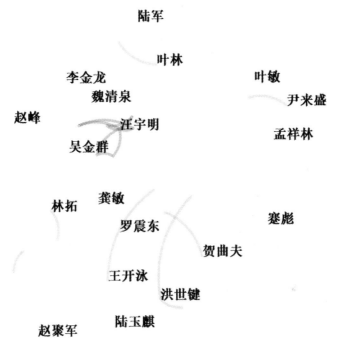

图 1 – 27　城市群行政区划设置扁平化研究领域中文文献作者合作网络可视图

通过观察图 1 – 27 可以看出，林拓、汪宇明和王开泳的发文量最高，但与其他学者合作不多，整体来看，机构之间的连线仅有 176 条，而节点（即作者）有 242 个，共现网络密度仅为 0.006，说明国内各个作者联系不密切，尚未形成有规模的科研合作团队。

将 CiteSpace 软件中运行的数据导出，得到城市群行政区划设置扁平化研究领域中文文献发文量排名靠前的作者，如表 1 – 38 所示。

如表 1 – 38 所示，林拓、汪宇明、王开泳学者是城市群行政区划设置扁平化研究领域的重要学者，在城市群行政区划设置扁平化研究领域具有较强影响力，因此，可以重点选取以上学者的文章进行参考。其中，来自华东师范大学的林拓致力于行政区划与国家治理的研究，来自华东师范大学的汪宇明致力于旅游、经济体制改革的研究，来自中国科学院地理科学与资源研究所的王开泳致力于行政区划、城市空间的研究。

表1-38　　城市群行政区划设置扁平化研究领域中文文献发文量高的作者

作者	发文量（篇）	单位
林拓	4	华东师范大学
汪宇明	4	华东师范大学
王开泳	4	中国科学院地理科学与资源研究所
李金龙	3	湖南大学
刘君德	3	华东师范大学
冯邦彦	3	暨南大学
孟祥林	3	华北电力大学
洪世键	3	厦门大学
尹来盛	3	暨南大学

将检索得到的中国知网数据导入 CiteSpace 软件中，节点类型栏选择机构，其余选项均保持默认，将 CiteSpace 软件运行的数据导出，得到城市群行政区划设置扁平化研究领域中文文献发文量排名靠前的机构，如表1-39所示。

表1-39　　城市群行政区划设置扁平化研究领域中文文献发文量高的机构

发文量	机构名称	机构性质	地区
2	首都经济贸易大学	高校	华北地区
2	中国科学院地理科学与资源研究所	科研机构	华北地区
2	暨南大学经济学院	高校	华南地区
2	南开大学周恩来政府管理学院	高校	东北地区
2	华东师范大学中国行政区划研究中心	科研机构	华东地区
2	中山大学中国公共管理研究中心管理学院	高校	华南地区

由表1-39可以看出，城市群行政区划设置扁平化研究领域中文文献发文量排名靠前的机构为首都经济贸易大学、中国科学院地理科学与资源研究所、暨南大学经济学院、南开大学周恩来政府管理学院、华东师范大学中国行政区划研究中心、中山大学中国公共管理研究中心管理学院。从研究机构的类型上看，城市群行政区划设置扁平化研究机构较为单一，发文的研究机构集中在高校，表明目

前国内对城市群行政区划设置扁平化研究的主力为各大高校。从地域上看，中文城市群行政区划设置扁平化研究主要集中在华东、华南地区，东北、华中等地区对城市群行政区划设置扁平化的研究规模较小。

5. 城市群行政区划设置扁平化研究领域的重要文献分析

城市群行政区划设置扁平化研究领域英文重要文献分析。将检索得到的英文文献数据导入 CiteSpace 软件中，节点类型栏选择引用，其余选项均保持默认，进行可视化分析，得到城市群行政区划设置扁平化研究领域英文文献共被引运行图，如图 1 - 28 所示。

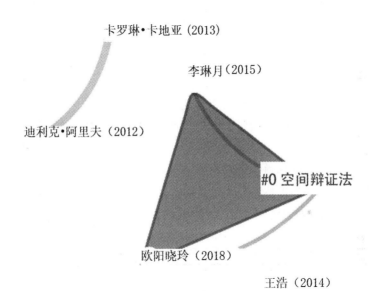

图 1 - 28　城市群行政区划设置扁平化研究领域英文文献共被引参考文献聚类分析

由图 1 - 28 可知，城市群行政区划设置扁平化研究领域英文文献的共被引参考文献知识图谱中有节点 6 个、链接 3 条，密度值为 0.2。该研究领域英文核心期刊的文献共被引网络中突出的节点数少，这直观地反映了城市群行政区划设置扁平化的基础薄弱。因此，挖掘出新的关键节点对城市群行政区划设置扁平化的研究具有非常重要的意义。

按照中心度大于 0.1 则视为关键节点的标准，提取城市群行政区划设置扁平化研究领域英文文献共被引网络的关键节点，得到城市群行政区划设置扁平化研究领域英文核心文献表，如表 1 - 40 所示。

表 1 – 40　　　　城市群行政区划设置扁平化研究领域英文核心文献

中心度	作者	题目
0.2	匡文慧	《考察河北雄安新区建设过程中的城市土地覆盖特征和生态调控》
0	卡罗琳·卡地亚	《中国的领土是什么？从地缘政治叙事到"行政区域经济"》
0	王浩	《城市影响范围划分方法的比较研究：中国中部地区案例研究》
0	李琳月	《国家调整规模与国家新区开发：重庆良江案例》
0	欧阳晓灵	《工业部门能源反弹效应：长三角城市集聚实证研究》

　　由表 1 – 40 可知，中心度最高的文章为匡文慧发表于 2018 年的《考察河北雄安新区建设过程中的城市土地覆盖特征和生态调控》，该文利用多阶段遥感影像、城市土地利用覆盖数据、生态系统服务评估数据，揭示了该新区以及整个城市群规划区域的土地覆被特征，并提出了相应的生态保护和管理策略。结果表明，建成新区快速扩张，形成了连续的高密度不透水表面。开发建设应缓解北京的非首都功能，适度控制人口和工业增长。因此，应在规划初期将其纳入国家"海绵城市"建设试验区，借鉴国际低影响发展模式，加强城市绿色基础设施建设。

　　城市群行政区划设置扁平化研究领域中文重要文献分析。由于从中国知网导出的文献信息中缺失关于共被引字段，因此，从被引频次方面对中文核心文献进行分析，如表 1 – 41 所示。

表 1 – 41　　　　城市群行政区划设置扁平化研究领域中文核心文献

排名	被引频次	作者	题目
1	167	何显明	《市管县体制绩效及其变革路径选择的制度分析——兼论"复合行政"概念》
2	132	谢涤湘、文吉、魏清泉	《"撤县（市）设区"行政区划调整与城市发展》
3	118	汪宇明	《中国省直管县市与地方行政区划层级体制的改革研究》
4	108	殷洁、罗小龙	《从撤县设区到区界重组——我国区县级行政区划调整的新趋势》
5	103	魏衡、魏清泉、曹天艳等	《城市化进程中行政区划调整的类型、问题与发展》
6	95	吴传清、李浩	《西方城市区域集合体理论及其启示——以 Megalopolis、Desakota Region、Citistate 理论为例》
7	91	汪宇明、王玉芹、张凯	《近十年来中国城市行政区划格局的变动与影响》

排名	被引频次	作者	题目
8	89	罗震东	《中国当前的行政区划改革及其机制》
9	80	张蕾、张京祥	《撤县设区的区划兼并效应再思考——以镇江市丹徒区为例》
10	80	刘君德	《新时期中国城市行政区改革的思路》

由表1-41可知，被引频次排名第一的是何显明于2004年7月发表的《市管县体制绩效及其变革路径选择的制度分析——兼论"复合行政"概念》，该文对市管县体制展开研究，作者认为市管县制度不适应市场经济的发展，导致该制度效果不佳，当前政府职能的固化和落后，无法适应市场经济的发展，不利于区域经济一体化，省管县只有在政府职能转变的情况下才能解决我国行政体制面临的难题；被引第二的是谢涤湘、文吉和魏清泉于2004年4月发表的《"撤县（市）设区"行政区划调整与城市发展》；频次排名第三的是汪宇明于2004年6月发表的《中国省直管县市与地方行政区划层级体制的改革研究》。

6. 城市群行政区划设置扁平化研究领域的研究热点及前沿分析

首先，对城市群行政区划设置扁平化研究领域的研究热点进行分析。

在英文文献方面，将检索得到的英文文献数据导入 CiteSpace 软件中，节点类型栏选择关键词，其余选项均保持默认，得到城市群行政区划设置扁平化研究领域英文文献关键词共现图后，选择时间线显示，得到图1-29所示。

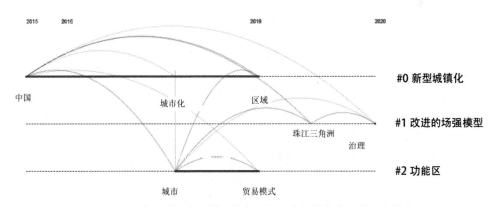

图1-29 城市群行政区划设置扁平化研究领域英文文献研究热点

由图 1-29 可知，城市群行政区划设置扁平化研究领域高频关键词聚类分为3 个类别，为新城镇、改进的场强模型、功能区。以时间顺序对该研究领域的热点进行梳理，得到城市群行政区划设置扁平化研究领域英文文献热点关键词脉络表，如表 1-42 所示。

表 1-42　　城市群行政区划设置扁平化研究领域英文文献热点关键词脉络

年份	关键词
2015	中国
2016	污染
2017	动态
2018	城市、城市化
2019	国家、贸易、地区、模式
2020	治理、珠三角、地区

由表 1-42 可以看出各个时期的城市群行政区划设置扁平化研究方向。2015年，城市群的发展正式成为热点；2015~2017 年，学者们开始进行对城市群行政区划设置扁平化本身进行研究；2018~2020 年，学者们开始进一步对城市群行政区划设置扁平化进行研究；2018 年，学者们开始关注城镇化方面的研究；2019年，学者们开始关注城市群行政区划的模式、现状等问题；2020 年，学者们开始关注政府治理、地区发展等方面的研究。

在中文文献方面，将检索到的中国知网文献数据导入 CiteSpace 软件中，节点类型栏选择关键词，首选标准 N 设置为 20，进行可视化分析，选择时间线显示，采用关键词聚类，调整图像后得到城市群行政区划设置扁平化研究领域中文文献热点，如图 1-30 所示。

由图 1-30 可知，城市群行政区划设置扁平化研究领域的中文高频关键词聚类分为 12 类，分别为行政区划、城市群、区域经济一体化、撤县设区、区域格局、城市化特征、浙中地区、特征、都市圈、就业人口、主要根源、比较。其中，除了"比较""区域格局""浙中地区""特征""都市圈""就业人口"在近 3 年热度有些不足，其余各词在近 3 年保持稳定热度。

以时间顺序对研究热点进行梳理，得到城市群行政区划设置扁平化研究领域的中文文献热点关键词脉络，如表 1-43 所示。

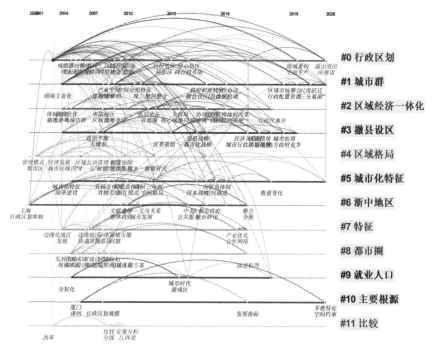

图1-30 城市群行政区划设置扁平化研究领域中文文献热点

表1-43 城市群行政区划设置扁平化研究领域中文文献热点关键词脉络

年份	关键词
2000	大都市区、行政区划体制、城市化道路、城市经济圈、都市联盟、上海、政策选择
2001	珠江三角洲、都市区、法律地位、湖州、管理模式、理论体系、实施效果、城镇规划
2003	行政区划杠杆、西部社会经济、改革、超常规发展
2004	行政区划调整、行政区划改革、发展、复合行政、市管县、特征、经济发展、城市区域、推动作用、体制绩效、区域组织、调整、从宏观环境分析行政区划层级体制区域管治、形成机制、边缘化地区、湖南工业区、制度意外
2005	区域经济一体化、中国、都市圈、动力机制、城镇体系、政府合作、兰州、城市群结构、绍兴县、半城市化地区、城市化特征、经济关系、城市主导区域理论、山东半岛城市群、发展战略、分权化、区域发展、绿带建设、大都市带理论、城市区域集合体、城乡一体化区域理论
2006	长株潭城市群、区域经济、中心城市、空间结构、海峡两岸经济区、可建设用地、城市化发展、小城镇、厦门、经济社会发展、手段、行政区经济、经济一体化、四川、密集地区、升岛成陆、经济强市、管理幅度、整合发展、漳州、省级行政区划改革、温州、汕头市、知识经济、管理层级、粤东地区、非行政区划、厦漳合并、区域性中心城市、环厦门湾城市群、现行行政区划
2007	对策、边缘地区、协调发展、形成、效应、区域公共管理、丹徒区、"十一五"规划、区划兼并、中央与地方关系、格局

续表

年份	关键词
2008	城市化、区域协调、大城市、总部经济、建制城市、规划体制、经济差距、变化与影响、政策创新、中部地区、区域管理、新理念、政府间纵向关系、区域中心城市、行政区划规模、模式、政治平衡、跨界都市圈、经济增长、信息化、构建、建设、鄱阳湖、环鄱阳湖生态城市群、省级边界区、依托发展、思考
2009	城市群、体制改革、管理体制、方法、经济区、成都平原城市群、区域格局、大都市区管治、创新、权力秩序、创新市制、南通市、大都市区规划、城市联盟、边界争议、城市发展战略、直辖市体制、比较、"3+5"城市群、跨行政区、区域城市化、区域开发、区域规划、回应路径、直辖市法、分级、政府、"两型社会"建设、产业空间、城市行政区、京津冀城市圈、问题、省级经济开发区、差异化城市扩展、江苏省、省级、经济合作、(广西)城市群、跨省区域治理、湖南省
2010	京津冀、区域治理、地级市、空间演练、辽宁省城镇化、制度保障、文献述评、省管县体制、较大的市、浙江模式、城乡行政区、整体政府、发展道路、权益博弈新格局、"省直管县"、变化、快速城市化、定量分析、县域经济、经济区划方案、研究、江西省、城镇集群、定位与职能、地方立法、政策措施、经济区划原则、城市影响区
2011	珠三角、长江三角洲、经济成长、石河子、区域治理结构、规划探索、特殊行政区划、新疆、动态演变、空间分形特征、金华—义务关系、城市发展、城乡一体化、综合配套改革、浙中地区、生产建设兵团
2012	区域一体化、城镇化、空间格局、国家历史文化名城、政府碎化、空间整合、首都经济圈、治理、时空演变、高层论坛、合肥—芜湖双核结构、首都圈、空间尺度、体制变迁、格局分布、黄河三角洲
2013	区界重组、撤县设区、区域整合、核心城市、城市整合、发展思路、环首都经济圈、福利差别、枢纽—网络、分隔、诸侯经济、小城市(镇)、两型社会、极化效应、回程效应、区域管治、阴影区、民族自治区、整合模式、延龙图
2014	协同发展、顶层设计、市辖区、演变、时空平稳性、地方财政支出、中美、公共服务、发展问题、区域经济发展、绿心地区、时间可达性、就业人口、跨行政界限、规划管理、场强模型、比较研究、城市空间扩张、三次产业、时空路径、跨境溢出效应、南京都市圈、环首都城市带、城市吸引范围、城市—区域、刘易斯拐点、发展对策、空间变迁、城市行政区划、大棋局、城市时代、尺度关系、建成区、环首都贫困带
2015	新型城镇化、国家战略、经济集聚、协同治理、双重差分法、大都市政府、结构优化、规模增长、途径、经济空间、滨东新区、"黄三角"高效生态经济区、政治碎化、利益博弈、区域经济增长、行政管理体制、强县战略、政府职能转变、京津冀一体化、阶段、新区域主义、撤县设区(县改区)、府际关系、高端服务业、都市化战略、集聚经济
2016	撤县(市)设区、省际联动、政区优化、欠发达地区、行政区划体制变迁、合作协议、法制协调、开发区体制、国家治理、一市一区、政府管理体制改革、经济效应、一体化发展、政治协同发展、行政区行政、市管县体制、空间演进、区域协同

续表

年份	关键词
2017	长江中游城市群、省直管县、区划调整、城市群融合度、战略布局引领、江苏、规划政策、政府作用、发展指标、撤县设市、节点城市、跨界协调规划、经济关联度、演进机理、城镇空间结构、城市行政区划调整、整合、国家治理现代化、杭州、行政区划变动、分散、规划机制、长江经济带、产业优化、重构逻辑、合作网络、距离、结构性优化、县改市
2018	城乡融合、行政区兼并、撤市设区、马太效应、利益协调、数量变化、政策绩效、市辖区合并重组、西部地区、动因分析
2019	高质量发展、合成控制法、资源配置效率、城市群治理、空间功能分工、空间规划、资源效应、国家治理体系、分区发展、"一核+两团"、中原城市群、城市治理、地域重构、区域市场整合、空间生产、行政配置资源、尺度重组、地方政府竞争
2020	空间治理、城市首位度、"灰边"效应、区域收入、政区治理、"中心—外围"城市、省域经济发展、制度困境、超大城市、"十四五"规划、空间溢出作用、虚体性治理单元、帕累托改进、主要根源、事件史分析、实体性治理单元、城市竞争、国家级新区、溢出效应、城市行政级别、"强省会"战略、多维特征、河南省、行政体制创新、产业结构、尺度跃迁、环境规制强度级差、空间约束、"三分巢湖"、治理效能、优化路径、优势地区、贸易开放度

由表1-43可以看出，城市群行政区划设置扁平化研究领域的中文文献热点关键词相对于英文文献热点关键词较多，但热点关键词的类别较为单一，研究两者之间关系的关键词较为分散，说明中国在城市群行政区划设置扁平化领域的研究并未形成合理体系。梳理各年度热点关键词可以发现，对城市群行政区划设置扁平化的研究大致分为两个阶段，2009年之前，行政区划与城市群的研究处于割裂状态；2009年之后，更加侧重于城市群行政区划、协调发展、城镇化等多方面的研究，因此可以看出，2009年之后的研究对本书研究更具参考价值。

下面，对城市群行政区划设置扁平化研究领域的研究前沿进行分析。

城市群行政区划设置扁平化研究领域的英文研究前沿分析。将CiteSpace中检索得到的英文文献数据导入CiteSpace软件中，节点类型栏选择关键词，首选标准N设置为20，其余选项均保持默认，进行可视化分析与突变分析发现，城市群行政区划设置扁平化研究领域的英文文献数量少，并没有明显突变词。由此可见，在国际环境下，目前对城市群行政区划设置扁平化的研究仍处于起步阶段，说明对城市群行政区划设置扁平化的研究具有创新价值与学术价值。

城市群行政区划设置扁平化研究领域的中文文献前沿分析。将检索得到的中国知网文献数据导入CiteSpace软件中，节点类型栏选择关键词，首选标准N设置为20，其余选项均保持默认，进行可视化分析与突变分析，由于研究时间跨度较大，将突发性下的 f(x) 值设置为4.0，得到表1－44。

表1－44　　　城市群行政区划设置扁平化研究领域中文文献前沿术语

关键词	强度	开始年份	结束年份	突变年份分布（1989～2019 年）
大都市区	3.43	2014	2016	
新型城镇化	4.4808	2015	2016	
撤县设区	4.5458	2017	2018	

注："▬"为关键词频次突然增加的年份，"▬"为关键词频次无显著变化的年份。

如表1－44所示，2014 年之前没有出现城市群行政区划设置扁平化文献突现关键词，说明在 2014 年前，中国学术界并没有将城市群行政区划设置与扁平化发展联系起来。2014～2017 年，文献突现关键词为大都市区、新型城镇化和撤县设区，说明这段时间中国学术界对城市群行政区划设置扁平化的研究还处于割裂阶段。

1.2.4　文献计量结论

第一，以中心城市为核心的城市群的研究文献计量结论。一是通过对以中心城市为核心的城市群研究发文量进行分析，发现英文文献数量远低于中文文献，说明在以中心城市为核心的城市群的研究中，目前国内比国外的研究热度高，说明以中心城市为核心的城市群的研究具有一定中国特色，中国在本领域发展中处于核心地位；同时，中国的发文量第一，与大多数国家展开密切的学术合作，说明中国对该领域的研究在国际上具有一定影响力，其中心度数值排名第一，在国际上有较高的国家影响力。二是通过对以中心城市为核心的城市群领域的载文期刊进行分析，发现以中心城市为核心的城市群英文研究多分布在自然学、环境科学、经济学、管理学、社会学，以及政府与法律等领域的期刊中，国内以中心城市为核心的城市群领域的文献主要集中在国民经济、工商管理、科学学与科技管理、数量经济等领域的期刊，涉及城市群空间格局与产业发展、城市群协调发展、城市经济与城市群研究等领域。三是通过对以中心城市为核心的城市群领域的研究团队进行分析，发现英文作者共被引网络构建情况良好，张强、张岩、李阳、李想、王建、斯准特与其他作者的关联程度较高，形成以上作者为中心的多个学术研究联盟；通过英文机构发文方面的分析可以发现，以中心城市为核心的城市群研究机构非常单一，发文的研究机构集中在高校，表明目前在国际上对以中心城市为核心的城市群研究的主力是各大高校，并且中国对以中心城市为核心的城市群的研究规模较大，说明中国高校在以中心城市为核心的城市群研究领域具有一定国际影响力；通过对以中心城市为核心的城市群中文文献作者的共现分析可以发现，曾鹏、曾刚等学者是以中心城市为核心的城市群研究领域的重要学者，在以中心城市为核心的城市群研究领域具有较强影响力，这些重要学者主要致力于空间结构与城市群、城市群与城市化等方面的研究，对中文发文机构进行分析可以发现，各研究机构应加强机构间合作。四是对以中心城市为核心的城市群领域重要文献的分析可以发现，英文重要文献多分布于城市化战略、城市群环境等城市发展等方面；中文重要文献多分布于区域经济发展方面。五是通过对以中心城市为核心的城市群领域的研究热点及前沿分析可以发现，英文研究的热点侧重于区域空间计量、城市可持续发展、相关联性、协调发展、区域政策等方面，中文研究的热点侧重于产业结构、时空分布、新型城镇化、城市群、河南省、区域协调、区域经济、同城化、协调度、国家中心城市等方面。对学术前沿的发展可以看出，目前国内外对以中心城市为核心的城市群的研究趋于细化的同时，均开始注重国家政策方面的研究，说明对以中心城市为核心的城市群的更全面研究对中国发展具有重要意义。

第二，行政区划调整研究的文献计量结论。一是通过对国内行政区划调整研究发文量进行分析发现，中文文献数量远低于英文文献数量，美国居于核心地位，与大部分国家的合作比较紧密，说明美国在行政区划调整领域的研究地位较高；仅次于美国的国家是中国，中国与意大利、德国、澳大利亚、英国等国家也均有合作。同时，通过对英文文献的国家发文量进行分析可以看到，美国的发文量最高，居于核心地位，中国居于第二位，说明中国在行政区划调整等方面的研究还有待提高国际影响力。二是通过对行政区划调整的载文期刊进行分析，发现英文的行政区划调整研究多分布在城市和区域规划、环境科学、地理学、城市经济、管理学、社会学等领域的期刊中，国内行政区划调整领域。因此，在中国城镇化进程不断推进的背景下，应该形成稳定的期刊群以及代表性期刊，同时该领域文献主要集中在城市群、新型城镇格局发展、新型城镇化、产业规划、可持续发展等领域。三是通过对行政区划调整领域的研究团队进行分析，发现在行政区划调整研究方面，国外已形成以巴蒂、刘颖、徐洁等人为中心的多个学术研究联盟；通过对英文机构发文方面的分析可以发现，行政区划调整研究机构非常单一，发文的研究机构集中在高校，表明目前在国际上对行政区划调整研究的主力是各大高校，同时还可以发现，中国机构在行政区划调整研究的发文机构中占据绝对优势，进一步说明中国在行政区划调整研究领域具有很高的国际影响力；通过对中文城市群新型城镇格局作者的共现分析可以发现，各个作者联系较弱，大多未形成科研合作团队；对中文发文机构进行分析可以发现，对行政区划调整的研究不仅受到学术研究机构的重视，同时受到政府的重视，说明对行政区划调整的研究符合中国目前的发展需求。四是对行政区划调整领域重要文献的分析可以发现，英文重要文献多分布于城市扩张和城乡发展方面，而中文重要文献多分布于行政区划调整过程中城市群城镇化时空动态格局及城镇化质量等方面。五是通过对行政区划调整领域的研究热点及前沿分析可以发现，英文研究的热点侧重于城市内生增长、城市扩张、耦合协调发展模型、城市群、地理信息系统、城镇化等方面，中文研究的热点侧重于空间结构、城镇化、城镇体系、空间重组、长江三角洲、新型城镇化等方面；对学术前沿的发展可以看出，目前对行政区划调整的研究前沿为城市群、城乡一体化的发展与新型城镇格局的形成，从而可以推理出对行政区划调整方面进行研究具有必要性。

第三，城市群行政区划设置扁平化研究的文献计量结论。一是通过对国内外城市群行政区划设置扁平化研究发文量进行分析，发现国内外对城市群行政区划设置扁平化的研究发文量的趋势大致相同，数量均较低，可以初步推断国内外对城市群行政区划设置扁平化的研究不够深入、广泛。同时，对外文文献进行发文国家分析可以发现，中国在该领域具有一定国际影响。二是通过对城市群行政区划设置扁平化研究领域的载文期刊进行分析发现，城市群行政区划设置扁平化研究领域的英文文献多分布于地理学、经济学、社会学、政治学以及规划和公共管理等领域中，国内城市群行政区划设置扁平化领域的期刊集中度较低，该领域文献主要集中在区域经济理论与方法、产业经济与产业集群、城市与城市群、产业经济与创新发展、城市地理与新型城镇化等领域的期刊，研究主要涉及经济体制改革、农业经济、旅游、工业经济、环境科学与资源利用等方面，可以看出国内外期刊的关注点存在一定差异。三是通过对城市群行政区划设置扁平化领域的研究团队进行分析发现，国外已形成以刘颖、斯科特·阿杰、克里斯·泰勒等人为中心的学术研究联盟，但是尚未形成规模；通过英文机构发文方面的分析可以发现，城市群行政区划设置扁平化研究机构较为单一，发文的研究机构集中在高校，同时机构间合作不够紧密，这一点应与城市群行政区划设置扁平化的研究尚未深入有关；通过对中文城市群行政区划设置扁平化作者的共现分析可以发现，各个作者联系较弱，大多未形成科研合作团队，在城市群行政区划设置扁平化领域各学者较为平均，没有明显权威的学者；对中文发文机构进行分析可以发现，机构类型单一，研究主力为各大高校。四是对城市群行政区划设置扁平化领域重要文献的分析可以发现，国外重要文献在城市群行政区划设置扁平化领域的研究在近几年并未形成聚类，说明在这一领域的研究需要更加深入；所检索到的城市群行政区划设置扁平化领域中中文文献多侧重于行政区划体制等方面的研究。五是通过对城市群行政区划设置扁平化领域的研究热点及前沿分析可以发现，英文研究的热点侧重于地区功能、城镇化等方面，在城市群行政区划设置扁平化方面的研究，英文学术研究前沿侧重于人口、政府管理等方面，中文城市群行政区划设置扁平化研究的热点侧重于城市群、区域经济一体化等方面；对学术前沿的发展可以看出，目前对城市群行政区划设置扁平化研究的前沿术语为城市群、行政区划，说明目前在该领域的研究多侧重于城市群行政区划改革。

综上所述，目前对行政区划设置扁平化方面的系统研究较少。一是对行政区划设置扁平化研究不深入。自"扁平化的战略构想"提出以来，仅对扁平化的区划体制有较为初步的探析，多数学者只是将"撤县设区"这一实现行政区划扁平化管理的政策作为对象进行研究，包括对区县行政区划调整的趋势；对城市化进程的影响，如速度、推动城市化的动因、类型以及方向，中国城市规模分布中的扁平化，产业结构等方面的研究不足。二是对以中心城市为核心的城市群行政区划设置扁平化的研究偏少。城市群行政区划设置扁平化（尤其是以中心城市为核心的城市群行政区划设置扁平化）概念、内涵的模糊性使得行政区划设置扁平化缺乏坚实的认知基础，大多数研究回避了这一问题而更多关注"城市行政区划对区域发展的影响"，城市群的发展和行政区划设置之间的关系已经开始受到学者关注，但总体而言这两方面的研究目前尚处于相互割裂状态。

国内外有关行政区划的研究已由静态转化为动态，由政治层面转化为经济社会发展层面，在行政区划改革方面的研究相对丰富。而习近平总书记在党的十九届四中全会报告中提出"要优化行政区划设置，提高中心城市和城市群综合承载和资源优化配置能力，实行扁平化管理，形成高效率组织体系"的现实需求后，城市群行政区划设置的优化成为新时代解决城市群综合承载和资源配置优化问题的重要指导理论。

1.3   研究目的与意义

1.3.1   研究目的

本书以中心城市为核心的城市群行政区划设置扁平化为研究对象，通过对以中心城市为核心的城市群行政区划设置扁平化模式的文献分析、现实研判，构建以中心城市为核心的城市群行政区划设置扁平化模式的理论框架，比较静态地模拟出以中心城市为核心的城市群行政区划设置扁平化模式所存在的内在关系以及作用机理。研究进一步由实证检验的方式从动态维度对以扁平化管理的行政区划优化设置展开政策效用估计、行政区划扁平化对资源配置的影响分析，再从静态维度对中心城市与城市群的行政区划调整范围、中心城市行政区划调整对区域发展影响的态势、中心城市行政区划调整前后的城郊空间和建成区情况进行分析，得到一个多元实证分析框架。通过实证分析得出结论，以此提出以中心城市为核心的城市群行政区划设置扁平化模式实现路径的对策建议。

1.3.2   理论意义

第一，本书对以中心城市为核心的城市群行政区划设置扁平化模式的内涵、特征和构成维度以及可行性、必要性进行分析，深入探讨了以中心城市为核心的城市群行政区划设置扁平化模式的问题，为政府对以中心城市为核心的城市群行政区划设置扁平化发展进行科学合理的定位、战略指导提供了理论支撑。

第二，本书对以中心城市为核心的城市群行政区划设置扁平化模式演化一般规律、动力机制与演化过程进行分析探讨，随着对中心城市进行行政区划扁平化设置，外围城市和城市群不断发展，将形成新一轮的城市群行政区划设置扁平化。本书对以中心城市为核心的城市群行政区划设置扁平化模式的相关理论进行补充，为政府系统全面进行以中心城市为核心的城市群行政区划设置扁平化提供了理论支撑。

第三，本书探讨以中心城市为核心的城市群行政区划设置扁平化。根据以中心城市为核心的城市群行政区划设置扁平化模式实现路径之间的关系和演化过程及动力机制，建立以中心城市为核心的城市群行政区划设置扁平化模式作用机理的理论框架，对以中心城市为核心的城市群行政区划设置扁平化模式的实现路径、演化过程、动力机制进行系统全面的研究，填补了关于以中心城市为核心的城市群行政区划设置扁平化方面的理论空白。

第四，本书对以中心城市为核心的城市群行政区划设置扁平化模式演化过程和作用机制进行分析探讨，研究以中心城市为核心的城市群行政区划设置扁平化模式的对策和路径，分析讨论以中心城市为核心的城市群行政区划设置扁平化模式演化的一般规律和动力机制，对进一步丰富地理经济学等学科研究的理论内涵具有深远意义。

1.3.3 现实意义

第一，通过对以扁平化管理的行政区划优化设置展开政策效用估计，对行政区划扁平化的作用和行政区划调整以及细分的各项调整模式能否推动城市的经济发展进行判断，为政府确定行政区划设置扁平化设置的政策实施路径，提供一种新的城市群建设体的体制机制。

第二，通过对城市资源进行测度研究，对中心城市行政区划资源进行重新配置，获得其特征后，对行政区划扁平化（撤县改区或城市合并）前后文化、科技、公共服务资源配置及设施空间变化，以及行政区划扁平化（撤县改区或城市合并）引发的城市行政资源配置能力变化对城市经济的影响，中心城市空间扩张对其人口聚集水平的作用进行分析，为行政区划扁平化带动城市群资源配置优化、形成高效率组织体系提供实证依据。

第三，基于 GIS 辐射场能模型对地理表面场强曲率进行计算，通过其对城市辐射作用强度的高值区域识别，识别以中心城市为核心的城市群行政区划设置调整范围，来界定中心城市与城市群的行政区划扩张范围，为优化中心城市和城市群的行政区划设置提供实证依据。

第四，测度中心城市行政区划调整对区域发展的影响，分析中心城市行政区划扁平化后建成区面积占比、地方财政分权度、行政管理分权度、固定资产投资占比、人力资本占比等变化，用政区位势的变化客观反映出城市进行行政区划调整带来的优劣变化，为获取行政区划扩张范围内的城市区域发展态势提供实证依据。

第五，对行政规划调整的中心城市进行调整前后的城郊空间测度，识别出中心城市建成区扩展情况，分析行政规划调整对中心城市城区建设的影响，为采用"以中心城市为核心的城市群行政区划扁平化是否能够带动中心城市建成区扩展及城郊经济发展，间接带动中心城市和城市群综合承载力的提升"标准，来锁定行政区划扁平化区域提供了实证支撑。

1.4　研究内容、研究方法和技术路线

1.4.1　研究内容

本书从理论与现实的角度对以中心城市为核心的城市群行政区划设置扁平化模式的内涵、特征、构成维度、必要性、可行性、格局、趋势及一般规律展开研究；从静态和动态两个维度构建以中心城市为核心的城市群行政区划设置扁平化模式的理论框架；从实证检验的角度对以中心城市为核心的城市群行政区划设置扁平化展开政策效用估计，测算中心城市行政区划扁平化对资源配置的影响，界定以中心城市为核心的城市群行政区划设置调整范围、研判中心城市行政区划调整对区域发展影响的态势和中心城市行政区划调整前后的城郊空间测度及估计分析研究空间锁定。本书主要分为以下几个部分：

第一部分是理论综述部分。主要包括研究背景与问题的提出、研究目的与意义、研究内容与创新点、研究重点与研究方法等，解释研究中所涉及的基本概念。从文献回顾的角度，寻找当前以中心城市为核心的城市群行政区划设置扁平化中普遍存在的一系列突出问题产生的背景、原因和发展趋势。问题包括：分割区域市场，阻碍要素流动；重复建设，浪费资源，配置效率低；抑制大城市在人口城市化上的优势；城市空间扩展不稳定；管理层次过多，行政管理成本较高；抑制后发地区大城市有序科学发展等。从理论结合实际的角度，指出以中心城市为核心的城市群行政区划设置扁平化是破解中国城市群不平衡不充分发展关键的理论与现实依据，并且结合中国以中心城市为核心的城市群行政区划设置扁平化中呈现出的独有特征，研判"政策评估—配置优化—空间识别—态势研判—空间锁定"的以中心城市为核心的城市群行政区划设置扁平化模式的政策走向及后续影响。

第二部分是理论框架部分。在界定以中心城市为核心的城市群行政区划设置

扁平化模式的内涵基础上，分析其特征和构成维度，阐释以中心城市为核心的城市群行政区划设置扁平化模式的必要性和可行性，探析以中心城市为核心的城市群行政区划设置扁平化模式的格局及趋势，总结以中心城市为核心的城市群行政区划设置扁平化模式演化的一般规律。通过对理论框架的构建，从新经济学角度分析以中心城市为核心的城市群行政区划设置扁平化模式的内在机制关系和作用机理，通过对以中心城市为核心的城市群行政区划设置扁平化模式演化过程规律的研究，构建实证模型。通过构建多元实证分析框架模型，从多个角度分析以中心城市为核心的城市群行政区划设置扁平化模式，并动态、科学地对其格局和趋势进行阐述。从以中心城市为核心的城市群行政区划设置扁平化模式的内涵、特征和构成维度角度，重点辨析我国九大中心城市及其所在的城市群发展和行政区划设置的特点及区别，同时结合当前国家政策，分析不同中心城市及其所在的城市群经济社会发展的阶段和特点，探寻行政区划设置扁平化的利弊。从以中心城市为核心的城市群行政区划设置扁平化模式构建的必要性和可行性角度，重点论述通过体制机制创新来重塑中心城市与城市群内大中小城市（镇）间的关系，并得出以极化中心城市为核心构建都市圈，运用撤县改区或城市合并的方式形成高效率组织体系来实行扁平化管理，提高城市群整体综合承载和资源优化配置能力，是破解我国城市群内部不平衡不充分发展关键的重要做法。从以中心城市为核心的城市群行政区划设置扁平化模式的空间格局及发展趋势角度，研究区域协调发展战略（西部大开发、东北振兴、中部崛起、东部优化发展）和未来我国中心城市与城市群行政区划设置优化的方向（实行扁平化管理）、重点（形成高效率组织体系）和目标（提高城市群整体综合承载和资源优化配置能力）的关系。从以中心城市为核心的城市群行政区划设置扁平化模式理论模型构建的角度，基于新经济地理学理论及相关理论，静态地构建出"政策评估—配置优化—空间识别—态势研判—空间锁定"的以中心城市为核心的城市群行政区划设置扁平化模式的作用机理。从以中心城市为核心的城市群行政区划设置扁平化模式演化的角度，基于作用机理，探讨演化过程的分类、构成以及演化的影响因素，比较静态地模拟出"政策评估—配置优化—空间识别—态势研判—空间锁定"的以中心城市为核心的城市群行政区划设置扁平化模式的作用机理。

　　第三部分是实证检验分析部分。通过对以中心城市为核心的城市群行政区划扁平化设置展开政策效用估计、中心城市行政区划扁平化对资源配置影响的测算、以中心城市为核心的城市群行政区划设置调整范围界定、中心城市行政区划调整对区域发展影响的态势研判和中心城市行政区划调整前后的城郊空间测度及研究空间锁定展开研究，用数学模型全面地分析以中心城市为核心的城市群行政区划设置扁平化模式的主要影响因素及发展过程中存在的突出问题。通过以中心城市为核心的城市群行政区划设置扁平化的政策评估分析，构建 PSM – DID 模型以及案例分析，并基于行政区划数据及构建面板数据，运用 Stata 软件对以扁平化管理的行政区划优化设置展开政策效用估计，整体判断行政区划扁平化的作用和行政区划各项调整模式对城市经济发展的影响。通过构建评价指标体系，运用 Matlab 软件测度城市资源，分别探讨由行政区划扁平化（撤县改区或城市合并）引发的城市行政资源配置能力变化对城市经济的影响以及中心城市空间扩张对其人口聚集水平的作用。通过构建 GIS 辐射场能模型，基于城市空间数据，运用 Arcgis 软件对中心城市与城市群的地理栅格场强曲率进行计算，识别以中心城市为核心的城市群行政区划设置调整范围。通过构建政区位势测度模型，运用 SPSS 软件及 Matlab 软件对识别出的中心城市行政区划调整对区域发展的影响进行测度，获取行政区划扩张范围内的城市区域发展态势。通过运用 Arcgis 软件对全球灯光数据进行可视化处理，并画出灯光值等高线来对行政规划调整的中心城市进行调整前后的城郊空间测度，判断识别出中心城市建成区扩展情况，探讨行政规划调整对中心城市城区建设的影响。

第四部分是政策建议部分。通过对国家以中心城市为核心的城市群行政区划设置扁平化相关政策的梳理，提出以中心城市为核心的城市群行政区划设置扁平化的政策建议：完善行政区划调整政策，提升城市经济发展水平；挖掘中心城市发展潜力，提升区域资源配置效率；明确中心城市辐射范围，提升空间扩张的合理性；弥补中心城市发展不足，提升中心城市政区位势；建设城郊与城区一体化，提升区域综合承载能力。

1.4.2　研究方法

根据研究目的以及定性和定量研究方法的适用条件，本书从实际出发，借鉴经济学、地理学、政治学等多个学科的研究成果，宏观微观相结合的方法进行研究。本书采用了理论研究和实证研究相结合的方法，将以中心城市为核心的城市群行政区划设置扁平化置于其所处的特定的自然、社会、经济环境纳入考察范围，从对以中心城市为核心的城市群行政区划扁平化设置的政策评估、中心城市行政区划扁平化对资源配置影响的测算、以中心城市为核心的城市群行政区划设置调整范围界定、中心城市行政区划调整对区域发展影响的态势研判和中心城市行政区划调整前后的城郊空间测度及研究空间锁定等多个方面进行深入的研究。

（1）文献研究法。通过 CiteSpace 文献计量学软件，以英文核心数据库和中国知网数据库为基础，运用文献研究法总结国内外关于以中心城市为核心的城市群行政区划设置扁平化的研究现状、研究成果、发展趋势和存在问题。

（2）案例分析法。通过对九大中心城市（北京、上海、广州、天津、重庆、成都、武汉、郑州、西安）及其所在的城市群（京津冀、长三角、珠三角、成渝、长江中游、中原、关中平原）进行案例调查，获得以中心城市为核心的城市群行政区划设置扁平化的现状。

（3）理论模型构建法。基于新经济地理学理论，构建"政策评估—配置优化—空间识别—态势研判—空间锁定"的以中心城市为核心的城市群行政区划设置扁平化模式的静态、比较静态理论模型，得到以中心城市为核心的城市群行政区划设置扁平化的作用机理。

（4）实证模型检验法。通过构建 PSM – DID 模型以及案例分析，基于行政区划数据及构建面板数据，运用 Stata 软件对以扁平化管理的行政区划优化设置展开政策效用估计；运用 Stata 软件进行合成控制法的实证分析以及模型构建，分别探讨由行政区划扁平化（撤县改区或城市合并）引发的城市行政资源配置能力变化对城市经济的影响以及中心城市空间扩张对其人口聚集水平的作用；通过 GIS 辐射场能模型，基于城市空间数据计算地理表面场强曲率识别城市辐射作用强度的高值区域，界定以中心城市为核心的城市群行政区划设置调整范围；通过构建政区位势测度模型，基于城市经济社会统计数据，运用 SPSS 软件及 Matlab 软件测度识别出的中心城市行政区划调整对区域发展的影响；通过运用 Arcgis 软件对全球灯光数据进行可视化处理，并画出灯光值等高线来对行政规划调整的中心城市进行调整前后的城郊空间测度；通过构建评价指标体系，基于城市经济社会统计数据，运用 Matlab 软件测度城市资源，判定中心城市行政区划资源配置，获得其特征后构建行政区划扁平化（撤县改区或城市合并）前后文化、科技、公共服务资源配置及设施空间变化的测度模型。

（5）政策系统设计分析法。从规划、分析、设计、实施、保障和可持续等六个阶段，进行政策系统设计，从而实现"政策评估—配置优化—空间识别—态势研判—空间锁定"的以中心城市为核心的城市群行政区划设置扁平化模式。

1.4.3 技术路线

以中心城市为核心的城市群行政区划设置扁平化研究的技术路线，如图 1 – 31 所示。

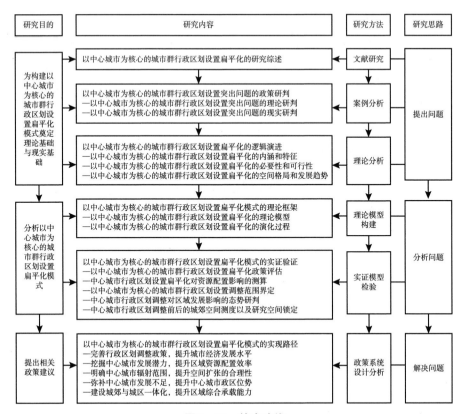

图1-31 技术路线

第 2 章

以中心城市为核心的城市群行政区划
设置扁平化的逻辑演进

2.1 以中心城市为核心的城市群行政区划设置
扁平化的内涵和特征

2.1.1 以中心城市为核心的城市群行政区划设置扁平化的内涵

第一，以中心城市为核心的城市群的内涵。在新时代的背景下，以中心城市为核心的城市群是国内大循环的重要纽带，是我国实行双循环发展战略的基石，对我国在后疫情时代实现经济稳定具有重要的作用。但是在现今城市化的进程中，东部、中部和西部的城市群以及城市群内大中小城市（镇）和中心城市的差距问题得不到有效缓解，导致社会经济问题凸显。首先，中心城市和城市群内大中小城市（镇）存在明显差距。中心城市行政级别高，拥有丰富的经济资源和较大的发展优势，一般是城市群的经济中心和行政中心，其发展远超城市群内的大中小城市（镇）。同时，城市群内产业的同质化造成城市群内各城市竞争激烈，此外，基础设施建设水平不平衡的问题也十分严重，不利于中心城市和城市群内大中小城市（镇）的协调发展。目前，我国的经济要素主要以城市群作为空间载体，在空间上形成了"中心城市—城市群—区域"这种由内向外扩散的经济发展模式。以中心城市为核心的城市群是促进区域经济全面发展的重要主体。中国近年来实施的跨省域城市群发展规划，为城市群协调发展，缩小地区差异提供了政策指引。但是城市群发展规划在推动城市群协调发展方面所发挥的效用仍需加强，在治理公共事务和应对公共突发事件上，并没有建立有效的合作机制。其次，从空间角度出发，中国的东部和沿海地区，人口和经济活动分布相对集中和密集，大城市数量多；中西部地区，由于自然禀赋差异，人口和经济活动分布相对分散和稀疏。不同的城市功能区集聚构成了城镇化的主要形态，差异的空间结构集合最后演化形成了城市群。从经济学角度出发，中心城市与城市群在聚集—扩散效应下走向一体化发展。工业发展促使人口和经济要素向中心城市集聚，增强了中心城市的集聚功能；现代交通和通信技术放大了城市的辐射扩散功能，中心城市成为城市群内地理位置连接的关键节点，可以辐射城市群内多个城市，进而不断缩小城市之间的发展差距，推动中国城市化进程。

第二，行政区划设置的内涵。行政区划是对国家权力和利益在空间上进行分配和设置的手段，是中央政府管理全国的一个有效手段。随着中国城市规模日益扩大，中国城市群经济快速发展，如何推动行政区与经济发展相适应，加速行政区划设置建设这一课题日益紧迫。行政区划设置应立足于人民利益，推动中心城市对周边欠发达地区的辐射作用和资源配置，协调推动城乡一体化，全面提高行政区的效率和职能转变，进而形成把以中心城市为核心的城市群作为主体构建的行政区设置优化调整。

从行政区划管理上看，行政区划调整对于巩固地方政权具有重要作用，这是出于政治需要，便于地方治理。随着城市化发展迅速，政府管理从微观转向宏观，但行政管理发展滞后，导致政府职能转换缓慢。当今城市面临着产业升级、城市扩张等多种需求，我国的行政区划形式从单一转向多样，行政等级越高，行政区划调整的成本越高，存在较大的利益阻力。各城市间的相互竞争关系，在一定程度上阻碍了经济要素和生产资源的合理流动，不利于城市间的经济合作发展。行政结构体系由层次多、幅度小调整为层次少、幅度大，保持了行政区划体制和城市经济发展的协调互动关系。

行政区划设置与城市经济发展密切相关。随着经济发展和社会进步，经济发展在城市行政区划变更中的地位逐渐上升，并且在其基础上形成了一定程度的城市群行政区经济。在进行行政区划设置时，区域城市经济是要考虑的重要因素。

通过在城市群内进行合理的行政区划重新组合，可以缓解固定的行政范围与城市经济集聚发展之间的矛盾，有助于城市群内差异化发展，避免了城市群内的内耗式竞争，充分发挥了城市功能区的作用和行政区的政策优势，有助于提升中心城市对外围城市辐射能力，从而拉动外围城市和城市群的发展。

但从行政区划治理上看，行政区划调整会带来巨大的治理风险。城市能通过行政区划调整带来更多的土地开发，但过度依赖土地发展城市经济，会使得城市经济发展不牢固，形成发展风险和生态环境问题；同时，行政区划会造成城市空间内文化分割，也会破坏城市历史文化；快速城市化中行政区划的频繁调整，会带来环境污染和资源枯竭，阻碍城市的可持续发展；现阶段行政手段在市场经济中存在一定影响力，呈现滋长态势，撤县（市）设区可以使得中心城市与邻县市的市场和经济融合，但是要注意这也会形成新的行政壁垒。

第三，以中心城市为核心的城市群行政区划设置扁平化的内涵。行政区划设置扁平化是城市群内权力空间扁平化配置的过程，扁平化设置通过权力空间的变化和转移，可以逐渐实现区域发展规划和城市管理的调整。可以通过对城市群的中心城市、大中小城市（镇）进行分类规划调整，来对以中心城市为核心的城市群行政区划设置扁平化进行规划，提高城市群整体综合承载和资源优化配置能力。

从核心内容来看，东部沿海地区城市"撤县（市）设区"行政区划调整比较频繁，但对大城市周边中小城市的经济发展带动能力有待增强。频繁的行政区划调整不利于形成良好的社会经济秩序，城市人口、空间规模急剧扩大，会形成一种虚假的城市化，城乡二元化的状态更加剧烈。

在产业结构方面，东部地区由于优越的自然条件、区位优势以及政策优惠，其经济增长速度一直居于前列，中部、西部及东北地区在经济发展方面与东部地区相比还存在较大的差距。增长极理论在中西部以及东北地区有所体现，各地区经济增长出现不平衡情况：在具有独特优势的大中城市有明显的经济增长，而中小城市增长缓慢。在这种情况下，周边地区的发展会受到城市的辐射作用，大中城市在集聚—扩散资源的同时也能带动周边的发展。

在等级规模结构方面，东部区域中京津冀城市群整体呈现出超大城市人口膨胀、中等城市规模断层及小城市空心化的发展态势，城市规模体系不平衡日益加剧；中部、西部及东北地区内各城市群的中心城市在各类要素的发展规模上呈现出绝对的优势，而中小城镇的各类要素资源分布分散，发展水平低。政府可以通过行政区划调整的方式，来提升中小城市的行政等级，使城市群内部形成较为合理的等级结构。

在空间布局结构方面，北京、上海、广州、深圳等一线城市，要提高空间资源利用效率，深入开发空间潜力；中西部欠发达地区城市面积大数量少，中心城市要带动邻近县（区）发展，对于距离中心城市远的城市给予其独立发展的权力，培养其独立发展能力。

2.1.2 以中心城市为核心的城市群行政区划设置扁平化的特征

第一，以中心城市为核心的城市群特征。通过对中国以中心城市为核心的城市群现状的分析发现，随着国家政策的出台，中国城市群的经济发展初具规模，伴随着经济发展，其体制也在不断完善。在深入分析城市群经济发展情况的基础上，发现以中心城市为核心的城市群以地区性、聚集性、中心性、互联性为基本特征。

一是以中心城市为核心的城市群具有地区性的特征。以中心城市为核心的城市群在地理分布上不是孤立的，而是在一定地区范围内地理位置相邻，以中心城市为核心的城市群体现为两个或者多个城市相连，体系之间日益扩张连成一片。以中心城市为核心的城市群引领中国区域间城市化发展，实际上也就是以中心城市带动周边城市发展，将城市群的建设发展与国家城镇化现代化建设紧密联系。

二是以中心城市为核心的城市群具有聚集性的特征。聚集性体现在一定数量的城市在区域内形成聚集效应。一方面是城市功能的聚集，功能区随着城市的发展不断丰富，城市人口的增长导致功能区空间出现扩张需求，当功能区的空间承载力饱和时，城市功能就会向城郊地区和外围城市扩散，由此会产生新的城市功能区的聚集，从而带动城镇化的发展。另一方面是产业经济的聚集，某区域工业园区的建立或者龙头企业的成长，会促使相关产业或企业的聚集，带来劳动力的聚集；基于人类的居住需求，配套设施功能区也会不断完善，从而提高当地城市化的水平，不同产业相互关联促使城市间建立密切的联系，带来城市群的壮大。换言之，一定范围内多个城市发展形成的经济聚集效应，导致城市群出现和壮大。以中心城市为核心的城市群通过产业聚集和功能聚集，以及合理化资源分配和产业布局，在一定程度上带动了周边城市的发展，为各城市群内、城市群之间的发展提供了动力。

三是以中心城市为核心的城市群具有中心性的特征。中心性体现在城市群的发展中存在一个或者多个社会经济中心，而且这样的中心城市是城市群经济发展的引擎。我国东部地区的城市群大多是多中心，中部地区的城市群正在培养次中心,西部地区的城市群多数为单中心。中心城市是城市群的中心,其高水平的经济发展作为一个动力源,辐射外围城市,而外围城市则被中心城市高水平的经济发展吸引。因此,中心城市是城市群经济发展的增长支撑点,对整个区域的社会经济发展起着组织和主导作用。但随着当前城市群的发展,中心城市出现一家独大的现象,对周围城市的带动作用有限,因此,也就要求以中心城市为核心的城市群不断调整,更注重以多中心的角度去发展城市群。

四是以中心城市为核心的城市群具有互联性的特征。互联性体现在中心城市与城市群内大中小城市(镇)之间存在较为密切的社会经济联系,并逐步形成城市群内互联互补的网络体系。互联性是以中心城市为核心的城市群的基本特征,这是城市群意义的全新体现。以中心城市为核心的城市群就是在地理上形成以中心城市为节点辐射联系外围城市,再借助现代交通工具和综合运输网络,以及发达的科技信息,使个体城市之间发展和增强内在联系的一个协调发展的城市群体。

第二,行政区划调整的特征。作为国家对地方实施管理的基础支撑,行政区划调整逐渐形成了经济性、阶段性、多属性的基本特征,推动城市群、城市化以及城镇化协调发展,促进了资源的合理流动。

一是行政区划调整具有经济性的特征。经济性体现在政府管理权限会影响当地社会经济,高行政级别会获取更多政治资源,行政区划调整不只调整城市空间关系,而且调整城市权力关系。在行政区经济下,行政区划调整可以缩小城市行政层级的明显差异,有效地分配资源,将中心城市的资源更好地转移到周边城市。

二是行政区划调整具有阶段性的特征。行政区划设置阶段性体现在不同时期中国行政区划调整的主导目标不同,同一时期不同区域行政区划调整的重点不同,行政区划调整阶段性是应对城市化长期快速发展导致人口集聚规模和大中小城市布局在空间上不断失衡的一种手段。优化行政区空间,可以满足因中心城市急剧扩张以及周边城市经济实力增强所带来的行政区划需求,促进各类要素在空间上的合理流动和高效集聚。通过行政区划调整,可以解决城市化发展到一定阶段后所产生的城市发展问题,作为政府采取适应性调整的政策手段,这也推动了城市化发展。

三是行政区划调整具有多属性的特征。多属性体现在行政区划调整会带来资源和权力的重置,从而转变政府治理方式,影响地区经济发展。其多属性的特征表明了其复杂性,行政区划调整不只是提升资源配置效率的重要手段,还是重新塑造发展空间格局的主要力量。要充分考虑行政区划的多属性特征,用合理的权力分配保障资源的科学配置，从而提高行政管理的正确性和有力性。所以，应该对城市的空间格局进行重组，在中心城市建成区面积扩张的同时，深入优化城郊地区的城镇体系，加强中心城市的增长极特性以加快经济要素流动，建立新的以中心城市为核心的城市群发展格局。

第三，以中心城市为核心的城市群行政区划设置扁平化的特征。以中心城市为核心的城市群行政区划设置扁平化是提升城市群高质量发展的重大举措，具有一体化、规模化、高效化、科学化和可持续发展的基本特征，可以加快城市发展水平，提高城市发展质量，解决城市间发展不充分、不平衡的问题，大力促进区域平衡。

一是以中心城市为核心的城市群行政区划设置扁平化具有一体化发展的特征。首先，推动以中心城市为核心的城市群行政区划设置扁平化，使中心城市扩张，增大了政府行政管理空间，政府有权在更大的范围内对财政和人事等进行分配，同时引导经济要素在空间内流动，在城市建设规划上也使得中心城市和外围城市更紧密，提升中心城市的人口承载能力，创造更高的社会经济效益，有利于城市群产业发展。其次，以中心城市为核心的城市群行政区划设置扁平化应坚持一体化发展的原则，融合不同行政区的市场，避免重复建设。资源随着市场一体化进行分配，不再受到政府间恶意竞争左右，促进城市群内一体化发展。

二是以中心城市为核心的城市群行政区划设置扁平化具有规模化发展的特征。推动以中心城市为核心的城市群行政区划设置扁平化，需要高度重视劳动力、资本等聚集的特点，根据城市发展水平和城市不同的地理资源优势，通过行政区划调整城市发展规模，来推动形成城市规模经济，吸引大批量的劳动力和企业转移，以促进城市进一步发展。以中心城市为核心的城市群行政区划设置扁平化应坚持规模化发展的原则，城市的规模化发展可以获得广泛的生产要素供给，降低平均生产成本；规模化市场的广度与深度，可以在无形中促使产业专业化发展，生产要素与产业更易匹配；经济规模化还可以带来知识要素的溢出效应，使企业在激烈的竞争中不断谋求技术创新获得优势，职工在这种环境下专业技术也会提高，从而带来效率的提高。与此同时，规模化发展还会带来人口的聚集，使提供公共服务的成本降低。

三是以中心城市为核心的城市群行政区划设置扁平化具有高效化发展的特征。推动以中心城市为核心的城市群行政区划设置扁平化，顺应了城市经济发展的需要，可以形成高效率组织体系来实行扁平化管理，形成有效的经济聚集并更好地发挥城市辐射能力。中心城市在工业化和城市化的推进中出现经济要素的外溢，不断影响外围城市的发展，区域内的行政区划调整，使中心城市与外围城市间的行政和体制障碍消失,经济要素在城市内流动更加顺畅,提高了城市化进程中的生产和管理效率。以中心城市为核心的城市群行政区划设置要加强行政管理高效率的意识,合理对各城市进行行政等级规划,推动城市群高质量发展。

四是以中心城市为核心的城市群行政区划设置扁平化具有科学化发展的特征。一方面是科学评估,根据中心城市的经济实力评估其辐射能力,对外围城市与中心城市的距离和联系进行测算,并综合城市文化等因素,实行以中心城市为核心的城市群行政区划设置扁平化。另一方面是科学的配套措施,以中心城市为核心的城市群行政区划设置扁平化涉及中心城市和城市群,要妥善协调中心城市、外围城市和城市群之间的利益关系,形成一套完善的利益协调机制,更科学地提升城市竞争力。一部分中心城市通过行政区划调整,将其周边的城市划入其城市版图中,扩大了城市规模。同时,应更注重因地制宜地给予中小城市自主发展的权力,为保证区域规划的实施成立相关的机构、组织,推动城市群内城市之间和谐发展。

五是以中心城市为核心的城市群行政区划设置扁平化具有可持续发展的特征。推动以中心城市为核心的城市群行政区划设置扁平化,不仅要注重城市群质量,还要强化保护耕地和城市用地的边界意识,实现城市开发边界划定进退有序的动态调整机制。要能够充分利用各区域的自然资源条件,提高城市土地的开发强度,节约国家土地资源,在城市群发展的过程中进一步加强生态保护建设。解决城市群发展过程中发展不协调及非包容性等问题,要妥善处理好中心城市与大中小城市的发展差距。

2.2 以中心城市为核心的城市群行政区划设置扁平化的必要性和可行性

2.2.1 以中心城市为核心的城市群行政区划设置扁平化的必要性

第一,以中心城市为核心的城市群是行政区划设置扁平化的主体,也是城市群区划协作的必然结果。我国大城市的经济总量占全国经济总量的大部分,大城市的快速发展又带动城市群的形成和壮大。但在很多城市群中,大、中、小多种规模城市数量处于不均衡的状态。其中，长江三角洲城市群跨上海、江苏、浙江、安徽四个省份，仅地级及以上城市就有 26 个。中国多年来中心城市的发展都要领先于城市群中的大中小城市（镇）的发展，其各类要素资源的集聚能力强，但是其经济辐射带动能力不足。城市群可以促进空间相邻的城市之间互联互动。通过城市群行政区划扁平化，可以加强要素在城市间自由流动和高效配置，有利于在更大范围内使生产要素集聚，形成城市群规模经济。

第二，坚持以中心城市为核心的城市群发展有助于缓解"大城市病"的问题。城市群内部有些大城市在承载力方面接近极限，如北京、上海等城市的常住人口远远超过了城市所能承受的最大数量，因而带来很多问题：交通拥堵严重、资源紧张、"垃圾围城"等。在"大城市病"越来越突出的情况下，原有城市的发展状况不容乐观，可以通过对各类要素资源的有效配置，大力培育和发展中小城市和小城镇，有效地将大城市的过剩资源分流出去，以此降低大城市的承载压力，从而提高中心城市和城市群发展质量。

第三，以中心城市为核心的城市群行政区划设置扁平化是形成高效率组织体系从而实行扁平化管理的基础。中心城市和大中小城市行政区划设置不仅是行政组织体系的主体，同时也是中国行政扁平化管理的基础单元和重要根基，扁平化管理是城市发展的必然趋势。中心城市建成区面积扩张，可承载人口数量增加，可以充分发掘中心城市这个平台，增强其竞争力。对于远离中心城市辐射范围，并且具备一定人口、经济、产业规模基础的城市，可以充分发挥地方活力与发展潜力。目前，中国部分小城镇，特别是东部沿海地区的小城镇在各项发展指标上已经达到中小城市的水平，在城市群的发展过程中，需要对具备规模条件、发展潜力的小城镇进行行政区划的调整，通过级别的提升、规模的扩大满足其客观发展需求。以中心城市为核心的城市群行政区划设置扁平化可以有效缩小城市差距，激发城市发展活力，提升国家城市管理能力。

第四，行政区划设置扁平化可以重塑中心城市和与城市群内大中小城市（镇）间的关系，是破解我国城市群内部不平衡不充分发展的关键。中心城市和与城市群内大中小城市（镇）是城市群的基本构成要素。中部地区中心—外围城市经济发展差距最大；东部和西部地区经济发展差距与全国均值较为接近；东北地区各城市的经济发展差异相对较小，中心城市发展不突出。东部地区如京津冀、珠江三角洲、长江三角洲城市群在经济规模上已经有世界级的体量，但在经济联系与分工上，与国外世界级城市群还存在较大的差距，其内部还存在很多脱节、失衡和相互抵消的不平衡不充分发展问题。所以，应加强中心城市与外围城市的共生共存理念，培养中心城市在城市群中的连接和聚散能力，形成城市群协同合作共生的发展格局。中部和东北地区内的地级市多为四、五线城市，但是其具有发展工业和服务业的优势，对有发展潜力的城市，要大力发展优势产业；对中心城市，要发挥节点作用，进一步壮大，进而提升城市群的整体实力，形成城市群内功能分工合理的协同体系。西部地区存在较多的边缘城市，在发展过程中，边缘城市社会经济发展水平与中心城市的差距逐步拉大，被边缘化，处于不利发展地位，因此，要打破行政壁垒，通过强化与中心城市的合作，实现"抱团"发展。通过合理的行政区划设置，引导城市群内各城市的发展，推动中部、西部和东北地区城镇特别是中小城市和县域经济发展，进一步促进城市群内部平衡充分发展。

第五，以中心城市为核心的城市群有利于构建以极化中心城市为核心的都市圈，是提高城市群整体综合承载和资源优化配置能力的新路径探索。城市群是人口大国城镇化主要的空间载体，中心城市在城市群的发展中集聚人口经济活动资源，城市的资源承载能力决定了这种聚集能力能否形成规模经济，因此，要构建极化中心城市形成都市圈，通过扩大中心城市的辐射能力推进城市群发展。充分利用航空港、铁路枢纽及交通节点等要素资源优势，围绕城市群形成若干个与"全球城市"相似的以超大城市为核心的都市圈，在此基础上发挥超大城市的辐射带动作用，加快区域一体化进程。通过继续做大东部地区的京津冀、长江三角洲和珠江三角洲城市群，来拉动区域经济多极增长，优化整合北京、广州等城市的行政区划设置，培育全球中心城市，在中部、西部和东北地区培育一批城市成为中心城市，更多地为区域发展形成支撑力与增长极。

2.2.2　以中心城市为核心的城市群行政区划设置扁平化的可行性

从宏观层面来看，以中心城市为核心的城市群行政区划设置扁平化具备一定的政策基础。党的十六大以来，区域经济发展战略不断丰富完善，从西部大开发，到东北振兴，再到中部崛起，党和政府不断加大地区结构的调整力度。2016年3月，"十三五"规划纲要提出，城市化要坚持以人为本，加快城市群城市化建设，构建新型城镇化。2017年，党的十九大报告提出，加快农业人口城市化脚步，推动城市群内各城市水平协调发展。2018年11月，党中央和国务院提出，通过中心城市带领和建立新的区域互动协同发展机制。党的十九届四中全会报告提出，"要优化行政区划设置，提高中心城市和城市群综合承载和资源优化配置能力，实行扁平化管理，形成高效率组织体系"。可见，从党的十九大以来，中国领导人对以中心城市为核心的城市群行政区划设置扁平化高度重视，已经由意识层面转向规划层面，并且落实为具体的政策，有利于与其相关的政策不断出台，为以中心城市为核心的城市群行政区划设置扁平化提供政策保障。

中心城市及其构建的都市圈、城市群，是未来中国城镇化的中心，继续做强中心城市是应有之义，而通过行政区划优化调整，给中心城市更多的综合承载空间则是重要的路径。从城市群的发展来看，行政区划的调整导致城市群的空间结构发生变化，在区域经济较为发达的地区，城市群内部呈现出紧密联系的发展特征。尤其是我国东部地区，中心城市与城市群内大中小城市（镇）正在形成均衡态势。改革开放以来，中国城市行政区划变更非常频繁，各区域在城市化发展中受到行政权力制约，为谋地方发展，低等级单位开始与高等级的单位进行博弈，主动打破行政区划的束缚。同时，中国产业布局在大城市和小城镇失衡较为严重，国家和地方对中心城市的政策支持和产业优势开始不适应社会发展，小城镇的自身优势没有得到很好的发挥。通过行政区划调整城市群结构，可以实现中心城市过剩产业向周围城市的分流与中心城市和大中小城市（镇）的产业结构优化。在我国西部大开发与"一带一路"倡议的背景下，西部建设是非常重要的，在西部地区整体城市化水平不高的情况下，统筹核心城市与边缘城市，建立有效的中心城市和边缘城市的协调对接机制，要充分把大城市建设好，形成一个都市圈，如新疆乌鲁木齐和周边的石河子等几个小城市可以形成一个都市圈，推动城市群结构向可持续转变。

在中部地区，重点突出的应该是城市带，可以把城市带看作城市群战略的一种形态。比如，长株潭城市群实际上是一个城市带，河南开封、郑州、洛阳也是一个城市带。"十三五"规划明确提出，培育中部地区城市群，形成更多支撑区域发展的增长极。中部地区有独特的地理优势，但城市群的单一中心集聚作用和对省际外溢作用有限，应进一步整合区域资源优势并促进产业转移，加强中心城市与大中小城市的联系，推动中部地区城市群协同并进、多点开花，更好发挥中心城市在城市群的核心龙头作用。采用对口支援等多种形式，加大东北老工业基地、革命老区、边疆地区和贫困地区与发达地区的互联互通。

中国在东部地区具有形成城市群的条件，但还有很多基础设施建设、轨道交通的配套问题，所以要做好体制政策与城市群的发展配套。另外，东部地区城市群是我国区域经济发展的关键增长极，应在东部地区凭借集聚效应和规模经济，有效调配创新资源，形成国家创新驱动发展的新格局。

2.3　以中心城市为核心的城市群行政区划设置扁平化的格局和趋势

2.3.1　形成了以中心城市为核心的城市群聚集—扩散格局

由于地理位置、自然资源等要素禀赋不同，改革开放后，各地区发展差异加大，我国做出了西部大开发、东北振兴、中部崛起、东部优化发展一系列部署。伴随市场化和科技化的发展，区域发展不充分不平衡的现象更加显著，我国城市化的进程受到严重影响。人口和产业不断涌向中心城市，中心城市的综合承载能力和资源优化配置能力受到挑战，"行政区经济"的现象在中国城市经济发展中屡见不鲜。大中小城市因吸引力弱而导致经济发展后劲不足，尤其是欠发达地区的大中小城市（镇）对人才的吸引力呈现下降的趋势。中心城市得到国家政策和土地资源的倾斜，虽然我国发布了一系列区域发展规划，但是城市规划不够具体明确，其中有一些规划出现实施落地偏差的问题，导致中心城市与大中小城市（镇）难以形成有效的互补与对接，不利于提高城市群整体综合承载和资源优化配置能力。

中国人口的聚集—扩散趋势由农村流向城镇，逐渐转为城市流向城市，人口群体由传统的农业转移人口为主转为高技能劳动力等其他不同社会属性人群。1990 年以后，外向型经济推动了沿海地区的工业化进程，吸引农村劳动力向该区域城镇的聚集，由于经济发展的城乡差异和区域差距，国内人口（主要是劳动力）高度集中地流向东部地区。随着沿海地区的劳动密集型产业逐步向中西部地区转移，人口在继续流向东部地区的同时，也出现了由东部聚集向中西部扩散回流的转变，区域尺度的人口再分布呈现高度动态性。中西部地区一些区域核心城市的省内流动和近距离流动表现尤为抢眼，推动了中西部的人口城镇化进程。但西部大开发、中部崛起、东北振兴、乡村振兴等国家战略和相关政策对人口流动的引导力量相对较弱，人口回流的规模和趋势还不足以撼动传统的人口流动空间模式。在新的发展背景下，推动农村流动人口市民化、注重人力资本积累变得愈发重要。人才流动是由区域收入和就业机会差异主导的一种经济现象，区域就业密度具有向中心城市增强的集中性，区域内部就业密度的空间分布差异显著。人口空间分布状况完全突破胡焕庸线是不现实的，社会经济发展状况对人口流动的重要性不断提升，未来应该缩小在西北地区新型城镇化建设中的经济社会发展差距。沿海地区如果想要继续保持人口、资本优势，就必须实施高质量城镇化。

中国正在经历从工业化到信息化的转变。资本、土地、劳动力等传统生产要素对区域经济增长的贡献逐渐减少，而科技、联系等现代生产要素对区域经济发展的影响越来越大；高端科创资源、高新技术产业、战略性新兴产业向中心大城市集中，而一般工业生产、简单劳动力生产向边缘中小城市转移的趋势十分明显。因此，重视科技产业区位选择、产业集群发展作用机理分析，重视在区域创新系统发展中发挥核心关键作用的"结构洞"特征研究，开展基于第四次产业革命和双循环新发展格局国家战略的研究，建立城市群增长极、创新城市群发展模式极为重要。人口、投资等经济要素的集中，产生聚集经济，从而提高了要素资源分配效率。产业间的高度协调和资源高利用，有助于提升产业合作的质量；产业结构中具有高技术水平、深加工能力、高市场潜力、低耗环保、可持续有序协调发展的产业部门占有更高比重。这是产业从低级化转型到高级化、从不合理转型到合理化的一个升级过程。此外，信息科技的发展对城市知识的积累和城市规模以及层次的提高有促进作用。

城市群是城市化进程中经济组织的主要空间形态，未来城市群会形成互联互补的产业结构，作为动力源带动区域高质量发展。东部地区的京津冀城市群、长江三角洲城市群、珠江三角洲城市群未来将在国际竞争中占据举足轻重的地位。中心城市承载着城市群的增长极，通过吸收周边城市的经济要素，为中心城市经济活动不断注入新的活力。以中心城市为核心的城市群行政区划设置扁平化是国家治理与区域经济发展的有机统一，也是城市在空间格局上行政等级分布与经济联系强度的有机统一。城市的行政空间与行政等级相匹配，在城市群内形成卫星城市—次中心城市—中心城市的形态。城市的行政等级与辐射范围成正比，中心城市是外围城市商品供给的重要来源之一。城市群行政区划设置扁平化一方面需要以特大城市为增长极，明确城市群中心行政区划设置扁平化，发挥特大城市的辐射带动作用；另一方面也需要城市群内大中小城市（镇）行政区划设置扁平化，以便发展城市群内大城市，形成次中心，培育具备良好发展基础的中小城市（镇），形成以中心城市为核心的城市群聚集—扩散格局。

2.3.2 形成了以中心城市为核心的行政区划设置扁平化格局

2019年11月，党的十九届四中全会报告提出，调整行政区划，构建以中心城市为核心的城市群行政设置扁平化，这是中心城市和城市群发展到了一定阶段后的必然选择。所以，应通过构建以中心城市为核心的城市群行政设置扁平化来进行系统的政策设计，加强整合城市群空间，进一步提升在公共事务上的跨区域治理，构建以极化中心为核心的都市圈，运用撤县改区或城市合并的方式形成高效率组织体系来实行扁平化管理，利用行政区划重组空间布局和优化空间结构，更进一步地激发中心城市和城市群经济活力，提高城市群整体综合承载和资源优化配置能力。随着城市群的建设发展，中心城市在城市群发展过程中的作用日益重要，中心城市在中央文件中反复出现，是城市群建设的重要组成。

各地区在资源条件、区域环境、制度安排和发展模式等方面存在较为明显的差异，在城市群的发展进程中存在较为严重的失衡问题。从整体上来看，中国东部地区的城市群内地区差异小，而中西部地区和东北地区的城市群地区差异普遍较大。长江三角洲、京津冀、珠江三角洲等东部地区城市群，辐射中西地区和东北地区的城市群产业发展，缩小了地区差异，其在城市群中心城市的聚集—扩散效应下，东部地区城市群内大中小城市（镇）的发展差异较小，但是东北地区发展"失速"问题仍未解决，需要特别关注地域文化，特别是故步自封的城市治理结构对东北地区发展的负面影响。城市群和中心城市对我国区域发展的支撑作用巨大，城市间的协调是新型城镇化中优化行政区划设置的关键。我国城乡"单向"发展不平衡格局向城乡、大城市与中小城市"双向"发展不平衡的方向转变。落实"双循环"战略部署，扶持欠发达地区城市创新能力建设，加大支持边缘中小城市与核心大城市跨越行政边界的产学研用一体化合作力度，大力发展"双向飞地"，对实现中国各地区协同发展、平衡发展具有十分重要的意义。

目前，城市群内存在交通体系不连通、产业分工混乱、生态环境治理不彻底等问题，行政区划在市场上形成一道壁垒，阻隔了经济要素的流动，所以，应实行扁平化管理的模式，探索构建大都市区的行政管理体制，积极培育全球中心城市和区域中心城市。此外，要根据城市群内大中小城市（镇）的自身特质，因地制宜推进世界性、区域性和地区性中心城市的建设，做好各城市间的发展规划，避免重复和不正当竞争，加强相互之间的合作与协同，丰富各地区城市群中城市发展规模层次。随着城市化的发展，一方面，中心城市的部分产业、劳动力和经济要素等向城市群内大中小城市（镇）转移；另一方面，城市职能发生转变，城市群出现"多核心"的中心城市。通过城市内建成区的调整、撤县（市）设区、省直管县、城市合并等行政区划方式，可以促使城市群的空间重新组合达到最优形态，激发有发展优势但是受到行政区划限制的区县的经济活力，弱化行政区划对中心城市经济聚集的影响，从而提高行政治理效率，不断优化区域治理格局。如果想用行政区划手段推动国家治理现代化，用行政区划调整支撑城市群发展，可以综合把握行政区划这一手段，根据国家战略进行行政区划调整，重点解决京津冀城市群的不协调、打造长江沿岸的一体化，大力建设粤港澳大湾区和雄安新区，侧重保护黄河流域的生态环境，从而支撑国家城市群发展战略的有效实施。

行政区域边界往往破坏了社会经济功能联系的完整性。新时期，我国区域协调由以往侧重于产业分工合作与经济系统空间组织的跨行政区域经济合作，拓展到兼顾自然生态系统完整性、地域功能完整性的区域一体化新阶段。我国陆续提出城市群区域发展战略来打破行政区划障碍，如京津冀协同发展是国家层面协调城市群内的利益，明确京津冀城市群的功能分工，加强京津冀城市群的经济合作与联系的手段，使得北京、天津和河北三地突破行政区走向经济一体化；长三角一体化中设立长三角生态绿色一体化发展示范区，通过政府联合管理来突破行政级别的边界障碍和行政壁垒；粤港澳大湾区建设通过修建港珠澳大桥来加快交通基础设施建设，减少跨行政区之间的要素流动成本。经济发展与行政区划的矛盾，存在明显的"行政区经济"结构态势。现阶段打破行政区划的壁垒，是区域一体化发展的关键。

未来城市群经济空间状态应是在聚集中平衡、在平衡中聚集。通过以中心城市为核心的城市群行政区划设置扁平化，解绑行政区划的制约，推动中心城市的规模经济效应进一步扩大，进而发展成为都市圈，形成一个中心城市和卫星城市组成的经济辐射源，在这个辐射源内，经济要素能够在统一的市场内进行分配，城市群内形成以中心城市为核心的统一布局。

在以中心城市为核心的城市群行政区划设置扁平化的过程中，中心城市和大中小城市（镇）的关系紧密，中心城市的发展依托大中小城市（镇）的支持，大中小城市（镇）的发展受到中心城市的辐射。通过推进以中心城市为核心的城市群行政区划设置扁平化，城市群的发展会面临中心城市辐射能力不足、区域经济不平衡等问题，从而进一步使得中心城市和城市群内大中小城市（镇）的关系发生变化。所以，应将中心城市行政区划调整作为城市群优化行政区划的重要载体。各地区应通过行政区划设置扁平化形成稳定和高效的城市群空间结构体系，构建以极化中心城市为核心的都市圈，将其作为推进城市群发展的主体形态。随着国家西部大开发、中部崛起、振兴东北老工业基地、东部优化发展战略的实施，东部地区应率先开展行政区划体制改革，中西部地区和东北地区应在加大中心城市建设的同时建立副中心城市，国家发展战略在实施过程中应使基础设施更加健全，投资环境也得到明显改善，实现中心城市和城市群内大中小城市（镇）的优势互补、联动发展，推动城市群协同发展，促使以中心城市为核心的城市群行政设置扁平化发展。

第3章

以中心城市为核心的城市群行政区划设置扁平化的理论架构

3.1 以中心城市为核心的城市群行政区划设置扁平化的研究框架

3.1.1 作用机理的理论框架构建维度依据

要得到以中心城市为核心的城市群行政区划设置扁平化作用机理的理论框架，可以从静态—动态、时空互动两个维度对以中心城市为核心的城市群行政区划设置扁平化的影响机制展开分析。

以中心城市为核心的城市群行政区划设置扁平化从静态—动态维度进行分析。中心城市行政区划设置扁平化在聚集—扩散效应的作用下，强化了其对形成对城市群要素资源流动的吸引力，并且也提升了合并或撤销的县级城市的区位优势，其对外围地区发展的带动能力得以提高，从而使得城市群内部形成城市互联的网络体系。城市群内的其他城市受到中心城市行政区划设置扁平化的影响，最终构成以中心城市为核心的城市群行政区划设置扁平化的格局。进一步考虑到以中心城市为核心的城市群行政区划设置扁平化的动态变化，中心城市行政区划设置扁平化意味着城市等级、行政资源的变化，城市群内部要素、层级、空间的变化，同时产业结构、层次体系与空间布局都会发生显著的变化，随着中心城市的虹吸效应与带动作用加强，其对城市群产生动态的影响。以中心城市为核心的城市群行政区划设置扁平化，带来城市政区位势的变化，提升了中心城市和城市群内大中小城市（镇）的行政管理能力、资源配置能力和协调发展潜力。

以中心城市为核心的城市群行政区划设置扁平化模式从时空互动维度进行分析。从时间维度来看，部分中心城市的行政区划设置扁平化在聚集—扩散效应的作用下，加速了中心城市产业结构升级和经济增长，资源配置效率提升，初步形成了中心城市与次中心城市为核心的城市群空间结构体系。从空间维度来看，中心城市行政区划设置扁平化，使得中心城市呈现出辐射范围、均衡格局、协调水平等空间尺度下的变化，中心城市地理空间的扩张、城郊地区和建成区的空间经济联系构建实际上也就是以中心城市为核心的城市群空间维度下的发展演化。从时空互动维度来看，中心城市、外围城市和城市群相互影响，城市群内的城市各自处于不同的发展阶段，中心城市和城市群内大中小城市（镇）存在资源流动效应。从以上两个层面来看，中心城市行政区划设置扁平化下，强化了中心城市的聚集—扩散效应，将会显著影响资源在中心城市、外围城市与城市群之间的流动，这一方面会促进资源从中心城市扩散到外围城市，另一方面也会促进资源从外围地区扩散到城市群的偏远地区，从东部流向中部、西部和东北部城市群的中心城市。

以中心城市为核心的城市群行政区划设置扁平化模式发展的重点在于：如何以极化中心城市为核心构建都市圈，运用撤县改区或城市合并的方式形成高效率组织体系，从而实行扁平化管理。

以中心城市为核心的城市群行政区划设置扁平化模式为：中心城市行政区划设置扁平化拉动外围城市发展，形成以极化中心城市为核心的都市圈，带动城市群内部发展日益均衡化，构建以中心城市为核心的城市群行政区划设置扁平化。以中心城市为核心的城市群行政区划设置扁平化模式的构建需要两个方面共同作用，一方面需要中心城市行政区划设置扁平化拓宽中心城市的发展空间，提高其空间承载能力和要素配置效率；另一方面需要极化以中心城市为核心的都市圈，提高中心城市的辐射扩散能力，从而促进城市群高质量发展。

从极化扩散理论、非均衡发展理论的观点来看，东部地区改革开放后快速发展，也使得我国在21世纪初认识到非均衡发展带来的弊端，对东北重工业、中部地区和城乡协调等问题提出战略规划。行政区划设置扁平化开始在城市层面进行调整，极化中心城市逐渐在城市间要素交换过程中占主导作用，通过扩大中心城市的空间面积提升其聚集能力，继续建设中心城市的同时，开拓外围城市发展潜力，提高了城市群整体的经济发展能力。

从区域协调发展理论的观点来看，随着我国特色区域经济的发展，我国出现了"行政区经济"，使得社会经济在行政区边界范围内活动，屏蔽了行政区外的市场，资源流动受制于地方政府，形成了一套适用于行政区内的封闭经济体系，资源无法在行政区外进行有效配置。行政区划设置扁平化是破除行政区藩篱的关键。所以，应转变政府职能，加强城市建设的规划引导，减弱行政区对经济的影响，加强市场对经济的影响，打破行政壁垒，促进城市群协调发展，建设中心城市和城市群内大中小城市（镇）要素流动的统一市场，改变城市群粗放式的经济发展模式。

从聚集扩散理论、点轴开发理论的观点来看，我国经济发展边界不断向西部偏远地区扩散，人口流动不断向东部地区聚集，人口和经济的发展方向呈现不一致的态势，要素流动要跨越多个行政区，严重影响了要素的配置速度和成本。通过中心城市行政区划设置扁平化，可以发挥其对中心城市周边地区的辐射扩散作用，进而促进城市间协调发展。中心城市的劳动力人口增多和土地面积不断扩大，会增强区域发展的活力，中心城市对周边地区的带动作用越强，带动资源要素向周边地区转移的作用就越强，从而促使城乡间和区域内部形成协调一体的发展模式。

从政区位势理论、空间相互作用理论的观点来看，近年来沿海地级城市受益于国家级开发区的产业导向政策，城市规模增长较快，而内陆城市借助土地调整以增长城市规模的作用有限。一些内陆（县）级城市由于面临不利的市场潜力和经济地理区位，需要在城市群的结构网络内部简化城市等级的梯度，对在中心城市辐射范围内有发展潜力的县级城市，进行行政等级调整，优化城市群结构，同时也可以协调中心城市、外围城市和城市群之间的经济发展关系，让行政资源发挥最大效能。在科学验证的基础上进行中心城市行政区划扁平化，有助于城市整合要素资源，优化行政管理幅度，提升其政区位势，进而拉动地方经济发展。

从中心外围理论、增长极理论的观点来看，加强中心城市的经济建设，扩大其辐射范围，对提升我国国家竞争力有重要意义。通过聚集—扩散效应相互作用，可以加快空间结构网络的形成。城郊地区是城市地区和农村地区关系协调的重点区域，中心城市在扩散效应下可以带动发展城郊地区，同时中心城市临近区域的发展也能缓解中心城市的承载力压力。所以，要对中心城市的过剩产能进行有效控制，通过政策引导的方式，提高外围城市的发展水平和公共服务水平，扩大城市间的经济联系，从而促进城市群内部的结构优化，充分发挥中心城市的优势，进而推动城市群向着成熟稳定的方向发展。

3.1.2 作用机理的理论框架构建

本书定位于分析以中心城市为核心的城市群行政区划设置扁平化模式实现路径和关系的作用机理。以中心城市为核心的城市群行政区划设置扁平化对城市群经济增长和资源配置效率的提高起到了非常大的作用，通过识别中心城市和城市群行政区划扁平化设置的空间、研判中心城市行政区划调整对区域发展的影响的态势、识别中国城郊经济空间范围，以中心城市为核心的城市群行政区划设置扁平化得以实现。

本书基于极化扩散效应理论、中心外围理论、经济协调发展理论、集聚扩散理论、政区位势理论等理论，提出了以中心城市为核心的城市群行政区划设置扁平化模式的静态—动态过程：中心城市行政区划设置扁平化→形成城市群经济增长和资源配置效率提高→中心城市和城市群行政区划调整范围发生变化→中心城市政区位势发生变化→中心城市建成区和城郊经济发生变化。以中心城市为核心的城市群行政区划设置扁平化模式在不同方面会对城市群产生不同的影响。本书对以中心城市为核心的城市群行政区划设置扁平化的实现路径进行分析，通过对中心城市行政区划扁平化设置的政策评估、中心城市扁平化对资源配置影响的测算、以中心城市为核心的城市群行政区划设置调整范围界定、中心城市行政区划调整对区域发展影响的态势研判、中心城市行政区划调整前后的城郊空间测度及研究空间锁定 5 个层面的演化过程分析，认为以中心城市为核心的城市群行政区划设置扁平化模式的核心作用区域均在中心城市，需要通过体制机制创新来提高中心城市的辐射带动作用和大中小城市（镇）的发展水平，以促进中心城市和大中小城市（镇）的协调发展。随着以极化中心城市为核心构建都市圈，运用撤县改区或城市合并的方式形成高效率组织体系来实行扁平化管理，大中小城市（镇）的经济发展水平不断提升，会极大提高城市群整体综合承载和资源优化配置能力。

具体而言，其路径为：城市群行政区划设置扁平化加强中心城市辐射扩散能力→形成城市群经济增长→极化扩散理论，城市群行政区划设置扁平化扩大中心城市的空间载体→形成城市群，资源配置效率提高→区域经济发展协调理论，中心城市行政区划调整范围变化→形成均衡化的城市群格局→聚集扩散理论，中心城市行政区划调整的政区位势变化→形成以中心城市为核心的增长极→空间相互作用理论，以中心城市为核心的城市群行政区划设置扁平化格局→以极化中心城市为核心的都市圈→中心外围理论。在此过程中，以中心城市为核心的城市群行政区划设置扁平化格局不断成熟，且以中心城市为主体的城市群内大中小城市（镇）与中心城市之间的发展更加均衡。伴随着中心城市进行行政规划设置扁平化，其扩大了发展规模，带动提高了城郊地区发展水平。正是因为中心城市行政区划设置扁平化，中心城市政区位势变化，形成以中心城市为核心的都市圈，扩大了中心城市的辐射范围，城郊地区经济增长，推动外围城市的发展水平和发展规模也有了显著的提升。中心城市在城市群内的经济互联空间不断扩散，从而促使中心城市、外围城市和城市群发展融合，形成以中心城市为核心的城市群朝着平衡和稳定方向发展。由此构建出关于以中心城市为核心的行政区划设置扁平化模式作用机理的理论框架，如图 3 - 1 所示。

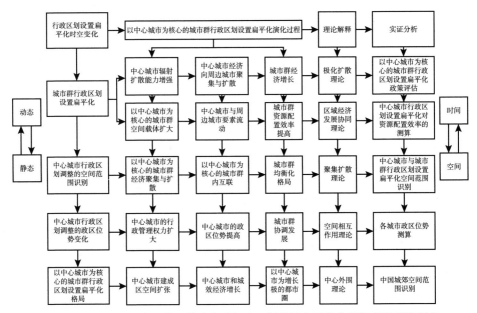

图 3 -1 以中心城市为核心的城市群行政区划设置扁平化作用机理的理论框架

3.2 以中心城市为核心的城市群行政区划设置扁平化的作用机理分析

3.2.1 以中心城市为核心的城市群行政区划设置扁平化静态与动态维度分析

要研究以中心城市为核心的城市群行政区划设置扁平化模式作用机理的理论框架，可以从静态和动态两个维度对以中心城市为核心的城市群行政区划设置扁平化的作用机理进行理论框架的构建。以中心城市为核心的城市群行政区划设置扁平化模式的静态维度包括以中心城市为核心的城市群行政区划设置调整范围界定、中心城市行政区划调整对区域发展影响的态势研判和中心城市行政区划调整前后的城郊空间测度及研究空间锁定。以中心城市为核心的城市群行政区划设置扁平化模式的动态维度包括以中心城市为核心的城市群行政区划扁平化设置的政策评估和中心城市行政区划设置扁平化对资源配置影响的测算。在规划和建设上，运用撤县改区或城市合并的方式形成高效率组织体系来实行扁平化管理，通过体制机制创新来重塑中心城市与城市群内大中小城市（镇）间的关系，能够破解我国城市群内部不平衡不充分发展的重大现实问题。下面结合以中心城市为核心的城市群行政区划设置扁平化发展的现状，从两个方面来对以中心城市为核心的城市群行政区划设置扁平化作用机理的适用性和科学性展开论证。

第一，以中心城市为核心的城市群行政区划设置扁平化的动态维度分析。

从以中心城市为核心的城市群行政区划设置扁平化模式对以中心城市为核心的城市群影响的动态维度分析，我国的城市规划大部分是以政府为主导，在城市化不断发展的进程中，出现中心城市发展空间制约其发展劲头的现象，最终形成了城市群区域经济增长迟缓的"恶性循环"。因此，我国对一些城市进行了行政区划设置扁平化的调整，从 2009 年至 2019 年，我国的市辖区增加了 110 个，县域减少了 141 个，县的数量仅减少了 9.63%。实行撤县设区的城市集中于城市化程度更高的东部沿海地区。从产业来说，政府通过行政区划设置可以使地方政府在更大范围内推进产业合理布局和产业结构的优化升级，站在整个城市的高度上规划产业发展，在统筹兼顾不同地区的产业优劣势的基础上推进城市第一、第

二、第三产业向高度化和合理化方向发展；同时使得中心城市产业逐渐向周边地区转移，从而创造资源向周边城市扩散的现象；城市群内大中小城市（镇）第二和第三产业规模水平不断提升，进一步推动周边城市经济的发展。中心城市内职能结构的变化，强化了中心城市的优势，更加明确了城市群内各城市的功能定位和职能分工，有利于城市群的产业结构布局趋于稳定。中心城市空间承载压力问题在城市群发展过程中尤为突出，因此，很多城市采取加快重资源消耗型产业转移的方式，来促进产业结构的转型升级。对企业来说，城市合并或者撤县设区扩大了原县域公司可达的市场范围，整合区域市场一体化，从而降低了企业的交易成本，提升了企业的垂直分工；同时，中心城市规模的扩大，对各类要素资源的吸引能力不断增强，要素在区域内自由合理流动，特别促进了偏向于资本的技术进步，扩大了企业的生产规模，更好地发挥了中心城市的"规模效应"；撤县设区使得地方政府不再以征税为目标，企业降低了生产成本，有助于企业增加收益，进而使本地经济发展。而且，城市面积扩大会产生"土地财政"，促进土地资源利用最大化。无论从企业还是产业的角度来看，中心城市行政区划设置扁平化都会带来集聚效应，极化中心城市在城市群中发挥作用，促进其经济发展，进而带动城市群经济增长。

中国的城市具有不同的行政级别，其资源配置等方面的权限严格依照行政级别的高低，税收补贴政策、行政垄断壁垒等制度性因素会对资源配置效率产生影响。随着中心城市行政区划设置扁平化，文化资源利用由原本各自为政的状态转为统一规划，改变了城市历史文化资源的保护格局，彰显了文化资源利用以往滞后的状态。原先，各城市科教、文化体育和医疗卫生等公共服务资源发展不平衡，其中高等院校多集中在中东部地区的中心城市，区域内发展不均衡，在区划合并后，优质教育资源得以整合，促进了城市基础设施、公共服务设施均衡布局，提升了整体公共服务配套水平。城市的行政层级简化，政府碎片化的资源得到整合，提高了城市行政管理效率，从而转变了政府职能。城市内的科技产业资源发展载体得到进一步整合，高校和科研机构共同整合资源加强了科技创新产业的辐射带动的作用，加速了产业转型升级，从而可以建设更好的产业园区平台，形成更优化的科技创新产业体系。城市资源结构逐渐优化，中心城市的经济发展和人口结构也会发生转变，城市群的资源配置得以优化。城市群由初始的要素资源在中心城市的集聚向较为均衡的梯度分布进行转变，进而中心城市的资源集聚—扩散能力增长，城市群内大中小城市（镇）对要素资源的集聚能力得到提高，这是中心城市行政区划设置扁平化主导的优势，使得城市群内城市行政等级合理，为城市群发展中要素资源优化配置打下基础。行政等级影响城市发展，城市的行政等级越高，受到中央的政策支持越多，在资源支配上拥有一定的主动权，大额的建设资金预算使其基础设施更加完善，人口和经济要素聚集带来产业集聚推动城市发展。中心城市行政区划扁平化能提升城市资源效用，开拓城市新的成长空间，扩大管辖区域内经济规模等，从而带领当地发展。

第二，以中心城市为核心的城市群行政区划设置扁平化的静态维度分析。

从以中心城市为核心的城市群行政区划设置扁平化模式的静态维度分析，城市群是城市发展成熟的空间表现形式，它是城市化发展到一定阶段的产物，是我国经济提升、协调区域发展、与国际进行竞争合作的重要支撑平台。城市群的不断发展，个别城市因自身优势和政策扶持，对人口和经济这两类资源有更强的吸引力，从而形成中心城市。因此，应充分发挥中心城市潜力，提升其经济实力，不断开拓和发展中心城市规模，进而形成中心城市与外围城市组合的都市圈，不同的都市圈分布紧密、重叠，使得城市共同发展紧密形成城市群。中国城市群整体的高质量发展水平偏低，呈现出东部、中部和西部发展水平逐渐递减的形态，各城市群的优势和短板也较为明显。东部地区比中西部地区的城市化水平高，东部大多数地区城镇化率超过80%，中西部大多地区城镇化率低于60%。东部地区城市群较其他三个地区的经济发展质量和条件较好，西部地区城市群的发展条件还较为薄弱，主要依靠国家财力的扶持。城市群内等级多，城市间竞争不规范问题凸显，部分城市的不合理行政区划，形成城市经济发展阻碍。在中心城市的发展中出现当前行政区划与承载人口不匹配的突出矛盾，调控中心城市的承载能力，发挥城市群内大中小城市（镇）的发展潜能，扩大其规模进而提高其发展水平，有利于城市群的高质量发展。中心城市是国家行政区划设置的重点，通过加强对中心城市的培育，进一步挖掘中心城市的辐射作用，可以使得城市间相互联系和相互依赖，进而带动周围城市的发展，使得城市群协调发展。加强中心城市对周边地区的辐射带动能力，推动城市群内大中小城市（镇）发展，中心城市的自身经济辐射能力也会提高，进而城市群内部城市间的经济联系会增强，整体的经济辐射带动能力会得到很大的提升。集聚—扩散理论有利于提升中心城市的辐射扩散能力，对城市群内大中小城市（镇）的发展也会起到一定的推动作用。集聚经济是通过区域内工业企业在空间上的规模化从而享受分工经济带来的好处，也是城市群能保持高速发展的重要原因之一。随着区域内企业数量和人口数量不断增加，以及生产效率的改进和生产成本的减少，企业将获得额外的收益，同时竞争优势也会带来技术创新，产生地区优势，这都是经济集聚作用的结果。各类要素资源在空间上的集聚形成了集聚经济，各类要素资源集聚越大，区域规模效应、结构效应以及对近邻效应的带动作用越强。城市群内的大中小城市（镇）受到中心城市资源的辐射带动能力得以不断发展,城市之间的经济联系也逐渐开始增多,从而使得城市群内中心城市与大中小城市(镇)的经济关联性不断加强。因而,中心城市行政区划设置扁平化是城市群均衡化发展的重要方式。

城市群内中心城市和城市群大中小城市(镇)在经济发展方面存在较大的差异,中心城市的经济集聚能力强,但其承载力问题日益加重,从而导致第二产业和传统优势产业从中心城市向城市群内大中小城市(镇)转移。长期以来,城市群发展受到"行政区经济"束缚,并且城市间产业结构的非理性趋同问题仍然存在,发展较为落后的城市群中类似问题更为严重,城市间重复建设,资源浪费严重及产业规模经济效益受损严重。当区域内中心城市在空间上的集聚效应超过一定限度时,会形成过度集聚,即"城市病",也会带来成本增长、管理困难、人口和各类要素资源的竞争压力,进而会出现边际效应递减的负面作用。根据区域发展情况,运用撤县改区或城市合并的方式来调整城市政区位势,提高行政管理效率,可以充分发挥各地区的比较优势,从而促进各类要素资源合理流动和高效集聚,增强创新发展的动力,加快城市群的高质量发展,提高城市群整体综合承载和资源优化配置能力。从行政管辖能力来看,行政区划调整可以扩大中心城市辖区空间,稀释人口密度,增加大量的人力、自然资源,有助于发展优势产业,增大经济回旋余地。实行撤县设区(市),可以使农业县与中心城市逐渐融为一体;实行城市合并,有助于冲破旧的行政区划制度,更有利于城市规模经济发挥效用。从行政资源来看,行政区划调整后,县或县级市虽然失去了在行政层级上的优势,但中心城市可以帮助其解决管理体制不顺导致制约其经济社会发展的问题,提升了其发展潜能。从区域协调发展潜力来看,消除"行政区经济"的束缚,可以使城市群的市场分割问题逐渐消除,进而形成新的更大空间和更统一的高效率市场,资源配置和产业结构得以在新市场内进一步优化,城市间成为利益共同体,政策互惠,市场信息更加流通,城市群内产业分工合作,提升了以中心城市为核心的城市群区域性政区位势。尤其对于落后的中西部地区来说,中心城市行政区划设置扁平化可以吸收和容纳更多的城市人口,促进中西部欠发达地区的农业人口转为城市人口,缩短地区经济发展差距。城市群的行政区划调整要尊重各地区在投入产出效果和投资经营环境方面存在的客观差异。为有效提高资源配置的效率,城区开发时要选定重点区域进行开发,在资源配置和政策上给予倾斜,并且要做到明确目标和突出重点,在时间方面也要给予严格的规定,不能长期抑制其他地区的发展。行政区划扁平化可以对经济发展所需要的资源要素进行整合,增强中心城市建设,提升行政区的竞争力、发展潜力和交通便利性,实现行政区位势的政策聚集和行政区空间结构重组。行政区划设置扁平化提高了以中心城市为核心的城市群的政区的发展能量，也提升了一定区域的发展持续性。

随着中心城市行政区划设置扁平化，中心城市的城郊空间结构也会逐渐发生变化，一方面，中心城市空间规模扩张促使城市群的空间布局结构发生变化，另一方面，城市发展的不平衡也会对城市的空间布局结构产生影响，进而不得不通过行政区划设置对城市空间布局进行重构，整合城市资源促进城市经济发展。随着中心城市人口的过度聚集，以及受到有限土地面积的制约，中心城市内部所能够提供的就业岗位不足，导致大量的农业人口滞留在大城市中，会出现公共服务、住房和基础设施短缺的问题，其基础设施和公共服务的规划和实际的供给远远滞后于人口增长所带来的需求，不利于城市经济的增长。而一些有发展潜力的中小城市（镇）的发展却面临劳动力不足、缺乏各类要素资源及财政资金支撑等困境。随着人口要素的流动，作为生产生活要素的土地，其供给的空间格局也势必发生改变。中心城市行政区划面积的扩大，提升了聚集和承载人口的能力，使空间承载能力与人口聚集能力相匹配。通过连接中心城市与周围地区的基础设施，在城市用地上协同地方规划和产业布局，不仅能够使中心城市获得增长空间，也能够辐射外围城市，促使城市群内经济发展从集聚走向平衡发展，进一步促进城市群资源配置的优化，形成以点（中心城市）带线（外围城市）—以线（外围城市）带面（城市群）的网络结构。增长极是城市群发展的核心，中心城市就是一个城市群发展的增长极。行政区划扁平化对明晰城市定位，优化城市功能，高效利用资源要素，合理配置相关资源等方面有着重要作用。优化城市行政区划设置后，扩大了中心城市实际发展规模，进而促使其空间扩张，对城市群区域经济发展有更大的促进作用。因此，中心城市的行政区划调整能够带动城市建成区扩展及城郊经济发展，间接带动中心城市和城市群综合承载力的提升。撤县设区或者城市合并是提升中心城市在城市群中首位作用的重要方式，有利于极化中心城市形成都市圈，带动城市群的发展。

3.2.2 以中心城市为核心的城市群行政区划设置扁平化的时空维度分析

研究以中心城市为核心的城市群行政区划设置扁平化模式作用机理的理论框架，可以从空间—时间两个维度对以中心城市为核心的城市群行政区划设置扁平化的作用机理进行理论框架的构建。以中心城市为核心的城市群行政区划设置扁平化对城市群影响的空间维度包括城市群均衡化格局、城市群协调发展。以中心城市为核心的城市群行政区划设置扁平化对城市群影响的时间维度包括城市群经济增长、城市群资源配置效率提高。本书从空间维度和时间维度相结合的角度对以中心城市为核心的城市群行政区划设置扁平化进行更加深入具体的研究分析。以中心城市为核心的城市群行政区划设置扁平化模式，即在规划和建设上构建以极化中心城市为核心的都市圈，运用撤县改区或城市合并的方式形成高效率组织体系，从而实行扁平化管理，这将有效解决我国城市群内部不平衡不充分发展的现实困境，带动大中小城市（镇）发展，进而提升中国城市群整体综合承载和资源优化配置能力。以下结合以中心城市为核心的城市群行政区划设置扁平化发展的现状，从两个方面对以中心城市为核心的城市群行政区划设置扁平化作用机理的适用性和科学性展开论证。

第一，以中心城市为核心的城市群行政区划设置扁平化的时间维度分析。

从以中心城市为核心的城市群行政区划设置扁平化模式对城市群影响的时间维度分析，以中心城市为核心的城市群行政区划设置扁平化时间变化包含城市群经济增长、城市群资源配置效率提高。

首先，从城市群经济增长进行分析。近年来，中心城市的经济增长速度有所放缓，21 世纪以来，中国区域发展差距不断缩小，城市群间的经济差异小于城市群内的差异，发展受到辖区的限制，行政区划调整对城市群地域的发展具有巨大的推动作用，充分发挥了市场调节机制的作用，重点推进了劳动、资本、技术、土地和矿产资源的市场化进程，不断提升了利用效率，增强了生产要素的自由流动，合理配置了相关资源要素，发挥了地区优势，从而带动经济发展。中心城市行政扩张能够较好辐射带动提升城市群内大中小城市（镇）的经济发展、生产效率及供给效率，随着新型城镇格局不断推进，城市群内城市的发展水平和发展阶段不一致，导致城市群需要通过行政区划、扩张中心城市规模的方式来实现城市群更高水平的发展。

一种是极化效应，即中心城市行政区划设置扁平化后，利用自身优势加强对外围城市的资源吸收，在一定程度上阻碍外围城市的发展，造成城市群内中心城市和非中心城市的两极分化。中心城市的经济发展水平和要素生产率高于城市群，加强了中心城市的经济要素集聚。这种集聚使得企业生产运输成本降低，提高了企业间的分工效率，提升了生产线的标准化水平，推动了职工间技术知识外溢，加强了产业生产效率。中心城市进一步在规模经济下提高生产效率，各产业的企业数量增加和规模扩大，增加了对周边城市的经济要素需求，进一步强化了对周边城市的人口和投资的"虹吸效应"。另一种是扩散效应，即中心城市通过知识创新外溢、经济要素流动、产业转移升级等方式辐射周边城市，从而缩小与周边城市的发展差距。中心城市聚集能力的不断强化，导致在有限市场内拥挤着较多的同类企业,对要素需求增大但是要素供应区域有限,从而导致要素价格提升,使得企业的经营成本提高。激烈的竞争和增加的成本使得企业在区域内无法生存,进而开始向周边城市转移来寻求低成本的运营,这就是中心城市技术和资本的转移所带来的城市群的发展。中心城市具有地理区位、资源禀赋以及政策支持上的优势,需要继续促进中心城市的经济发展,撤县设区或者城市合并改善中心城市的空间外溢条件,使扩散效应占据极化—扩散效益的主导地位,扩大其带动其他地区经济增长的空间范围,促进城市群经济增长。

其次,从城市群资源配置效率提高进行分析,中心城市行政区划扩张会使各类要素资源向着中心城市聚集,同时向城市群内大中小城市(镇)转移,促使以中心城市为核心的城市群资源配置能力不断优化。当前,东部地区的中心城市面临着承载能力超负荷的难题,京津冀城市群的土地资源和人口承载力超负荷,淡水资源成为其区域承载力的最大短板;珠三角地区面临人口和资源环境压力;全国特大城市和三大城市群同样面临人口、土地、资源、环境四个"难以为继"的问题。中国城市群内均呈现中心城市在各类要素发展规模上的绝对优势,而在内部的大中小城市(镇),资源要素分布较为分散且发展水平较低。中心城市是区域内部发展最好的核心区位,为周边地区的人口和经济等要素的聚集奠定了基础。城市群内大中小城市(镇)的经济发展也能提高其承接中心城市产业资源转移的能力,并且在一定程度上减轻了中心城市的"城市病"问题。从城市群行政区划扩张的演化发展过程来看,城市群具有区域协调发展的客观经济运行规律,中心城市的行政区划扩张带动了城市群内大中小城市(镇)的发展,城市群内大中小城市(镇)的发展通过吸收中心城市的各类资源要素和农村劳动力人口,为其减轻承载压力,有利于中心城市的资源利用可持续发展,从而促使城市群一体化建设,提高了城市群整体的综合空间承载力。党的十八大以来,我国不断完善行政区划的相关标准,中心城市主要以"县改区"或城市合并进行行政区划调整,中心城市的功能格局和结构体系发生重大转变,推动城郊地区由农村政区向城市政区转变,实现了城区"一盘棋"规划建设,助推经济、人口以更高质量和水平向城区集聚,城区聚集人口能力增强,城镇人口显著增加,城乡人口结构进一步优化,打破城市间的行政壁垒,使得人口、资本、资源、技术和信息等要素能够在区域内自由顺畅流动,区域经济联系不断加强,逐渐形成中国城市群空间结构。中央政府开始实行行政区划调整,以快速直接的方式进行区域管治,重组城市发展资源要素。行政区划扩张使得中心城市的比较优势越强,它的扩散作用就越大,对周边区域的辐射带动作用也就越大。通过行政区划调整加强城市内欠发达地区的培育和发展,其城市内部各类要素积累的规模会有所增大,给城郊地区和城市群内欠发达地区的发展带来积极的作用，进而促使城市群内部与城乡之间发展更为协调，打破城乡二元格局和城市内部"新二元"结构，提升城市群的居住空间承载能力。行政等级越高的城市，资本优势、创新优势、高端人才优势、就业岗位优势和民生服务优势越大，促使土地利用、人口聚集和能源消耗之间默契配合，最大程度地发挥城市的潜力。城市企业的主要类型是国企、民企和外企，行政等级影响着城市的产业生产水平和内部资源配置，国企和外企对资源有较大的吸引力，使得其生产效率提升，这在一定程度挤压了民企的发展。部分沿海城市在经济发展初期，发展高污染、高耗能和高成本的工业，过度开发生态环境，降低了生态环境的利用效率。在新时期，这部分城市应该加快产业升级转移，依靠其地理优势大力发展国际货物运输等相关轻工业，打造成贸易、运输、技术和要素的中转中心，依靠城际铁路和高速交通网络，以城市的局部发展提升整体城市群的发展效率。

第二，以中心城市为核心的城市群行政区划设置扁平化的空间维度分析。

从以中心城市为核心的城市群行政区划设置扁平化模式的空间维度分析，在城市化发展的背景下，中国已经演变出规模化的城市群和城市群雏形，以联合都市区、准都市连绵区、都市连绵区作为城市群的主要类型。原则上，城市群的边界是以中心城市为核心，借助现代化的交通网络和信息网络等手段联系起来的实体网络或虚拟网络的缓冲边界，但在现实中，其不可能与行政区划边界完全重合、对应。目前我国已形成和确立 19 个城市群，并在此基础上确立了九大国家中心城市，这是我国城镇体系层级的"塔尖"。当前，中国的人口聚集落后于经济聚集发展，人口流动严重滞后于区域经济布局。城市群的空间范围界定受到行政区划调整的影响，行政区划调整使得城市化进程在短时间内突变，城市群建设有较为明显的政府主导性，各省份会培养中心城市来作为区域发展的增长极。在新的全球化趋势下，国家中心城市是肩负国家使命、引领区域发展、参与国际竞争、代表国家形象的现代化大都市，是引领区域发展的最高级别增长极，其能级强弱反映了其作为增长极发挥引领作用的强度，中心城市的发展不是单一独立的，而是与城市群内大中小城市（镇）合作来为城市群整体经济的发展提供充沛的活力。城市群对国家或者地区形成区域政治、经济、社会、文化网络结构具有重要的作用，在中国区域发展的格局中具有主导的地位。通过培育和发展中心城市，扩大其影响力范围，可使各城镇的要素资源在空间上形成集聚的关系，进而对城市群内部的协调发展起到推动的作用。集聚是城市发展最为重要的推动力，在聚集—扩散效应的作用下，中心城市行政区划调整后不断加强要素的集聚与对周边地区的辐射带动作用，促进城市间形成互联结构的城市群。行政等级高对等级低的城市有显著的扩散效应，县级或者县级市设区，有利于打造中心城市为增长极，有利于邻区的发展。因此，中心城市的辐射带动范围实际上决定了以中心城市为核心的城市群行政区划优化的空间范围。但是由这样的辐射范围识别出来的中心城市和城市群范围与现实中城市群的行政区划范围存在较大的差异，主要是因为行政区划约束了中心城市的辐射带动能力。中心城市是城市群行政区划设置调整中的核心部分，并且城市群内大中小城市（镇）的发展方向主要取决于中心城市，能够为城市群区域优化行政区划设置提供方向，创新城市群建设的体制机制，形成城市群均衡化格局。

改革开放以来，中国行政区划调整频繁，影响了行政区划对城市化发展的效用。由于行政级别高的城市拥有高的自治权。为了获得更高的权力，城市会积极提升当地的行政级别。在行政区划扁平化的过程中，重新组合行政空间，完善城市规划，可以提升公共产品的人均使用率，优化空间资源配置，充分发挥聚集经济和规模经济优势。通过行政区划扩张培育和发展中心城市不仅是为了打造区域增长极点，更是在以极化中心城市为核心形成都市圈的过程中实现城市群的整体全面发展。一个城市群在发展的初级阶段，会呈现较为明显的强核阶段，在城市群中发挥重要的作用。随着中心城市进一步发展，中心城市的发展受到行政区划空间限制，外围城市虽然有低廉的劳动力和土地，出现多个强经济中心，但是发展后劲不足。通过中心城市和城市群的行政区划扩张，在极化与扩散效应的共同作用下，外围城市会接受中心城市输出的投资、技术、观念和服务，也会向周边地区转移层次较低的产业及功能，从而促进城市群内部分工和专业化，进而形成联系紧密、层次分明及分工明确的产业链条，共同构成一个发展协调的多中心结构，提升城市群整体的发展水平。行政区划设置扁平化使其规模扩大，促使其影响边界不断扩大，因而对城市群内大中小城市（镇）的经济辐射带动能力增强。由于城市群区域经济的增长并不同时发生，而是发展较好的中心城市为增长极通过向外扩散的方式来带动整体发展，因此，在经济增长的初级阶段，增长极的存在有利于培育城市的自我发展能力。中心城市具有产生优势产业的经济条件、自然条件和政策条件，再通过扩散的效应来推动城市群内大中小城市（镇）的经济发展，可以促进城市群区域内协调发展。目前，城市群区域的经济发展选择了较为发达的中心城市，充分发挥具有关联度的推进型产业的优势，以更好带动城市群内欠发达地区的经济发展。结合城市群区域经济的发展，在支持极化中心城市为核心建立都市圈的同时，培养城市群区域的其他增长极，可以促进城市群内部经济整体发展。一些中心城市周边地区的集聚能力与大城市相比存在一定差距，但是其发展潜力巨大，通过对其进行撤县设区或城市合并，加大中心城市行政区划扩张，将周边地区与中心城市进行统一规划，可以提高资源利用率。

第三，以中心城市为核心的城市群行政区划设置扁平化的时空互动维度分析。

以中心城市为核心的城市群行政区划设置扁平化使中心城市对人口、自然和技术等要素的集聚度更高，形成以中心城市为核心形成的圈层结构。中心城市规模的不断扩大，会对周边地区的经济发展起到带动作用，从而形成卫星模式下的都市圈和经济带的结构体系。人口作为城市间要素流动的主要组成部分，可以提升发展效率，人口向中心城市与城市群，特别是发达地区的流动，是中心城市、外围城市和城市群共同作用的结果。发展要素在中心城市和外围城市之间的流动是一个扩散—极化的过程，即发展要素会从核心城市流向外围城市，也会从外围城市流向中心城市。随着中心城市空间系统内部和相互之间信息交流的增加，中心城市的扩散效应成果将超越特定空间系统的承受范围，拉动外围城市的发展。要素的集聚与流动也受到城市群、中心城市和城市群内大中小城市（镇）的共同作用，影响着城市群的资源配置效率。通过城市群的基础设施建设、要素集聚与流动，可以发挥各地区的比较优势，调整城镇格局的空间形态。以城市群的综合承载力为着眼点，优化要素的集聚与流动，可以提升中心城市的竞争力，将中心城市的辐射范围进一步扩大。行政区划的优化有助于实现大中小城市之间帕累托改进式共赢，推动城市群的健康发展。以中心城市为核心的城市群行政区划设置扁平化模式的时空互动维度分析，实际上也就是探讨以中心城市行政设置扁平化为主体的城市群行政区划设置扁平化。

再对中心城市进行分析。中心城市面积扩张增强了其规模经济的效用，使得中心城市在技术创新和生产效率等方面与外围城市差距拉大，强化了中心城市作为城市群增长极的作用。对城市群行政区划调整而言，中心城市作为城市群增长极，具有聚集要素的作用。首先，中心城市和城市群的集聚发展促使市民的平均收入水平提升，随之对经济要素的吸引进一步增强。其次，中心城市在行政区划扁平化的过程中，需要进行产业转型升级，将人口、资本和产业向外围城市扩散，加快了要素的集聚效应。最后，行政区划调整有利于中心城市在技术设施、全要素产业生产效率方面形成优势，帮助城市群提升区域整体的劳动生产率，推动点—线—面城市群发展模式的形成。

中心城市在城市群行政区划调整中处于支配地位，与外围城市相比，对资本、技术创新等发展要素的吸引具有明显的优势。中心城市在集聚效应的作用下，对经济要素的吸引力加强，提升了城市经济活动的效率和土地利用的密集度，由此产生规模经济，使得中心城市对外围城市形成虹吸效应，经济要素在中心城市的聚集促使城市群内大中小城市（镇）的竞争力不断降低。第一，人口、资本及自然资源向中心城市的集聚效应，使得城市群内大中小城市（镇）的经济发展主要依赖低附加值低的劳动密集型产业，不健康的经济增长方式使得经济发展持续性低。第二，中心城市的基础设施更加完善，工作和创业机会更多，大量人口从外围城市流向中心城市，导致外围城市缺乏人力资本，尤其是高精尖人才，难以提高其技术能力和生产能力，城市经济活力不足。第三，中心城市对其他城市的辐射作用受到城市与中心城市的距离限制，人口流动和产业转移更倾向于从中心城市到邻近的外围城市，中心城市的辐射扩散范围有限，地区偏远的落后城市受到的辐射作用较弱，导致中心城市与外围城市经济要素流动固化。

综上所述，以中心城市为核心的城市群行政区划设置扁平化模式在时空互动维度上受到中心外围理论的作用，都市圈以极化中心城市为核心，带动外围城市和城市群发展。在中心城市行政区划设置扁平化中，中心城市空间扩张，城市群内部各地区会在中心城市的扩散辐射下高速发展。

3.3　以中心城市为核心的城市群行政区划设置扁平化的演化过程及动力机制

3.3.1　以中心城市为核心的城市群行政区划设置扁平化演化过程及动力机制构成

动力机制是系统运动与发展的根本原理，可以从内生原动力与外部作用力两个维度考察以中心城市为核心的城市群行政区划设置扁平化的演化过程及动力机制。以中心城市为核心的城市群行政区划设置扁平化对提高人民生活水平和社会福利具有重要的意义和现实价值。

从发展要素来看，中心城市行政区划扁平化一方面是指城市的空间范围和行政区划发生变化，使得区域间联系和相互依赖性加强的过程；另一方面是指强化中心城市的核心作用带动欠发达地区的经济增长，从而实现城市群发展的过程。中心城市行政区划扁平化是综合性、组合性的概念，包括城市协同发展、市场的统一、缩小城市差距、实现区域间经济技术合作和空间协调、经济增长与人口资源环境的协调发展。中国正处于经济发展模式转型、建设社会主义现代化强国的新时期，国内外经济发展形势不断变化，城市群逐渐成为区域经济发展的主要空间载体。以中心城市为核心的城市群行政区划设置扁平化的动力机制系统也更为复杂多样。从以中心城市为核心的城市群行政区划设置扁平化的演化过程来看，区域内城镇的数量与规模是中心城市的基础。城市群行政区划设置扁平化既离不开作为增长极的中心城市的行政区划扩张，更离不开城市群内大中小城市（镇）的发展。城市群作为跨行政区的城市化的空间载体，在发展上一方面要突出中心城市的带动作用，以中心城市为核心强化城市群的竞争力，承担中国区域经济发展的重要任务；另一方面也需要增强中心城市和城市群内大中小城市（镇）之间的联系，进而缩小城市间发展的差距，实现社会公平和发展的充分、平衡。

对以中心城市为核心的城市群行政区划设置扁平化动力机制及演化过程的分析可以看出，中心城市行政区划扩张和城市群发展相互作用，可以完善和实施城市群发展规划，更加明确地区的功能定位分工。中心城市行政区划面积扩张，其发展规模不断扩大，逐渐出现集聚不经济的现象，发展呈现出向外部扩散效应，从而带动周边地区的经济发展。随着城市群内大中小城市（镇）的发展水平不断提升，城市之间发展差距缩小，城市群内部的联系加强，促使城市群形成稳定的行政区划设置扁平化格局。

以中心城市为核心的城市群行政区划设置扁平化是一个动态演化过程，中心城市和外围城市、城市群三者间存在协同和相互推动关系。以中心城市为核心的城市群行政区划设置扁平化演化发展作用的核心是中心城市行政区划设置扁平化。本书认为，城市群高质量发展包含通过行政区划扁平化增强中心城市辐射带动作用、带动城市群内大中小城市（镇）发展和提升城市的行政管理能力及城乡一体化三个不同方面的共同作用。

以中心城市为核心的城市群行政区划设置扁平化的主动演化始于中心城市经济资源的高效集聚与合理流动。通过中心城市行政区划扁平化，可以带动外围城市的发展，从而形成以极化中心城市为核心的都市圈，带动城市群协同发展。更加明确对中心城市和城市群内大中小城市（镇）的功能定位后，通过具体的行政规划，可以推动城市群行政区划设置扁平化的构建，依托城市群内部的发展促使形成梯度化的城市群格局。对中心城市的区位优势、城市群体系的优势进行判断后，通过行政区划调整，可以促使城市资源的流动和聚集更加高效合理，从而促进城市群的整体建设与行政管理水平提升，实现城市群的协同发展，不断提升以中心城市为核心的城市群行政区划设置扁平化水平。

以中心城市为核心的城市群行政区划调整扁平化的被动演化始于中心城市辐射扩散范围扩大，促使中心城市、外围城市和城市群间形成紧密的网络体系。随着中心城市的行政区划扁平化，其经济辐射范围扩大，使得各类资源不断向外扩散，技术和产业等不断向城市群内大中小城市（镇）转移，客观上加快了中心城市外围欠发达地区的经济增长。随着城市群发展规划明确，行政区划调整使得城市的功能定位逐步调整，提升城市群承载能力和资源配置能力成为发展的重中之重。中心城市行政区划调整后，中心城市竞争力提升的同时，其对周边地区的辐射带动能力也进一步增强，使得传统产业向城市群内大中小城市（镇）转移；同时，中心城市、外围城市和城市群的联系加强，促使城市群形成一体化体系，最终使得城市群行政区划设置扁平化不断成熟稳定。

本书认为，以中心城市为核心的城市群行政区划设置扁平化的演化过程，是中心城市和城市群内大中小城市（镇）相互作用的过程，为优化以中心城市为核心的城市群行政区划设置扁平化的演化过程以及动力机制，本书构建了以中心城市为核心的城市群行政区划设置扁平化优化过程及动力机制的理论模式，如图3-2所示。

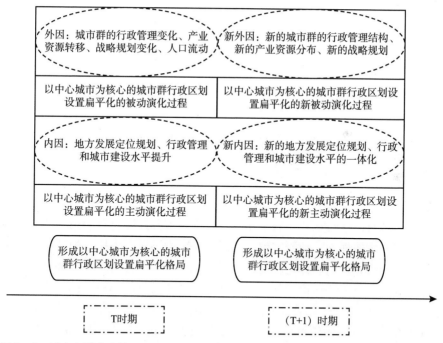

图3-2　以中心城市为核心的城市群行政区划设置扁平化演化过程及动力机制理论模式

从图3-2可以看出，以中心城市为核心的城市群行政区划设置扁平化演化过程包括主动和被动两个方面。在以中心城市为核心的城市群行政区划设置扁平化不同阶段的演化发展中，不同的类型和作用方式，会随着以中心城市为核心的城市群行政区划设置扁平化的发展而产生变化。其在主动、被动过程中作用存在差异，都统一于以中心城市为核心的城市群行政区划设置扁平化的演化过程，都在演化过程中起到至关重要的作用。

在 T 时期，以中心城市为核心的城市群行政区划设置扁平化的演化过程既受到中心城市和城市群内大中小城市（镇）集聚效应作用下经济发展、行政管理、城市建设水平提升的推动影响，又受到政府发展规划、城市间资源流动与产业分工的影响。二者共同推动以中心城市为核心的城市群行政区划设置扁平化的演化发展，中心城市行政区划扁平化使城市群发展规模和发展水平提升，新一轮扁平化的城市群行政区划设置格局形成，即（T＋1）时期。

在（T＋1）时期，随着中心城市和城市群内大中小城市（镇）行政效率提升，城市群行政区划设置扁平化受到中心城市与城市间体系的影响。新时期下，城市群整体发展水平的提升促使资源集聚、产业转型升级。以中心城市为核心的城市群逐渐形成高效率组织体系，从而实行扁平化管理，城市组织体系的发展由独立个体向着城市群体的属性转变。城市群内部资源集聚与流动更为活跃，中心城市和城市群内大中小城市（镇）发展差距的缩小促使城市群行政区划设置扁平化。在这一时期，城市群行政区划设置扁平化主动、被动演化发挥作用，以中心城市为核心的城市群行政区划设置扁平化的演化向着更高水平趋势发展。

3.3.2 以中心城市为核心的城市群行政区划设置扁平化的主动演化过程及内部影响

以中心城市为核心的城市群行政区划设置扁平化的主动演化过程是以中心城市为核心的城市群各级地方政府主动引导促进城市群发展提升的内部演化。通过对中心城市的发展规划、功能定位，可以促进以中心城市为核心的城市群整体的行政管理、城市建设的一体化发展，使中心城市与城市群内大中小城市（镇）之间协调发展。在以中心城市为核心的城市群行政区划设置扁平化的整个演化过程中，以中心城市为核心的城市群在各级政府主导下，行政区划设置扁平化调整实现了城市群的内部演化。本书依据"变异—选择—保持"的发展演化观点，构建出以中心城市为核心的城市群行政区划设置扁平化的主动演化过程图，如图 3 - 3 所示。

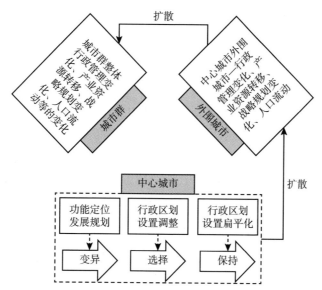

图 3 - 3   以中心城市为核心的城市群行政区划设置扁平化的主动演化过程图

从图 3 - 3 中可以看到，以中心城市为核心的城市群行政区划设置扁平化的主动演化过程的动因是中心城市行政区划设置扁平化推动整个城市群发展。通过扩散中心城市的空间承载能力、要素配置能力、行政管理能力，充分利用中心城市行政区划扩张的发展优势，带动外围城市的发展，促进城市群综合竞争力提升，从而实现了行政区划设置扁平化的主动演化。首先，以中心城市功能定位和发展规划的变异。随着中心城市的承载压力不断加大，以及资源过度集聚，规模经济效用减弱，中心城市开始转变发展方式。其次，中心城市根据城市间的联系强度和经济影响范围，进行行政区划设置调整。最后，中心城市进行行政区划设置扁平化，凸显了中心城市在城市群中的增长极作用，强化了中心城市的辐射能力，也进一步促使中心城市的功能定位和行政区划出现多向选择的调整变动，城市群整体发展规模提升。因此，要求中心城市以及城市群内各级政府根据地理位置、职能定位对演化变异的多向选择进行分析，因地制宜、因时制宜地选择以中心城市为核心的城市群行政区划设置扁平化的发展规划。以中心城市为核心的城市群在进行行政区划调整后，将会在一段时间内维持这一状态，使得中心城市主导的行政区划设置扁平化调整成为城市群发展的内生动力。促进以中心城市为核心的城市群行政区划设置扁平化演化发展的内生动力存在多方面共同作用的内部影响因素，如图 3 - 4 所示。

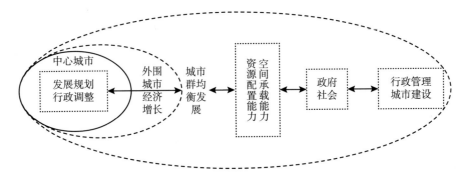

图3-4　以中心城市为核心的城市群行政区划设置扁平化过程内部影响因素作用

从图3-4中可以看出，首先是中心城市基于区位优势、功能定位进行的行政区划设置扁平化对以中心城市为核心的城市群行政区划设置扁平化演化产生内部影响。中心城市在城市群内承担着经济发展增长极与要素集聚的核心地位，从内部影响因素角度分析，以中心城市为核心的城市群行政区划设置扁平化演化，需要考虑中心城市、外围城市和城市群间如何实现协同。以中心城市为核心的城市群应当通过针对性的科学研判，通过对中心城市和行政区划设置调整城市的优势分析，并以此为依据展开行政区划调整，从而实现以中心城市为核心的城市群行政区划设置理念转变、模式转变，从中心城市内部形成以中心城市为核心的城市群行政区划设置扁平化演化发展的推动作用。

其次是中心城市通过行政区划设置扁平化对城市群的发展形成由内而外的推动作用。中心城市通过行政区划设置扁平化推动了要素的高效集聚与合理流动，为中心城市和城市群内大中小城市（镇）的协同发展奠定了发展基础。随着对中心城市和城市群内大中小城市（镇）的行政等级和空间划分不断明晰，区域经济不断发展，促使城市群体系逐渐形成了资源配置能力和空间承载能力的动态演化。以中心城市为核心的城市群行政区划设置扁平化发展内生动力的核心在于中心城市的功能定位，根据中心城市与城市间经济联系进行行政区划调整，可以促使城市群形成科学合理的资源配置体系和动态变化的空间承载体系。

最后是城市群行政管理、城市建设水平的提高。由于城市群内各个行政级别的城市发展水平存在着差距，城市群行政区划设置扁平化就是要促使中心城市和城市群内大中小城市（镇）在行政管理和城市建设方面实现一体化协同发展。通过中心城市行政区划设置扁平化，扩大中心城市行政管理和城市建设能力外溢，达到城市群行政管理水平和城市建设水平的均等化，以缩小各城市的发展差距。本书通过对中心城市行政区划设置扁平化分析，认为主要是行政管理、城市建设水平提升，影响了以中心城市为核心的城市群行政区划设置扁平化。因此，城市群行政管理和城市建设水平的提升是实现以中心城市为核心的城市群行政区划设置扁平化发展的重要内部影响因素。

3.3.3　以中心城市为核心的城市群行政区划设置扁平化的被动演化过程及外部影响

以中心城市为核心的城市群行政区划设置扁平化的被动演化过程是在城市群的要素向中心城市聚集推动下，促使中心城市功能定位、发展规划发生变化，城市群行政区划设置扁平化。与以中心城市为核心的城市群行政区划设置扁平化的主动演化过程不同，以中心城市为核心的城市群行政区划设置扁平化的被动演化过程是基于要素向中心城市聚集过程，推动中心城市行政区划设置扁平化，进而城市群整体发展提升，而非由中心城市发展所推动。因此，以中心城市为核心的城市群行政区划设置扁平化的被动演化的动因不是来自中心城市的自我调整，而是来自以中心城市为核心的城市群行政区划设置扁平化由外向内的发展演化。依据"保持—选择—变异"的战略演化观点，本书构建出以中心城市为核心的城市群行政区划设置扁平化的被动演化过程图，如图 3-5 所示。

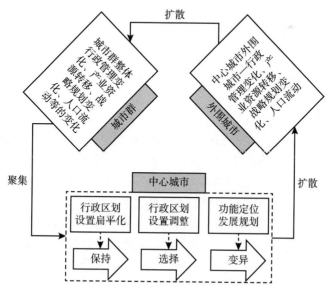

图 3-5　以中心城市为核心的城市群行政区划设置扁平化的被动演化过程

从图 3-5 中可以看到，以中心城市为核心的城市群行政区划设置扁平化的被动演化过程的动因是城市群整体行政管理变化、产业资源转移、战略规划变化、人口流动等外部环境的变化。一方面，随着城市群内部要素向中心城市流动与聚集，中心城市面临土地空间扩大、高效集聚、产业升级的问题，中心城市需要进行行政区划设置扁平化缓解上述问题。另一方面，中心城市根据针对城市群整体的发展战略和政策措施，需要重新评估并选择新的发展路径，对其行政区划设置进行调整。随着中心城市行政区划调整，其在城市群中的功能定位和发展规划发生变动，引起中心城市发展结构的变异以适应新形势的发展现状，使得外围城市和城市群的发展格局出现变化。促进以中心城市为核心的城市群行政区划设置扁平化演化发展的外部影响因素存在多方面，如图 3-6 所示。

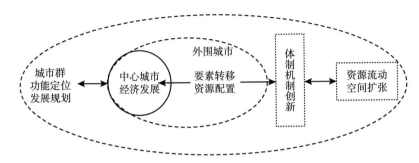

图 3-6 以中心城市为核心的城市群行政区划设置扁平化演化过程外部影响因素作用

从图 3-6 中可以看到，首先是中心城市行政面积扩张使得城市群内功能定位和发展规划发生变化。中心城市行政区划扁平化促使各地区发展差距缩小，为城市群的高质量发展奠定了基石。城市群的高质量发展，使得中心城市的承载能力和资源配置能力提高，促使中心城市经济发展模式出现转变，客观上推动了城市群内大中小城市（镇）的加速发展。一方面，在中心城市行政区划扁平化的推动下，中心城市和城市群内大中小城市（镇）的功能定位逐渐明确完善，以城市群为单位的整体性发展规划避免了城市间的地方保护主义、恶性竞争；另一方面，城市群的发展可以充分借助中心城市和城市群发展规划的推动作用，通过行政措施提升中心城市的竞争力以及城市间的联系，扁平化城市群行政区划设置。

其次是要素转移对以中心城市为核心的城市群行政区划设置扁平化演化发展起到推动作用。中心城市行政区划扁平化与城市群发展规划促使城市间破除行政壁垒，提高了中心城市和其他城市间的要素流动性，中心城市对一些重工业进行产业转移和升级，外围城市对这些产业进行承接，实现城市群整体的经济发展。

中心城市的产业转移，一方面对城市群内大中小城市（镇）经济发展起到带动作用，进一步缩小城市群城市间发展差距；另一方面也进一步促进了城市群城市间的经济联系和合理分工，有助于推动城市群结构梯度化布局，最终实现对以中心城市为核心的城市群行政区划设置扁平化演化发展的推动。

再次是资源配置对以中心城市为核心的城市群行政区划设置扁平化的演化发展起到推动作用。以中心城市为核心的城市群行政区划设置扁平化需要提升中心城市和城市群的综合承载能力和资源配置能力，通过资源的高效集聚与合理流动，可以促进中心城市和城市群内大中小城市（镇）协同发展。一方面，中心城市的竞争力提升促使其进一步成为各类要素资源集聚的中心，中心城市的高效集聚提升了资源配置及使用效率；另一方面，中心城市和城市群内大中小城市（镇）之间要素资源的合理流动促进其加快经济发展，使得城市群结构进一步均衡，促使城市群行政区划设置扁平化健康发展。

最后是中心城市行政区划扁平化与城市群发展规划推动空间治理体制机制创新，促进资源流动与空间配置调整对以中心城市为核心的城市群行政区划设置扁平化演化发展的推动作用。因为要素资源的集聚会促使其出现空间扩张的需求，而城市群行政区划扁平化的不断提升会使其城镇化水平也不断提高，所以，在体制机制层面进行强化，有助于推动提升城市群综合承载能力与资源配置能力。行政区划调整提高了城市地区对农业人口的吸引能力，有效利用了区域内部劳动力，实现了对资源的高效利用，增强了城市群的综合竞争力。空间治理体制机制创新促进了政府治理现代化，进而推动城市群的资源流动与空间合理扩张，提高城市群整体的发展水平，促进以中心城市为核心的城市群行政区划设置扁平化。

3.3.4 以中心城市为核心的城市群行政区划设置扁平化模式分析

以中心城市为核心的城市群行政区划设置扁平化，就是要通过体制机制创新来重塑中心城市与城市群内大中小城市（镇）间的关系，以极化中心城市为核心构建都市圈，运用撤县改区或城市合并的方式形成高效率组织体系，从而实行扁平化管理，提高城市群整体综合承载和资源优化配置能力。本节从理论模型构建的角度，静态地构建出"政策评估—配置优化—空间识别—态势研判—空间锁定"的以中心城市为核心的城市群行政区划设置扁平化模式的作用机理；从演化的角度，基于作用机理，探究和讨论演化过程的类型、结构以及影响因素，比较静态地模拟出"政策评估—配置优化—空间识别—态势研判—空间锁定"的以中心城市为核心的城市群行政区划设置扁平化模式的作用机理。以此构建出"政策评估—配置优化—空间识别—态势研判—空间锁定"的以中心城市为核心的城市群行政区划设置扁平化模式，破解我国城市群内部不平衡不充分发展，提高我国城市群的综合承载和资源优化配置能力，如图3-7所示。

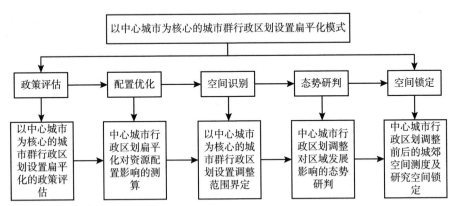

图3-7 以中心城市为核心的城市群行政区划设置扁平化模式

通过对以中心城市为核心的城市群行政区划设置扁平化进行"政策评估"，可以测算中心城市行政区划扁平化对城市经济增长的影响。从动态的角度看，以中心城市为核心的城市群行政区划设置扁平化政策增强了中心城市的辐射扩散能力，从而推动了城市群能级增长。因此，本书判断，中心城市行政区划扁平化政策能有效地推动城市发展。

通过对以中心城市为核心的城市群行政区划设置扁平化进行"配置优化"，可以测算中心城市行政区划扁平化对城市群资源配置效率的影响。从动态的角度看，以中心城市为核心的城市群行政区划设置扁平化扩大了城市群的空间载体，提高了其资源配置效率。因此，本书判断，中心城市行政区划扁平化能有效地推动城市群资源分配的发展。

通过对以中心城市为核心的城市群行政区划设置扁平化进行"空间识别"，可以界定中心城市和城市群行政区划设置扁平化的空间范围。从静态的角度看，中心城市的聚集扩散能力使得城市群形成一个相互联系的状态，由此确定行政区划设置扁平化的空间范围。

通过对以中心城市为核心的城市群行政区划设置扁平化进行"态势研判"，可以研究和判断中心城市行政区划调整对区域发展的影响。从静态的角度看，行政区划调整后城市的政区位势发生变化，促使中心城市与城市群内大中小城市

124

（镇）协调发展，城市群朝着均衡化格局方向发展。

通过对以中心城市为核心的城市群行政区划设置扁平化进行"空间锁定"，可以测算行政规划调整的中心城市进行调整前后的城郊和建成区空间。从动静态结合的角度看，中心城市建成区的空间扩张，使中心城市和城郊经济增长，进而形成以中心城市为核心的都市圈，间接带动中心城市和城市群综合承载力的提升，由此最终锁定以中心城市为核心的城市群行政区划设置扁平化的范围。

综上所述，本书在理论方面阐述了以中心城市为核心的城市群行政区划设置扁平化的作用机理，并对其演化发展的趋势进行了一定分析。通过构建以中心城市为核心的城市群行政区划设置扁平化作用机理的理论框架，对以中心城市为核心的城市群行政区划设置扁平化进行了动静态和时空维度的分析。实现中心城市与城市群行政区划设置优化的重点均在于中心城市行政区划设置扁平化。从演化过程的角度来看，以中心城市为核心的城市群行政区划设置扁平化通过极化扩散模型、区域经济发展协同理论共同作用，行政区划设置扁平化政策进一步加强中心城市建设，提高城市群的资源配置效率，以中心城市为核心的城市群资源配置与承载力能力有所增强。并且，通过城市集聚扩散理论模型、空间相互作用理论模型，扩大中心城市的空间范围，提升城市政区位势，有利于形成经济辐射扩散效应。此外，通过中心外围理论模型，可以强化中心城市和外围城市的局部经济联系，发展整个城市群，进而缩小中心城市和城市群内大中小城市（镇）的发展差距。对以中心城市为核心的城市群行政区划设置扁平化发展动力机制及演化作用机理进行动态分析，结果显示，以中心城市为核心的城市群是行政区划设置扁平化的主要空间载体，行政区划调整是实现以中心城市为核心的城市群高质量发展的基础。通过集聚—扩散效应，中心城市的行政区划设置扁平化使得中心城市的经济聚集能力进一步加强，并向外围城市扩散，从而提升城市群发展水平，城市群内形成城市间经济互联网络，推动城市群经济发展，城市群逐步向高质量发展迈进。因此，对以中心城市为核心的城市群行政区划设置扁平化的研究，不能单独割裂讨论。本书将以中心城市为核心的城市群作为行政区划设置扁平化发展研究的研究对象进行分析讨论，研究如何形成高效率的组织体系，从而提高城市群整体综合承载和资源优化配置能力。

第4章

以中心城市为核心的城市群行政区划设置扁平化的政策评估

4.1 研究目的与方法

4.1.1 研究目的

据我国行政区划手册统计显示，截至2016年，行政区划调整涉及的县级行政区有600多个，行政区划调整的频次从东部到西部梯度下降，越发达的地区行政区划调整越频繁。撤县设区是城市扩张的一种手段，随着城市化的发展，各地政府通过城市边界扩张以获取更多的土地资源。通过对以扁平化管理的行政区划优化设置展开政策效用估计，即对以中心城市为核心的城市群进行"政策评估"，可以全面分析我国过去行政区划扁平化的基本情况。根据分析结果，确定行政区划设置扁平化设置的政策实施路径，从而提供一种城市群建设体的新体制机制。

4.1.2　测度方法

行政力量作为推动经济发展的两种主要力量之一，对经济发展至关重要，而当下行政改革的重要方向之一，就是建立高效率组织体系，即宏观的、广义的扁平化设置。一方面，由于旧的行政区经济所建立起来的旧行政区划体系已经不再适合当下新的经济发展阶段；另一方面，扁平化的高效率组织体系可以突破既有的行政壁垒、优化行政资源配置、强化信息传导、提高行政效率，因此，进行扁平化设置是必要的。

在实操上，微观的、狭义的扁平化即通过撤县设区和城市合并手段对城市进行行政区划优化。虽然也存在建立跨际政府等手段，但我国目前还缺乏类似的尝试，故本书主要把以撤县设区和城市合并为主要手段的扁平化作为研究对象。一方面，行政区划扁平化的对象是城市而非城市群本身；另一方面，不可能同时或短时间内对大量城市进行行政区划扁平化，对于不同城市进行行政区划扁平化的效果也可能不一样。因此，选择什么城市进行行政区划扁平化就是必须回答的问题。城市群是一群城市的集合，但城市与城市之间的差异巨大，其属性各不相同，如可以将城市群中的城市划分为中心城市和非中心城市，中心城市也可以继续分为国家中心城市和非国家中心城市。

中心城市，特别是国家中心城市，就是进行行政区划扁平化改革、建设高效行政组织体系的重要抓手，是发展城市群经济的关键。对单个城市的行政区划扁平化，其影响对象和主要影响范围都首先作用、限制于城市本身，而对于非中心城市，由于其缺乏城市自身到城市群的传导机制，最终提高的是自身的行政效率而难以作用于其所属的城市群。虽然从理论角度上来讲，其结果一般无害，但是，执行每项政策实际上存在很多隐形的政策成本，如短期的交接混乱和行政失调，行政官员的调度和政策的执行成本。所以，如果要考虑政策效率，就要用最少的策略推进最大的发展，即寻求最优的扁平化改革城市选择，那么，首先要从中心城市行政区划扁平化进行入手。基于增长极理论、循环累积理论等区域经济理论，一个城市群中资源最密集、行政较宽松、经济最发达的城市才有可能成为中心城市，由于其能够发挥较好的规模效应，周边大量的资源会向中心城市聚集，并进一步强化其聚集能力，发挥聚集作用；待聚集作用发挥到一定程度，中心城市的资源过密，规模效应曲线移至后半段，企业成本开始增大，其资源又会开始向周边梯度式或跳跃式迁移，带动周边城市的发展，形成一个从中心到周边梯度发展的区域。区域中不同的城市侧重的产业可以不一致，这又可以发挥较好的结构作用，城市之间相互分工，发挥各自的比较优势，促进整个城市群的高度集成和发展。国家中心城市是比一般中心城市经济更为发达，政策支持力度更大的城市，其城市发展已经达到了一定程度，在中心城市行政区划扁平化中优先对国家中心城市进行行政区划扁平化设置，可能是更加有效率的选择。

因此，判断中心城市行政区划扁平化到底能不能促进其所在城市群的经济增长，特别是国家中心城市到底是不是更加高效的选择，是必须要回答的问题，本书对这一系列问题展开分析。

本书先使用倾向得分匹配法对样本进行匹配以提高其可比性，再使用政策评估的经典方法——双重差分法，验证中心城市行政区划扁平化对其所在城市群经济增长的影响。由于行政区划扁平化政策，即撤县设区和城市合并具有明显的阶段性推进特征，因此，我们选择不设置统一的时间虚拟变量，采用多时点双重差分法进行研究，避开传统双重差分法需要对研究样本的处理组设置统一的组别虚拟变量和时间虚拟变量的局限。参考相关研究设计，建立如下计量模型：

$$Y_{it} = \alpha_0 + \alpha_1 Merge_{it} + X_{it} + \gamma_i + v_t + \varepsilon_{it} \qquad (4-1)$$

其中，Y_{it} 表示被解释变量，反映各城市群地区生产总值。$Merge_{it}$ 为政策虚拟变量，如果某个城市群 i 的中心城市在 t 年内发生行政区划扁平化，就被赋值为 1，并将行政区划扁平化后续的年份也赋值为 1，以考虑行政区划扁平化效果的滞后性；反之为 0。X_{it} 表示相关控制变量。γ_i 和 v_t 分别表示地区固定效应和时间固定效应。ε_{it} 表示随机扰动项。

被解释变量为地区生产总值。根据数据的可得性，控制变量采用年末单位从业人员数、第一产业从业人员比例、第二产业从业人员比例、第三产业从业人员比例、外资使用额占地区生产总值比例、地方一般预算支出占地区生产总值比例、科技支出占地方一般预算支出比例和专利数。年末单位从业人员数用来衡量劳动力资源水平，第一产业从业人员比例、第二产业从业人员比例和第三产业从业人员比例用来反映产业结构，外资使用额占地区生产总值比例用来反映地区经济开放程度，地方一般预算支出占地区生产总值比例用来反映地方财政力度，科技支出占地方一般预算支出比例用来反映当地政府对科技发展的重视程度，专利数反映地区当下的科技发展程度。

4.1.3 数据来源及研究对象

经济社会数据来自全国城市统计年鉴，通过对城市群涉及各地级市的加总获得，部分缺失的数据使用插值法补充。行政区划扁平化执行年份等数据来自国泰安数据库和中国行政区划网。

4.2 中心城市扁平化设置的政策评估

4.2.1 PSM—DID模型基础回归模型估计

根据模型（4—1），采用地区生产总值作为被解释变量，分别不使用和使用控制变量对模型进行回归分析，来估计中心城市行政区划扁平化对其所在城市群经济增长的影响，如表4—1所示。

表4—1　　　　中心城市扁平化对其所在城市群经济增长影响的回归结果

被解释变量	地区生产总值	
	未控制变量	控制变量
虚拟变量	8.91e+07 *** (0.002)	3.10e+07 *** (0.010)
年末单位从业人员数	—	130144.8 *** (0.000)
第一产业从业人员比例	—	−5.03e+08 (0.549)
第二产业从业人员比例	—	1.51e+08 (0.843)
第三产业从业人员比例	—	−7.24e+07 (0.924)
外资使用额占地区生产总值比例	—	3.00e+09 (0.439)
地方一般预算支出占地区生产总值比例	—	−9.88e+08 *** (0.000)
科技支出占地方一般预算支出比例	—	−2.24e+09 ** (0.035)

被解释变量	地区生产总值	
	未控制变量	控制变量
专利数	—	1329.024 *** (0.000)
截距项	2.54e + 08 *** (0.000)	2.78e + 08 (0.716)
年份	控制	控制
地区	控制	控制
城市群数量	19	19
样本量	207	207
校正决定系数	0.8906	0.9714

注：＊、＊＊、＊＊＊分别表示在10%、5%、1%水平上显著。

由表4-1可以看出，不论是否加入控制变量，中心城市行政区划扁平化对经济增长的效应估计显著水平均在2%以内，为显著的正效应。在加入控制变量组中，年末单位从业人员数报告值为显著正，意味着劳动力数量对城市群经济效益存在正相关关系；第一、第二、第三产业从业人员比例的报告值均为不显著，可能是由于不同城市群对产业结构的适应性，即最优产业结构不同中和了产业结构对整体城市群的影响估计；外资使用额占地区生产总值比例的报告值不显著，可能是因为在部分城市群，国内资本已经足够充分，外资则相对较少，不足以对整体城市群经济增长产生较大的影响；地方一般预算支出占地区生产总值比例的报告值和科技支出占地方一般预算支出比例均为显著负，说明财政支出力度和科技财政支出力度与城市群经济增长呈现负相关关系，但尚不能判断因果，有可能是经济相对落后的城市群，其财政支持力度较大，从而提振经济；专利数的报告值为显著正，说明科技发展程度与城市群经济发展程度存在正相关关系。

4.2.2 平行趋势检验

进行双重差分法时，必须进行平行趋势检验，以确定样本在冲击或者政策发生前具有可比性，检验结果如图4-1所示。

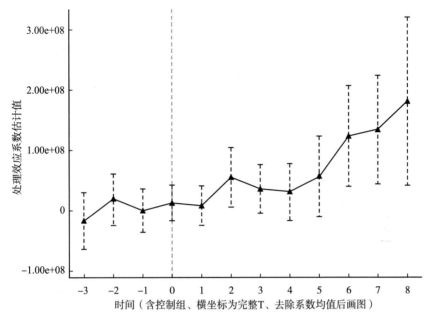

图4-1 中心城市扁平化对其所在城市群经济增长影响的平行趋势检验

根据图4-1去除系数均值后的平行趋势检验图，不难发现，在时间0左侧，散点及其区间均在水平0刻度线附近；在时间0右侧，图像呈现波动上升的趋势，且最终散点及区间均突破水平0刻度线。说明其通过平行趋势检验；中心城市行政区划扁平化对其所在城市群经济增长的正效应存在滞后性；随着时间的推移，正效应越来越大。

4.2.3 安慰剂检验

通过将行政区划扁平化的时间点统一提前3年进行反事实分析，得到表4-2。由表4-2可以看出，时间提前后，中心城市行政区划扁平化对其所在城市群经济增长影响的估计结果不显著，说明中心城市行政区划扁平化对城市群经济增长的政策效果不是随机产生的。

表 4－2   安慰剂检验结果（提前三年）及基础回归对比

被解释变量	地区生产总值	
	提前三年	真实年份
虚拟变量	1.81e＋07 (0.232)	3.10e＋07 *** (0.010)
年末单位从业人员数	129484.8 *** (0.000)	130144.8 *** (0.000)
第一产业从业人员比例	－5.78e＋08 (0.509)	－5.03e＋08 (0.549)
第二产业从业人员比例	1.58e＋08 (0.838)	1.51e＋08 (0.843)
第三产业从业人员比例	－7.46e＋07 (0.923)	－7.24e＋07 (0.924)
外资使用额占地区生产总值比例	3.67e＋09 (0.321)	3.00e＋09 (0.439)
地方一般预算支出占地区生产总值比例	－9.91e＋08 *** (0.000)	－9.88e＋08 *** (0.000)
科技支出占地方一般预算支出比例	－2.13e＋09 ** (0.047)	－2.24e＋09 ** (0.035)
专利数	1341.996 *** (0.000)	1329.024 *** (0.000)
截距项	2.75e＋08 (0.723)	2.78e＋08 (0.716)
年份	控制	控制
地区	控制	控制
城市群数量	19	19
样本量	207	207
校正决定系数	0.9707	0.9714

注：*、**、***分别表示在10%、5%、1%水平上显著。

4.2.4 干扰政策检验

在进行中心城市行政区划扁平化时，省直管县改革作为一种包括"财政省直管县""扩权强县""省全面直管"等多种形式的行政力量调配机制，也有可能对其所在城市群的经济增长产生影响。以中心城市是否进行省直管县改革为基准，进行政策干扰检验，将省直管县政策作为控制变量加入回归当中，结果如表4-3所示。

表4-3   干扰政策检验结果及基础回归对比

被解释变量	地区生产总值	
	考虑省直管县政策	不考虑省直管县政策
虚拟变量	3.74e+07 *** (0.002)	3.10e+07 *** (0.010)
年末单位从业人员数	137108.3 *** (0.000)	130144.8 *** (0.000)
第一产业从业人员比例	-5.11e+08 (0.537)	-5.03e+08 (0.549)
第二产业从业人员比例	9.97e+07 (0.895)	1.51e+08 (0.843)
第三产业从业人员比例	8.40e+07 (0.912)	-7.24e+07 (0.924)
外资使用额占地区生产总值比例	1.88e+09 (0.614)	3.00e+09 (0.439)
地方一般预算支出占地区生产总值比例	-9.92e+08 *** (0.000)	-9.88e+08 *** (0.000)
科技支出占地方一般预算支出比例	-2.44e+09 *** (0.017)	-2.24e+09 ** (0.035)
专利数	1353.735 *** (0.000)	1329.024 *** (0.000)
省直管县政策	6.89e+07 *** (0.001)	—

续表

被解释变量	地区生产总值	
	考虑省直管县政策	不考虑省直管县政策
截距项	1.83e + 08 (0.810)	2.78e + 08 (0.716)
年份	控制	控制
地区	控制	控制
城市群数量	19	19
样本量	207	207
校正决定系数	0.9737	0.9714

注：* 、** 、*** 分别表示在10%、5%、1%水平上显著。

由表4－3的估计结果可知，在控制了相关政策的影响之后，中心城市行政区划扁平化对其所在城市群经济增长具有正效应，且这一效应得到了增强，说明中心城市行政区划扁平化有受到省直管县的影响，省直管县政策控制变量报告值为正，说明省直管县政策对城市群经济增长具有正效应。

4.2.5 异质性检验

为进一步分析中心城市行政区划扁平化对其所在城市群经济增长的影响，将城市群按照是否为国家中心城市群分别进行回归以进行异质性检验，分析和判断中心城市行政区划扁平化对不同属性城市群的影响是否有区别，得到结果如表4－4所示。

表4－4　　　　　　　　　异质性检验结果及基础回归对比

被解释变量	地区生产总值		
	国家中心城市群	非国家中心城市群	全部城市群
虚拟变量	5.36e + 07 * (0.079)	1.63e + 07 ** (0.043)	3.10e + 07 *** (0.010)
年末单位从业人员数	144484.9 ** (0.040)	212846 *** (0.012)	130144.8 *** (0.000)

被解释变量	地区生产总值		
	国家中心城市群	非国家中心城市群	全部城市群
第一产业从业人员比例	−5.78e+09 *** (0.010)	1.05e+08 (0.632)	−5.03e+08 (0.549)
第二产业从业人员比例	−9.94e+08 (0.589)	2.24e+08 (0.281)	1.51e+08 (0.843)
第三产业从业人员比例	−1.23e+09 (0.513)	2.30e+08 (0.236)	−7.24e+07 (0.924)
外资使用额占地区生产总值比例	−7.75e+09 (0.442)	5.32e+09 *** (0.003)	3.00e+09 (0.439)
地方一般预算支出占地区生产总值比例	−1.65e+09 (0.119)	−9.18e+08 *** (0.000)	−9.88e+08 *** (0.000)
科技支出占地方一般预算支出比例	−4.02e+09 *** (0.010)	−1.57e+09 *** (0.006)	−2.24e+09 ** (0.035)
专利数	1178.693 *** (0.000)	2038.958 *** (0.000)	1329.024 *** (0.000)
截距项	1.71e+09 (0.373)	−3.93e+07 (0.844)	2.78e+08 (0.716)
年份	控制	控制	控制
地区	控制	控制	控制
城市群数量	7	12	19
样本量	91	156	207
校正决定系数	0.9689	0.9775	0.9714

注：*、**、***分别表示在10%、5%、1%水平上显著。

由表4-4可知，中心城市行政区划扁平化对其所在城市群经济效益的影响均为显著的正效应，从估计结果上看，中心城市行政区划扁平化对国家中心城市群经济效益的提升最大，全部城市群次之，非国家中心城市群最小，即中心城市行政区划扁平化对国家中心城市群经济效益的正效应增强了中心城市行政区划扁平化对全部城市群经济效益的正效应。

从控制变量的报告值中可以看出，第一产业从业人员比例上升，即产业结构的低度化伴随着低经济效益，在非国家中心城市群中这一效应却并不显著。这可能是由于产业结构对经济效益的促进作用不在于其高度化而在于合理化。对于国家中心城市群，其经济发展水平已经较高，发展产业的高度化更加符合其比较优势，而对于全部或部分非国家中心城市群，其经济发展水平相对较低，发展第一、第二产业依旧有比较好的效能，强行执行赶超政策反而会带来巨大的成本和较少的增益。另外，在外资使用额占地区生产总值比例这一控制变量的报告值中，国家中心城市和全部城市群报告为不显著，非国家中心城市群报告为显著正，即非国家中心城市的开放程度与其经济增长呈正相关关系，国家中心城市群和全部城市群的不显著可能是因为国家中心城市群中，国内资本集聚足够多，外资的投入不足以影响经济增长的情况。此外，在科技支出占地方一般预算支出比例控制变量报告值中，国家中心城市群、非国家中心城市群、全部城市群皆为显著负，意味着科技支出力度与经济效益呈负相关关系，但结合专利数控制变量的报告值在三种属性城市群中均为显著正的情况推断，此负相关关系可能是因为只有科技发展程度相对较弱的城市群，其科技支出才会在其地方一般预算支出中占据较大比例，而非科技支出力度使得经济效益下降。

4.3 研究发现与政策含义

4.3.1 研究发现

第一，中心城市行政区划扁平化对其所在城市群经济增长为正效应，因此，可以通过中心城市行政区划扁平化来建设高效组织体系，促进城市群经济发展。

第二，中心城市行政区划扁平化在国家中心城市群中和非国家中心城市群中对经济增长的估计均为显著正效应，且其对国家中心城市的正效应大于对非国家中心城市的正效应，即在中心城市中优先选择对国家中心城市进行行政区划扁平化是更优的选择。

第三，省直管县政策可能影响中心城市行政区划扁平化效果，且其与地区生产总值正相关，即除了撤县设区和城市合并，还可以有配套的政策来帮助发挥扁平化的效果。

4.3.2 讨论

第一，中心城市行政区划扁平化通过影响城市群空间内的资源配置和资源利用来促进城市群的经济发展。当中心城市进行行政区划扁平化后，中心城市和被撤县设区或被合并的城市之间开始资源的重新配置，新的中心城市直接获得了大量的土地资源、人力资源、科技资源等资源。其中，土地资源一方面为生产和承载资源创造了新的空间，另一方面成为政府的重要收入源，人力资源既为生产提供了条件，又借助合并后的市场产生了大量的需求，随着需求的增长和资源的重配，企业也会认为有利可图，积极参与竞争，研发新科技。每个要素互相接触、反应，最终使得资源利用水平和全要素生产率也获得提高。密集的经济资源在向周围转移的时候发生重配，行政资源也在扁平化后获得优化，新中心城市的事权和财权得到扩大，并更加倾向于财权事权相匹配，政府获得了更强的动机和能力对城市进行再规划和再发展。新中心城市的再次发展将推动新一轮的聚集效应，大量的资源再度向新中心城市聚集并促进新中心城市快速进入溢出阶段，周边城市得到新中心城市溢出的资源并开始发展后，也将开始产生一轮聚集效应，将更外围的资源向内吸收，最终形成一个梯度区域，带动整个城市群发展。另外，不同的城市在一轮又一轮的发展中并非趋于同质，而更多会因地制宜保留其特色的产业，即不同的城市存在其各自的比较优势，这又发挥了城市群的结构效应，促进了城市群的高度集成和发展。

第二，中心城市行政区划扁平化在国家中心城市群中的效果好于在非国家中心城市群中的效果。这可能是因为国家中心城市在发展程度上整体大于非国家中心城市，而中心城市向城市群的关键传导机制聚集—扩散效应受城市发展程度的影响。对于资源密集，接近甚至已经超出资源承载力的城市，其已经走过了聚集作用更强的阶段，进入扩散作用更强、溢出作用发挥效果的阶段，这与国家中心城市的情况相似；而对于非国家中心城市，其城市发展程度较弱，还处于聚集作用强于扩散作用的阶段，行政区划扁平化虽然将其推向扩散作用更强的位置，但明显比不过国家中心城市。另外，国家中心城市作为国家中心城市群的中心城市，城市群中众多城市的发展水平要相对强于非国家中心城市群中的城市，也就是说，在国家中心城市群中，聚集作用发挥的聚集效应更快，扩散得更灵活，即传导机制更畅通，国家中心城市周边城市对中心城市行政区划扁平化政策的承接速度要优于非国家中心城市的周边城市。

第三，在实际的操作中，仅通过撤县设区或城市合并政策难以确保政策效果。搭配多种政策，在政策传导的每一个关键环节中为其保驾护航，可能是突破困难的方法之一。如搭配省直管县政策，也能在一定程度上促进资源的重新配置和高效利用，区别是一个将权力集中到中心城市，另一个将权力移交到省政府。另外，要厘清政策作用的机制并注意执行细节，并非颁布一条法令就万事大吉，而要正视并分析执行过程中的每个问题。如当中心城市行政区划扁平化后，却发现对文化资源的投入增多依旧无法改善状况，就要探究到底是公共属性的文化资源发育不良还是市场属性的文化资源发育不良，是投入方向不合适还是投入方法存在问题等。此外，还要跳出政策本身思考问题，明确政策的使用条件。如有些城市群中心城市行政区划扁平化后虽然提高了聚集程度，但由于各种问题，其发展难以向后推进到溢出阶段，可能会导致出现中心城市不发展，周边城市日渐衰败的状况，这就需要从扁平化之外寻求解决方案。

第四，要分清楚目的和手段，中心城市行政区划扁平化是手段，建设高效组织体系是目的，发展城市群经济、改善人民福祉是根本目的。广义扁平化的内涵不只包括撤县设区和城市合并，还包括省直管县政策、建设跨际政府等手段，广义行政区划的内涵不只传统的4级行政区划，还有以职能为区分的准行政区的概念。手段具有非唯一性，目的具有结果导向性。本书仅估计和分析中心城市行政区划扁平化对其所在城市群经济增长的效果，即仅包含两个狭义内涵，狭义的扁平化和行政区划，而其他的研究对象和方向，则有待下一步分析和研究。

4.3.3 政策含义

本节通过对以中心城市为核心的城市群行政区划设置扁平化的政策评估，明确行政区划扁平化的作用，为其对城市群经济具有推动作用提供了科学可信的实证依据。以中心城市为核心的城市群行政区划设置扁平化要实现城市群经济高质量发展，就要在这个过程中明确行政区划扁平化具体调整措施的作用，推动城市群社会治理的精细化，实现城市群整体经济增长。城市群要根据以往行政区划扁平化的政策经验，确定行政区划设置扁平化政策实施的最优路径。

第一，以中心城市为核心的城市群行政区划设置扁平化的构建要完善行政区划政策。研究发现，省直管县政策可能影响中心城市行政区划扁平化效果，需要为中心城市行政区划扁平化政策的制定设立规范化的标准，因此，要慎重对待中心城市或者国家中心城市的行政区划调整，在党中央的领导下，协调各方利益，让广大人民群众参与其中，保证行政区划调整的合理性和科学性。

第二，以中心城市为核心的城市群行政区划设置扁平化的构建要促进城市经济发展。研究发现，中心城市行政区划扁平化对经济增长有正向影响，其中，国家级中心城市的作用大于非国家级中心城市。所以，要通过完善行政区划管理要求，科学指导城市群行政区划设置扁平化，促使行政区划工作规范化和法制化，为城市经济增长提供保障。

第 5 章

中心城市行政区划设置扁平化
对资源配置影响的测算

5.1　研究目的与方法

5.1.1　研究目的

中心城市行政区划扁平化，是政府根据人口规模与结构、经济社会发展水平、资源环境承载能力、国土空间开发利用状况、基础设施建设状况和基本公共服务能力等多项因素综合研究决定的。中心城市行政区划扁平化对资源配置具有非常重要的作用，有助于城市空间结构的优化配置。在快速城镇化的背景下，行政区划调整成为地方政府推进城镇化的重要手段，行政区划进行适度变更，可以使地方政府重新配置空间资源，有利于其在更大范围内统筹配置资源。通过对中心城市行政区划扁平化前后城市资源配置能力变化的分析，探讨由行政区划扁平化（撤县改区或城市合并）引发的城市行政资源配置能力变化对城市经济的影响以及中心城市空间扩张对其人口聚集水平的作用，对以中心城市为核心的城市群行政区划设置扁平化进行"配置优化"，由此确定行政区划扁平化可以带动城市群资源配置优化，形成高效率组织体系。

5.1.2 测度方法

行政区划是政府、国家行政机关实行分级管理而对国土空间的划分，以层级制实现对国家政治权力、社会治理、资源利用的高效配置。我国实行四级行政区划制度。无论是计划经济阶段还是改革开放之后，行政区划都为我国的城市化贡献了重要力量，并逐渐形成了一种特殊的经济，即行政区经济。行政区经济以利于政令畅通、纵向发展，利于集中力量办大事为优势，但也存在着横向发展不足、生产要素跨行政区流通不畅、边界城市衰竭、假城市化等问题，难以适用于近现代经济社会。从制度经济学的视角来看，行政区划调整本质上是一种制度变迁的过程。通过对行政区划的调整，可以改变当地政府的财权、事权、土地空间资源和市场规模、要素的流通性等，以促进行政资源的积累和资源配置的优化，因此，行政区划调整势在必行。

归纳过去我国进行的行政区划调整，主要有撤建、撤销、撤并、析置、微调五种，但并非所有的行政区划调整都有利于经济社会的发展，进行行政区划的调整必须审慎考虑，因地制宜并匹配当前经济社会的发展阶段。1982 年，中央为了解决地市并存导致的机构错叠、行政低效等问题，开始积极试行地、市合并，推行市管县体制，然而在发挥一定积极作用的同时，更产生了假城市化、集聚不足和行政矛盾等问题。1997 年底，撤县设市被终止。当前，在五种行政区划调整的类型中，撤县设区是主流，也是行政区划扁平化的重要手段之一。

党的十九届四中全会以来，扁平化上升到国家战略的层次，扁平化的实质就是要通过体制机制创新来打破行政壁垒、消解行政矛盾、提高行政效率、整合市场资源、增强要素流通、优化产业结构。它是重塑中心城市与城市群内大中小城市（镇）间关系的关键，以极化中心城市为核心构建都市圈，运用撤县改区或城市合并的方式形成高效率组织体系来实行扁平化管理，提高城市群整体综合承载和资源优化配置能力。

以撤县设区为例，当对城市进行撤县设区后，县体制转换为区体制，打破了县、市之间的行政壁垒，提高了行政管理的效率，当地政府获得了更大的事权和财权，便于使用城市规划工具对城市发展进行优化调整，打破了市场界限，扩大了市场规模，原县或县级市所处地区成为资源密集的地级市发挥扩散作用的主要承载地，产业结构将逐渐转变、优化，合并县或县级市后的城市也获得了更大的规模经济、聚集作用。随着撤县设区后城市的逐渐发育，整个城市也会发挥出更大的溢出效应，带动周边城市经济发展、资源流通，破除行政区经济的"封闭性"，解决政府碎片化现象，避免"巴尔十现象"，使区域经济发挥代表作用、带动作用，发挥城市群的结构作用。

中心城市作用于城市群的经典理论主要有发展极理论、循环积累因果原理、梯度推移理论、点轴开发和网络开发理论、聚集—扩散效应等。综合以上理论，本书认为，中心城市是由于技术革新、优质劳动力、开放文化、宽松政策等某一因素率先发展起来，遵循循环积累因果原理、发展极理论和马太效应，利用规模经济和集聚作用同时或异时迅速发展起来，在区域中形成一个或多个中心或空间高点。中心城市率先发展起来，一方面由于经济发达、资源密集、政策宽松、市场巨大，吸引周边城市的资源、企业向中间聚拢，发挥聚集作用；另一方面，随着中心城市的发育，有限的资源承载力渐渐无法容纳过于密集的资源，人地、资地矛盾愈发明显，中心城市的资源和企业等要素又有向外部发展的倾向，从而带动周边城市的发展，发挥扩散作用。扩散作用减去聚集作用，实际就是中心城市的溢出效应，扩散效应随发展增速上升，聚集效应随发展减速下降，使得溢出效应随发展呈现先下降、后上升的模式，如图 5-1 所示。

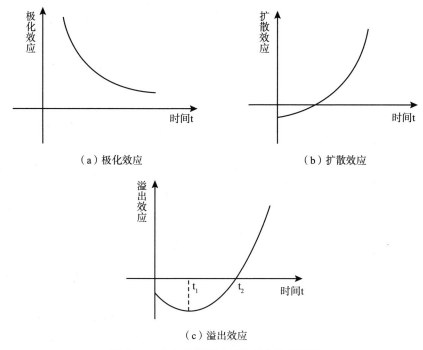

（a）极化效应　　　　　　　　　　　　（b）扩散效应

（c）溢出效应

图 5-1　中心城市影响城市群的作用机理

中心城市不断发挥聚集—扩散效应，一层层向外辐射，使得周边的城市形成梯度结构，合理的梯度结构将发挥城市群的结构效应，大中小城市各自利用自己的比较优势进行资源、产品、服务的相互交流，使得产值超出独自生产的生产边界线，使经济发展更加优化。

无论是城市群尺度还是省域尺度，都倾向于人为的划分，聚集—扩散作用在经济层面并不局限于这种人为的划分当中，可以存在跨地区的聚集、跳跃式的扩散。城市群之间存在聚集—扩散，省域之间存在聚集—扩散，城市之间也存在聚集—扩散，一个城市群、省域、城市的最终实际聚集—扩散作用，取决于各个尺度空间的合力。随着各大中心城市、区域、城市群相互影响，其会或自发，或人为推动地逐渐形成若干轴以相互联结，形成一个资源互通、结构各异、协同发展的整体，当这种整体的联结进一步紧密起来，则会形成一张城市的网络，最终实现更高层次的互联互通、经济发展。

1. 中心城市行政区划扁平化作为"优化重点和方向"的动力机制

中心城市行政区划扁平化对其所在城市群资源配置影响的传导机制主要可以分为两根链条，三个方面。两根链条是指行政区划扁平化主要先通过作用于中心城市，提高中心城市的辐射力量，中心城市再通过聚集—扩散效应等方式，将技术、资源、企业等要素按梯度或跳跃式地带到周边城市以整体提高城市群资源配置水平。三个方面是指行政区划扁平化对中心城市的作用主要有空间土地资源的扩张、产业结构的升级、市场规模的扩大三条路径，如图 5-2 所示。

行政区划扁平化后，被撤县的所有资源包括人力、科技、土地等都可以被新城市所直接利用，而其中最关键的就是土地要素。中心城市作为合并方，劳动力质量高数量多、技术熟练，产业结构更合理，其经济实力、资源密度往往远超被合并的城市，但却常常陷于"有钱没地"的窘境，而被撤县或县级市、被合并的地级市由于发达程度不如中心城市，其资源被聚集到中心城市，则是"有地没钱"，或至少其土地情况要远好于中心城市的情况，这主要是由我国土地不可流动的国情决定的，市场无法对土地进行自由配置。扁平化之后，被撤被合并地区的土地直接归入中心城市，扩大了中心城市的建设用地面积和指标，中心城市过密的资源、企业将迅速扩散到被撤被合并地区，促进被撤被合并地区的产业优化和经济发展，打破双方行政壁垒，形成一个统一的市场。扁平化后，被撤被合并县市实质上成为中心城市的派出机构，政府拥有了更大的事权，可以通过在更高层面改良制度和使用城市规划工具，对城市进行更加整体的规划，避免恶性竞争和重复建设。在政府的财权上，政府可以通过土地财政缓解财政压力：

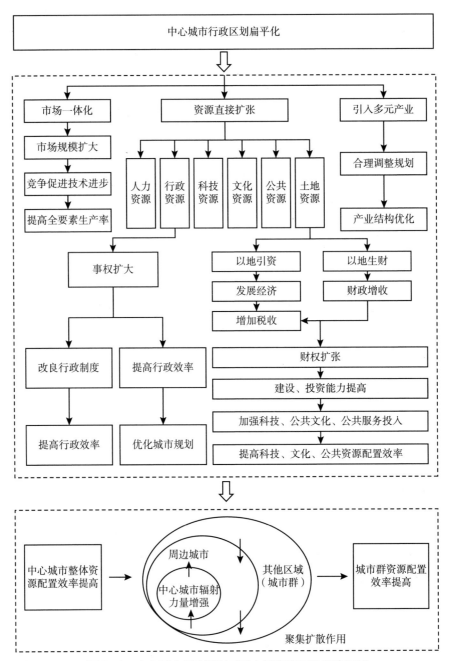

图 5-2 中心城市行政区划对城市群资源配置影响机制

一是"以地生财"，通过垄断土地出让、制造征用出让价格剪刀差和土地抵押贷款融资来获取更多财政资金；二是"以地引资"，通过"低地价"和"负地价"，降低企业和资源流动的成本，以招商引资发展地方经济，短期内符合其政绩目的，长期内也增加了税收，最终缓解了财权事权失衡的问题。土地足了，资源的分布就倾向于合理高效；事权足了，对城市的规划就可以避免很多浪费；财权够了，就有更多的资源去建设基础设施。这样，城市的资源配置就获得了提高。

被撤县或县级市和被合并地级市的产业结构相对于中心城市等级要低，特别是县或县级市，以发展第一产业为主导，而中心城市往往以第二、第三产业为主导，拥有强大的工业和服务业。扁平化后，被撤被合并地区归中心城市政府辖管，其发展方向将转向以第二、第三产业为主的城市经济而非以第一产业为主的县域经济，对产业结构高度化起到了促进作用。同时，中心城市密集的人力资源和强大的消费能力，会对被撤被合并地区的经济转型起到巨大推动作用。产业结构的目标除了向第三产业发展的"高度化"外，还有第一、第二、第三产业协调发展的"合理化"。根据比较优势原理，被撤被合并地区的产业结构调整要渐进化，要因地制宜，提高资源的利用效率，形成结构化优势，这一点则需要政府利用好整合后的行政力量，主动进行统筹规划。产业结构的合理化就意味着高生产要素利用效率，产业结构的高度化则意味着经济效益的良好，可以发挥对资源配置更好的后续效应。

破除行政壁垒后，新城市整合出一个更大规模的一体化市场。参考需求驱动假说，更大的市场规模将通过聚集效应和竞争效应带来更大的技术进步，并对企业的效率提出挑战，企业不得不通过大量的技术投入以维持不被淘汰，最终形成一个不断提高技术水平、持续提高发展效率的良性循环，科技资源配置效率大大提高，人力等资源也受到其间接的促进作用。

当三个方面的作用共同作用于新城市后，新城市无论从用地、人才，还是资金、技术等层面都得到了改善，短期内随着中心城市与被撤被合并地区之间的资源、企业的流动，周边城市的企业和劳动者也会认为这是一个机会而向其汇集。随着逐渐发育，新城市将各种资源重新整合完毕，进入资源配置更加合理、经济更加发达的阶段，这时其会发挥比扁平化之前更加强大的聚集作用，直到新城市的企业、资源再次过度聚集，转向扩散作用占主导，溢出效应逐渐提高，资源和企业将开始跨越其行政区流动到其他城市，梯度式或跳跃式地带动周边城市实现新的发展，最终促进整体城市群经济的发展，促进城市群的资源配置优化。

以科技资源、文化资源和公共服务为例，进行更加细致的讨论。

科技资源一般是指进行科技活动时所需要的各种投入要素的汇总，包括科技相关的人力、财力、物力、信息等资源以及相关组织机构、制度等，由于科技的产出往往具有承接性，因此，科技的产出也可以看作科技资源。广义的科技资源具有市场和公共品的双重性，一方面，对企业来说，其对科技投入最终是为了提高生产效率，提供多种产品以获取更多利润，满足人们需求，这方面主要取决于市场规模的大小和竞争环境的激烈程度；另一方面，对科研机构和院校来说，其对科技的研究并非以获利为目的，也不进入市场流通，大量产出是以国家需求、公共需求为目标，主要依赖制度设计和政府对其的投入。因此，考察扁平化对城市、城市群科技资源配置的影响，需要分情况讨论。一方面，扁平化后政府获得了更大的事权和财权，有能力对科技资源中的各种基础设施进行建设，并且科技资源作为城市发展的关键指标和长期内城市高质量发展的动力源泉，政府也有动力加大对科技资源建设的投入，但最终对科技资源配置的影响还取决于其制度机制的设计。一味加大投入，则可能导致资源错配、无效和浪费。另一方面，扁平化后整合的巨大市场提高了企业的竞争程度，企业要想不被淘汰，就必须加大对科技研发的投入以快速迭代新产品，提高生产效率，从而获取利润和满足需求。中心城市的科技资源配置得到优化之后，由于长期内科技资源具有一定的外部性，随着科技资源利用规模效应和集聚效应发展到一定程度，其就会借助扩散效应，传导到中心城市的周边城市，带动周边城市科技资源配置的优化，最终提高整个城市群的科技资源配置效率。由于数据的可得性限制，本书选取狭义的科技资源作为研究对象，研究扁平化对其配置效率的影响。

文化资源是人类的历史积累，通过文化创造、积累和延续所构建的，能够为社会经济发展提供对象、环境、条件、智能与创意的文化要素的综合。文化资源既包括考古学、建筑学、绘画和雕塑等实物资产，也包括民间传说等非物质文化和叙事艺术，例如故事和戏剧。类似于科技资源、文化资源也具备两重性，作为私人消费品的文化产品由市场提供，而具有公共属性的公共文化服务则必须由政府来提供。一方面，扁平化后，作为个人消费品的文化资源获得了更大的一体化市场，其促进了文化资源的开发和消费，但若其随着市场扩大而缺乏一定的约束，一些存在精神价值但缺乏经济价值的文化资源就有可能在开发过程中遭到破坏。另一方面，扁平化后政府拥有了更大的财权和事权，有能力对公共文化资源进行维护和开发，但根据现在公共文化服务资源投入稳步增长效益却相对低下的情况来看，政府可能缺乏相应的策略以提高公共服务资源的配置效率。另外，由于文化资源积累缓慢、传播受限因素多等影响，其在城市群的扩散作用可能会受到限制。

公共服务是一种由政府直接或通过资助私营部门的方式向生活在政府管辖范围内的所有人提供的服务，其资源实体是城市中零散分布并服务于大众的教育、医疗卫生和其他公共设施的综合体。扁平化后，政府的事权和财权扩大，其有能力对各种公共服务资源进行投入建设和更新，并且由于行政壁垒的消失可以避免恶性竞争和重复建设。在动机上，提供公共服务资源也是政府最核心的职能之一，因此，扁平化后中心城市的公共服务资源配置效率会相对提高。不过一般来说，政府只会提供行政辖区范围内的公共服务，缺乏对其所在城市群的直接带动效果，只有中心城市自身的代表效果。而在长期过程中，中心城市公共服务的完善可以通过推动经济层面对周边城市的扩散效应，使得周边城市的税收增加，以提高建设当地公共服务的能力。因此，总的来说，扁平化对公共服务资源的配置效率也有一定的提高作用。

2. 数学模型

一是核密度估计法。它是一种非参数估计法，其不对模型的具体分布做任何假定，因此更为稳健。核密度估计法的主要用途之一是测算点要素在空间中的相对聚集程度。核密度法选定任意一点为计算中心，以一定的临近空间为密度计算范围，计算得出输出栅格点要素的密度，并可以通过设定密度层级来对结果进行可视化。我们直接使用 Arcgis 内置的核密度分析功能来计算核密度值以得出城市群资源配置的核密度图。

使用以下公式计算带宽：

$$\text{SearchRadius} = 0.9 \times \min\left(\text{SD}, \sqrt{\frac{1}{\ln(2)}} \times D_m\right) \times n^{-0.2} \qquad (5-1)$$

其中，SD 是标准距离，D_m 是中值距离，n 是点数。

二是 SBM - DEA 模型。SBM 效率测量方法是 DEA 效率测量方法中的非径向效率测度，其优点在于，可以直接度量多余的投入量与不足的产出量，投入与产出到生产前沿面的距离被称作松弛量，用以测算效率。我们使用投入导向的 VRS - SRM 模型来计算科技资源、文化资源和公共资源的资源配置效率，假定规模收益可变，以同等产出投入最小化进行线性规划。

$$P = \{(x, y^g, y^b)/x \geqslant X\lambda, \ y^g \geqslant Y^g\lambda$$
$$y^b \geqslant Y^b\lambda, \ \lambda \geqslant 0\} \qquad (5-2)$$

加入非期望产出的 SBM - Undesirable 模型如下：

$$\rho^* = m \frac{1 - \frac{1}{m} \sum_{i=1}^{m} S_i^- / X_{i0}}{1 + \frac{1}{S_1 + S_2} \left(\sum_{r=1}^{S_1} S_r^g / y_{r0}^g + \sum_{r=1}^{S_2} S_r^b / y_{r0}^b \right)} \qquad (5-3)$$

$$\text{s. t.} \begin{cases} X_0 = X\lambda + S^-; \quad y_0^g = Y^g\lambda + S^g; \quad y_0^b = Y^b\lambda + S^b \\ S^- \geqslant 0, \ S^g \geqslant 0, \ S^b \geqslant 0, \ \lambda \geqslant 0 \end{cases} \qquad (5-4)$$

科技资源配置效率的计算，一般考虑科技人力资源、科技财力资源、科技物力资源、科技信息资源、制度机制和科技成果，结合数据的可得性，最终选取科研、技术服务和地质勘查业从业人员数，科学支出，普通高等学校学校数，国际互联网用户数，专利数作为计算指标；对于文化资源配置效率的计算类似科技资源，考虑文化人力资源、政府文化支出、建成文化设施、文化产业产值等，结合数据的可得性，选取文化、体育和娱乐业从业人员数，地方财政一般预算内支出，公共图书馆图书总藏量，第三产业产值作为计算指标；对于公共资源资源配置效率，从医疗、教育、文化、对经济的支持作用进行考虑，结合数据的可得性，选取地方财政一般预算内支出、普通中学学校数、普通中学专任教师数、小学专任教师数、公共图书馆图书总藏量、医院和卫生院床位数、医生数、地区生产总值作为公共资源配置效率计算指标。指标体系如表5-1所示。

表5-1　　　　　　　　　　　资源配置效率计算指标体系

资源类型	产出指标	投入指标
科技资源	专利数（个）	科研、技术服务和地质勘查业从业人员数（万人）
		科学支出（万元）
		普通高等学校学校数（所）
		国际互联网用户数（户）
文化资源	第三产业产值（万元）	文化、体育和娱乐业从业人员数（万人）
		地方财政一般预算内支出（万元）
		公共图书馆图书总藏量（千册/件）
公共资源	地区生产总值（万元）	地方财政一般预算内支出（万元）
		普通中学学校数（1993~1996年为中等学校）（所）
		小学学校数（所）
		普通中学专任教师数（1993~1996年为中等学校）（人）
		小学专任教师数（人）

续表

资源类型	产出指标	投入指标
公共资源	地区生产总值（万元）	公共图书馆图书总藏量（千册/件）
		医院、卫生院床位数（张）
		医生数（执业医师＋执业助理医师）（人）

三是 PSM – DID 模型。本书先使用倾向得分匹配法对样本进行匹配以提高其可比性，再使用政策评估的经典方法——双重差分法，验证中心城市行政区划扁平化对其所在城市群资源配置效率的影响。由于行政区划扁平化政策，即撤县设区和城市合并具有明显的阶段性推进特征，因此，我们选择不设置统一的时间虚拟变量，采用多时点双重差分法进行研究，避开传统双重差分法需要对研究样本的处理组设置统一的组别虚拟变量和时间虚拟变量的局限。参考相关研究设计，建立如下计量模型：

$$Y_{it} = \alpha_0 + \alpha_1 Merge_{it} + X_{it} + \gamma_i + v_t + \varepsilon_{it} \qquad (5-5)$$

其中，Y_{it} 表示被解释变量，反映各城市群科技、文化和公共资源的资源配置效率；$Merge_{it}$ 表示政策虚拟变量，如果某个城市群 i 的中心城市在 t 年内发生行政区划扁平化，就赋值为 1，并将行政区划扁平化后续的年份也赋值为 1，以考虑行政区划扁平化效果的滞后性，反之为 0；X_{it} 表示相关控制变量；γ_i 和 v_t 分别表示地区固定效应和时间固定效应；ε_{it} 表示随机扰动项。

被解释变量为各资源的资源配置效率。科技资源的控制变量选择第二产业从业人员占比、第三产业从业人员占比、科研人员从业人员占比、科研技术服务和地质勘查业从业人员数、第三产业产值、人均地区生产总值、当年实际使用外资金额、地方财政一般预算支出、科技支出、科技支出占比、高校平均获得政府投入、普通高等学校学校数、公共图书馆图书总藏量、人均图书藏量、国际互联网用户数户和专利数；文化资源的控制变量选择年末总人口数、文体娱从业人数占比、文体娱从业人员数、地区生产总值、第三产业产值比、人均地区生产总值、年实际使用外资金额、使用外资金额占生产总值比、公共图书馆图书总藏量、人均图书藏量、国际互联网用户数；公共资源的控制变量选择卫生社会保险和社会福利业从业人员占比、卫生社会保险和社会福利业从业人员数、地方财政一般预算内支出、高校单位平均获得政府投入、普通高等学校数、普通中学学校数、小学学校数、普通中学专任教师数、小学专任教师数、普通中学平均专任教师数、普通小学平均专任教师数、公共图书馆图书总藏量、人均图书藏量、医院和卫生院床位数、人均床数、医生数、人均医生数。

5.1.3 数据来源

经济社会数据来自 EPS 数据库，通过对城市群涉及各地级市的加总获得，部分缺失的数据使用插值法补充。行政区划扁平化执行年份等数据来自国泰安数据库和中国行政区划网。

空间分析数据主要提取于高德地图 POI 数据库，获取 2018 年全量数据 6500 万余条，以高德地图分类标准和城市群涉及地区为基准对数据进行筛选。根据高德地图 POI 数据分类标准，本书选定的科技资源包括科研机构和高等院校等，文化资源包括风景名胜、体育休闲服务、博物馆、展览馆、会展中心、美术馆、图书馆、科技馆、天文馆、文化宫、档案馆等；公共资源包括交通设施服务、学校、高等院校、医疗保健服务、展览馆、图书馆、档案馆等，并再以是否为城市群包含地区为标准进行进一步筛选，得到全国 19 个城市群科技、文化、公共三大资源 POI 数据库。

5.2　中心城市资源配置测算

5.2.1　中国城市群资源配置空间格局分析

以 2018 年高德地图全国 POI6500 万条全量数据为基础，从中筛选出 19 个城市群 3 大资源涉及的数据，使用 Arcgis 软件的核密度分析功能，对其进行可视化处理，处理范围为 19 个城市群覆盖的行政区域，分类使用几何间隔，颜色从密集到稀疏分别为黑、深灰、灰、浅灰、白，得出公共资源、文化资源、科技资源的核密度图像。

第一，中国各城市群科技资源配置空间格局分析，如图 5-3 所示。

从图 5-3（a）可以看出，北部湾城市群科技资源配置呈现以南宁市和海口市为核心的双中心格局。而玉林市北部、湛江市东北部、北海市南部、阳江市中部存在聚集程度相对不明显的聚集区域。整体来看，浅灰色区域与深灰色、黑色区域相当，无较明显的梯度区域。

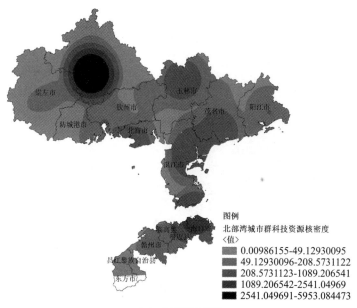

（a）北部湾城市群

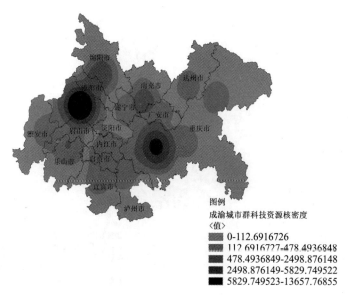

（b）成渝城市群

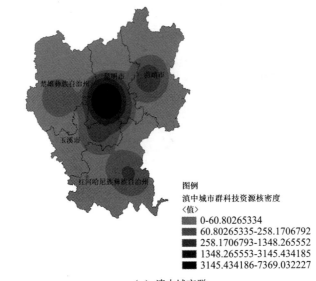

（c）滇中城市群

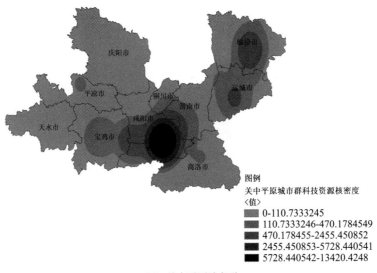

（d）关中平原城市群

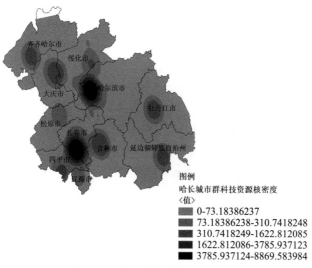

图例
哈长城市群科技资源核密度
〈值〉
0-73.18386237
73.18386238-310.7418248
310.7418249-1622.812085
1622.812086-3785.937123
3785.937124-8869.583984

（e）哈长城市群

图例
海峡西岸城市群科技资源核密度
〈值〉
0-78.60451048
78.60451049-294.1788701
294.1788702-1288.804405
1288.804406-2746.575875
2746.575876-5877.847168

（f）海峡西岸城市群

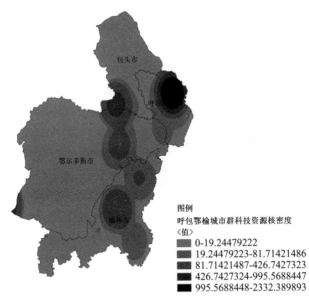

（g）呼包鄂榆城市群

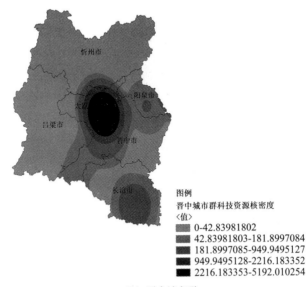

（h）晋中城市群

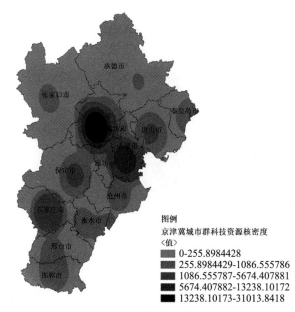

（i）京津冀城市群

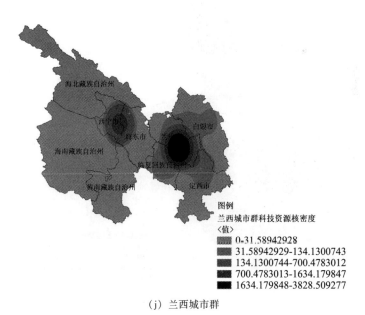

（j）兰西城市群

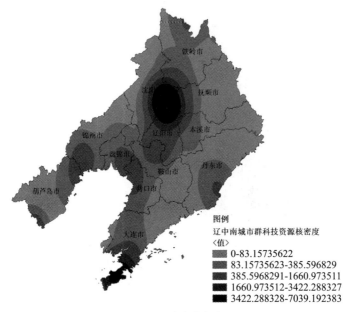

（k）辽中南城市群

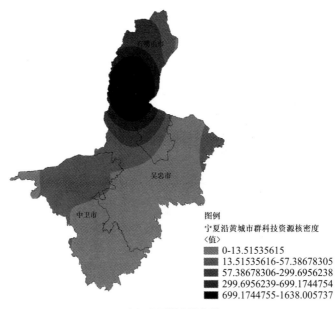

（l）宁夏沿黄城市群

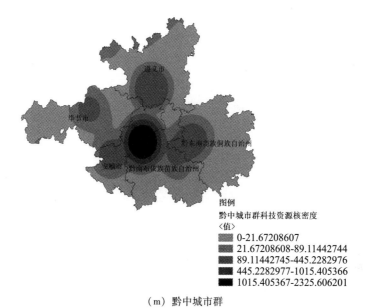

图例

黔中城市群科技资源核密度

〈值〉

■ 0-21.67208607
■ 21.67208608-89.11442744
■ 89.11442745-445.2282976
■ 445.2282977-1015.405366
■ 1015.405367-2325.606201

（m）黔中城市群

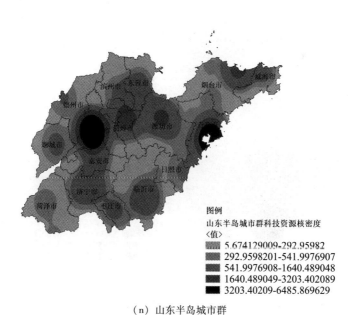

图例

山东半岛城市群科技资源核密度

〈值〉

■ 5.674129009-292.95982
■ 292.9598201-541.9976907
■ 541.9976908-1640.489048
■ 1640.489049-3203.402089
■ 3203.40209-6485.869629

（n）山东半岛城市群

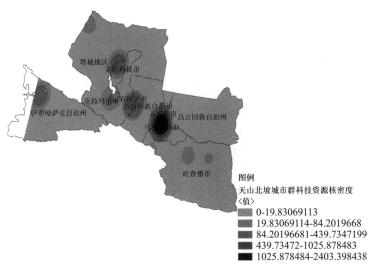

（o）天山北坡城市群

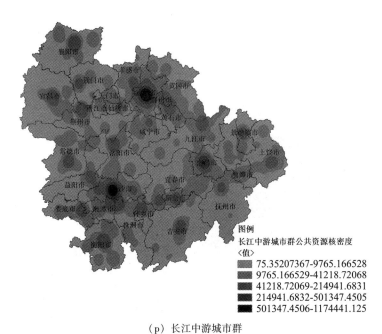

（p）长江中游城市群

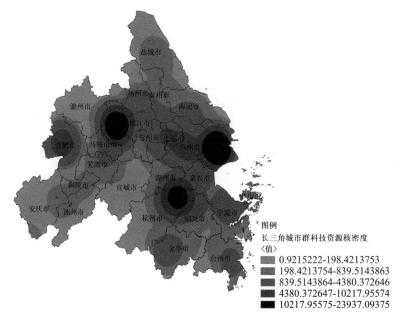

（q）长江三角洲城市群

（r）中原城市群

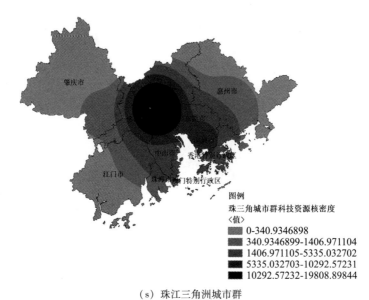

图例
珠三角城市群科技资源核密度
〈值〉
■ 0-340.9346898
■ 340.9346899-1406.971104
■ 1406.971105-5335.032702
■ 5335.032703-10292.57231
■ 10292.57232-19808.89844

（s）珠江三角洲城市群

图5－3　各城市群科技资源配置空间格局

从图5－3（b）可以看出，成渝城市群科技资源配置呈现以成都市和重庆市西部为核心的双中心格局。此外，绵阳市、德阳市、南充市、乐山市、雅安市、内江市、自贡市、宜宾市等地也有较高的核密度，在重庆市的万县、涪陵区等地区存在不明显的聚集区域。整体来看，深灰色、黑色区域占城市群区域大部分，有较为明显的梯度区域。

从图5－3（c）可以看出，滇中城市群科技资源配置呈现以昆明市为核心的单中心格局，而在曲靖市、红河哈尼族彝族自治州、楚雄彝族自治州也有相对不明显的聚集区域。整体来看，深灰色、黑色区域与浅灰色区域相当。

从图5－3（d）可以看出，关中平原城市群科技资源配置呈现以西安市和咸阳市东南部为核心的单中心格局，存在两个较明显的聚集区域，分别位于临汾市和运城市，宝鸡市、平凉市也存在一定的聚集但没有形成明显的梯度，浅灰色区域多于深灰、黑色区域。

从图5－3（e）可以看出，哈长城市群科技资源配置呈现以哈尔滨市和长春市为核心的双中心格局，而在齐齐哈尔市、大庆市、牡丹江市、吉林市、延吉市、绥化市、邯郸市、辽源市存在相对不明显的聚集区域。整体来看，城市群中分布着零散的聚集区域，中心城市聚集程度尚可，但没有形成较为广泛的梯度区域，浅灰色区域占据城市群大部。

从图5－3（f）可以看出，海峡西岸城市群科技资源配置呈现以温州市、福州市、厦门市为核心的多中心格局，而泉州市、漳州市、汕头市、潮州市的聚集程度也十分显著，城市群沿着东南沿海，密集区域几乎要连成一条轴线，深灰色、黑色区域覆盖城市群大部。

从图5-3（g）可以看出，呼包鄂榆城市群科技资源配置呈现以呼和浩特市为核心的单中心格局，而在包头市、鄂尔多斯市、榆林市存在相对不明显的聚集区域。整体来看，浅灰色区域覆盖城市群大部。

从图5-3（h）可以看出，晋中城市群科技资源配置呈现以太原市大部和晋中市西部为核心的单中心格局，并沿纵向发展，存在两个较为不明显的相对聚集区域，分别位于阳泉市和长治市，代表科技资源分布较少的浅灰色区域较多，梯度区域不够明显。

从图5-3（i）可以看出，京津冀城市群科技资源配置呈现以北京市和天津市为核心的双中心格局。此外，石家庄市、唐山市、保定市、秦皇岛市、邯郸市的聚集程度也比较明显，承德市、张家口市、沧州市、衡水市存在较为不明显的聚集区域。整体来看，深灰色、黑色区域略大于浅灰色区域。

从图5-3（j）可以看出，兰西城市群科技资源配置呈现以兰州市和西宁市为核心的双中心格局，而白银市、临夏回族自治州、定西市等地也有相对不明显的聚集区域，浅灰色区域覆盖城市群大部，银川市核心聚集程度相对一般，城市群也没有较为广泛的梯度区域。

从图5-3（k）可以看出，辽中南城市群科技资源配置呈现以沈阳市和大连市为核心的双中心格局，沈阳市中心附近纵向形成了相对广泛的梯度区域，大连市附近的梯度区域则相对狭窄。此外，在丹东市、营口市、盘山市、锦州市、金溪市也有相对不明显的聚集区域。城市群浅灰色区域较少。

从图5-3（l）可以看出，宁夏沿黄城市群科技资源配置呈现以银川市为核心的单中心格局，而在石嘴山市、吴忠市西北部及东北部、中卫市北部存在相对不明显的聚集区域，浅灰色区域与黑、深灰色区域相当。

从图5-3（m）可以看出，黔中城市群科技资源配置呈现以贵阳市为核心的单中心格局，此外，在遵义市、安顺市、毕节市、黔南布依族苗族自治州及黔东南苗族侗族自治州也有较为明显的聚集区域，浅灰色区域分布在城市群边缘且较少，但梯度区域不够明显。

从图5-3（n）可以看出，山东半岛城市群科技资源配置呈现以济南市和青岛市为核心的双中心或多中心格局，此外，还有淄博市、潍坊市、烟台市三个较为明显的聚集区域突破深灰黑色，德州市、聊城市、济宁市、枣庄市、泰安市、东营市、日照市等突破深灰色，菏泽市等地区处于深灰色区域，深灰色、黑色区域与浅灰色区域相当，但梯度区域相当明显且高资源密度区域多。

从图 5 - 3（o）可以看出，天山北坡城市群科技资源配置呈现以乌鲁木齐市为核心的单中心格局，而在克拉玛依市、伊宁市和石河子市等地区还有一些相对不明显的聚集区域，浅灰色区域占据天山北坡城市群绝大部分位置，其聚集中心聚集程度也相对薄弱，没有形成较为广泛的梯度区域。

从图 5 - 3（p）可以看出，长江中游城市群科技资源配置呈现以武汉市、长沙市和南昌市分别为核心的三中心格局，三个中心呈三角架构遥相呼应，此外，还有襄阳市、宜昌市、荆州市、岳阳市、常德市、衡阳市、九江市、景德镇市、上饶市、抚州市、鹰潭市、娄底市、仙桃市、宜春市、吉安市等若干相对不明显的聚集区域，聚集区域分布相对零散且数量较多，但未形成较明显的梯度区域。

从图 5 - 3（q）可以看出，长江三角洲城市群科技资源呈现以上海市、杭州市、南京市、无锡市、苏州市等城市为核心的多核心格局，此外，合肥市、宁波市、盐城市、安庆市、金华市、台州市也有较好的聚集作用。城市群发育水平极高，特别是上海市和南京市及其中间的城市、上海市和杭州市及其中间的城市几乎全部进入深灰黑色区域，形成了发展轴，浅灰色区域仅分布于边缘少部。

从图 5 - 3（r）可以看出，中原城市群科技资源配置呈现以郑州市为核心的单中心格局，此外，还有洛阳市、开封市、新乡市、许昌市、平顶山市、商丘市等相对较强的聚集区域，晋城市、亳州市、漯河市、周口市等相对不明显的聚集区域，深灰色、黑色区域覆盖城市群大部但峰值不高。

从图 5 - 3（s）可以看出，珠江三角洲城市群科技资源配置呈现以广州市和佛山市为第一核心、深圳市周边为第二核心的双中心格局，梯度区域十分明显，从两个核心向外辐射，仅有少量浅灰色区域位于边缘位置。

总体来看，京津冀城市群、长江三角洲城市群、长江中游城市群和珠江三角洲城市群的中心城市占据了较多科技资源。长江三角洲城市群、长江中游城市群、京津冀城市群、珠江三角洲城市群、哈长城市群、辽中南城市群、海峡西岸城市群、成渝城市群、山东半岛城市群、兰西城市群、北部湾城市群等为明显的多中心格局，晋中城市群、关中平原城市群、中原城市群、滇中城市群、天山北坡城市群、黔中城市群、宁夏沿黄城市群、呼包鄂榆城市群等为明显的单中心格局。长江三角洲城市群、珠江三角洲城市群、海峡西岸城市群既有较高的聚集峰值，周边城市的资源密度也较为良好，一些城市之间还形成了一定的轴线，资源配置呈梯度、带状分布，说明这些城市群中心城市发挥了良好的扩散带动作用，和周边城市协调发展。山东半岛城市群在科技资源分布上十分均衡且密度值较高。天山北坡城市群、宁夏沿黄城市群、兰西城市群、呼包鄂榆城市群中心城市科技资源密集度较弱，城市群科技资源分布较为稀疏，落后于其他城市群。将市级行政区划和县级行政区划重叠在地图上后，发现科技资源密集中心与市辖区的重合度较高。城市群中心城市包括北京市、天津市、上海市、深圳市、广州市、重庆市、成都市、武汉市、郑州市、西安市、沈阳市、大连市、青岛市、济南市、厦门市、福州市、哈尔滨市、长春市、南宁市、乌鲁木齐市、太原市、呼和浩特市、昆明市、贵阳市、兰州市、银川市，中心城市发育普遍良好，但整体上资源配置呈现东多西少、东强西弱的空间格局，乌鲁木齐市、呼和浩特市、贵阳市、兰州市、银川市聚集程度相对较弱。

第二，中国各城市群文化资源配置空间格局分析，如图5-4所示。

从图5-4（a）可以看出，南宁市及海口市均突破黑色区域，为北部湾城市群文化资源配置的两大核心，资源配置格局分布上为双中心格局。此外，在玉林市北部、茂名市、湛江市、北海市、阳江市等地有聚集程度十分显著的聚集区域。整体来看，深灰色、黑色区域大于浅灰色区域，有较大的梯度区域。

从图5-4（b）可以看出，成渝城市群文化资源配置呈现以成都市和重庆市西部为核心的双中心格局。此外，绵阳市、德阳市、南充市、乐山市、雅安市、内江市、自贡市、宜宾市等地也有较高的核密度，在重庆市的万县、涪陵区等地区存在较为不明显的聚集区域。整体来看，深灰色、黑色区域占城市群区域大部，有较为明显的梯度区域。

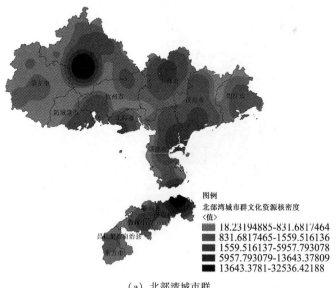

（a）北部湾城市群

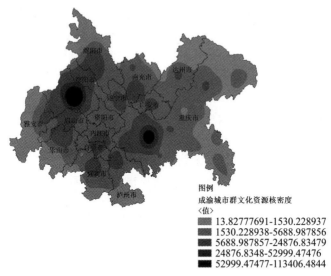

图例
成渝城市群文化资源核密度
〈值〉
■ 13.82777691-1530.228937
■ 1530.228938-5688.987856
■ 5688.987857-24876.83479
■ 24876.8348-52999.47476
■ 52999.47477-113406.4844

（b）成渝城市群

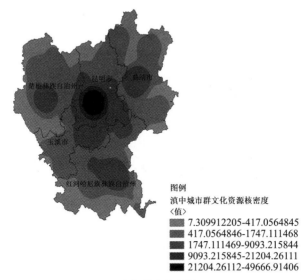

图例
滇中城市群文化资源核密度
〈值〉
■ 7.309912205-417.0564845
■ 417.0564846-1747.111468
■ 1747.111469-9093.215844
■ 9093.215845-21204.26111
■ 21204.26112-49666.91406

（c）滇中城市群

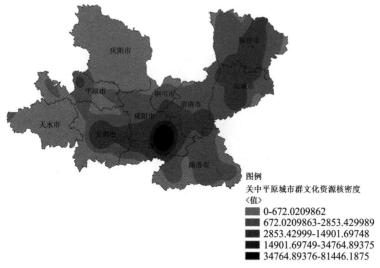

图例
关中平原城市群文化资源核密度
〈值〉
- 0-672.0209862
- 672.0209863-2853.429989
- 2853.42999-14901.69748
- 14901.69749-34764.89375
- 34764.89376-81446.1875

（d）关中平原城市群

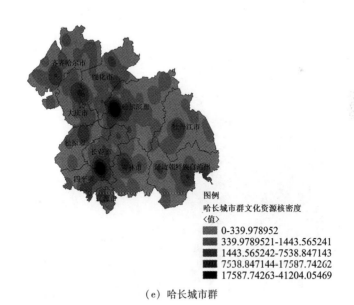

图例
哈长城市群文化资源核密度
〈值〉
- 0-339.978952
- 339.9789521-1443.565241
- 1443.565242-7538.847143
- 7538.847144-17587.74262
- 17587.74263-41204.05469

（e）哈长城市群

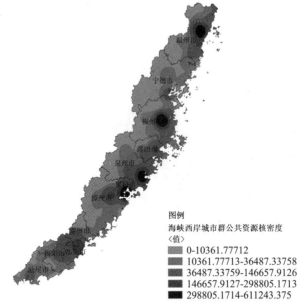

（f）海峡西岸城市群

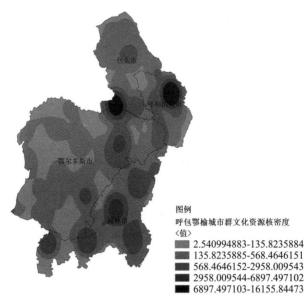

（g）呼包鄂榆城市群

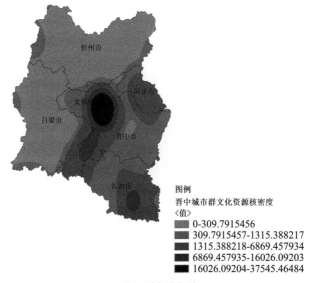

图例
晋中城市群文化资源核密度
〈值〉
■ 0-309.7915456
■ 309.7915457-1315.388217
■ 1315.388218-6869.457934
■ 6869.457935-16026.09203
■ 16026.09204-37545.46484

（h）晋中城市群

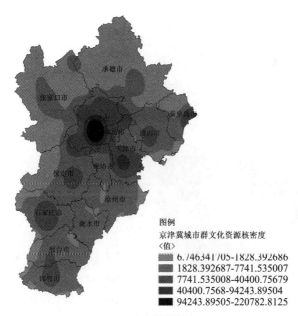

图例
京津冀城市群文化资源核密度
〈值〉
■ 6.746341705-1828.392686
■ 1828.392687-7741.535007
■ 7741.535008-40400.75679
■ 40400.7568-94243.89504
■ 94243.89505-220782.8125

（i）京津冀城市群

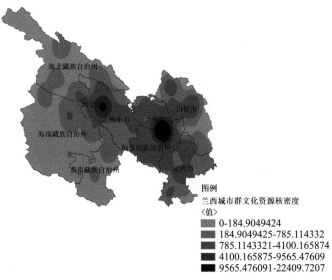

图例
兰西城市群文化资源核密度
〈值〉
0-184.9049424
184.9049425-785.114332
785.1143321-4100.165874
4100.165875-9565.47609
9565.476091-22409.7207

（j）兰西城市群

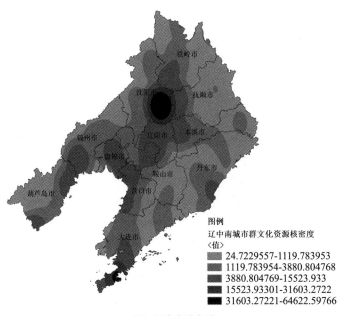

图例
辽中南城市群文化资源核密度
〈值〉
24.7229557-1119.783953
1119.783954-3880.804768
3880.804769-15523.933
15523.93301-31603.2722
31603.27221-64622.59766

（k）辽中南城市群

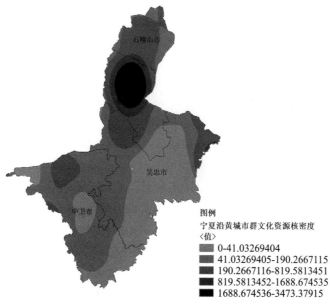

图例
宁夏沿黄城市群文化资源核密度
〈值〉
▨ 0-41.03269404
▨ 41.03269405-190.2667115
▨ 190.2667116-819.5813451
▨ 819.5813452-1688.674535
■ 1688.674536-3473.37915

（1）宁夏沿黄城市群

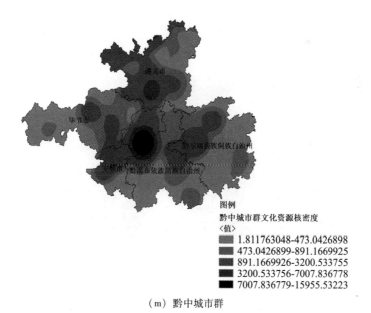

图例
黔中城市群文化资源核密度
〈值〉
▨ 1.811763048-473.0426898
▨ 473.0426899-891.1669925
▨ 891.1669926-3200.533755
▨ 3200.533756-7007.836778
■ 7007.836779-15955.53223

（m）黔中城市群

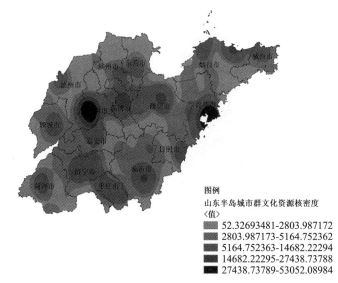

图例
山东半岛城市群文化资源核密度
〈值〉
■ 52.32693481-2803.987172
■ 2803.987173-5164.752362
■ 5164.752363-14682.22294
■ 14682.22295-27438.73788
■ 27438.73789-53052.08984

（n）山东半岛城市群

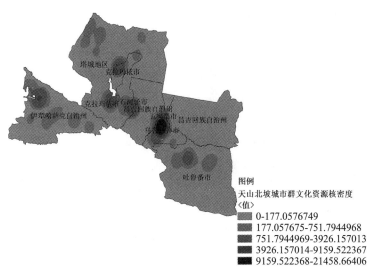

图例
天山北坡城市群文化资源核密度
〈值〉
■ 0-177.0576749
■ 177.057675-751.7944968
■ 751.7944969-3926.157013
■ 3926.157014-9159.522367
■ 9159.522368-21458.66406

（o）天山北坡城市群

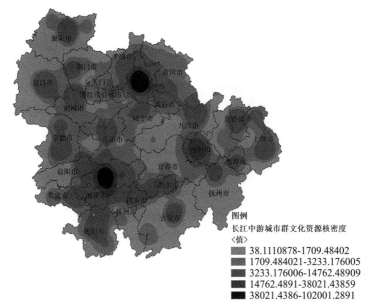

图例
长江中游城市群文化资源核密度
〈值〉
38.1110878-1709.48402
1709.484021-3233.176005
3233.176006-14762.48909
14762.4891-38021.43859
38021.4386-102001.2891

（p）长江中游城市群

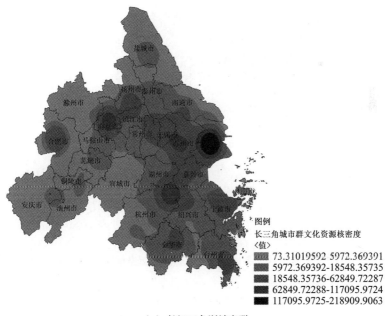

图例
长三角城市群文化资源核密度
〈值〉
73.31019592 5972.369391
5972.369392-18548.35735
18548.35736-62849.72287
62849.72288-117095.9724
117095.9725-218909.9063

（q）长江三角洲城市群

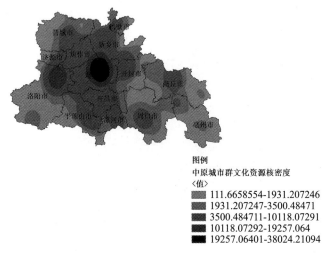

图例
中原城市群文化资源核密度
〈值〉
▨ 111.6658554-1931.207246
▨ 1931.207247-3500.48471
▨ 3500.484711-10118.07291
▨ 10118.07292-19257.064
■ 19257.06401-38024.21094

（r）中原城市群

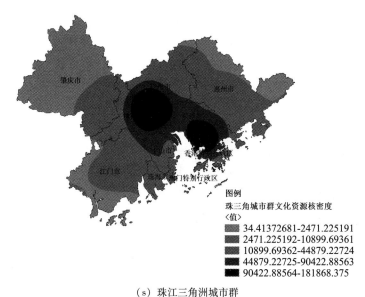

图例
珠三角城市群文化资源核密度
〈值〉
▨ 34.41372681-2471.225191
▨ 2471.225192-10899.69361
▨ 10899.69362-44879.22724
▨ 44879.22725-90422.88563
■ 90422.88564-181868.375

（s）珠江三角洲城市群

图5-4 各城市群文化资源配置空间格局

从图5-4（c）可以看出，滇中城市群文化资源配置呈现以昆明市为核心的单中心格局。此外，在曲靖市、红河哈尼族彝族自治州、楚雄彝族自治州也有较为明显的聚集区域。整体来看，深灰色、黑色区域大于浅灰色区域但峰值较低。

从图5-4（d）可以看出，关中平原城市群文化资源配置呈现以西安市和咸阳市东南部为核心的单中心格局，存在三个较为明显的聚集区域，分别位于临汾市、运城市和宝鸡市，平凉市、商洛市、铜川市等地也存在一定的聚集区域，从临汾市到宝鸡市有一个较为明显的高密度区域，有较明显的梯度区域，但浅灰色区域较多。

从图5-4（e）可以看出，哈长城市群文化资源配置呈现以哈尔滨市和长春市为核心的双中心格局。而在齐齐哈尔市、大庆市、牡丹江市、吉林市、延吉市、绥化市、邯郸市、辽源市存在较为明显的聚集区域。整体来看，城市群中分布着零散的聚集区域，中心城市聚集程度尚可，但没有形成较为广泛的梯度区域，浅灰色区域与黑、深灰色区域相对交错地分布在城市群内。

从图5-4（f）可以看出，海峡西岸城市群文化资源配置呈现以温州市、福州市、厦门市为核心的多中心格局。此外，泉州市、漳州市、汕头市、潮州市的聚集程度也十分显著，城市群沿着东南沿海，密集区域连成一条轴线，深灰色、黑色区域覆盖城市群大部。

从图5-4（g）可以看出，呼包鄂榆城市群文化资源配置呈现以呼和浩特市和包头市为核心的双中心格局，而在鄂尔多斯市、榆林市也存在不明显的聚集区域。整体来看，资源分布较为平均但峰值较低，浅灰色区域较少。

从图5-4（h）可以看出，晋中城市群文化资源配置呈现以太原市大部和晋中市西部为核心的单中心格局，存在两个也较为明显的聚集区域，分别位于阳泉市和长治市，分布集中于东部而西部浅灰色区域较多。

从图5-4（i）可以看出，京津冀城市群文化资源配置呈现以北京市为核心的单中心格局，此外，天津市、石家庄市、唐山市、保定市、秦皇岛市、邯郸市的聚集程度也比较明显，承德市、张家口市、沧州市、衡水市存在不明显的聚集区域。整体来看，深灰色、黑色区域略大于浅灰色区域。

从图5-4（j）可以看出，兰西城市群文化资源配置呈现以兰州市和西宁市为核心的双中心格局，此外，在白银市、临夏回族自治州、定西市等地也有相对明显的聚集区域，浅灰色区域少于黑色、深灰色区域，有较为广泛的梯度区域。

从图5-4（k）可以看出，辽中南城市群文化资源配置呈现以沈阳市和大连市为核心的双中心格局，沈阳市中心附近纵向形成了相对广泛的梯度区域，大连市附近的梯度区域则相对狭窄，而在丹东市、营口市、盘山市、锦州市、金溪市也有相对不明显的聚集区域。城市群浅灰色区域较少。

从图5-4（l）可以看出，宁夏沿黄城市群文化资源配置呈现以银川市为核心的单中心格局，而在石嘴山市、吴忠市西北部及东北部、中卫市北部存在相对不明显的聚集区域，浅灰色区域少于黑、深灰色区域，且集中于东部。

从图 5 - 4（m）可以看出，黔中城市群文化资源配置呈现以贵阳市为核心的单中心格局，而在遵义市、安顺市、毕节市、黔南布依族苗族自治州及黔东南苗族侗族自治州也有较为明显的聚集区域，浅灰色区域分布在城市群边缘且较少，有较为广泛的梯度区域。

从图 5 - 4（n）可以看出，山东半岛城市群文化资源配置呈现以济南市和青岛市为核心的双中心格局，此外，还有淄博市、潍坊市、烟台市三个较明显的聚集区域突破深灰黑色，德州市、聊城市、济宁市、枣庄市、泰安市、东营市、日照市等地区突破深灰色区域，深灰色、黑色区域与浅灰色区域相当，但梯度区域相当明显且高资源密度区域较多。

从图 5 - 4（o）可以看出，天山北坡城市群文化资源配置呈现以乌鲁木齐市为核心的单中心格局，而在克拉玛依市、伊宁市和石河子市等地区还有一些相对不明显的聚集区域，浅灰色区域占据天山北坡城市群绝大部分位置，其聚集中心聚集程度也相对不明显，没有形成较为广泛的梯度区域。

从图 5 - 4（p）可以看出，长江中游城市群文化资源配置呈现以武汉市、长沙市和南昌市分别为核心的三中心格局，三个中心呈三角架构遥相呼应，此外，还有襄阳市、宜昌市、荆州市、岳阳市、常德市、衡阳市、九江市、景德镇市、上饶市、抚州市、鹰潭市、娄底市、仙桃市、宜春市等若干较为明显的聚集区域，聚集区分布相对零散而数量较多。

从图 5 - 4（q）可以看出，长江三角洲城市群文化资源呈现以上海市为核心的单中心格局，杭州市、南京市、无锡市、苏州市等城市密度较高但未突破黑色区域，此外，合肥市、宁波市、盐城市、安庆市、金华市、台州市也有较明显的聚集区域。上海市和南京市、上海市和杭州市形成了发展轴，浅灰色区域仅分布于边缘少部。

从图 5 - 4（r）可以看出，中原城市群文化资源配置呈现以郑州市为核心的单中心格局，此外，还有洛阳市、开封市、新乡市、许昌市、平顶山市、商丘市等相对较强的聚集区域，晋城市、亳州市、漯河市、周口市等相对较弱的聚集区域，深灰色、黑色区域覆盖城市群大部但峰值不高。

从图 5 - 4（s）可以看出，珠江三角洲城市群文化资源配置呈现以广州市和佛山市为第一核心、深圳市周边为第二核心的双中心格局，梯度区域十分明显，从两个核心向外辐射，仅有少量浅灰色区域且位于边缘位置。

总体来看，京津冀城市群、长江三角洲城市群、长江中游城市群和珠江三角洲城市群的中心城市占据了较多文化资源。长江三角洲城市群、长江中游城市群、珠江三角洲城市群、哈长城市群、辽中南城市群、海峡西岸城市群、成渝城市群、山东半岛城市群、兰西城市群、北部湾城市群、呼包鄂榆城市群等为明显的多中心格局，京津冀城市群、晋中城市群、关中平原城市群、中原城市群、滇中城市群、天山北坡城市群、黔中城市群、宁夏沿黄城市群等为明显的单中心格局。长江三角洲城市群、珠江三角洲城市群、海峡西岸城市群既有较高的聚集峰值，周边城市的资源密度也较大，一些城市之间还形成了一定的轴线，资源配置呈梯度、带状分布，说明这些城市群中心城市发挥了良好的扩散带动作用，和周边城市协调发展。山东半岛城市群在文化资源分布上十分均衡且密度值较高。天山北坡城市群中心城市文化资源密集度和城市群文化资源分布较为稀疏，落后于其他城市群。将市级行政区划和县级行政区划重叠在地图上后，发现文化资源密集中心与市辖区的重合度较高。城市群中心城市包括北京市、天津市、上海市、深圳市、广州市、重庆市、成都市、武汉市、郑州市、西安市、沈阳市、大连市、青岛市、济南市、厦门市、福州市、哈尔滨市、长春市、南宁市、乌鲁木齐市、太原市、呼和浩特市、昆明市、贵阳市、兰州市、银川市，中心城市发育普遍良好，周边城市的文化资源分布也呈现较为均衡的梯度分布，但整体上资源配置呈现东多西少、东强西弱的空间格局，郑州市、哈尔滨市、长春市、南宁市、太原市、乌鲁木齐市、呼和浩特市、贵阳市、兰州市、银川市聚集程度相对较弱。

第三，中国各城市群公共资源配置空间格局分析，如图5-5所示。

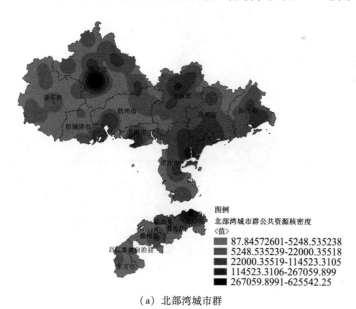

（a）北部湾城市群

175

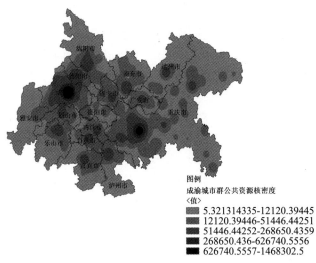

图例
成渝城市群公共资源核密度
〈值〉
■ 5.321314335-12120.39445
■ 12120.39446-51446.44251
■ 51446.44252-268650.4359
■ 268650.436-626740.5556
■ 626740.5557-1468302.5

（b）成渝城市群

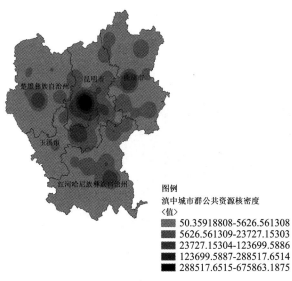

图例
滇中城市群公共资源核密度
〈值〉
■ 50.35918808-5626.561308
■ 5626.561309-23727.15303
■ 23727.15304-123699.5886
■ 123699.5887-288517.6514
■ 288517.6515-675863.1875

（c）滇中城市群

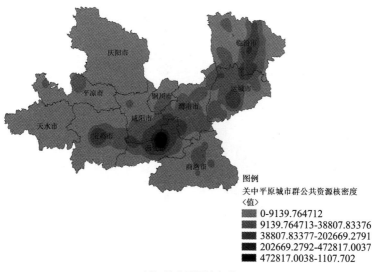

（d）关中平原城市群

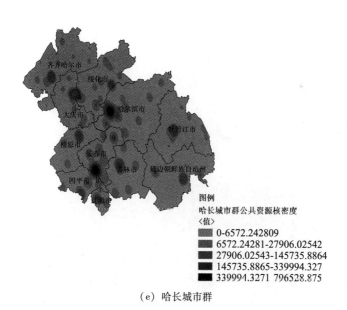

（e）哈长城市群

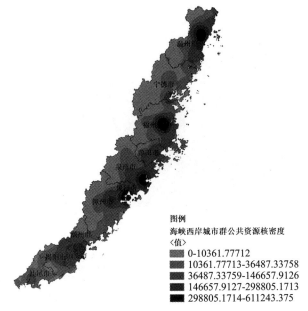

图例
海峡西岸城市群公共资源核密度
〈值〉
0-10361.77712
10361.77713-36487.33758
36487.33759-146657.9126
146657.9127-298805.1713
298805.1714-611243.375

（f）海峡西岸城市群

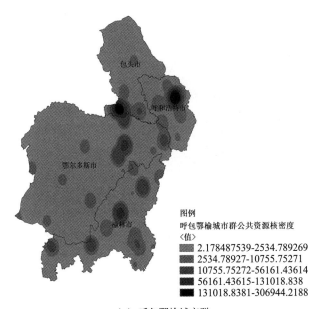

图例
呼包鄂榆城市群公共资源核密度
〈值〉
2.178487539-2534.789269
2534.78927-10755.75271
10755.75272-56161.43614
56161.43615-131018.838
131018.8381-306944.2188

（g）呼包鄂榆城市群

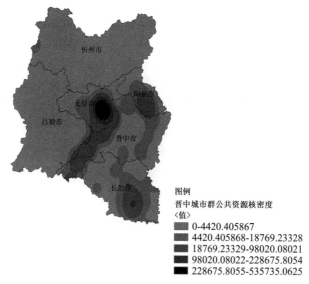

图例
晋中城市群公共资源核密度
〈值〉
■ 0-4420.405867
■ 4420.405868-18769.23328
■ 18769.23329-98020.08021
■ 98020.08022-228675.8054
■ 228675.8055-535735.0625

（h）晋中城市群

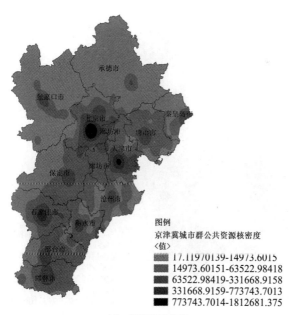

图例
京津冀城市群公共资源核密度
〈值〉
■ 17.11970139-14973.6015
■ 14973.60151-63522.98418
■ 63522.98419-331668.9158
■ 331668.9159-773743.7013
■ 773743.7014-1812681.375

（i）京津冀城市群

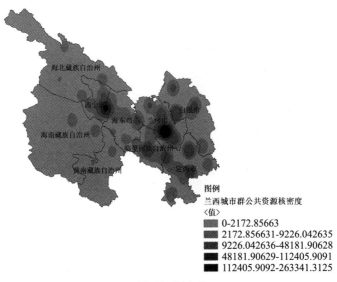

图例

兰西城市群公共资源核密度

〈值〉

- 0-2172.85663
- 2172.856631-9226.042635
- 9226.042636-48181.90628
- 48181.90629-112405.9091
- 112405.9092-263341.3125

（j）兰西城市群

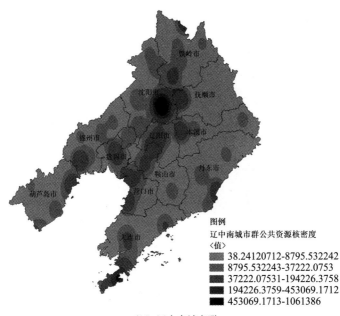

图例

辽中南城市群公共资源核密度

〈值〉

- 38.24120712-8795.532242
- 8795.532243-37222.0753
- 37222.07531-194226.3758
- 194226.3759-453069.1712
- 453069.1713-1061386

（k）辽中南城市群

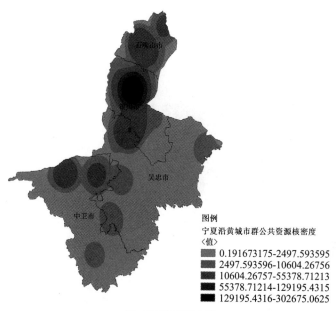

图例
宁夏沿黄城市群公共资源核密度
〈值〉
　0.191673175-2497.593595
　2497.593596-10604.26756
　10604.26757-55378.71213
　55378.71214-129195.4315
　129195.4316-302675.0625

（l）宁夏沿黄城市群

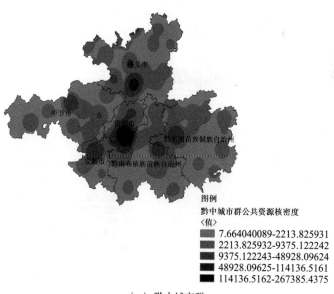

图例
黔中城市群公共资源核密度
〈值〉
　7.664040089-2213.825931
　2213.825932-9375.122242
　9375.122243-48928.09624
　48928.09625-114136.5161
　114136.5162-267385.4375

（m）黔中城市群

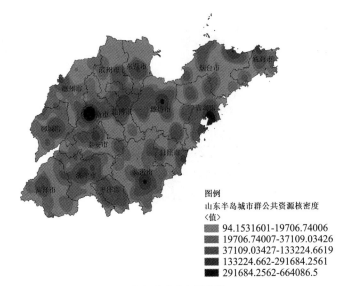

图例
山东半岛城市群公共资源核密度
〈值〉
94.1531601-19706.74006
19706.74007-37109.03426
37109.03427-133224.6619
133224.662-291684.2561
291684.2562-664086.5

（n）山东半岛城市群

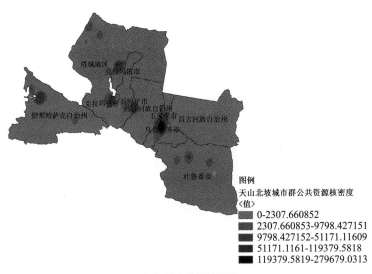

图例
天山北坡城市群公共资源核密度
〈值〉
0-2307.660852
2307.660853-9798.427151
9798.427152-51171.11609
51171.1161-119379.5818
119379.5819-279679.0313

（o）天山北坡城市群

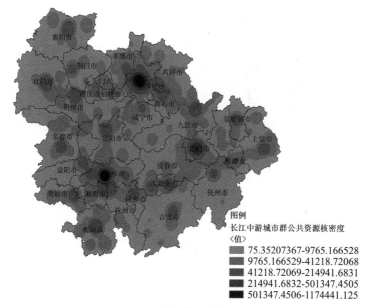

图例
长江中游城市群公共资源核密度
〈值〉
75.35207367-9765.166528
9765.166529-41218.72068
41218.72069-214941.6831
214941.6832-501347.4505
501347.4506-1174441.125

（p）长江中游城市群

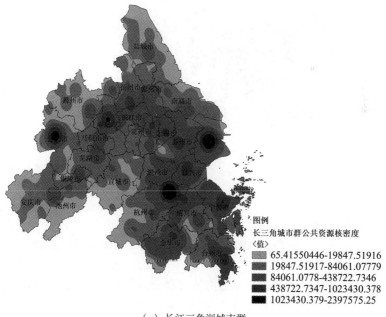

图例
长三角城市群公共资源核密度
〈值〉
65.41550446-19847.51916
19847.51917-84061.07779
84061.0778-438722.7346
438722.7347-1023430.378
1023430.379-2397575.25

（q）长江三角洲城市群

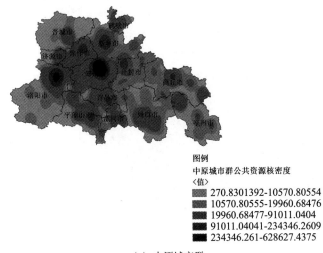

图例
中原城市群公共资源核密度
〈值〉
■ 270.8301392-10570.80554
■ 10570.80555-19960.68476
■ 19960.68477-91011.0404
■ 91011.04041-234346.2609
■ 234346.261-628627.4375

（r）中原城市群

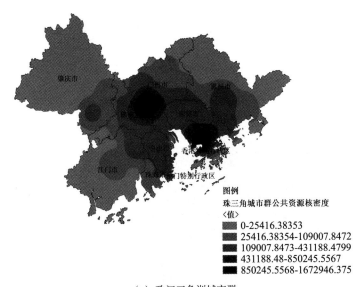

图例
珠三角城市群公共资源核密度
〈值〉
■ 0-25416.38353
■ 25416.38354-109007.8472
■ 109007.8473-431188.4799
■ 431188.48-850245.5567
■ 850245.5568-1672946.375

（s）珠江三角洲城市群

图5-5　各城市群公共资源配置空间格局

从图5-5（a）可以看出，北部湾城市群公共资源配置呈现以南宁市和海口市为核心的双中心格局，而在玉林市北部、湛江市东北部、北海市南部、阳江市中部有聚集程度相对不明显的聚集区域。整体来看，浅灰色区域与深灰色、黑色区域相当，无较大的梯度区域。

从图5-5（b）可以看出，成渝城市群公共资源配置呈现以成都市和重庆市西部为核心的双中心格局。此外，绵阳市、德阳市、南充市、乐山市、雅安市、内江市、自贡市、宜宾市等地也有较高的核密度，在重庆市的万县、涪陵区等地区存在较为不明显的聚集区域。整体来看，深灰色、黑色区域占城市群区域大部，聚集区域较为分散，无较为明显的梯度区域。

从图5-5（c）可以看出，滇中城市群公共资源配置呈现以昆明市为核心的单中心格局，而在曲靖市、红河哈尼族彝族自治州、楚雄彝族自治州有相对不明显的聚集区域。整体来看，浅灰色区域较多，无明显较大的梯度区域。

从图5-5（d）可以看出，关中平原城市群公共资源配置呈现以西安市和咸阳市东南部为核心的单中心格局，存在两个较为明显的相对聚集区域，分别位于临汾市和运城市，宝鸡市、平凉市也存在一定的聚集区域，但没有形成明显的梯度，浅灰色区域多于深灰、黑色区域，从临汾市到宝鸡市有一条相对明显的高密度轴线区域。

从图5-5（e）可以看出，哈长城市群公共资源配置呈现以哈尔滨市和长春市为核心的双中心格局，而在齐齐哈尔市、大庆市、牡丹江市、吉林市、延吉市、绥化市、邯郸市、辽源市存在相对不明显的聚集区域。整体来看，城市群中分布着零散的聚集区域，中心城市聚集程度尚可，但没有形成较为广泛的梯度区域，浅灰色区域占据城市群大部。

从图5-5（f）可以看出，海峡西岸城市群公共资源配置呈现以温州市、福州市、厦门市为核心的多中心格局。此外，泉州市、漳州市、汕头市、潮州市的聚集程度也十分显著，城市群沿着东南沿海，密集区域几乎要连成一条轴线，深灰色、黑色区域覆盖城市群大部。

从图5-5（g）可以看出，呼包鄂榆城市群公共资源配置呈现以呼和浩特市和包头市为核心的双中心格局，而鄂尔多斯市、榆林市也存在相对不明显的聚集区域。整体来看，浅灰色区域覆盖城市群大部。

从图5-5（h）可以看出，晋中城市群公共资源配置呈现以太原市大部和晋中市西部为核心的单中心格局，存在两个较为不明显的相对聚集区域，位于阳泉市和长治市，代表公共资源分布较少的浅灰色区域较多，梯度区域不够明显。

从图5-5（i）可以看出，京津冀城市群公共资源配置呈现以北京市和天津市为核心的双中心格局。此外，石家庄市、唐山市、保定市、秦皇岛市、邯郸市的聚集程度也比较明显，承德市、张家口市、沧州市、衡水市存在较不明显的聚集区域。整体来看，深灰色、黑色区域略大于浅灰色区域。

从图5-5（j）可以看出，兰西城市群公共资源配置呈现以兰州市和西宁市为核心的双中心格局，而在白银市、临夏回族自治州、定西市等地有相对不明显的聚集区域，浅灰色区域覆盖城市群大部，银川市核心聚集程度相对一般，城市群也没有较为广泛的梯度区域。

从图5-5（k）可以看出，辽中南城市群公共资源配置呈现以沈阳市和大连市为核心的双中心格局，沈阳市中心附近纵向形成了相对广泛的梯度区域，大连市附近的梯度区域则相对狭窄。此外，在丹东市、营口市、盘山市、锦州市、金溪市也有相对不明显的聚集区域。城市群浅灰色区域与黑、深灰色区域相当。

从图5-5（l）可以看出，宁夏沿黄城市群公共资源配置呈现以银川市为核心的单中心格局，而在石嘴山市、吴忠市西北部及东北部、中卫市北部存在相对不明显的聚集区域，浅灰色区域与黑、深灰色区域相当。

从图5-5（m）可以看出，黔中城市群公共资源配置呈现以贵阳市为核心的单中心格局，此外，在遵义市、安顺市、毕节市、黔南布依族苗族自治州及黔东南苗族侗族自治州也有较为明显的聚集区域，浅灰色区域穿插分布在城市群内部且较少，有一定的梯度区域。

从图5-5（n）可以看出，山东半岛城市群公共资源配置呈现以济南市和青岛市为核心的双中心格局，此外，还有潍坊市、烟台市、临沂市等若干个较为明显的聚集区域突破深灰黑色，德州市、聊城市、济宁市、枣庄市、泰安市、东营市、日照市、菏泽市等地区均有较高的资源密度水平，深灰色、黑色区域与浅灰色区域相当，但梯度区域相对明显且高资源密度区域多。

从图5-5（o）可以看出，天山北坡城市群公共资源配置呈现以乌鲁木齐市为核心的单中心格局，而在克拉玛依市、伊宁市和石河子市等地区还有一些相对不明显的聚集区域，浅灰色区域占据天山北坡城市群绝大部分位置，其聚集中心聚集程度也相对薄弱，没有形成较为广泛的梯度区域。

从图5-5（p）可以看出，长江中游城市群公共资源配置呈现以武汉市、长沙市和南昌市分别为核心的三中心格局，三个中心呈现三角架构遥相呼应，此外，还有襄阳市、宜昌市、荆州市、岳阳市、常德市、衡阳市、九江市、景德镇市、上饶市、抚州市、鹰潭市、娄底市、仙桃市、宜春市、吉安市等若干相对不明显的聚集区域，聚集区域分布相对零散且数量较多，但未形成较明显的梯度区域。

从图5-5（q）可以看出，长江三角洲城市群公共资源为以上海市、杭州市、合肥市等城市为核心的多核心格局，此外，南京市、无锡市、苏州市、宁波市、盐城市、安庆市、金华市、台州市也有较好的聚集作用。上海市和南京市及其中间的城市、上海市和杭州市及其中间的城市形成了发展轴，浅灰色区域仅分布于边缘少部。

从图5-5（r）可以看出，中原城市群公共资源配置呈现以郑州市和洛阳市为核心的双中心格局，此外，还有开封市、新乡市、许昌市、平顶山市、商丘市等相对明显的聚集区域，晋城市、亳州市、漯河市、周口市等相对不明显的聚集区域，深灰色、黑色区域覆盖城市群大部但峰值不高。

从图5-5（s）可以看出，珠江三角洲城市群公共资源配置呈现以广州市和佛山市为第一核心、深圳市周边为第二核心的双中心格局，梯度区域十分明显，从两个核心向外辐射，仅有少量浅灰色区域位于边缘位置。

总体来看，京津冀城市群、长江三角洲城市群、长江中游城市群和珠江三角洲城市群其中心城市占据了较多公共资源。长江三角洲城市群、长江中游城市群、京津冀城市群、珠江三角洲城市群、中原城市群、哈长城市群、辽中南城市群、海峡西岸城市群、成渝城市群、山东半岛城市群、兰西城市群、北部湾城市群、呼包鄂榆城市群等为明显的多中心格局，晋中城市群、关中平原城市群、滇中城市群、天山北坡城市群、黔中城市群、宁夏沿黄城市群等为明显的单中心格局。长江三角洲城市群、珠江三角洲城市群、海峡西岸城市群既有较高的聚集峰值，周边城市的资源密度也较为良好，一些城市之间还形成了一定的轴线，资源配置呈梯度、带状分布，说明这些城市群中心城市发挥了良好的扩散带动作用，与周边城市协调发展。山东半岛城市群在公共资源分布上十分均衡且密度值较高。天山北坡城市群、宁夏沿黄城市群、兰西城市群、呼包鄂榆城市群等的中心城市公共资源密集度较弱，城市群公共资源分布较为稀疏，落后于其他城市群。将市级行政区划和县级行政区划重叠在地图上后，发现公共资源密集中心与市辖区的重合度较高。城市群中心城市包括北京市、天津市、上海市、深圳市、广州市、重庆市、成都市、武汉市、郑州市、西安市、沈阳市、大连市、青岛市、济南市、厦门市、福州市、哈尔滨市、长春市、南宁市、乌鲁木齐市、太原市、呼和浩特市、昆明市、贵阳市、兰州市、银川市，其中，乌鲁木齐市、呼和浩特市、贵阳市、兰州市、银川市聚集程度相对较弱。中心城市发育普遍良好，但整体上资源配置呈现东多西少、东强西弱的空间格局。

5.2.2　中国城市群资源配置效率及描述性分析

本书收集了2003~2019年的城市群涉及的200个地级市24个指标的数据，

将其合并计算，得出 2003～2019 年 19 个城市群 24 个指标的数据，使用 DEA 方法对科技资源、文化资源、公共资源三种资源的配置效率进行测算，以城市群为标准计算三大资源平均配置效率，作为综合资源配置效率，并以资源为标准求得科技资源、文化资源、公共资源和综合资源的平均效率并进行排名。

第一，科技资源配置效率及描述性分析如表 5-2 和图 5-6 所示。

表 5-2　　　　　　　　　　2007～2019 年城市群科技资源配置效率

城市群	2007年	2008年	2009年	2010年	2011年	2012年	2013年	2014年	2015年	2016年	2017年	2018年	2019年	排名
珠江三角洲	1.00	1.00	1.00	1.00	1.00	1.00	0.15	0.77	1.00	1.00	1.00	1.00	1.00	4
中原	0.40	0.44	0.46	0.46	0.43	0.42	0.40	0.44	0.49	0.53	0.50	0.49	0.50	13
长江中游	0.37	0.39	0.39	0.39	0.39	0.31	0.33	0.35	0.36	0.35	0.36	0.38	0.35	18
长江三角洲	1.00	1.00	1.00	1.00	1.00	1.00	1.00	1.00	1.00	1.00	1.00	1.00	1.00	1
天山北坡	1.00	1.00	0.67	0.62	0.60	1.00	0.83	0.76	0.82	1.00	0.71	0.73	1.00	5
山东半岛	0.65	0.75	0.77	1.00	0.86	0.68	0.54	0.56	0.53	0.62	0.57	0.55	0.53	8
黔中	1.00	0.71	0.70	0.58	0.50	0.55	0.59	0.50	0.57	0.55	0.41	0.42	0.51	10
宁夏沿黄	1.00	1.00	1.00	1.00	1.00	1.00	1.00	1.00	1.00	1.00	1.00	1.00	1.00	1
辽中南	0.48	0.49	0.42	0.36	0.35	0.30	0.26	0.29	0.32	0.37	0.38	0.48	0.41	16
兰西	0.56	0.55	0.46	0.40	0.47	1.00	1.00	1.00	0.67	1.00	1.00	1.00	1.00	6
京津冀	0.26	0.32	0.28	0.27	0.28	0.23	0.27	0.34	0.40	0.43	0.56	0.49	0.45	19
晋中	0.37	0.35	0.34	0.35	0.34	0.35	0.36	0.38	0.41	0.41	0.41	0.40	0.39	17
呼包鄂榆	0.45	0.49	0.41	0.37	0.40	0.47	0.50	0.50	0.58	0.63	0.59	0.62	0.59	12
海峡西岸	0.76	1.00	1.00	1.00	1.00	1.00	1.00	1.00	1.00	1.00	1.00	1.00	1.00	3
哈长	0.34	0.41	0.40	0.34	0.34	0.34	0.46	0.47	0.49	0.48	0.55	0.49	0.47	15
关中平原	0.46	0.52	1.00	0.58	0.69	1.00	1.00	1.00	0.57	0.53	0.69	0.45	0.44	7
滇中	0.47	0.50	1.00	0.37	0.38	0.50	0.47	0.50	0.62	0.58	0.53	0.57	0.65	11
成渝	0.49	0.57	0.61	1.00	1.00	0.54	0.58	0.62	0.62	0.58	0.55	0.49	0.30	9
北部湾	0.38	0.49	0.45	0.45	0.48	0.38	0.34	0.39	0.43	0.48	0.44	0.50	0.49	14

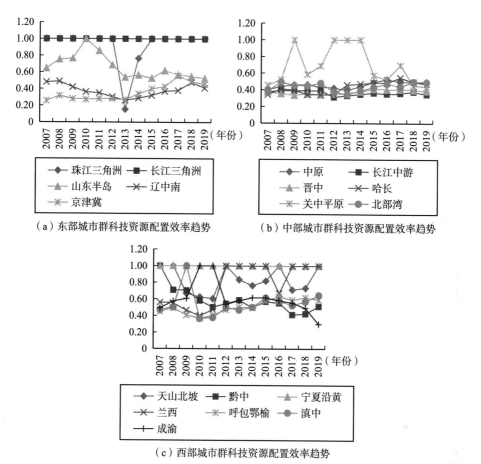

（a）东部城市群科技资源配置效率趋势

（b）中部城市群科技资源配置效率趋势

（c）西部城市群科技资源配置效率趋势

图5-6 东、中、西部城市群科技资源配置效率趋势

从表5-2和图5-6可以看出，以2007~2019年的平均资源配置效率为基准，在科技资源配置效率上，1~19名依次为长江三角洲城市群、宁夏沿黄城市群、海峡西岸城市群、珠江三角洲城市群、天山北坡城市群、兰西城市群、关中平原城市群、山东半岛城市群、成渝城市群、黔中城市群、滇中城市群、呼包鄂榆城市群、中原城市群、北部湾城市群、哈长城市群、辽中南城市群、晋中城市群、长江中游城市群、京津冀城市群。其中，中原城市群、兰西城市群、京津冀城市群、晋中城市群、呼包鄂榆城市群、海峡西岸城市群、哈长城市群、北部湾城市群有较为明显的上升趋势，山东半岛城市群、黔中城市群有较为明显的下降趋势，其他城市群主要为波动趋势，这可能与科研成果的不稳定性相关。

第二，优化资源配置效率及描述性分析如表5-3和图5-7所示。

表 5-3　　　　　　　　2007～2019 年城市群文化资源配置效率

城市群	2007年	2008年	2009年	2010年	2011年	2012年	2013年	2014年	2015年	2016年	2017年	2018年	2019年	排名
珠江三角洲	0.88	0.87	0.82	0.78	0.66	0.71	1.00	0.72	0.64	0.64	0.56	0.59	0.56	18
中原	1.00	1.00	1.00	1.00	1.00	1.00	1.00	1.00	1.00	1.00	0.81	0.86	0.89	8
长江中游	1.00	1.00	1.00	1.00	1.00	1.00	1.00	1.00	1.00	1.00	1.00	1.00	1.00	1
长江三角洲	1.00	1.00	1.00	1.00	1.00	1.00	1.00	1.00	1.00	1.00	1.00	1.00	1.00	1
天山北坡	1.00	1.00	1.00	1.00	1.00	1.00	1.00	1.00	1.00	1.00	1.00	1.00	1.00	1
山东半岛	1.00	1.00	1.00	1.00	1.00	1.00	0.83	1.00	1.00	1.00	1.00	1.00	1.00	7
黔中	0.81	0.80	0.77	0.73	0.76	0.56	0.56	0.28	0.41	0.46	0.56	0.60	0.54	19
宁夏沿黄	1.00	1.00	1.00	1.00	1.00	1.00	1.00	1.00	1.00	1.00	1.00	1.00	1.00	1
辽中南	1.00	0.95	0.98	0.96	0.91	0.89	0.77	0.84	1.00	0.74	0.63	0.74	0.66	14
兰西	0.72	1.00	0.85	0.75	1.00	0.79	1.00	1.00	1.00	1.00	1.00	1.00	1.00	12
京津冀	1.00	1.00	1.00	1.00	1.00	1.00	1.00	1.00	1.00	1.00	1.00	1.00	1.00	1
晋中	0.74	1.00	1.00	1.00	1.00	0.88	0.87	1.00	1.00	1.00	0.98	0.92	0.84	11
呼包鄂榆	1.00	1.00	1.00	1.00	1.00	1.00	1.00	1.00	1.00	1.00	1.00	1.00	1.00	1
海峡西岸	0.81	0.78	0.84	0.84	0.83	0.74	0.74	0.68	0.69	0.75	0.68	0.74	0.73	17
哈长	0.99	1.00	1.00	1.00	1.00	1.00	1.00	1.00	0.95	0.76	0.92	0.82		9
关中平原	1.00	1.00	1.00	1.00	1.00	1.00	1.00	0.90	1.00	0.92	0.80	0.92	0.88	10
滇中	0.66	0.86	0.84	1.00	1.00	1.00	1.00	0.84	0.77	0.73	1.00	1.00	0.84	13
成渝	0.53	0.47	0.49	0.51	0.51	1.00	1.00	1.00	1.00	1.00	1.00	1.00	0.86	16
北部湾	0.96	0.89	0.88	0.89	1.00	0.87	0.75	0.75	0.76	1.00	0.71	0.80	0.71	15

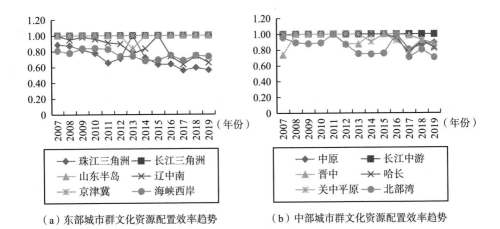

（a）东部城市群文化资源配置效率趋势　　　（b）中部城市群文化资源配置效率趋势

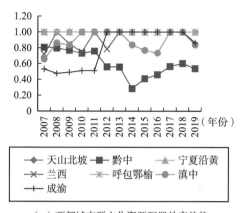

（c）西部城市群文化资源配置效率趋势

图 5 – 7 东、中、西部城市群文化资源配置效率趋势

从表 5 – 3 和图 5 – 7 可以看出，以 2007 ~ 2019 年的平均资源配置效率为基准，在文化资源配置效率上，长江中游城市群、长江三角洲城市群、天山北坡城市群、宁夏沿黄城市群、京津冀城市群、呼包鄂榆城市群并列第 1，第 7 名到第 19 名依次为山东半岛城市群、中原城市群、哈长城市群、关中平原城市群、晋中城市群、兰西城市群、滇中城市群、辽中南城市群、北部湾城市群、成渝城市群、海峡西岸城市群、珠江三角洲城市群、黔中城市群。其中，兰西城市群、成渝城市群在配置效率上呈现较为明显的上升趋势，中原城市群、哈长城市群、关中平原城市群、辽中南城市群、北部湾城市群、海峡西岸城市群、黔中城市群呈现出一定的下降趋势，其他城市群则相对稳定，或处于波动状态。

第三，公共资源配置效率及描述性分析如表 5 – 4 和图 5 – 8 所示。

表 5 – 4 　　　　　　　　**2007 ~ 2019 年城市群公共资源配置效率**

城市群	2007年	2008年	2009年	2010年	2011年	2012年	2013年	2014年	2015年	2016年	2017年	2018年	2019年	排名
珠江三角洲	1.00	1.00	1.00	1.00	1.00	1.00	1.00	1.00	1.00	1.00	1.00	1.00	1.00	1
中原	1.00	1.00	1.00	1.00	1.00	1.00	1.00	1.00	1.00	1.00	1.00	1.00	1.00	1
长江中游	0.47	0.69	0.82	0.74	1.00	1.00	1.00	1.00	1.00	1.00	1.00	1.00	1.00	11
长江三角洲	1.00	1.00	1.00	1.00	1.00	1.00	1.00	1.00	1.00	1.00	1.00	1.00	1.00	1
天山北坡	1.00	1.00	1.00	1.00	1.00	1.00	1.00	1.00	1.00	1.00	1.00	1.00	1.00	1

续表

城市群	2007年	2008年	2009年	2010年	2011年	2012年	2013年	2014年	2015年	2016年	2017年	2018年	2019年	排名
山东半岛	1.00	1.00	1.00	1.00	1.00	1.00	1.00	1.00	1.00	1.00	1.00	1.00	1.00	1
黔中	1.00	1.00	1.00	1.00	1.00	0.46	0.51	0.37	0.40	0.50	0.45	0.61	0.57	13
宁夏沿黄	1.00	1.00	1.00	1.00	1.00	1.00	1.00	1.00	1.00	1.00	1.00	1.00	1.00	1
辽中南	0.62	0.62	0.63	0.66	0.67	0.69	0.69	0.67	0.73	0.63	0.64	0.66	0.65	14
兰西	0.41	0.40	0.48	0.48	0.43	0.48	1.00	1.00	1.00	1.00	1.00	1.00	1.00	12
京津冀	0.72	0.93	1.00	1.00	1.00	1.00	1.00	1.00	1.00	1.00	1.00	1.00	1.00	8
晋中	0.29	0.25	0.32	0.29	0.34	0.32	0.33	0.34	0.33	0.40	0.43	0.45	0.45	18
呼包鄂榆	1.00	1.00	1.00	1.00	1.00	1.00	1.00	1.00	1.00	1.00	1.00	1.00	1.00	1
海峡西岸	0.56	0.57	0.56	0.71	0.61	0.50	0.51	0.52	0.53	0.70	0.60	1.00	1.00	15
哈长	0.49	0.49	0.48	0.49	0.51	0.51	0.60	0.58	0.64	0.68	0.68	0.90	0.75	16
关中平原	0.30	0.29	0.28	0.29	0.29	0.27	0.33	0.35	0.39	0.40	0.41	0.42	0.47	19
滇中	0.62	1.00	1.00	1.00	1.00	1.00	1.00	1.00	0.76	0.84	1.00	1.00	1.00	10
成渝	1.00	1.00	1.00	1.00	1.00	1.00	1.00	1.00	1.00	1.00	0.71	0.93	0.86	9
北部湾	0.39	0.39	0.35	0.34	0.33	0.32	0.33	0.39	0.42	0.65	0.42	0.43	0.43	17

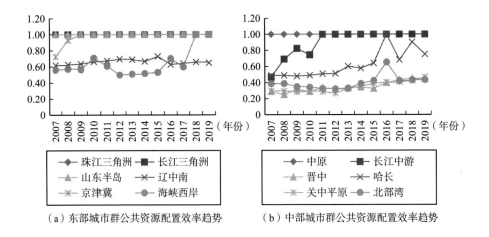

（a）东部城市群公共资源配置效率趋势　　　　（b）中部城市群公共资源配置效率趋势

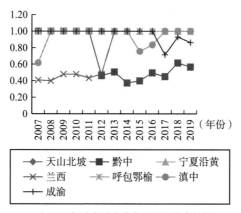

（c）西部城市群公共资源配置效率趋势

图5－8 东、中、西部城市群公共资源配置效率趋势

从表5－4和图5－8可以看出，以2007～2019年的平均资源配置效率为基准，在公共资源配置效率上，珠江三角洲城市群、中原城市群、长江三角洲城市群、天山北坡城市群、山东半岛城市群、宁夏沿黄城市群、呼包鄂榆城市群并列第1，第8名到第19名依次为京津冀城市群、成渝城市群、滇中城市群、长江中游城市群、兰西城市群、黔中城市群、辽中南城市群、海峡西岸城市群、哈长城市群、北部湾城市群、晋中城市群、关中平原城市群。其中，辽中南城市群、海峡西岸城市群、哈长城市群、北部湾城市群、晋中城市群、关中平原城市群、兰西城市群、长江中游城市群在配置效率上呈现较为明显的上升趋势，黔中城市群呈现出一定的下降趋势，其他城市群则相对稳定。

第四，综合资源配置效率及描述性分析如表5－5和图5－9所示。

表5－5 **2007～2019年城市群综合资源配置效率**

城市群	2007年	2008年	2009年	2010年	2011年	2012年	2013年	2014年	2015年	2016年	2017年	2018年	2019年	排名
珠江三角洲	0.96	0.96	0.94	0.93	0.89	0.90	0.72	0.83	0.88	0.88	0.85	0.86	0.85	5
中原	0.80	0.81	0.82	0.82	0.81	0.81	0.80	0.81	0.83	0.84	0.77	0.78	0.80	8
长江中游	0.61	0.69	0.74	0.71	0.80	0.77	0.78	0.78	0.79	0.78	0.79	0.79	0.78	13
长江三角洲	1.00	1.00	1.00	1.00	1.00	1.00	1.00	1.00	1.00	1.00	1.00	1.00	1.00	1
天山北坡	1.00	1.00	0.89	0.87	0.87	1.00	0.94	0.92	0.94	1.00	0.90	0.91	1.00	3

城市群	2007年	2008年	2009年	2010年	2011年	2012年	2013年	2014年	2015年	2016年	2017年	2018年	2019年	排名
山东半岛	0.88	0.92	0.92	1.00	0.95	0.89	0.79	0.85	0.84	0.87	0.86	0.85	0.84	4
黔中	0.94	0.84	0.82	0.77	0.75	0.52	0.55	0.38	0.46	0.50	0.48	0.55	0.54	17
宁夏沿黄	1.00	1.00	1.00	1.00	1.00	1.00	1.00	1.00	1.00	1.00	1.00	1.00	1.00	1
辽中南	0.70	0.69	0.68	0.66	0.64	0.63	0.57	0.60	0.68	0.58	0.55	0.62	0.57	16
兰西	0.56	0.65	0.60	0.54	0.64	0.76	1.00	1.00	1.00	0.89	1.00	1.00	1.00	7
京津冀	0.66	0.75	0.76	0.76	0.76	0.76	0.76	0.78	0.80	0.81	0.85	0.83	0.82	12
晋中	0.47	0.54	0.55	0.55	0.56	0.52	0.52	0.57	0.58	0.60	0.61	0.59	0.56	19
呼包鄂榆	0.82	0.83	0.80	0.79	0.80	0.82	0.83	0.83	0.86	0.88	0.86	0.87	0.86	6
海峡西岸	0.71	0.78	0.80	0.85	0.81	0.74	0.75	0.73	0.74	0.82	0.76	0.91	0.91	9
哈长	0.61	0.63	0.63	0.61	0.62	0.62	0.69	0.68	0.71	0.81	0.66	0.77	0.68	14
关中平原	0.58	0.60	0.76	0.63	0.76	0.76	0.78	0.75	0.65	0.62	0.63	0.77	0.59	15
滇中	0.58	0.79	0.95	0.79	0.77	0.83	0.82	0.78	0.71	0.72	0.84	0.86	0.83	10
成渝	0.67	0.68	0.70	0.84	0.84	0.85	0.86	0.87	0.87	0.86	0.76	0.81	0.68	11
北部湾	0.58	0.59	0.56	0.56	0.60	0.52	0.47	0.51	0.54	0.71	0.52	0.58	0.54	18

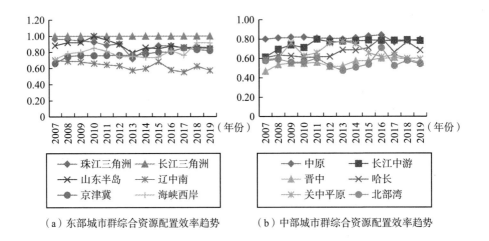

（a）东部城市群综合资源配置效率趋势　　（b）中部城市群综合资源配置效率趋势

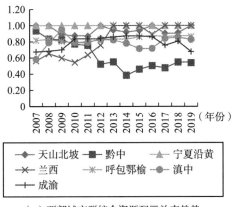

（c）西部城市群综合资源配置效率趋势

图5-9 东、中、西部城市群综合资源配置效率趋势

从表5-5和图5-9可以看出，城市群的综合自由配置效率排名从高到低依次为长江三角洲城市群、宁夏沿黄城市群、天山北坡城市群、山东半岛城市群、珠江三角洲城市群、呼包鄂榆城市群、兰西城市群、中原城市群、海峡西岸城市群、滇中城市群、成渝城市群、京津冀城市群、长江中游城市群、哈长城市群、关中平原城市群、辽中南城市群、黔中城市群、北部湾城市群、晋中城市群。

一些城市群的资源量指标与资源配置效率指标存在背离。比如京津冀城市群按资源密集程度居于19个城市群的前3名左右，却在综合资源配置效率排序中居于第12名，说明其原来对于资源的利用相对粗放，或资源已经过度密集，使得边际效益递减，资源配置效率下降。与此相反的是，宁夏沿黄城市群在三种资源的分布格局中，各种资源量和集中度都位于十分靠后的顺序，其资源配置效率排名却较高，说明当地资源密集程度还未达到过密的程度，资源的边际效益还较高，从而导致资源配置效率较高。

5.2.3 PSM-DID模型基础回归模型估计

从2003~2019年的城市群数据库和计算得出的资源配置效率中，选取2007~2019年13年符合双重差分条件的数据，通过倾向得分匹配后，使用多时点双重差分法测算中心城市行政区域扁平化对其所在城市群科技资源、文化资源、公共资源的资源配置效率的影响，结果如表5-6到表5-9所示。

由表 5 - 6 可知，中心城市行政区划扁平化对其所在城市群科技资源配置效率的影响的估计系数为 - 0. 1368206，政策对其所在城市群资源配置效率具有负效应，这一方面是由于科技产出本身的不确定性；另一方面是由于行政区划扁平化后，政府对科技资源的投入增加主要是科技财力资源和科技物力资源，科技人力资源与其他资源的协调匹配不足可能导致低效，科技研究的相关制度机制也没有得到再设计或优化，这可能导致投入多、耗散多、浪费多、产出少，从而使得科技资源配置低。

表 5 - 6　　　　中心城市扁平化对科技资源配置效率影响的回归结果

被解释变量	科技资源配置效率
虚拟变量	- 0. 1368206 ** (0. 022)
第二产业从业人员占比	1. 600851 ** (0. 049)
第三产业从业人员占比	1. 684846 ** (0. 037)
科研人员从业人数占比	0. 9489622 (0. 844)
科研技术服务和地质勘查业从业人员	- 0. 017173 *** (0. 012)
第三产业产值	- 3. 38e - 09 * (0. 084)
人均地区生产总值	- 3. 12e - 07 (0. 315)
当年实际使用外资金额	- 2. 67e - 09 (0. 978)
地方财政一般预算支出	9. 79e - 09 * (0. 065)
科技支出	3. 14e - 07 *** (0. 000)
科技支出占比	0. 5897831 (0. 867)

续表

被解释变量	科技资源配置效率
高校单位平均获得政府投入	-0.0000407 *** (0.003)
普通高等学校学校数	-0.0027347 (0.409)
公共图书馆图书总藏量	$-2.33e-06$ (0.540)
人均图书藏量	-0.001841 (0.815)
国际互联网用户数	$8.38e-09$ (0.361)
专利数	$9.58e-07$ (0.134)
截距项	-0.3562252 (0.658)
年份	控制
地区	控制
城市群数量	19
样本量	158
校正决定系数	0.6978

注：*、**、*** 分别表示在10%、5%、1%水平上显著。

由表5-7可知，中心城市行政区划扁平化对其所在城市群文化资源配置效率的影响的估计系数为0.0619614，政策对其所在城市群文化资源配置有正效应。这一方面是因为扁平化后政府事权和财权的扩大，使得政府有能力去开发和保护作为公共文化服务的文化资源；另一方面是因为行政壁垒被打破，形成了一个统一的巨大市场，产生了对作为市场消费品的文化资源的巨大需求，使得对文化资源的配置趋于高效。

表 5 - 7 中心城市扁平化对文化资源配置效率影响的回归结果

被解释变量	文化资源配置效率
虚拟变量	0. 0619614 *** (0. 008)
年末总人口数	0. 000027 (0. 533)
文体娱从业人数占比	- 5. 780778 ** (0. 032)
文体娱从业人数	0. 04486 *** (0. 001)
地区生产总值	2. 56e - 09 *** (0. 000)
第三产业产值比	- 0. 0790435 (0. 777)
人均地区生产总值	- 3. 88e - 07 ** (0. 039)
当年实际使用外资金额	- 2. 69e - 08 (0. 625)
使用外资金额对生产总值占比	7. 007196 (0. 555)
地方财政一般预算内支出	- 4. 43e - 09 * (0. 090)
公共图书馆图书总藏量	- 0. 0000104 *** (0. 001)
人均图书藏量	0. 0097852 ** (0. 013)
国际互联网用户数	- 6. 54e - 09 * (0. 050)
截距项	0. 6432376 *** (0. 007)

续表

被解释变量	文化资源配置效率
年份	控制
地区	控制
城市群数量	19
样本量	138
校正决定系数	0.8311

注：* 、** 、*** 分别表示在10%、5%、1%水平上显著。

由表5-8可知，中心城市行政区划扁平化对其所在城市群公共资源配置效率的影响的估计系数为0.0750413，说明中心城市行政区划扁平化对其所在城市群公共资源配置效率有正效应。这主要是由于扁平化后，政府的事权和财权扩大，城建用地及指标增多，可以使用城市规划工具对城市整体进行规划优化，避免恶性竞争和重复建设，并拥有更多资源投入到公共服务的建设中，更多空间去建设多样化的公共服务，提高了公共资源配置的效率。

表5-8 **中心城市扁平化对公共资源配置效率影响的回归结果**

被解释变量	公共资源配置效率
虚拟变量	0.0750413 ** (0.015)
卫生社会保险和社会福利业从业人员占比	-1.876884 (0.178)
卫生社会保险和社会福利业从业人员数	0.0118559 * (0.070)
地方财政一般预算内支出	$3.64e-09$ * (0.056)
高校单位平均获得政府投入	$4.24e-07$ (0.867)
普通高等学校学校数	0.0008934 (0.344)
普通中学学校数	0.0001168 (0.396)
小学学校数	-0.0000104 (0.535)

续表

被解释变量	公共资源配置效率
普通中学专任教师数	$-2.45e-06$ （0.106）
小学专任教师数	$-3.42e-06$ ** （0.017）
普通中学平均专任教师数	0.0020755 （0.363）
普通小学平均专任教师数	-0.0003734 （0.886）
公共图书馆图书总藏量	$8.86e-07$ （0.660）
人均图书藏量	-0.0032142 （0.244）
医院卫生院床位数	$-1.59e-06$ * （0.074）
人均床数张	0.0001576 （0.922）
医生数	$-1.59e-06$ （0.205）
人均医生数	0.0042365 （0.235）
截距项	1.344541 *** （0.011）
年份	控制
地区	控制
城市群数量	19
样本量	141
校正决定系数	0.9283

注：*、**、*** 分别表示在10%、5%、1%水平上显著。

5.2.4 稳健性检验

第一，平行趋势检验。

进行双重差分法时，必须进行平行趋势检验，以确定样本在受到冲击或者政策发生前具有可比性，检验结果如图 5 – 10 所示。可以发现，图像左侧置信区间均保持在 0 附近，图像右侧均表现出一定趋势且置信区间离开 0 水平线，说明三种资源皆通过平行趋势检验。

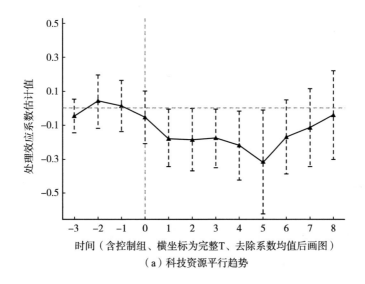

（a）科技资源平行趋势

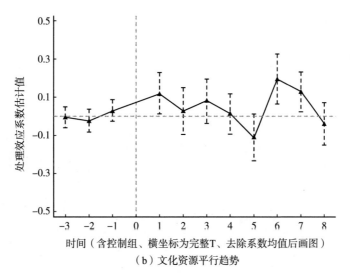

（b）文化资源平行趋势

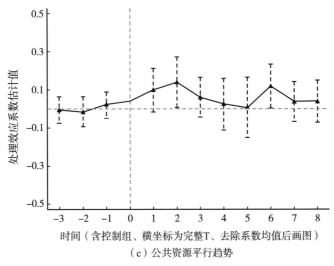

（c）公共资源平行趋势

图 5 - 10　科技、文化、公共资源平行趋势

第二，安慰剂检验。

通过将行政区划扁平化的时间点统一提前 3 年进行反事实分析，结果如表 5 - 9 所示。可以发现，提前 3 年后，中心城市扁平化对其所在城市群科技资源、文化资源、公共资源配置效率的效应均不显著，说明中心城市行政区划扁平化对其所在城市群资源配置效率确实存在影响。

表 5 - 9　　　　　　　　　　安慰剂检验结果（提前 3 年）

被解释变量	科技资源配置效率	文化资源配置效率	公共资源配置效率
虚拟变量	0. 0261984 （0. 583）	− 0. 0196407 （0. 468）	0. 0544978 （0. 191）
截距项	− 0. 4234825 （0. 584）	0. 7820914 *** （0. 001）	1. 457389 *** （0. 000）
控制变量	控制	控制	控制
年份	控制	控制	控制
地区	控制	控制	控制
城市群数量	19	19	19
样本量	158	138	141
校正决定系数	0. 6767	0. 8205	0. 9245

注：* 、 ** 、 *** 分别表示在 10% 、5% 、1% 水平上显著。

第三，干扰政策检验。

在进行中心城市行政区划扁平化时，省直管县改革作为一种包括"财政省直管县""扩权强县""省全面直管"等多种形式的行政力量调配机制，也有可能对其所在城市群的资源配置产生影响。以中心城市是否进行省直管县改革为基准，进行政策干扰检验，结果如表5-10所示。

表 5-10　　　　　　　干扰政策检验与基础回归对照结果

被解释变量	科技资源配置效率		文化资源配置效率		公共资源配置效率	
	干扰政策	基础回归	干扰政策	基础回归	干扰政策	基础回归
虚拟变量	-0.1376113 ** (0.021)	-0.1368206 ** (0.022)	0.0637357 *** (0.010)	0.0619614 *** (0.008)	0.0774529 ** (0.015)	0.0750413 ** (0.015)
截距项	-0.3429181 (0.677)	-0.3562252 (0.677)	0.6569306 *** (0.007)	0.6432376 *** (0.007)	1.366735 *** (0.000)	1.344541 *** (0.000)
控制变量	控制	控制	控制	控制	控制	控制
年份	控制	控制	控制	控制	控制	控制
地区	控制	控制	控制	控制	控制	控制
城市群数量	19	19	19	19	19	19
样本量	158	158	138	138	141	141
校正决定系数	0.6951	0.6978	0.8294	0.8311	0.9279	0.9283

注：*、**、***分别表示在10%、5%、1%水平上显著。

估计结果表明，在控制了相关政策的影响之后，中心城市行政区划扁平化对文化配置效率、公共资源配置效率具有正效应，对科技资源配置效率具有负效应，且这一效应得到了增强，正效应得到改善，负效应变得恶化。说明中心城市行政区划扁平化有可能受到省直管县的影响。

第四，异质性检验。

为进一步分析中心城市行政区划扁平化对不同类型城市群资源配置效率的影响，按照其中心城市是否为国家中心城市为标准，分别检验中心城市扁平化对其所在城市群资源配置的影响，即异质性检验。其中，含有国家中心城市的城市群有京津冀城市群、长三角城市群、珠三角城市群、成渝城市群、长江中游城市群、中原城市群、关中平原城市群，结果如表5-11所示。

表 5 –11　　　　　　　　　　　　异质性检验结果

被解释变量	科技资源配置效率		文化资源配置效率		公共资源配置效率	
	国家中心城市所在城市群	非国家中心城市所在城市群	国家中心城市所在城市群	非国家中心城市所在城市群	国家中心城市所在城市群	非国家中心城市所在城市群
虚拟变量	− 0.0593308 (0.386)	− 0.1155673 * (0.073)	0.0978776 ** (0.015)	0.02012 (0.591)	0.0760945 *** (0.009)	0.072402 (0.104)
截距项	− 4.025436 * (0.084)	0.7014231 (0.119)	1.024958 (0.214)	1.137885 *** (0.000)	2.198975 *** (0.003)	3.001319 *** (0.000)
控制变量	控制	控制	控制	控制	控制	控制
年份	控制	控制	控制	控制	控制	控制
地区	控制	控制	控制	控制	控制	控制
城市群数量	7	12	7	12	7	12
样本量	91	156	91	156	91	156
校正决定系数	0.7961	0.7987	0.7350	0.6651	0.9360	0.8302

注：*、**、*** 分别表示在 10%、5%、1% 水平上显著。

由表 5 –11 可知，中心城市行政区划扁平化对非国家中心城市科技资源配置效率存在负效应。这可能是因为非国家中心城市科技资源配置的优化受到政府投入策略、科研机制制度的限制。行政区划扁平化使得政府对科研单位的投入转向其他方面或者增大对科研单位的投入后，由于制度不合理等因素造成了大量的经费浪费。另外，中心城市行政区划扁平化对国家中心城市所在城市群科技资源配置效率的影响不显著。这可能是因为国家中心城市所在城市群在科技资源配置上的投入和转化机制已经较为成熟，中心城市行政区划扁平化虽然对中心城市及城市群的资源投入和转化能力有正向影响，但影响已不够显著。

中心城市行政区划扁平化对国家中心城市所在城市群文化资源配置效率有正效应，这可能是因为国家中心城市所在城市群在开发文化消费市场、培育公共文化服务上较为成熟。另外，中心城市行政区划扁平化对国家中心城市所在城市群文化资源配置效率的影响不显著，可能是因为非国家中心城市所在城市群发展的主要矛盾在于发展狭义的经济，在开发、保护文化资源上可能较为粗放。

中心城市行政区划扁平化对国家中心城市所在城市群公共资源配置效率有正效应，可能是因为国家中心城市在公共资源建设存量上有余但结构不良，当进行中心城市行政区划扁平化后，公共资源结构得到了调整优化，避免了恶性竞争和重复建设，并促进地区内良性竞争，使得国家中心城市所在城市群公共资源配置效率得到了较大提高。另外，中心城市行政区划扁平化对非国家中心城市公共资源配置效率影响不显著，这可能是因为公共资源受限于行政区域范围而本身缺乏扩散效应，中心城市扁平化对中心城市公共资源的提高作用在整体城市群尺度下较小。

5.3 研究发现与政策含义

5.3.1 研究发现

首先，通过 2018 年高德地图 POI 全量数据，筛选其中位于城市群的数据，并用 Arcgis 通过核密度分析功能对 19 个城市群的公共资源配置、科技资源配置、文化资源配置进行可视化分析，以直观地理解当下城市群资源配置的态势。其次，通过收集处理全国 300 多个地级市的 40 多项指标，得到 19 个城市群的相关经济社会数据，使用投入导向的拓展 DEA 方法对城市群的科技资源、文化资源、公共资源的资源配置效率进行测算，并进行描述性分析，比较横向的高低以及纵向的趋势，并对资源利用状况做出初步判断。最后，通过多时点双重差分法对行政区划扁平化的资源配置效应做出测算，全面分析了现阶段城市群资源配置的情况态势及行政区划扁平化政策手段。

研究发现，中心城市行政区划与城市群资源配置优化应以中心城市行政区划扁平化为重点方向，以推动城市群资源配置效率提升，同时应重点建设以国家中心城市为代表的大城市。具体分析如下：

第一，大城市的聚集作用明显，整体上聚集区域呈现东多西少的空间格局。东部沿海的城市群发育较为良好，在城市群大部分区域均呈现梯度的带状分布；西部城市群发育较差，对比全国资源配置水平，中心城市的集中度还较为低下。三大资源的资源密度全部突破浅灰色区域的城市主要有北京市、上海市、南京市、杭州市、武汉市、广州市、成都市、西安市，在城市群的中心城市分布十分集中，其他地区则相对稀疏分散，即中心城市是城市群资源配置的代表性力量。另外，在聚集区域所在的中心城市中，聚集区域的核心与市辖区的重合度极高，与县、县级市的重合度较低，这意味着调整城市群资源配置的关键之一在于中心城市，调整中心城市资源配置的关键之一在于行政区划调整，特别是行政区划扁平化。

第二，资源配置效率与资源密集度、资源量存在一定程度的背离。资源配置效率以平均综合效率为基准，从高到低依次是宁夏沿黄城市群、天山北坡城市群、长江三角洲城市群、呼包鄂榆城市群、珠江三角洲城市群、山东半岛城市群、兰西城市群、滇中城市群、京津冀城市群、中原城市群、黔中城市群、海峡西岸城市群、长江中游城市群、成渝城市群、哈长城市群、辽中南城市群、晋中城市群、关中平原城市群、北部湾城市群。因为测度的是效率而非资源拥有量，而且发达经济带、城市群、中心城市随着城镇化的不断推进，人口愈发增多而人地矛盾愈发明显，使得一些发达城市群、特大城市在资源存量、资源密集度上十分占据优势，却只拥有较低的配置效率。

第三，整体上，中心城市行政区划扁平化对其所在城市群科技、文化、公共资源配置效率分布上分别起负效应、正效应、正效应。中心城市行政区划扁平化要对其所在城市群资源配置效率产生影响，基本上要采用增加行政资源、提高政府动机、优化执行效率、强化扩散传导四个方法。中心城市行政区划扁平化对其所在城市群科技资源配置效率有负效应，这可能是因为虽然扁平化增加了政府对各项资源投入的能力，但对于科技资源的投入缺乏全面的考虑，缺乏合理的人才吸引机制和流动机制，缺乏对科技产出相关制度的优化，使得资源在投入的过程中就被大量浪费了；中心城市行政区划扁平化对其所在城市群文化资源配置效率有正效应，这可能是因为中心城市政府有能力且有动机和方法对公共文化资源进行合适的维护和培育，并借助中心城市扁平化后合并的巨大市场，催发出大量的文化资源需求，使得中心城市文化资源持续聚集和向外扩散；中心城市行政区划扁平化对其所在城市群公共资源配置效率有正效应，这可能是因为增加行政资源后，政府有充分的动机和经验对基础设施进行建设，并通过行政效率的优化减少重复建设和恶性竞争，而且，由于公共资源的投入一般不是跨行政区的，府际竞争和中心城市的经济扩散都可能促进其公共资源的增长。

第四，对国家中心城市来说，行政区划扁平化对其所在城市群科技资源配置效率、公共资源配置效率、文化资源配置效率的影响分别为不显著、正效应、正效应；对于非国家中心城市，行政区划扁平化对其所在城市群科技资源配置效率、公共资源配置效率、文化资源配置效率的影响分别为负效应、不显著、不显著。首先，从对科技资源配置效率的影响来看，国家中心城市和非国家中心城市结果分别是不显著、负效应。这样的差异可能在于国家中心城市已经具有足够多的科技资源和足够科学的科技产出制度，中心城市扁平化对其没有足够的影响；但对于非国家中心城市，其资源投入比例和制度设计的不成熟导致了中心城市对其城市群的负效应。其次，从对文化资源配置效率的影响来看，国家中心城市和非国家中心城市结果分别是正效应、不显著。这样的差异可能在于国家中心城市在中心城市扁平化后对本身就丰富的文化资源发挥了累加作用；而非国家中心城市发展的主要关注点在狭义的经济上，对文化资源的发展相对较为粗放，没有将资源大量投放到文化建设方面。最后，从对公共资源配置效率的影响来看，国家中心城市和非国家中心城市结果分别是正效应、不显著。这样的差异可能在于国家中心城市本身公共资源过密，扁平化后土地要素的扩张很好地缓解了公共资源和空间资源的矛盾，且政府间的竞争和合作更加紧密且良性；而非国家中心城市本身公共资源相对稀缺，中心城市扁平化促进了中心城市本身的公共资源的建设，但在府际竞争层面，缺乏更加有效的协作竞争机制，没有办法使得周边城市进行良好的竞争以共同促进整个城市群的公共资源配置，所以，在整个城市群尺度下，中心城市扁平化对其公共资源配置效率影响较小且不显著。

5.3.2 讨论

第一，中心城市的产生和聚集—扩散作用是形成当前资源配置格局的主要原因。由于技术进步、政策宽松、人力资源丰富、地理环境优越等因素，一些城市随着规模效应、马太效应逐渐快速发展起来，并吸引周边城市的资源向中心聚拢，形成空间上的高点，当中心城市发育到一定程度后，过于密集的资源向外溢出，以中心城市为核心向外发散形成梯度式布局。从我国的情况来讲，中心城市主要分布在东部和中部，西部的中心城市出现时间较晚或发育不完善，聚集作用从西向东，从外到中。并且西部城市群中心城市主要以政策支持作为驱动，启动有余而后续不足，需要进一步引入市场力量，放宽经济政策，创新经济模式，发展相对独立、有自我持续力的中心城市。东部和中部的中心城市则要强化发展，一方面对外开放，一方面对内协作，充分发挥区域经济的结构性优势，布局城市群各异、各优的比较优势战略，特别是尽快打通东西通道，在全国范围内形成一条条城市轴线甚至网络，加强联系，强化资源流通和聚集—扩散作用的传导。

第二，资源配置效率与资源量的背离，这主要是由于在一定的资源承载力下，随着资源量的上升，资源配置效率呈现倒"U"形的变化模式。京津冀城市群这类中心城市极度集聚，资源配置效率却较低，主要是处于倒"U"形的后半部分，因此，需要通过各种手段，比如行政区划扁平化来疏解中心城市过度密集的资源，实现分流，加快扩散作用的传导；宁夏沿黄城市群这类城市群资源配置效率高、资源密集度较低，主要是处于倒"U"形的中间偏左的上升部分，其需要快速积累资源以攀升到曲线的高点；晋中城市群这类城市群资源配置效率和资源密集度都偏低，则可能处于曲线较左的位置，需要通过政策手段或大力开发市场以快速集聚资源。此外，不同的城市群实际上资源承载力并不相同，意味着每个城市群的资源密集度和资源配置效率的关系曲线并不一致，其可以通过行政区划调整、优化产业结构、政策引导等手段优化资源结构、扩展资源容量以提高综合承载力；利用经济规律，使得曲线向着更利于自身发展的方向转化。除了资源配置效率倒"U"形的解释之外，由于政策等原因，中心城市一直保持虹吸，而扩散作用的传导受到阻碍也是导致资源配置效率低的原因。

第三，中心城市行政区划扁平化对其所在城市群资源配置效率具有负效应，这一方面可能是由于科技产出本身的不确定性，另一方面可能是由于行政区划扁平化，政府资源扩张后，政府存在对科技投入的策略问题。一般来讲，政府增加对科技资源的投入往往主要是科技财力资源和科技物力资源，科技人力资源则不能通过财政支出进行直接确保，使得人的要素与物的要素失调。特别是在科技研究的相关制度优化方面，不够明确的激励和问责机制，臃肿冗杂的行政管理体系会造成投入多、耗散多、浪费多、产出少的后果，最终导致了科技资源配置的低效率；中心城市行政区划扁平化对其所在城市群文化资源配置有正效应，可能是扁平化的资源扩张效应和扩大市场规模作用对文化资源二重性的双重影响造成的结果。一方面，政府事权和财权的扩大使得政府有能力去开发和保护作为公共文化服务的文化资源，另一方面，扁平化后市场的整合，形成了对作为市场消费品的文化资源的巨大需求，市场和行政的双重力量共同促进了文化资源的优化配置；中心城市行政区划扁平化对其所在城市群公共资源配置效率有正效应，可能主要源于扁平化后政府基础能力提高，政府的事权和财权得到了扩大。由于土地要素的直接增多，城建用地及指标也发生了正向变化，政府在应用城市规划中获得了更大的行事空间和更高的视角，从而可以避免恶性竞争和重复建设，并将更多资源更高效投入到公共服务的建设中去，提高了公共资源配置的效率。

第四，中心城市行政区划扁平化对非国家中心城市科技资源配置效率的负效应，可能是因为非国家中心城市科技资源配置的优化受到政府投入策略、科研体制机制的限制。行政区划扁平化使得政府对科研单位的投入转向其他方面或者增大对科研单位的投入后，由于制度不合理等因素，造成了大量的经费浪费；中心城市行政区划扁平化对国家中心城市所在城市群科技资源配置效率的影响不显著，可能是因为国家中心城市所在城市群在科技资源配置上的投入和转化机制已经较为成熟，中心城市行政区划扁平化虽然对中心城市及城市群的资源投入和转化能力有正向影响，但影响已不够明显；中心城市行政区划扁平化对国家中心城市所在城市群文化资源配置效率的正效应，可能是因为国家中心城市所在城市群在开发文化消费市场、培育公共文化服务上较为成熟；中心城市行政区划扁平化对国家中心城市所在城市群文化资源配置效率的影响不显著，可能是因为非国家中心城市发展的主要矛盾在于发展狭义的经济，在开发、保护文化资源上可能较为粗放；中心城市行政区划扁平化对国家中心城市所在城市群公共资源配置效率有正效应，可能是因为国家中心城市在公共资源建设存量有余但结构不良，当进行中心城市行政区划扁平化后，公共资源结构得到了调整优化，避免了恶性竞争和重复建设，并促进地区内进行良性竞争，使得国家中心城市所在城市群公共资源配置效率得到了较大提高；中心城市行政区划扁平化对非国家中心城市公共资源配置效率影响不显著，可能是因为公共资源受限于行政区域范围，而其本身缺乏扩散效应，中心城市扁平化对于中心城市公共资源的提高作用在整体城市群尺度下较小。

第五，当进行行政区划扁平化时，要具体问题具体分析，对每一个环节进行细化考量。行政区划扁平化既不是万灵药，也不是安慰剂，需要根据每个城市群不同的情况进行针对性的分析、调整。应当明确行政区划扁平化仅为一种手段，还有其他手段可以选择，而不能将其当作目的盲目执行甚至作为政绩来考量。扁平化通过一系列机制传导，影响了政府决策和实体经济，再反映到经济数据，通过计量才能让我们判断其是否对某种资源配置效率具有某种效应。当政府理解这种环节时，就能够发现导致负效应的问题到底是什么，通过什么配套手段、解决什么问题可以使得正效应更加显著。比如在科技资源配置上，利用扁平化后获得的大量资源去吸引人才、优化机制，使得科技人力资源与科技物力资源匹配；引入激励、负责等机制，让科研机制灵活、畅通，切实提高科技资源配置效率。在文化资源配置上，去维护、培育公共文化服务，将公共文化服务向消费性文化服务转化，加强文化传媒力量，利用互联网，将每个个体转换成文化开发、创造、传播、消费的主体。在公共服务资源上，建立健全咨询制度、反馈机制和问责机制，与发展计划、城市规划相匹配，切实满足民众需求，满足发展需求，杜绝服务错位、资源闲置、重复建设和恶性竞争。

5.3.3 政策含义

通过分析中心城市行政区划扁平化对其城市群资源配置的影响，可以为中心城市行政区划扁平化提高其城市群资源配置效率提供实证依据。以中心城市为核心的城市群行政区划设置扁平化要提高城市群的资源配置能力，利用好中心城市这个增长极对城市群内要素的合理流动十分重要。各城市群应该根据城市群的发展阶段，结合中心城市的实际情况进行行政区划扁平化调整。

第一，以中心城市为核心的城市群行政区划设置扁平化要挖掘中心城市的发展潜力。通过分析中心城市行政区划扁平化对城市群资源配置的影响，发现其对资源配置效率的影响存在中西部差异，且对国家中心城市的影响力强于非国家中心城市的影响力，这可能是因为我国的国家中心城市大多分布在中东部，因此，加大中心城市的建设有助于改善我国的地域差异问题。

第二，以中心城市为核心的城市群行政区划设置扁平化要提高城市群资源配置效率。行政区划设置扁平化会带来中心城市空间扩张，但是要避免土地资源的浪费，明确城市开发边界，防止城市盲目扩张。同时要避免土地资源的浪费，通过旧城区改造改善人民生活，促进城市资源的合理流动，避免土地资源浪费，加强文化资源、人力资源、科技资源等合理流动，提高城市资源配置效率。

第 6 章

以中心城市为核心的城市群行政
区划设置调整范围界定

6.1　研究目的与方法

6.1.1　研究目的

第一，可以为我国提出 2016～2030 年的土地规划、严格控制增加新的城市开发用地提供依据，对新城区、城市边界和开发区的边界进行科学划定。第二，通过测算中心城市与城市群的地理栅格场强曲率，全面了解中心城市与城市群的经济联系情况，根据数据对以中心城市为核心的城市群行政区划设置调整范围进行分析，可以对以中心城市为核心的城市群行政区划设置扁平化进行"空间识别"，界定中心城市与城市群的行政区划扩张范围，为优化行政区划设置提供方向，创新城市群建设的体制机制。

6.1.2 测度方法

1. 场的概念阐述与场强模型建立

物理学在引力场和电磁场概念的基础上引出了场与空间的理论，在经济学地理空间方面也存在着相似的联系。经济场始于经济空间区位理论研究，人们开始用它表示经济空间的性能，后将其广泛运用于区域经济、城市体系等的研究之中，称其为场强模型。场强模型是指场强在区域经济发展中心通常会沿着基础交通设施向周围地区不断辐射，进而带动区域的发展。然而，两地也会存在一定的场能差，场能差的差值表示中心区域对周围地区辐射能力的强弱，其中，信息流通、经济联系、物质流动以及两个地区的联系均可以用场强表示，可作为判断区域经济差异化发展的重要依据。场能值的空间分布决定着受辐射区域经济的发展方向，场能高的地区，中心区域辐射作用较强，与中心地区各要素之间存在紧密联系，但同时，这些受区域中心辐射强的区域还有发展潜力有待挖掘。而距离区域中心较远的地区，两者之间的联系较弱，受到区域中心的辐射带动作用也较小，其在未来的发展潜力也较低。

基于经济空间区位理论的分析，可以构建出辐射场强引导城市进行行政区划调整的动力机制理论模型，如图 6-1 所示。

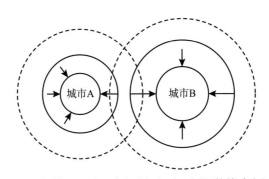

图 6-1　辐射场强引导城市进行行政区划调整的动力机制

图 6-1 中 A、B 分别为形成场强辐射中心的两个城市，根据场强原理，场强自两点中心向外逐渐降低，因此，可以假设实线范围内为场强相对较强区域，虚线范围内为场强相对较弱区域，则各个箭头可以代表该处人口、产业等城市发

展资源所受场强辐射影响的引力方向。因此，通过构建场强模型对城市空间范围进行识别，可以从场强辐射中心城市对周边城市或所辖县的人口、产业等资源吸引力强弱的角度判断辐射场强中心城市是否可以扁平化行政区划，扩张城市范围，优化资源配置效率。

具体来看，城市群内城市间的发展由原来的相互不联系和独立发展的单一城市向相互联系和均衡化发展的一体化区域演变，各城市不仅有着较为强烈的集聚极化效应，而且也对周围地区有较为明显的辐射扩散作用，也就是说，各城市的人口、产业的向心运动和离心运动是并存的。城市群内，外围地区受到中心城市的辐射带动作用，在生产和生活方面会慢慢发生变化，进而促使其在人口与产业结构的转变升级上有所增强，并且对各类要素资源的吸纳能力也显著增强。中心城市不仅受到其自身内部各类要素资源过度密集的压力，也受到来自周围地区较快提升的内聚力作用，促使中心城市的离心运动逐渐显现出来，进而致使周围地区的城镇化速度逐渐加快。若一地区同时受到多个上级城市的辐射扩散作用，那么可以说该地区受到城市的辐射高，非常有可能成为下一个次级中心城市，从而能够与中心城市形成协同发展的关系。因而，通过测算中心城市对城市群内外围地区的辐射场能叠加值高低，可以对中心城市和城市群的行政区划扁平化设置空间范围进行识别。

2. 城市综合实力结节性指数

城市发展的综合实力可以通过城市结节性指数来表示。对城市结节性指数的测算模型，往往需要从社会发展、生态环境、科技教育、城市经济等维度来进行指标体系的构建，在此基础上运用因子分析法测算各项指标权重。但是，受到数据获取难度的限制，本书只选取能够呈现出空间多要素集聚状态的人口数量和地区生产总值代替城市结节性指数，具体计算公式如下：

$$Z_k = \sqrt{GDP_k \times P_k} \times 100 \qquad (6-1)$$

其中，Z_k 表示的是城市 k 的结节性指数，其取值范围为 0 到 100；GDP_k 表示的是将城市 k 的 GDP 进行标准化后的数值；P_k 则表示的是城市 k 的常住人口数进行标准化后的数值，其选用离差法进行标准化处理。

3. 基于场能模型的全国范围场强计算

根据场强原理，假设城市节点为场强中心，则其所具备的集聚效应以及辐射扩散作用应该是并存的，即各城市人口、产业等城市资源同时进行着以各自城市为中心的向心与离心运动。因而，通过测算各中心城市对周边地区辐射场强叠加值的高低，可以识别出需要进行行政区划范围调整的城市。同时，外围地区受到多个城市的辐射带动作用，而多重影响的叠加可以借助场强模型来进行测度。计算公式为：

$$F_{ij} = \sum_{k=1}^{k} E_{ij}^{k} \times \varphi_{k} \qquad (6-2)$$

其中，F_{ij} 是外围点 ［i，j］ 受所有地级以上城市的辐射场强和（i 表示行号，j 表示列号），ij 为外围点空间位置；E_{ij}^{k} 为外围点受地级以上城市 k 的辐射强度（即场强）；φ_{k} 为地级以上城市 k 对外围点的影响权重，是根据城市综合实力值的相对大小确定的。

E_{ij}^{k} 的计算公式如下：

$$E_{ij}^{k} = \frac{Z_{k}}{D_{ijk}^{\beta}} \qquad (6-3)$$

其中，E_{ij}^{k} 表示城市 k 在点 i、j 上的场强值；Z_{k} 表示 k 城市的综合实力值，也就是结节性指数；D_{ijk}^{β} 表示城市 k 到点 ［i，j］ 的距离；β 表示距离摩擦系数，本书采用刻画区域尺度城市间联系的值为 2。

城市 k 到点 ［i，j］ 的距离：将研究的城市群地域空间范围切割为 1km × 1km 的栅格区域（边界区域的栅格单元形状不规则，单元面积小于 1 平方千米），通过提取区域的几何中心点，运用 Arcgis 软件分别计算出城市群中的中心城市到城市群内所有栅格单元中心点的最短距离。

6.1.3 数据来源及研究对象

本书所使用的数据来源于 Google Earth 地球软件、2019 年中国城市统计年鉴、2019 年各省级城市统计年鉴、2019 年各城市统计年鉴、2019 年各城市国民经济和社会发展统计公报所提供的直接数据或经过相关公式计算得到的数据，本书研究对象为国家九大中心城市及其所在的城市群，具体研究对象如表 6-1 所示。

表 6-1　　　　　　　　　　　城市群及包含的城市

城市群	城市	规划文件
京津冀	北京、天津、石家庄、唐山、秦皇岛、邯郸、邢台、保定、张家口、承德、沧州、廊坊、衡水	《北京城市总体规划》，2019 年 5 月

城市群	城市	规划文件
长三角	上海、南京、无锡、常州、苏州、南通、盐城、扬州、镇江、泰州、杭州、宁波、嘉兴、湖州、绍兴、金华、舟山、台州、合肥、芜湖、马鞍山、铜陵、安庆、滁州、池州、宣城	《长江三角洲城市群发展规划》，2016 年 6 月
珠三角	广州、深圳、珠海、佛山、江门、肇庆、惠州、东莞、中山	《粤港澳大湾区发展规划纲要》，2019 年 2 月
成渝	重庆、成都、自贡、泸州、德阳、绵阳、遂宁、内江、乐山、南充、眉山、宜宾、广安、达州、雅安、资阳	《成渝城市群发展规划》，2016 年 4 月
长江中游	南昌、景德镇、萍乡、九江、新余、鹰潭、吉安、宜春、抚州、上饶、武汉、黄石、宜昌、襄阳、鄂州、荆门、孝感、荆州、黄冈、咸宁、长沙、株洲、湘潭、衡阳、岳阳、常德、益阳、娄底	《长江中游城市群发展规划》，2015 年 4 月
中原	郑州、开封、洛阳、平顶山、新乡、焦作、许昌、漯河、鹤壁、商丘、周口、晋城、亳州	《中原城市群发展规划》，2016 年 3 月
关中平原	运城、临汾、西安、铜川、宝鸡、咸阳、渭南、商洛、天水、平凉、庆阳	《关中平原城市群发展规划》，2018 年 1 月

6.2　中心城市和城市群行政区划扁平化设置空间范围识别

6.2.1　城市群辐射场强的测算

首先，需要通过对城市群内部各城市 2018 年末户籍总人口和地区生产总值数据采用离差标准化方法进行处理，并代入公式（6 - 1），计算出 131 个地级市的结节性指数，结果如表 6 - 2 所示。

表 6 – 2   131 个地级市的结节性指数

城市群	城市	结节性指数 Z_k
京津冀	北京市	60.96
	天津市	42.44
	石家庄市	22.79
	唐山市	21.38
	秦皇岛市	6.18
	邯郸市	17.69
	邢台市	11.92
	保定市	19.30
	张家口市	7.52
	承德市	6.65
	沧州市	15.66
	廊坊市	11.13
	衡水市	7.51
长三角	上海市	65.28
	南京市	27.92
	无锡市	22.13
	常州市	15.08
	苏州市	33.86
	南通市	23.65
	盐城市	19.78
	扬州市	14.58
	镇江市	9.45
	泰州市	14.77
	杭州市	30.26
	宁波市	23.70
	嘉兴市	12.09
	湖州市	7.61
	绍兴市	14.31

续表

城市群	城市	结节性指数 Z_k
长三角	金华市	12.99
	舟山市	2.87
	台州市	15.87
	合肥市	22.70
	芜湖市	10.26
	马鞍山市	5.82
	铜陵市	3.86
	安庆市	9.07
	滁州市	8.10
	池州市	2.66
	宣城市	5.27
珠三角	广州市	43.28
	深圳市	30.84
	珠海市	5.20
	佛山市	19.26
	江门市	9.75
	肇庆市	8.98
	惠州市	11.40
	东莞市	12.52
	中山市	7.06
成渝	重庆市	78.84
	成都市	44.84
	自贡市	5.91
	泸州市	8.33
	德阳市	8.32
	绵阳市	10.08
	遂宁市	5.83
	内江市	6.74

城市群	城市	结节性指数 Z_k
成渝	乐山市	6.67
	南充市	10.97
	眉山市	5.75
	宜宾市	9.56
	广安市	6.69
	达州市	9.55
	雅安市	2.48
	资阳市	5.25
长江中游	南昌市	15.46
	景德镇市	3.11
	萍乡市	3.78
	九江市	10.82
	新余市	2.92
	鹰潭市	2.60
	吉安市	8.70
	宜春市	10.42
	抚州市	6.83
	上饶市	12.06
	武汉市	33.97
	黄石市	5.77
	宜昌市	11.52
	襄阳市	14.72
	鄂州市	2.68
	荆门市	6.51
	孝感市	8.96
	荆州市	10.48
	黄冈市	11.15
	咸宁市	5.63

续表

城市群	城市	结节性指数 Z_k
长江中游	长沙市	26.45
	株洲市	9.32
	湘潭市	7.03
	衡阳市	14.37
	岳阳市	12.78
	常德市	13.16
	益阳市	8.21
	娄底市	7.45
中原	邯郸市	17.69
	邢台市	11.92
	长治市	6.61
	晋城市	4.71
	运城市	7.84
	蚌埠市	7.22
	淮北市	3.91
	阜阳市	12.45
	宿州市	9.30
	亳州市	8.13
	聊城市	13.08
	菏泽市	16.39
	郑州市	27.69
	开封市	9.57
	洛阳市	17.16
	平顶山市	9.99
	安阳市	11.15
	鹤壁市	3.16
	新乡市	11.75
	焦作市	8.47

城市群	城市	结节性指数 Z_k
中原	濮阳市	7.57
	许昌市	10.94
	漯河市	4.97
	三门峡市	5.12
	南阳市	19.48
	商丘市	14.15
	信阳市	13.51
	周口市	16.94
	驻马店市	13.84
关中平原	运城市	7.84
	临汾市	6.99
	西安市	26.86
	宝鸡市	8.32
	咸阳市	9.46
	渭南市	8.83
	商洛市	3.80
	天水市	4.06
	庆阳市	3.60
	平凉市	2.48

由表6-2可知，中国地级及以上城市结节性指数排名前3的城市为重庆、北京、上海，排名最后3位的城市为雅安、平凉、铜川。按自然断裂点法将131个地级及以上城市分为5个等级：一级城市有重庆、上海、北京，其结节性指数分别为78.84、65.28、60.96。二级城市有天津、郑州、西安、成都、武汉、南京、杭州、苏州、广州、深圳，其结节性指数值分布在26.75～55.05。三级城市有石家庄、合肥、长沙3个省会城市，唐山、无锡、盐城、南通、佛山5个沿海城市，以及保定、邯郸、菏泽、洛阳、南阳、周口、泰州、宁波8个城市，结节性指数分布在16.14～26.75。四级城市的结节性指数分布在11.25～16.14，共有25个城市。剩下的均为五级城市，共有76个。由此可以看出，直辖市结节性

指数最大（62.09），其次是副省级城市结节性指数（24.99），再次是省会城市结节性指数（14.12），最后是其他地级市结节性指数（5.51），因而城市结节性指数具有与行政级别关系密切的梯度特征。

以2018年各城市群内部城市作为辐射中心点，利用公式（6-1）对城市综合实力（即结节性指数）进行计算，然后将其结果以及城市群内各城市点与各经纬度点之间的距离代入公式（6-3），得到各城市对各经纬度点的场强辐射。将城市群内部的城市对各经纬度点的辐射场强按照公式（6-3）进行空间场强的叠加，最后汇总计算出各经纬度单元的辐射场强累加值，也就是各经纬度点受到城市群内部所有城市辐射的综合影响。运用Arcgis软件对上述计算结果进行可视化处理，并采用Arcgis中的Natural Breaks分级法将各城市群内所有经纬度点单元的辐射场强值进行分级显示，结果如图6-2至图6-8所示。

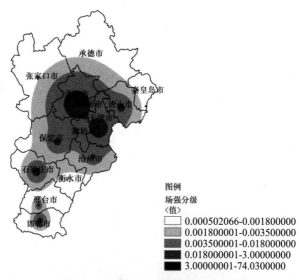

图6-2 2019年京津冀城市群辐射中心的单元辐射场强值

6.2.2 城市合并方式的行政区划扁平化设置范围识别

由图6-2至图6-8可以看出，各城市群内城市的辐射场强累加值与其自身的行政级别和城市综合实力有着密切的关系：

各个黑色区域均为场强辐射的中心。根据场强原理（场强大小自场强中心向外逐渐降低），黑色区域中心处场强值最大，向外缩小至边界处。中心处的辐射

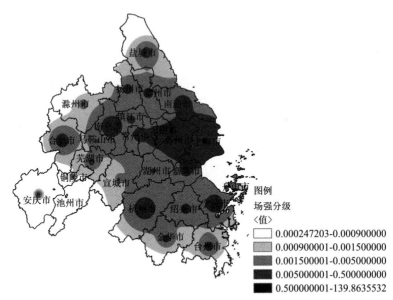

图6-3 2019年长三角城市群辐射中心的单元辐射场强值

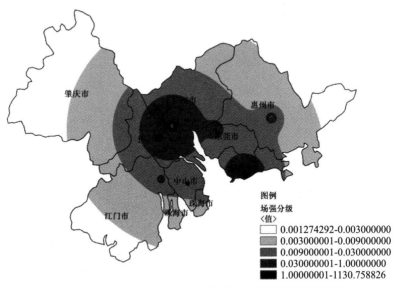

图6-4 2019年珠三角城市群辐射中心的单元辐射场强值

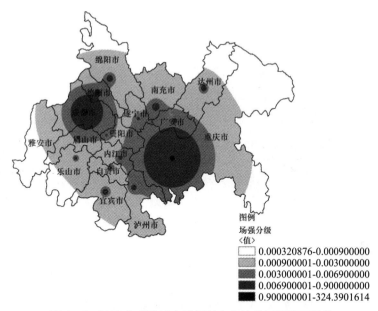

图 6-5　2019 年成渝城市群辐射中心的单元辐射场强值

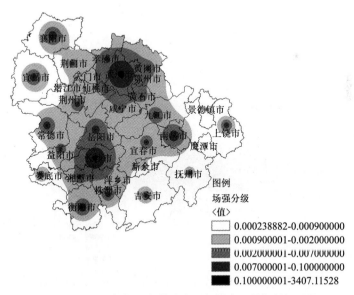

图 6-6　2019 年长江中游城市群辐射中心的辐射场强值

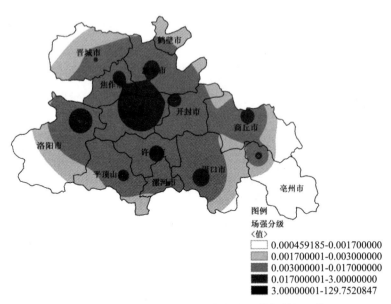

图 6 - 7 2019 年中原城市群辐射中心的辐射场强值

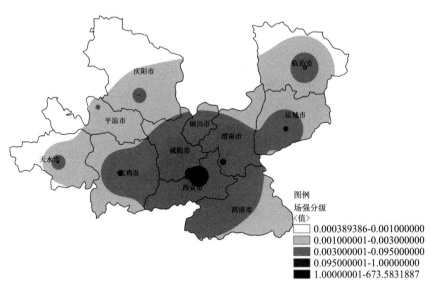

图 6 - 8 2019 年关中平原城市群辐射中心的单元辐射场强值

范围最强，一般为城市中心，区域面积越大表示该城市的辐射中心强度越大，对周边城市资源的吸引力度越大。同时可以看出，辐射中心强度较大的城市主要分布在国家九大中心城市（北京、天津、上海、重庆、成都、郑州、西安、武汉、广州），也就是图6-2至6-8中黑色区域较大的部分，说明上述九大国家中心城市作为辐射中心城市对周边城市资源吸引力最强。

辐射场强累加值处于深灰色范围内为区域溢出效应及辐射带动作用较强的区域，仅次于黑色区域的强度，这类区域包括一些辐射中心场强累加值处于中上城市的中心区域或由辐射中心场强极强（黑色区域）的城市场强由中心向外减弱形成的区域。对于后者这种情况，仍旧可以认为处于该范围的区域受形成这一场强区域的辐射中心的吸引力较大。

辐射场强累加值处于灰色范围内为区域溢出效应及辐射带动作用较强的区域，比深灰色区域的强度弱，这类区域包括一些辐射中心场强累加值处于中等城市的中心区域或由辐射中心场强极强（黑色区域）的城市场强由中心向外减弱形成的区域。对于后者这种情况，由于场强大小自场强中心向外逐渐降低，可以认为只有被灰色范围覆盖超过1/3的城市，才会受形成这一场强区域的辐射中心的较大吸引，若只受到灰色区域边界的影响，则不可以这样认为。

辐射场强累加值处于银灰区域范围内为区域溢出效应及辐射带动作用较弱的区域，比灰色区域的强度弱，这类区域包括一些辐射中心场强累加值偏低城市的中心区域或由辐射中心场强极强（黑色区域）的城市场强由中心向外减弱形成的区域。对于后者这种情况，可以认为对该区域产生影响的场强辐射中心对该区域城市资源的吸引力较弱。

辐射场强累加值处于白色区域范围内为区域溢出效应及辐射带动作用最弱的区域，比银灰区域的强度弱，这类区域包括一些辐射中心场强累加值极低城市的中心区域或由辐射中心场强极强（黑色区域）的城市场强由中心向外减弱形成的区域，对于后者这种情况，可以认为对该区域产生影响的场强辐射中心对该区域城市资源的吸引力极弱。

基于上述分析，同时结合场强原理以及城市发展的实际情况，本书认为，通过辐射场强模型，对可能需要城市合并的城市进行识别时，应同时满足以下几项原则：受影响的城市，其受辐射中心城市辐射的灰色区域及以上区域影响面积2/3以上；受影响的城市，其自身不具备形成场强辐射中心城市潜力（即自身场强没有以黑色区域为场强中心自城市中心向外扩散的现象）；两个辐射中心城市对二者共同周边城市均产生较强影响时，受影响城市优先并入经济社会发展较高、距离较近的辐射中心城市。

因此，根据图6-2至图6-8所示，并依据上述原则，初步识别出珠三角城市群、长三角城市群中没有满足城市合并要求的城市，京津冀城市群中"北京市—廊坊市广阳区"，成渝城市群中的"成都市—德阳市广汉市"，中原城市群中的"郑州市—焦作市武陟县"，长江中游城市群中的"武汉市—鄂州市华阳区"，关中平原城市群中的"西安市—咸阳市渭城区"满足城市合并的要求，如图6-9至图6-13所示。

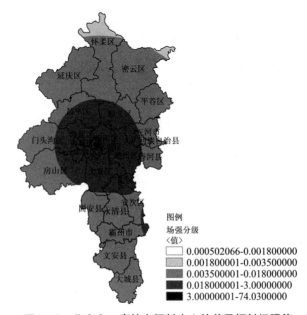

图6-9　北京市—廊坊市辐射中心的单元辐射场强值

除了长三角和珠三角城市群，其他城市群内每组城市的首位城市均为场强的辐射中心（国家中心城市）。需要注意的是，根据城市辐射场强值的区域溢出效应和辐射带动作用，仅仅可以识别出对周边城市资源具有强吸引力的城市。为进行行政区划扁平化设置，为优化资源配置效率的城市选取提供整体方向，还应考虑其他因素。若城市合并后人口密度、经济密度等指标未有明显提升甚至更低，那么城市合并可能并不能推动辐射中心城市所在区域的资源配置优化，因此，对于城市合并的行政区划扁平化设置，还应该在辐射场强范围识别的基础上，根据辐射中心城市以及受辐射影响较大的周边城市的实际发展状况，建立量化指标，对上述各组城市进行进一步筛选。

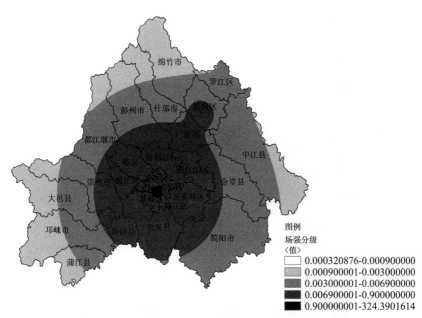

图 6 – 10 成都市—德阳市辐射中心的单元辐射场强值

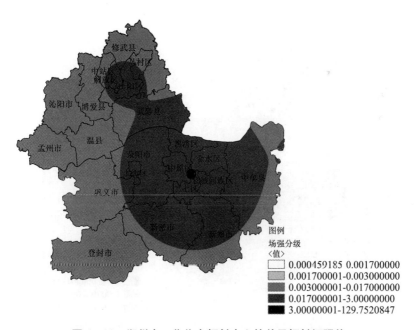

图 6 – 11 郑州市—焦作市辐射中心的单元辐射场强值

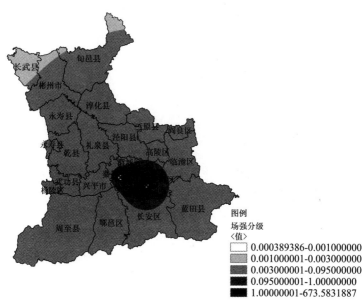

图 6 - 12　西安市—咸阳市辐射中心的单元辐射场强值

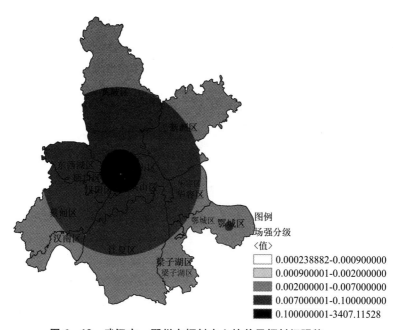

图 6 - 13　武汉市—鄂州市辐射中心的单元辐射场强值

本书借鉴黄金川（2016）提出的城市群界定与等级划分标准，拟订出在辐射场强范围识别的基础上判断被辐射城市是否可以并入辐射中心城市的标准，如表6-3所示。

表6-3 **城市合并空间范围量化识别标准**

城市合并情况	指标	单位	符合标准的取值范围
城市合并前	辐射中心城市人口数	万人	≥300
城市合并后	总人口数	万人	≥1200
	人口密度	人/平方千米	≥500
	经济密度	万元/平方千米	≥2500

根据表6-3中的量化识别标准，对前文中通过辐射场强模型识别出的各组城市进行进一步筛选，如表6-4所示。

表6-4 **辐射场强范围识别基础上的城市合并量化识别**

城市组	城市合并情况	指标	单位	数据	是否符合识别标准
北京市—廊坊市广阳区	城市合并前	辐射中心城市人口数	万人	2154	是
	城市合并后	总人口数	万人	2204	
		人口密度	人/平方千米	1314	
		经济密度	万元/平方千米	18342	
郑州市—焦作市武陟县	城市合并前	辐射中心城市人口数	万人	1035	是
	城市合并后	总人口数	万人	1087	
		人口密度	人/平方千米	1317	
		经济密度	万元/平方千米	13372	
成都市—德阳市广汉市	城市合并前	辐射中心城市人口数	万人	1633	是
	城市合并后	总人口数	万人	1656	
		人口密度	人/平方千米	1113	
		经济密度	万元/平方千米	10850	
武汉市—鄂州市华容区	城市合并前	辐射中心城市人口数	万人	1108	否
	城市合并后	总人口数	万人	1124	
		人口密度	人/平方千米	1262	
		经济密度	万元/平方千米	16810	

续表

城市组	城市合并情况	指标	单位	数据	是否符合识别标准
西安市—咸阳市渭城区	城市合并前	辐射中心城市人口数	万人	1000	否
	城市合并后	总人口数	万人	1021	
		人口密度	人/平方千米	996	
		经济密度	万元/平方千米	8512	

将表6-4中各项数值与表6-3进行对比后，可以看出通过进一步的量化标准筛选，得到可能需要进行城市合并的城市分别为"北京市—廊坊市广阳区""成都市—德阳市广汉市""郑州市—焦作市武陟县"，它们均满足城市合并的量化识别标准。

京津冀城市群中以北京市（国家中心城市）为场强辐射中心的城市合并空间范围，如图6-14所示。

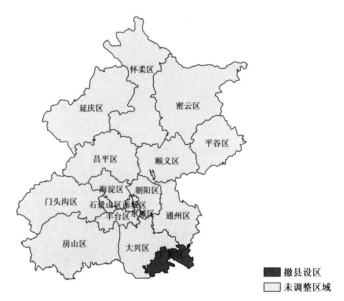

图6-14 以北京市为辐射中心的城市合并

北京市作为一个国际化的城市，不仅是我国的政治文化中心，也是京津冀地区发展的核心，同时还是全国公路、铁路枢纽，拥有全国最大的航空港，对周边的保定市、廊坊市、天津市等城市的辐射带动作用明显。北京市和天津市是环渤海经济圈内部的两个核心城市，它们之间的距离仅有 130 千米，但长时间以来，北京市和天津市两个城市各自为政，不仅在区域方面缺少分工协调，而且在产业结构方面也较为相似，互补性较弱。虽然两城市间的地域距离较近，但并没有促使其共同组成一个经济辐射中心，扩大对周边地区的辐射范围。近些年，天津市的经济开发区与滨海新区作为天津的发展重点，迅速发展起来；而北京市的北部地区发展较为迅速，南部的发展较为迟缓。廊坊市处于河北省的中部，并且位于北京市和天津市两个城市之间，到北京市和天津市的距离均较近，被称为"京津走廊上的明珠"，其中广阳区紧邻北京市，其独特的天然区位优势，使得其能够方便地分享北京市和天津市两个城市丰富的资源市场、资金、技术及人才等。可以发现，其受到北京市的辐射带动作用大，北京市和广阳区的总人口为 2204 万人，人口密度为 1314 人/平方千米，经济密度为 18342 万元/平方千米，已经达到前文提出的进一步判断标准，因而设想可以通过调整广阳区的行政区划，撤销广阳区，将其所辖区域划归北京直辖市管辖。在京津冀一体化的大背景下，广阳区将在各个领域与北京市产业进行对接，能够主动承接北京市优势产业的规模扩张和区域辐射。北京市是我国首都，由于其地区范围的限制，城市内部资源压力不断上升，撤销广阳区，将其所辖区域划归北京市管辖，可以通过突破地区范围的限制来缓解北京市的发展压力，引导北京市的物质流、人流、信息流和技术流从北京市向广阳区乃至廊坊市周边渗透和扩散，能够辐射带动廊坊经济的发展和产业的变化，从而进一步扩大北京对周边城市的辐射带动作用。

中原城市群中以郑州市（国家中心城市）为场强辐射中心的城市合并空间范围，如图 6-15 所示。

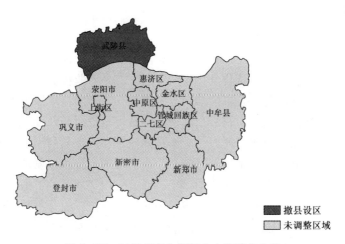

图 6-15　以郑州市为辐射中心的城市合并

    郑州市是河南的省会城市，在区位交通、政策、专业服务、人力资源资本、市场、产业基础以及文化方面具有一定的优势，对周围地区（焦作市、新乡市、许昌市、开封市）具有较强的辐射带动效果。郑州市处于我国的中部地区，不仅是中原城市群内部的核心城市，还有着承东启西和连南接北的独特地理优势，并且它还是国家"两横三纵"的新型城镇化战略格局中京广和京哈通道与陆桥通道间的交汇处。郑州市是中原经济区的核心城市与核心增长极，因而，建设和发展郑州市至关重要，也是辐射带动中原经济区发展、促进我国宏观区域经济发展的必然选择。焦作市是通过煤发展而起的，主要以重化工业为主，是比较典型的资源枯竭型城市，但经过 20 世纪末的"绿色主题"转型后，焦作市得到快速的发展，进而成为河南省除了郑州市和洛阳市之外的"中原第三城"。焦作市作为中原经济区区域中心城市，增速为全省第一位，其中武陟县 GDP 居焦作市下辖各县市的第一位，武陟县拥有河南省优秀产业集聚区、省级二星级产业集聚区、省级经济技术开发区。武陟县与郑州市仅有一条河相隔，同时也是中原城市群发展中较为重要的城市，因此，可以围绕以郑州市为国家中心城市的战略，加快对郑州市和武陟县融合发展的速度，补齐短板、提升功能，促进区域协调发展。长期以来，郑州市作为河南的省会城市，其经济的首位度较低，对高端要素资源的集聚能力不强，因而对周边地区的辐射带动能力不足，没有充分发挥一个省会城市对区域发展的辐射带动作用。根据前文在辐射场强基础上提出的进一步判断标准，郑州市与武陟县的总人口超过 1200 万人，人口密度为 1317 人/平方千米，经济密度为 13372 万元/平方千米，因而可以调整武陟县的行政区划，撤销武陟县，将其所辖区域划归郑州市管辖，如图 6-15 所示。武陟县可以从以下两个方面与郑州市融合发展，增强郑州的综合经济实力，辐射带动中原地区整体的发展。一是区位交通。我国唯一一个把交通物流作为战略特色的自贸区是河南自贸区，武陟县要根据自身和郑州市仅有一河相隔的自然地理优势与错位发展的战略地位，来进一步促进要素、货物及货物的互通。二是产业优势。郑州市与武陟县在产业结构上有重叠的部分，当前郑州市的产业开始转向高端服务业方向，制造业相关产业链开始向周围城市转移，其中武陟县就是重要的产业承接地，这是武陟县进一步发展的重要良机。所以，应推进郑州市和武陟县的产业互通互融，最大化乘积效应，使其助力经济转型升级。一个区域的经济快速发展，是核心城市与其他发展较好大城市发挥龙头带动作用，通过对周边地区的扩散效应和极化效应共同影响的结果。郑州市是中原经济区中的核心城市，通过推动郑州市国家中心城市的建设，有利于加快中原经济区的发展速度。同时，中原经济区位于我国的中心地带，交通很发达，在市场方面也具有巨大的潜力，并且在我国的发展大局中也有着重要战略地位。因而，设想通过将焦作市武陟县规划郑州市管辖，对郑州市提升综合经济实力具有积极的影响，也有利于中原经济区产业高地和创新高地的形成，从而可以进一步加快和支撑我国中部地区的崛起。

成渝城市群中以成都市（国家中心城市）为辐射中心的城市合并，如图 6 - 16 所示。

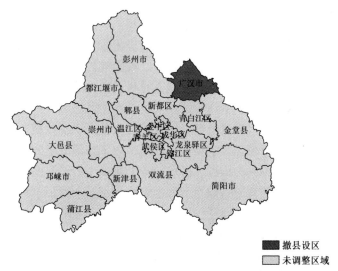

图 6 - 16　以成都市为辐射中心的城市合并

成都市是四川的省会城市，是我国历史文化名城，也是我国重要的高新技术产业基地、综合交通枢纽及商贸物流中心，在西部地区占据着十分重要的地位。要不断通过增强城市功能，来提高成都市对西南地区的辐射带动力，逐渐把成都市建设成为经济繁荣、社会和谐、生态良好、特色鲜明、城乡融合的现代化城市，进而推动区域经济的协调发展。成都市与德阳市在地缘方面相近，在历史方面相互传承，在文化方面有相同的源头，在同城化发展方面有着良好的基础条件。其中，广汉市与成都市的距离较近，仅有 23 千米，是距离成都最近的县级市，再根据前文在辐射场强基础上提出的进一步判断标准，成都市与广汉市的总人口超过了 1200 万人，人口密度为 1113 人/平方千米，经济密度为 10850 万元/平方千米，因而可以撤销广汉市，将其所辖区域划归成都市管辖，如图 6 - 17 所示。成都市和广汉市两地是四川高速最多、铁路线最密，通道最畅的区域；成都市和广汉市间的经济互补性也较强，两地不仅有支柱产业、优势产业和未来产业间的产业互补，也存在一定的产业内竞争，因此，调整成都市和广汉市的行政区划，有利于缩短两地间的时空距离，也为壮大成都地区的发展提供了强有力的支撑，对成都市扩大对周边地区的辐射带动范围具有积极的影响。

6.2.3 撤县设区范围识别

同样，由图 6-2 至图 6-8 可以看出，虽然不是所有城市均有较强的场强辐射范围溢出城市，对周边城市产生影响，但是相当一部分城市也形成了场强辐射中心，只是辐射范围较小，高值场强区域没有溢出城市边界，虽未对周边城市产生较强影响，但其内部城市中心对其所辖区、县影响较大，因此，认为这类城市内部资源配置可能需要优化，可以通过撤县设区优化城市中心结构。

其中，与城市合并范围识别讨论的不同之处在于，城市合并范围识别是在辐射中心城市场强溢出的前提下进行的，而撤县设区范围识别以城市中心的辐射带动作用对所辖区、县产生较强影响为前提，城市内部资源配置效率应该比城市与城市之间的资源配置效率高，因此，各城市群的城市中心对自身所辖区、县的辐射场强应该比其他城市对其周边城市的辐射场强起点高。所以，对于撤县设区范围识别，认为辐射场强处于银灰色的区域属于辐射带动作用较差的区域。基于此，认为一个城市只有内部场强值达到黑色和深灰色的扩散区域，才可能需要进行撤县设区的行政区划调整，据此识别出的城市有京津冀城市群中的北京、天津、石家庄、唐山、邯郸、邢台、保定、张家口、沧州、廊坊、衡水；长三角城市群中的上海、南京、无锡、常州、苏州、南通、盐城、扬州、镇江、泰州、杭州、宁波、嘉兴、湖州、绍兴、金华、台州、合肥、芜湖、马鞍山、铜陵、安庆、滁州、池州、宣城；珠三角城市群中的广州、深圳、佛山、江门、中山、东莞、惠州；成渝城市群中的重庆、成都、自贡、泸州、德阳、绵阳、遂宁、内江、乐山、南充、眉山、广安、达州、资阳、宜宾；长江中游城市群的南昌、萍乡、九江、新余、吉安、宜春、抚州、上饶、武汉、黄石、宜昌、襄阳、鄂州、荆门、孝感、荆州、黄冈、咸宁、长沙、株洲、湘潭、衡阳、岳阳、常德、益阳、娄底，中原城市群的郑州、开封、洛阳、平顶山、新乡、焦作、许昌、漯河、商丘、周口、晋城、亳州，关中平原城市群中的运城、临汾、西安、宝鸡、咸阳、渭南、商洛、天水、平凉、庆阳。

选出可能需要调整行政区划，进行撤县设区的县。类似城市合并，依据辐射场强对需要进行撤县设区的县进行识别应遵循的原则为：受影响的县，其受城市中心辐射影响的深灰色区域及以上区域面积至少 1/3；受影响的县，其自身不具备形成场强辐射中心的潜力（即自身场强没有以深灰色或灰色为中心向外扩散的现象）。

基于上述两项原则，识别出需要进行撤县设区调整的县分别为石家庄市的正定县、成都市的新津县、长沙市的长沙县、洛阳市的孟津县、周口市的商水县、合肥市的肥西县，西安市的蓝田县。

为了能更加直观地反映出以上撤县设区范围识别的过程，分别将上述各城市辐射中心的单元辐射场强值，运用 Arcgis 软件进行具体可视化分析，如图 6 – 17 至 6 – 21 所示。

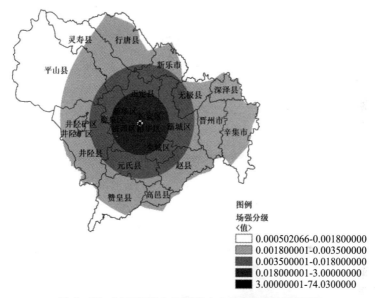

图 6 – 17　以石家庄市为辐射中心的单元辐射场强值

对京津冀中的石家庄市正定县进行识别，如图 6 – 17 所示。可以看出，石家庄市的场强以其城市中心最主要的四个区（新华区、长安区、桥西区、裕华区）为辐射中心向四周扩散，场强累加值在深灰色的区域对鹿泉区、栾城区、藁城区以及正定县的覆盖面积较大，因此，石家庄市对上述几个区域的辐射带动作用较强，城市资源吸引力较大。其中，只有正定县的行政区划为县，根据前文基于场强模型提出的撤县设区识别原则，正定县受石家庄城市中心辐射的深灰色区域及黑色区域影响面积超过 1/3，并且其自身不具备形成场强辐射中心的潜力。因此，可以初步判断正定县需要进行撤县设区调整。

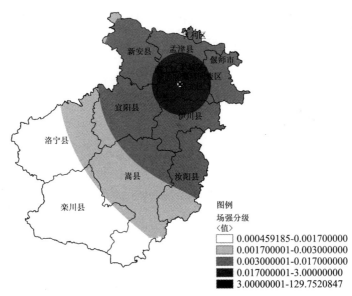

图 6 – 18　以洛阳市为辐射中心的单元辐射场强值

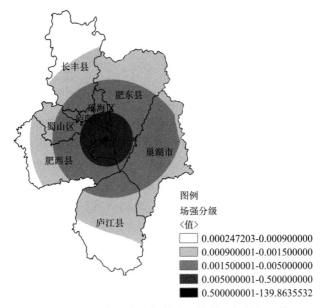

图 6 – 19　以合肥市为辐射中心的单元辐射场强值

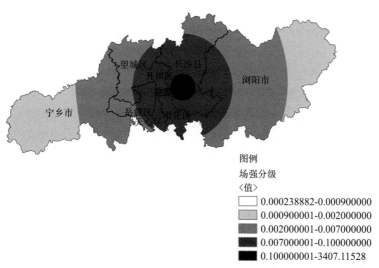

图例
场强分级
〈值〉

	0.000238882-0.000900000
	0.000900001-0.002000000
	0.002000001-0.007000000
	0.007000001-0.100000000
	0.100000001-3407.11528

图 6-20 以长沙市为辐射中心的单元辐射场强值

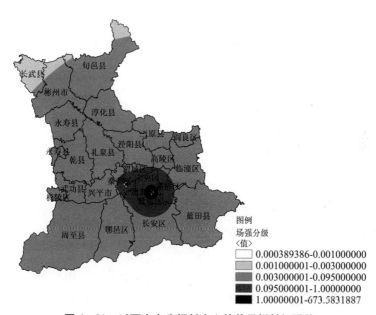

图例
场强分级
〈值〉

	0.000389386-0.001000000
	0.001000001-0.003000000
	0.003000001-0.095000000
	0.095000001-1.00000000
	1.00000001-673.5831887

图 6-21 以西安市为辐射中心的单元辐射场强值

对中原城市群中洛阳市的孟津县和伊川县进行识别，如图 6-18 所示。可以看出，洛阳市的场强以其城市中心最主要的五个区（西工区、涧西区、老城区、瀍河回族区、洛龙区）为辐射中心向四周扩散，并且场强辐射中心范围较小，说明洛阳市城市中心对其所辖区、县的辐射带动作用整体偏小，其中，场强累加值在深灰色的区域对伊川县和孟津县的覆盖面积较大，因此，洛阳市对上述几个区域的辐射带动作用较强，城市资源吸引力较大。其中，孟津县和伊川县的行政区划为县，根据前文基于场强模型提出的撤县设区识别原则，孟津县和伊川县受洛阳城市中心辐射的深灰色区域及黑色区域影响面积超过 1/3，并且其自身不具备形成场强辐射中心的潜力。因此，可以初步判断孟津县和伊川县需要进行撤县设区调整。

对长三角城市群中的合肥市肥西县进行识别，如图 6-19 所示。可以看出，合肥市的场强以其城市中心最主要的两个区（庐阳区、蜀山区）为辐射中心向四周扩散，并且场强辐射中心范围较小，说明合肥市城市中心对其所辖区、县的辐射带动作用整体偏小。其中，场强累加值在深灰色的区域对包河区、瑶海区以及肥西县的覆盖面积较大，因此，合肥市对上述几个区域的辐射带动作用较强，城市资源吸引力较大。其中，肥西县的行政区划为县，根据前文基于场强模型提出的撤县设区识别原则，肥西县受合肥城市中心辐射的深灰色区域及黑色区域影响面积超过 1/3，并且其自身不具备形成场强辐射中心的潜力。因此，可以初步判断肥西县需进行撤县设区调整。

对长江中游城市群中长沙市的长沙县进行识别，如图 6-20 所示。可以看出，长沙市的场强以其城市中心最主要的六个区（岳麓区、芙蓉区、天心区、开福区、雨花区、望城区）为辐射中心向四周扩散，其中，场强累加值在深灰色的区域对长沙县的覆盖面积较大，因此，长沙市城市中心对上述区域的辐射带动作用较强，城市资源吸引力较大。其中，长沙的行政区划为县，根据前文基于场强模型提出的撤县设区识别原则，长沙县受成都城市中心辐射的深灰色区域及黑色区域影响面积超过 1/3，并且其自身不具备形成场强辐射中心的潜力。因此，可以初步判断长沙县需进行撤县设区调整。

对关中平原城市群中的西安市蓝田县识别，如图 6-21 所示。可以看出，西安市的场强以其城市中心最主要的 11 个区为辐射中心向四周扩散，其中，场强累加值在深灰色的区域对蓝田县的覆盖面积较大，因此，西安市对上述区域的辐射带动作用较强，城市资源吸引力较大。其中，蓝田县的行政区划为县，根据前文基于场强模型提出的撤县设区识别原则，蓝田县受西安市城市中心辐射的深灰色区及黑色区域影响面积超过 1/3，并且其自身不具备形成场强辐射中心的潜力。因此，可以初步判断蓝田县需进行撤县设区的调整。

综上所述，初步识别出需要进行撤县设区调整的县分别为石家庄市的正定县、合肥市的肥西县、洛阳市的孟津县和伊川县、长沙市的长沙县、西安市的蓝田县。

与城市合并同理，在辐射场强范围识别的基础上，撤县设区也是有条件的，本书借鉴李金龙（2016）提出的撤县设区科学规范标准拟订出在辐射场强范围识别基础上判断受城市中心辐射影响较大的县是否可以撤县设区的量化识别标准，如表6-5所示。

表 6-5 撤县设区空间范围量化识别标准

指标	符合识别标准的取值范围
该县非农产值/该县 GDP	大于等于 75%
该县人口总数	大于等于 50 万人（该县所属城市城区人口数≥300 万时）
	大于等于 40 万人（100 万≤该县所属城市城区人口数≤300 万时）
	大于等于 30 万人（该县所属城市城区人口数≤100 万时）

根据表6-5中的量化识别标准对前文中通过辐射场强模型识别出的各县进行更进一步的筛选，如表6-6所示。

表 6-6 辐射场强范围识别基础上的撤县设区量化识别

县名	非农产值/GDP（%）	所属城市城区人口数（万人）	该县人口总数（万人）	是否符合识别标准
正定县	89	427	57	是
肥西县	93	291	79	是
孟津县	92	196	47	是
伊川县	93	209	85	是
长沙县	96	364	28	否
蓝田县	81	821	66	是

将表6-6与表6-5进行对比后可以看出，通过进一步的量化标准筛选，得到可能需要进行撤县设区的县分别为正定县、肥西县、孟津县、伊川县以及蓝田县，长沙县未满足撤县设区的量化识别标准。具体来看，撤县设区不仅仅是行政

区划的简单变化，更是一个地区的经济发展到一定阶段的必然结果。可通过撤销原有的行政区划，来消除约束经济发展的相关行政障碍，促进行政区划调整后的中心城市发展。一方面，空间增大促使中心城市进一步发展，对城市群经济的影响加大；另一方面，新城市的土地升值，方便了土地交换，积极影响产业空间结构。行政区划调整后，城市可以统一规划建设工业园或者开发区集中承接相关产业，公共基础设施共建共享，进一步优化资源配置。通过合理调控大中城市的市区行政区划，城市化水平得以提高，经济发展更加迅速。

石家庄市正定县的撤县设区空间范围如图 6 - 22 所示。正定县位于华北平原西部，河北省西南部，南依石家庄市，东邻藁城区，北靠新乐市，西北接行唐县、灵寿县，西接鹿泉区。正定县区位优越，交通便利，境内铁路、公路、机场、高速一应俱全，石家庄市国际机场就坐落在正定境内，特别是随着京石高铁的开通、正定机场高铁站的设立，正定已经完全融入"京津冀一小时经济圈"。正定先后荣获中国"书法之乡"、全国文化先进县、全国生态示范县、全国粮食生产先进县、全国电子商务进农村综合示范县、全国科技进步先进县、全国文明县城等国家级荣誉称号，11 次被列入中国最具投资潜力中小城市百强。通过调整行政区划，将正定县撤县设区，可以适时地推进城市的增量扩容，科学合理地促进各类增量和存量要素资源的优化配置；通过将正定县进行撤县设区的行政区划调整，做大做强第二产业，快速提升第三产业，打造出一个创新创业创造性的

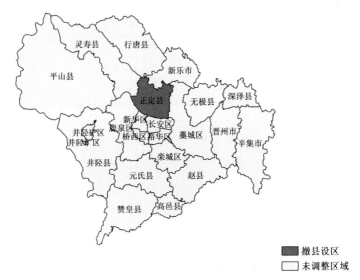

图 6 - 22　基于辐射扩散测度的石家庄撤县设区分布

区域，大大扩张了中心城区的经济体量，实现产业在更大范围内的结构调整和合理重组，有利于提高产业集聚效应、重组效应和溢出效应，提高企业产出效率，从而大幅度增强城市的集聚辐射带动能力。

合肥市肥西县的撤县设区空间范围如图6-23所示。合肥市作为长三角城市群副中心建设和打造具有国际影响力的创新之都，GDP"准万亿"城市，其内部目前只有四个区且面积不大，在同等级的省会城市中，市辖区数量和面积都是最小的，不符合其长三角城市群副中心的定位。因而合肥市需要增设区，才能与城市的定位相匹配，符合大湖名城创新高地定位，符合城市发展的需求。肥西县处于合肥市南部，东连蜀山区，隔巢湖与巢湖市相望，西与六安市接壤，南与舒城县、庐江县相邻，北抵寿县、长丰县，曾入选2018年度全国县域经济综合竞争力100强。通过将肥西县进行撤县设区的行政区划调整，不仅可以扩大合肥市主城区的范围，还可以增强其对周边城市的辐射带动，有利于产业结构布局的调整，促进城市经济的可持续发展。

图6-23 基于辐射扩散测度合肥的撤县设区分布

洛阳市孟津县和伊川县的撤县设区空间范围如图6-24所示。孟津县位于洛阳市北部，距离洛阳市市区仅有10千米，东连偃师市和巩义市，西邻新安县，北与吉利区相接，交通较为便利，黄河孟津段有5座铁路，陇海铁路纵贯孟津县全境，而且孟津县2014年获得"河南省级生态县"称号。伊川县位于河南省，向北靠近洛龙区，向南与嵩县一衣带水，向西与宜阳县接壤，伊川县区位优越，交通便利，县城距离古都洛阳仅有 29 千米，其内部有宁洛（二广）高速公路、洛栾高速、洛伊快速通道及洛阳西南环高速公路、郑少洛高速公路以及纵横交错的县乡公路交汇形成四通八达的交通网络。但从实际角度出发，洛阳市整体的容量较小，能级相对较低，孟津县缺少较为独立的经济文化中心，它们的经济发展不强，多以农村与集镇为主体部分，空间格局分布方面也较为散乱，严重制约了集聚辐射带动能力的释放和发挥。通过调整行政区划，将孟津县和伊川县设区，可以推进城市的增量扩容，科学合理地促进各类增量和存量要素资源的优化配置；通过提高城市建设和发展的质量，可以放大城市规模效应和运行效能，增大对周边地区的辐射带动作用，拉大城市框架，也有利于洛阳对周边地区的辐射带动作用，进而提高城市的综合实力和竞争力。

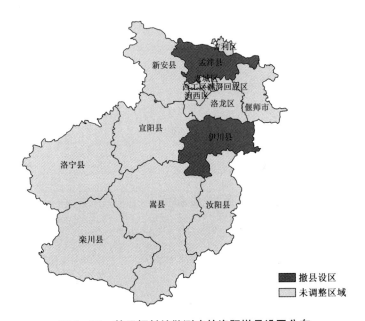

图 6-24　基于辐射扩散测度的洛阳撤县设区分布

西安市蓝田县的撤县设区空间范围如图 6-25 所示。蓝田县隶属于陕西省西安市，是陕西省历史文化名城，也是关中通往东南诸省的要道，位于秦岭北麓，关中平原东南部，东南以秦岭为界，与商洛市洛南县、商州区、柞水县相接；西以库峪河为界，与长安区、灞桥区毗邻；北以骊山为界，与临潼区、渭南市临渭区、华州区接壤。通过调整行政区划，将蓝田县撤县设区，可以推进城市的增量扩容,科学合理地促进各类增量和存量要素资源的优化配置;通过提高城市建设质量与发展品位,可以放大城市的规模影响与运行的效率,增大对周边地区的辐射带动作用,拉大城市框架,也有利于西安对周边地区的辐射带动作用,进而提高城市的综合实力和竞争力。将蓝田县辖区内土地等资源与西安主城区统筹规划,扩大城区规模,突破重要瓶颈,可以为发展蓝田县经济社会和建设大西安奠定基础;也可以针对贫困和移民地区建设相关产业园,做好扶助贫困的措施,用经济发展带动脱贫。还可以建设以书香为特色的蓝田县,强化蓝田县的文化符号。撤县设区后,政府将会有更多的工业、商业用地指标,势必会吸引县域以外资金建厂,建设各种工业园区。同时,城市的第三产业也将随之加速发展起来,这些都会给当地群众创造更多更好的就业机会。

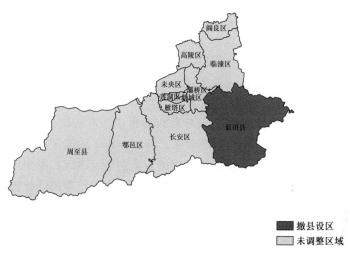

图 6-25 基于辐射扩散测度西安市的撤县设区分布

6.3 研究发现与政策含义

6.3.1 研究发现

通过构建场强模型,对中心城市和城市群的行政区划空间范围进行识别,并从场能模型出发，分别计算了城市群内各城市的结节性指数和经纬点到城市的空间距离，得到了各经纬点的场强叠加值。通过 Arcgis 软件中的自然断裂点分级法将各场强值进行分级显示，再结合各城市的发展现状，进一步识别出需要进行行政区划调整的城市，研究发现以下特征：

第一，随着城市经济发展的迅速扩张，有限的城市空间限制和阻碍了城市的发展，可以调整廊坊市广阳区的行政区划，将其所辖区域划归北京市管辖，通过突破地区范围的限制来缓解首都城市的压力，引导北京市的资源、人才、信息和技术从北京市向廊坊市周边渗透和扩散，从而进一步辐射带动周边城市经济和产业的发展；可以撤销武陟县，将其所辖区域划归郑州市管辖，来增强郑州对高端资源的集聚能力，这对郑州提升综合经济实力具有积极的影响，也有利于中原经济区产业高地和创新高地的形成，从而进一步加快和支撑我国中部地区的崛起；可以调整广汉市的行政区划，撤销广汉市，将其所辖区域划归成都市管辖，有利于缩短两地间的时空距离，也为加速成都地区的发展提供了强有力的支撑，对成都市辐射带动周边地区发展具有积极影响。

第二，撤县设区不仅仅是行政区划的简单变化，更是一个地区的经济发展到一定阶段的必然结果。通过将正定县撤销改设为正定区，扩张中心城区的经济体量，实现产业在更大范围内的结构调整和合理重组，有利于提高产业集聚效应、重组效应和溢出效应，提高企业产出效率，从而大幅度增强城市的集聚辐射带动能力；将洛阳市孟津县和伊川县撤销，改设为洛阳市孟津区和伊川区，可以推进城市的增量扩容，科学合理地促进各类增量和存量要素资源的优化配置，提高城市建设和发展质量，放大城市规模效应和运行效率，增大对周边地区的辐射带动作用，进而提高城市的综合实力和竞争力；将肥西县撤销，改设为肥西区，可以扩大主城区的范围，增强对周围城市的辐射作用，调整产业空间结构，促进城市经济的可持续发展；将蓝田县撤销，改设为蓝田区，可以扩大主城区的范围，促进建设大西安的经济可持续发展。通过撤销原有行政区划的调整方式，消除约束经济发展的相关行政障碍，可以提高行政区划调整后中心城市的发展。

6.3.2　讨论

第一，行政区划同区域经济发展之间是存在一定内在联系的，行政区划的调整会对区域经济的发展产生较为直接的影响，当原来的行政区划和管理体制制约并阻碍了城市的发展时，可以通过调整城市行政区划范围来扩张城市的空间，促使管辖范围扩大，从法律上赋予政府在空间上延伸的发展权力，为城市跨越式发展提供空间支撑。因此，通过撤销广汉市，将其所辖区域划归成都市管辖，成都市将成为成渝城市群更具有辐射带动能力的核心城市。优化调整产业结构可以促进成都市的整合，建设一些高端产业的集聚区可以推动省级开发区的转换，积极整合成都市和广汉市的要素资源可以加快推进新动能与旧动能之间的转换。当经济和生产力水平发展到一定程度后，客观上要求带动区域经济整合，适当、合理的区域经济整合有利于资源的优化配置和经济流要素的通畅流动，有利于政府有效组织经济活动及合理布局产业。因此，通过撤销焦作市，将其所辖区域划归郑州市管辖，有利于明确地区在大范围区域中的职能与定位，整合地区的发展优势，从而为化解地区之间的利益冲突创造条件。中心城市的经济辐射范围和联系方向在一定程度上影响着行政区范围的划分。根据新经济地理学理论，经济集聚存在"中心—外围"的空间分布，中心城市随着人口和企业的集聚，企业迁移到外围地区，形成溢出效应，通过行政区划范围调整，能够发挥更大的区位优势。行政区划调整是实现区域经济整合的有效途径之一。行政区划范围过大，会造成"小马拉大车"的局面；范围过小，则会严重阻碍中心城市作用的发挥及整个区域的经济发展。当前，行政区划的一个突出特征是省区的地盘过大，而直辖市的地盘过小，这种行政区划的格局对特大城市辐射带动作用的发挥是不利的，对城市"极"的迅速扩展也是不利的。为适应未来大都市区的发展趋势，应调整行政区划格局，给大城市更广阔的地盘，使其行政管辖范围与经济辐射范围基本一致。因此，通过合并广阳区，将其所辖区域划归北京市管辖区域，缓解来自非首都功能的压力，有利于城市空间形态的转变与大范围区域合作的发展。通过对行政区划进行合理的调整，可以扩大经济的发展空间，促使产业结构布局更加合理化，从而加快城市化的进程，在有效提高政府办事效率的前提下降低政府运行成本和减轻财政负担。

第二，行政区划扁平化作为行政区划调整的一种模式，对城市群和中心城市的进一步发展具有重要的意义。行政区划设置扁平化主要有撤县设区和城市合并这两种方式，它们一方面可以提高被撤行政单位的经济实力，使其获得基建、规划和政策等方面的支持，也可以增加固定资产的投资和财政的收入，增强该地区经济的聚集和辐射作用，从而进一步增加中心城市的就业机会，刺激城市居民的消费，进而加大推动经济发展的力度；另一方面拓展了中心城市的发展空间，激发了周边城市的发展活力。基于上述分析，结合前文结论可知，撤销孟津县和伊川县，改设为孟津区和伊川区，是拓展洛阳市的空间发展，激发洛阳市经济发展活力的有效手段。城市内部优化调整产业结构，扩大了中心城市的经济规模，提高了人口集聚水平，进而使得城市内部一体化水平与经济社会的整体发展水平得到提高。撤销肥西县，改设为肥西区，可以加大合肥市的资源整合力度，推进经济、社会、人口、环境和资源可持续发展，进一步拓展城市的发展空间，加快对省会城市的现代化建设，符合全国主体功能区和长三角城市群的发展规划。撤销正定县，改设为正定区，可以更好地推动石家庄市产业结构的优化和调整，进一步增强省会城市的辐射带动能力，凝聚新动力、激发新活力，加快石家庄市经济社会的全面发展。撤销蓝田县，改设蓝田区，可以扩大西安市主城区的范围，增强对周围城市的辐射带动作用，有利于产业结构布局的调整，促进城市经济的可持续发展。

6.3.3 政策含义

通过对中心城市与城市群的辐射场强测算，全面了解城市关联状态，为城市群行政区划调整范围界定提供了实证证据。以中心城市为核心的城市群行政区划设置扁平化要打破城市壁垒，提高中心城市的经济聚集能力，通过中心城市空间扩张扩大其影响力，形成以中心城市为核心的都市圈。

第一，以中心城市为核心的城市群行政区划设置扁平化要明确中心城市的辐射作用范围。本书对城市群场强强度进行分析时，发现城市群城市规划存在不科学的问题，强联系的城市间属于不同行政区。应该遵循发展规律，全面合理地进行城市群规划，通过城市群整体规划，优化城市群发展战略，对以中心城市为核心的城市群进行行政区划调整，推动城市群资源要素的合理流动，进而实现不同类型城市的跨越式发展。

第二，以中心城市为核心的城市群行政区划设置扁平化要合理扩张城市行政区划。本书对中心城市和城市群内大中小城市（镇）的关系进行分析时，发现城市群内和城市群之间的辐射能力存在差异。应当在进行西部大开发、东北振兴、中部崛起的发展过程中，根据各区域的城市群和各城市群内城市的情况，进行不同的行政区划调整政策，向战略地区政策倾斜，明确城市功能地位，加强城市群协调合作，缩小城市发展差距，优化城市群格局。

第 7 章

中心城市行政区划调整对区域
发展影响的态势研判

7.1 研究目的与方法

7.1.1 研究目的

中国仍处于快速城市化进程中，而以行政区分割为特征的"行政区经济"和部分地区不适宜的行政区划造成的行政壁垒，阻碍了区域一体化发展。行政区划作为一种"资源"，行政区划调整也会改变涉及地区的政区位势，从而影响区域经济的发展活力与竞争力。通过构建政区位势测度模型，对以中心城市为核心的城市群行政区划设置扁平化进行"态势研判"，可以全面分析中心城市行政区划调整对区域发展影响的态势，获取行政区划扩张范围内的城市区域发展态势。

7.1.2 测定方法

通过借鉴"位势"概念，将其应用到城市行政区划调整的研究中，王开泳等人比较清晰地解释了政区位势理论。政区位势是指某地区在区域行政区划中的位置及其在区域中的发展势头，调整行政区划设置会使该地区的政区位势发生变化，影响该区域的经济态势。因此，本书用政区位势研究中心城市行政区划调整对区域发展的影响。行政区划扁平化使中心城市和其他城市的政区关系发生变化，行政区划的变化也会使中心城市和被调整县（市）的政区位势发生变化，这样的变化影响了中心城市和被调整县（市）在城市群中管理生产资源的权力，适当调整区域行政区划可以提高区域的政区位势。

政区势能（Q）和政区位能（S）是从横纵向两个方面来测量地区政区位势，Q 用地区行政等级和管理体制的竞争力来解释，S 用地区分配和协调生产要素的能力来解释。本书参考物理学的研究方式，得出某地区的政区位势公式，即：

$$PT_t = \prod_{i,j=1}^{n} \left(Q_{it}^{w_i} \times S_{jt}^{w_j} \right) \tag{7-1}$$

参考王开泳等人的研究，化简后的区域政区位势测算公式为：

$$PT_t = \prod_{i=1}^{n} \left(\frac{x_{it} P_{bt}}{y_{it} P_{at}} \right)^{w_i} \tag{7-2}$$

其中，PT_t 表示行政区 A 第 t 年的位势；P_{bt} 和 P_{at} 分别表示行政区 B 和 A 在第 t 年的人口数量规模；x_{it}、y_{it} 表示行政区 A 和 B 位势中任何一个构成因素 i 的数值。一个地方的 GDP 增长速度在一定程度上代表了该地区的经济发展程度，用人均 GDP 占比来表示区域经济发展成就，提高政区位势有利于区域经济发展。城市政区位势受到政府对土地、人力、财政和行政管理的权力大小的影响，具体来说，即地方城市的建成区用地面积、在高等大学的人数、固定资产投资、政府财政支出、行政管理人数的占比，都影响着城市经济发展。为排除地区人口和经济规模对政区位势的影响，构建政区位势构成指标的度量公式，如表 7-1 所示。

表 7-1　　　　　　　　　政区位势构成指标的度量公式

维度	指标	衡量方法	公式中变量的含义
因变量	人均 GDP 占比（AGP）	$AGP_t = \dfrac{GDP_t / POP_t}{TGDP_t / TPOP_t}$	GDP_t 为第 t 年地方生产总值；$TGDP_t$ 为第 t 年全国生产总值；POP_t 为地方第 t 年常住人口数；$TPOP_t$ 为全国第 t 年常住人口数
S	建设用地管辖面积占比（LP）	$LP_t = \dfrac{BA_t / POP_t}{TBA_t / TPOP_t} \times \left(1 - \dfrac{GDP_t}{TGDP_t} \right)$	BA_t 为表示地方行政区第 t 年城市市辖区建成区面积；TBA_t 为第 t 年全国城市市辖区建成区面积

维度	指标	衡量方法	公式中变量的含义
S	人力资本占比（HCP）	$HCP_t = \dfrac{CS_t/POP_t \times 10000}{TCS_t/TPOP_t \times 10000} \times \left(1 - \dfrac{GDP_t}{TGDP_t}\right)$	CS_t 为地方第 t 年高等学校在校学生数；TCS_t 为第 t 年高等学校在校学生数
	固定资产投资占比（FTP）	$FTP_t = \dfrac{FS_t/POP_t}{TFS_t/TPOP_t} \times \left(1 - \dfrac{GDP_t}{TGDP_t}\right)$	FS_t 为地方第 t 年固定资产投资额；TFS_t 为全国第 t 年固定资产投资额
Q	政区财政分权度（FD）	$FD_t = \dfrac{FS_t/POP_t}{FS_t/POP_t + CGFS_t/TPOP_t} \times \left(1 - \dfrac{GDP_t}{TGDP_t}\right)$	FS_t 为第 t 年地方财政支出；$CGFS_t$ 为第 t 年中央财政支出；GDP_t 为第 t 年地方生产总值；$TGDP_t$ 为第 t 年全国生产总值
	地方行政管理分权度（AD）	$AD_t = \dfrac{PS_t/POP_t \times 10000}{TPS_t/TPOP_t \times 10000} \times \left(1 - \dfrac{GDP_t}{TGDP_t}\right)$	PS_t 为地方第 t 年公共管理和社会组织人数；TPS_t 为全国第 t 年公共管理和社会组织人数

根据公式（7-1），对影响城市政区位势的变量运用加权乘积法集合，计算出政区位势的测度公式：

$$PT_t = LP_t^{w1} \times FD_t^{w2} \times AD_t^{w3} \times FIP_t^{w4} \times HCP_t^{w5} \tag{7-3}$$

一般某地区的位势范围为：$0 < PT < 1$。数值越接近 1，表示行政区划调整越正向作用于政区位势；数值越接近 0，表示行政区划调整越负向作用于政区位势。

用 SPSS 软件对中心城市的 5 个变量权重采取主成分分析法进行测算，得出 1997~2019 年各城市变量权重系数，如表 7-2 所示，由此得出各城市位势度综合测算公式，如表 7-3 所示。

表 7-2　　　　　　　　　1997~2019 年各城市变量权重系数

城市	人力资本水平	固定资产投资占比	土地管辖权	行政分权	财政分权
北京	0.125	0.242	0.209	0.209	0.215
石家庄	0.197	0.191	0.170	0.218	0.224
合肥	0.177	0.191	0.216	0.194	0.221
杭州	0.199	0.206	0.177	0.210	0.208
武汉	0.216	0.186	0.195	0.198	0.205

续表

城市	人力资本水平	固定资产投资占比	土地管辖权	行政分权	财政分权
长沙	0.210	0.189	0.201	0.177	0.223
成都	0.238	0.162	0.216	0.223	0.162
西安	0.188	0.223	0.191	0.185	0.213

表 7 – 3 　　　　　　　　　各城市位势度综合测算公式

城市	位势度综合测算公式
北京	$PT_i = HCP_i^{0.125} + FIP_i^{0.242} + LP_i^{0.209} + AD_i^{0.209} + FD_i^{0.215}$
石家庄	$PT_i = HCP_i^{0.197} + FIP_i^{0.191} + LP_i^{0.170} + AD_i^{0.218} + FD_i^{0.224}$
合肥	$PT_i = HCP_i^{0.177} + FIP_i^{0.191} + LP_i^{0.216} + AD_i^{0.194} + FD_i^{0.221}$
杭州	$PT_i = HCP_i^{0.199} + FIP_i^{0.206} + LP_i^{0.177} + AD_i^{0.210} + FD_i^{0.208}$
武汉	$PT_i = HCP_i^{0.216} + FIP_i^{0.186} + LP_i^{0.195} + AD_i^{0.198} + FD_i^{0.205}$
长沙	$PT_i = HCP_i^{0.210} + FIP_i^{0.189} + LP_i^{0.201} + AD_i^{0.177} + FD_i^{0.223}$
成都	$PT_i = HCP_i^{0.238} + FIP_i^{0.162} + LP_i^{0.216} + AD_i^{0.223} + FD_i^{0.162}$
西安	$PT_i = HCP_i^{0.188} + FIP_i^{0.223} + LP_i^{0.191} + AD_i^{0.185} + FD_i^{0.213}$

7.1.3　数据来源与研究对象

本书所使用的数据是 1997~2019 年的《中国城市统计年鉴》《北京市统计年鉴》《河北省统计年鉴》《浙江省统计年鉴》《安徽省统计年鉴》《河南省统计年鉴》《湖北省统计年鉴》《湖南省统计年鉴》《四川省统计年鉴》《陕西省统计年鉴》以及各城市国民经济和社会发展统计公报。研究对象为北京市、石家庄市、杭州市、合肥市、洛阳市、郑州市、武汉市、长沙市、成都市、西安市 10 个城市。

7.2 中心城市的态势研判

7.2.1 中心城市行政区划调整情况分析

1997~2019 年末，洛阳市和郑州市并未发生县级以上行政区划调整，故不对其进行分析。北京市、石家庄市、杭州市、合肥市、武汉市、长沙市、成都市和西安市这 8 个城市，都进行了具体的行政区划调整，如表 7-4 所示。

表 7-4　　　　　　　1997~2019 年末 8 个城市行政区划调整情况

城市	具体时间	调整情况
北京	1997 年 4 月 29 日	撤销通县，设立通州区
	1998 年 3 月 3 日	撤销顺义县，设立顺义区
	1999 年 9 月 16	撤销北京市昌平县，设立北京市昌平区
	2001 年 1 月~12 月	撤销北京市大兴县、怀柔县、平谷县，设立北京市大兴区、怀柔区、平谷区
	2002 年 9 月 12 日	调整菜户营东北角丰台区与宣武区交界地区行政区划，将原属丰台区部分管辖区域划归宣武区管辖
	2010 年 6 月 28 日	撤销北京市东城区、崇文区，设立北京市东城区；撤销北京市西城区、宣武区，设立新的北京市西城区
	2015 年 10 月 13 日	撤销密云县、延庆县，设立北京市密云区、延庆区
石家庄	2014 年 9 月 9 日	撤销石家庄市桥东区，将原桥东区分别划归石家庄市长安区和桥西区管辖；撤销藁城市、鹿泉市、栾城县，改为石家庄的区
杭州	2001 年 2 月 2 日	撤销浙江省县级萧山市、县级余杭市，设立杭州市萧山区、余杭区
	2014 年 12 月 13 日	撤销县级富阳市，设立杭州市富阳区
	2017 年 7 月 18 日	撤销县级临安市，设立杭州市临安区
合肥	2002 年 2 月 1 日	合肥市西市区更改名字为蜀山区，并将井岗镇划到蜀山区管辖
	2011 年 7 月 14 日	安徽省直接管辖巢湖市，由合肥市代管；撤庐江县设区合并到合肥市
武汉	1998 年 9 月 15 日	撤销新洲县、黄陂县，设立武汉市新洲区、黄陂区

续表

城市	具体时间	调整情况
长沙	2011 年 5 月 20 日	撤销望城县，设立长沙市望城区
成都	2001 年 12 月 10 日	撤销四川省新都县，设立成都市新都区
	2002 年 4 月 14 日	撤销温江县，设立成都市温江区
	2015 年 12 月 3 日	撤销双流县，设立成都市双流区
	2016 年 11 月 24 日	撤销郫县，设立成都市郫都区
西安	2014 年 12 月 13 日	撤销高陵县，设立西安市高陵区
	2016 年 11 月 24 日	撤销户县，设立西安市鄠邑区

注：本书仅介绍 1997～2019 年间的行政区划调整情况。

7.2.2 中心城市政区位势的测算

根据表 7-1 和公式（7-1），测算出北京市、石家庄市、杭州市、合肥市、武汉市、长沙市、成都市和西安市的政区位势的分项指标值和综合值。

第一，北京市政区位势的测算结果，如图 7-1 和图 7-2 所示。

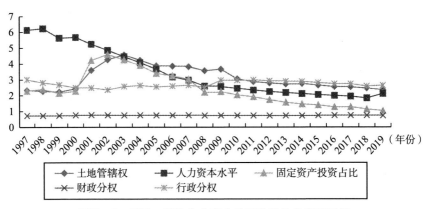

图 7-1 1997～2019 年北京市政区位势的分项指标值

图 7-1 为 1997～2019 年北京市政区位势的分项指标值。可以发现，北京市的土地管辖权在 1999 年、2005 年和 2015 年出现明显的下降。在 2000～2002 年出现比较明显的上升，这是由于这 3 年北京市实行了撤县设区的行政区划调整，扩大了北京市管辖区域的面积。2001 年和 2002 年，土地管辖权均出现了比较明

显的跃升，2001 年的跃升主要是因为 2001 年 1 月 9 日撤销北京市大兴县，设立北京市大兴区；虽然 2002 年北京没有出现重大的行政区划调整，但 2001 年底，北京市怀柔、平谷撤县设区才完成，所以影响了 2002 年的土地管辖权数据。因此，撤县设区的行政区划调整，增加了北京市建成区面积，扩大了北京市管辖的建设用地权力。人力资本水平在 1997～2018 年呈下降的趋势，在 2018～2019 年呈上升的趋势。财政分权程度总体呈稳定增长的态势，说明地方的财政分权水平在逐步提高，中央赋予北京市的财政自主权在稳步增加。固定资产投资占比在 1997～2003 年呈上升趋势，在 2004～2019 年呈下降趋势。行政分权程度在 2009 年有较大幅度的增加，这主要是由于公共管理和社会组织人数出现大幅度的上升，也减少了其进行治理的人口数量，扩大了行政人事权力；其他年份的行政分权程度呈现基本稳定的态势。

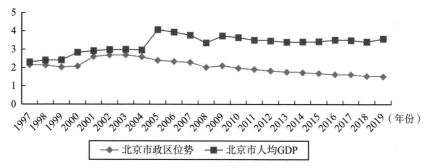

图 7 - 2　1997～2019 年北京市政区位势的综合值

图 7 - 2 为 1997～2019 年北京市政区位势的综合值，展现了北京市政区位势和人均 GDP 占比的变化趋势。从图中可以看出，北京市政区位势在 1997～2003 年大幅度上升，年均增长率为 3.8%；在 2004～2019 年大幅度下降，年均增长率为 -3.5%；北京市人均 GDP 占比在 1997～2005 年间呈增长的态势，年均增长率为 7.3%；在 2006～2019 年呈缓慢下降的态势，年均增长率为 -0.73%。

第二，石家庄市政区位势的测算结果，如图 7 - 3 和图 7 - 4 所示。

图 7 - 3 为 1997～2019 年石家庄市政区位势的分项指标值。可以发现，石家庄市的土地管辖权在 1997～2018 年比较平缓，但是在 2014 年出现了提升，这是因为石家庄市在 2014 年完成了撤县设区的行政区划调整，如 2014 年 9 月 9 日撤销石家庄市县级鹿泉市和栾城县，改设为石家庄市鹿泉区和栾城区。因此，撤县设区，增加了石家庄市建成区面积，提升了石家庄市管辖建设用地的权力。人力资本水平在 1997～2005 年呈先下降后上升的趋势，在 2006～2014 年呈稳定发展

趋势，在 2015~2019 年呈明显上升的态势，说明随着教育投入的增加，石家庄市的劳动力尤其是高素质劳动力占比不断提升，人力资本水平逐步成为石家庄市经济增长的新优势。财政分权在 1997~2019 年逐步提升，说明中央赋予石家庄市的财政自主权在稳步增加。固定资产投资占比在 1997~2019 年整体呈小幅度下降的态势。行政分权程度在 1997~2019 年呈现基本稳定的态势。

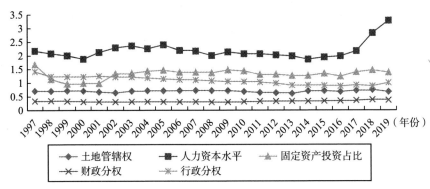

图 7-3　1997~2019 年石家庄市政区位势的分项指标值

图 7-4 为 1997~2019 年石家庄市政区位势的综合值，展现了石家庄市政区位势和人均 GDP 占比的变化趋势。从图中可以发现，石家庄市的政区位势在 1997~2001 年呈小幅度下降的态势，在 2002~2015 年整体波动幅度不大，在 2016~2019 年呈小幅度上升的态势，但在 1997~2019 年呈小幅度下降的态势，年均增长率为 -0.007%。1997~2004 年石家庄市人均 GDP 占比呈基本稳定的发展态势，2005~2019 年呈下降态势，年均增长率为 -1.4%。

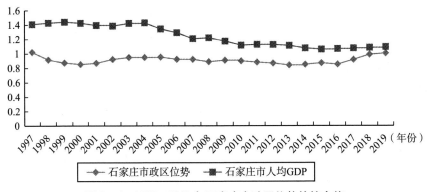

图 7-4　1997~2019 年石家庄市政区位势的综合值

第三，合肥市政区位势的测算结果，如图 7 − 5 和图 7 − 6 所示。

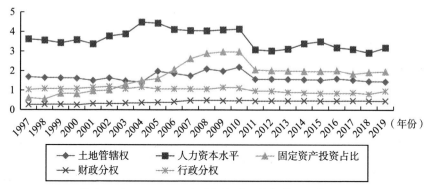

图 7 − 5　1997 ~ 2019 年合肥市政区位势的分项指标值

图 7 − 5 为 1997 ~ 2019 年合肥市政区位势的分项指标值。从图中可以看出，合肥市的土地管辖权在 2011 年出现了较为明显的下降，这是因为在该年合肥市行政区划做了撤县设区的城市合并、省直管县（市）的调整，如原地级巢湖市管辖的庐江县划归合肥市管辖；安徽省直接管辖巢湖市，撤庐江县设区合并到合肥市。虽然一系列行政区划的调整增加了合肥市建成区的面积，但降低了合肥市管辖的建设用地权力。人力资本水平在 1997 ~ 2004 年呈上升的态势，在 2005 ~ 2009 年平稳发展，在 2010 ~ 2018 年表现比较曲折，在 1997 ~ 2019 年整体上呈水平下降的态势。财政分权在 1997 ~ 2019 年稳步提高，说明中央赋予合肥市的财政自主权在稳步增加。固定资产投资占比在 1997 ~ 2009 年不断提升，在 2010 ~ 2019 年先急速下降后平稳前行。1997 ~ 2019 年的行政分权程度呈现基本稳定的态势。

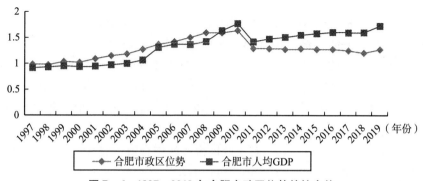

图 7 − 6　1997 ~ 2019 年合肥市政区位势的综合值

图 7-6 为 1997~2019 年合肥市政区位势的综合值，展现了合肥市政区位势和人均 GDP 占比的变化趋势。图中显示合肥市在 1997~2010 年的政区位势大幅度上升，年均增长率为 3.99%；从 2011~2019 年政区位势出现小幅度下降，年均增长率为 -0.22%。1997~2010 年合肥市人均 GDP 占比呈增长的态势，年均增长率为 5.22%，其中 2011~2019 年人均 GDP 占比的年均增长率为 2.48%。

第四，杭州市政区位势的测算结果，如图 7-7 和图 7-8 所示。

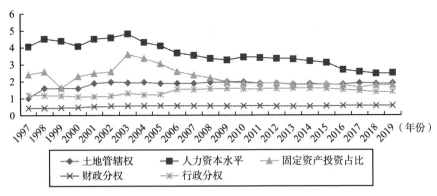

图 7-7　1997~2019 年杭州市政区位势的分项指标值

图 7-7 为 1997~2019 年杭州市政区位势的分项指标值。从图中可以看出，在 2001 年，杭州市的土地管辖权出现了较为明显的跃升，这主要是因为在该年杭州市行政区划实施了撤县设区的调整，2001 年 2 月 2 日撤销浙江省县级萧山市、县级余杭市，设立杭州市萧山区、余杭区，扩大了杭州市建成区面积。在 2014 年和 2017 年，杭州市的行政区划也做了重大的调整，2014 年 12 月 13 日撤销县级富阳市设立杭州市富阳区，2017 年 7 月 18 日撤销县级临安市设立杭州市临安区，但其土地管辖权并没有出现明显的上升。人力资本水平在 1997~2003 年呈先下降后上升的态势，在 2004~2019 年不断降低。财政分权平稳提升，说明中央赋予杭州市的财政自主权在稳步增加。固定资产投资占比在 1997~2003 年呈先下降后上升的态势，在 2004~2009 年不断下降，在 2010~2019 年发展比较稳定。行政分权程度在 1997~2006 年不断上升，在 2007~2019 年平稳发展并呈下降的态势。

图 7-8 为 1997~2019 年杭州市政区位势的综合值，展现了杭州市政区位势和人均 GDP 占比的变化趋势。从图中可以看出，在 1997~2003 年杭州市政区位势呈上升态势，年均增长率为 5.39%；2004~2019 年，政区位势先下降后趋于

稳定。杭州市人均 GDP 占比在 1997～2005 年不断提升，年均增长率为 2.05%；而在 2006～2019 年出现下降趋势，年均增长率为 −1.21%。

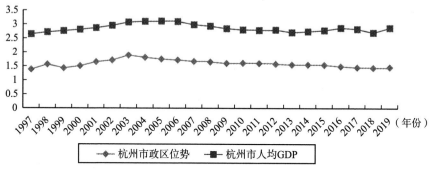

图 7 − 8　1997～2019 年杭州市政区位势的综合值

第五，武汉市政区位势的测算结果，如图 7 − 9 和图 7 − 10 所示。

图 7 − 9 为 1997～2019 年武汉市政区位势的分项指标值。可以发现，在 2006 年，武汉市的土地管辖权出现了较为明显的跃升，说明其市辖区的面积有所扩大。在 1998 年，武汉市的行政区划也做了重大的调整。如 1998 年 9 月 15 日撤销新洲县、黄陂县，设立武汉市新洲区、黄陂区，但其土地管辖权并没有出现明显的上升。财政分权在 1997～2019 年稳定上升，说明中央赋予武汉的财政自主权在稳步增加。人力资本水平在 1997～2019 年呈逐步下降的态势。固定资产投资占比在 1997～2003 年呈下降态势，在 2004～2019 年呈先稳定发展后下降的态势。行政分权程度在 1997～2019 年呈基本稳定的态势。

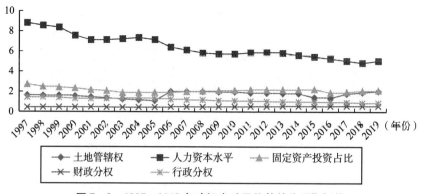

图 7 − 9　1997～2018 年武汉市政区位势的分项指标值

图7-10 为 1997~2019 年武汉市政区位势的综合值，展现了武汉市政区位势和人均 GDP 占比的变化趋势。从图中可以看出，武汉市在 1997~2005 年的政区位势呈下降趋势，年均增长率为 -2.54%；2006~2019 年政区位势呈基本稳定的发展态势，年均增长率为 -0.49%。1997~2007 年武汉市人均 GDP 占比呈下降的态势，年均增长率为 -1.19%，其中，2008~2019 年人均 GDP 占比的年均增长率为 2.86%。

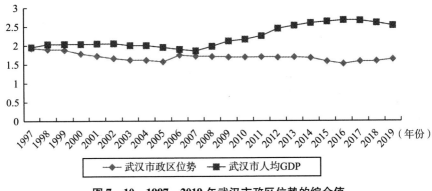

图 7-10　1997~2019 年武汉市政区位势的综合值

第六，长沙市政区位势的测算结果，如图 7-11 和图 7-12 所示。

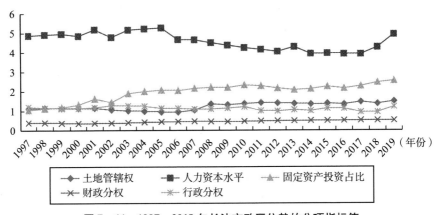

图 7-11　1997~2018 年长沙市政区位势的分项指标值

图 7-11 为 1997~2019 年长沙市政区位势的分项指标值。可以看出，在 2008 年，长沙市的土地管辖权出现了较为明显的跃升，说明其市辖区的面积有

所扩大。在 2011 年，长沙市的行政区划也做了重大的调整，如 2011 年 5 月 20 日撤销望城县，设立长沙市望城区，但其土地管辖权并没有出现明显的上升。财政分权在 1997~2019 年稳定提升，说明中央赋予长沙的财政自主权在稳步增加。人力资本水平在 1997~2019 年呈先下降后上升的态势。固定资产投资占比在 1997~2019 年呈稳定增长的态势。行政分权程度在 1997~2019 年呈基本稳定的态势。

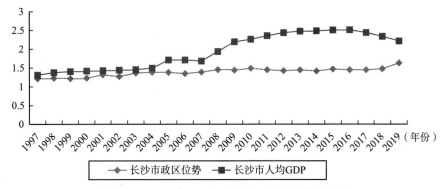

图 7 – 12　1997~2019 年长沙市政区位势的综合值

图 7 – 12 为 1997~2019 年长沙市政区位势的综合值，展现了长沙市政区位势和人均 GDP 占比的变化态势。从图中可以发现，1997~2019 年，长沙市政区位势呈逐步上升的态势，年均增长率为 1.33%。1997~2019 年人均 GDP 占比呈持续增长的态势，年均增长率为 2.42%。

第七，成都市政区位势的测算结果，如图 7 – 13 和图 7 – 14 所示。

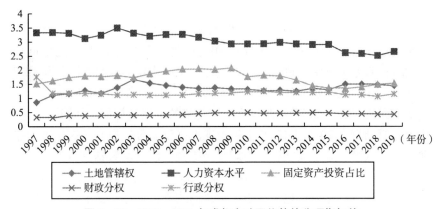

图 7 – 13　1997~2019 年成都市政区位势的分项指标值

图 7-13 为 1997~2018 年成都市政区位势的分项指标值。从图中可以看出，成都市土地管辖权在 2002 年均出现了比较明显的跃升，主要是因为 2002 年 4 月 14 日撤销温江县，设立成都市温江区；而且撤销四川省新都县，设立成都市新都区是在 2001 年底完成的，所以统计数据上呈现推迟到了 2002 年。2016 年也出现了比较明显的跃升，主要是因为 2016 年 11 月 24 日撤销郫县，设立成都市郫都区；而且完成撤销双流县，设立成都市双流区是在 2015 年年底，所以影响了 2016 年土地管辖的统计数据。行政区划撤县设区的调整增加了成都市建成区面积，提升了成都市管辖建设用地的权力。财政分权在 1997~2019 年稳定提升，说明中央赋予长沙的财政自主权在稳步增加。人力资本水平在 1997~2019 年呈逐渐下降的态势。固定资产投资占比在 1997~2019 年呈先上升后下降的态势。行政分权程度在 1997~2019 年呈基本稳定的态势。

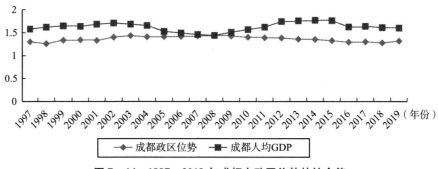

图 7-14   1997~2019 年成都市政区位势的综合值

图 7-14 为 1997~2019 年成都市政区位势的综合值，展现了成都市政区位势和人均 GDP 占比的变化趋势。从图中可以看出，成都市政区位势在 1997~2008 年间不断上升，其年均增长率为 0.92%；2009~2019 年政区位势呈小幅度下降，年均增长率为 -0.79%。1997~2014 年北京市人均 GDP 占比呈增长的态势，年均增长率为 0.68%；2015~2019 年人均 GDP 占比的年均增长率为 -2.34%。

第八，西安市政区位势的测算结果，如图 7-15 和图 7-16 所示。

图 7-15 为 1997~2018 年西安市政区位势的分项指标值。从图中可以看出，西安市土地管辖权在 2015 年和 2017 年表现出比较显著的提升，这是因为在此期间，西安市行政区实施了撤县设区的调整，扩大了西安市管辖区域的面积。2015 年和 2017 年土地管辖权均出现了比较明显的跃升。这是因为虽然 2015 年西安市没有出现重大的行政区划调整，但由于撤销高陵县，设立西安市高陵区是在 2014 年年底才完成的，所以在统计数据上呈现推迟到了 2015 年；虽然 2017 年西安没

有出现重大的行政区划调整，但由于撤销户县，设立西安市鄠邑区是在 2016 年年底才完成的，所以在统计数据上呈现推迟到了 2017 年。这些都说明了行政区划的调整增加了西安市建成区面积，提升了西安市管辖建设用地的权力。财政分权在 1997～2019 年稳定缓慢上升，说明中央赋予西安市的财政自主权在稳步增加。人力资本水平在 1997～2019 年呈逐渐下降的态势。固定资产投资占比在 1997～2019 年呈逐步上升的态势。行政分权程度在 1997～2019 年呈先下降后趋于基本稳定的发展态势。

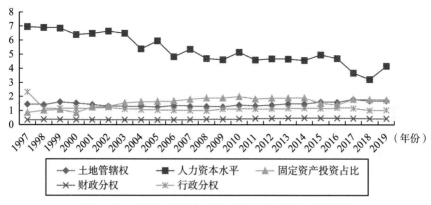

图 7 - 15　1997～2019 年西安市政区位势的分项指标值

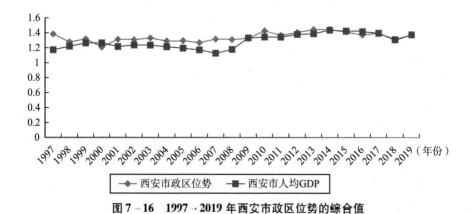

图 7 - 16　1997～2019 年西安市政区位势的综合值

图 7 - 16 为 1997～2019 年西安市政区位势的综合值，展现了西安市政区位势和人均 GDP 占比的变化趋势。从图中可以发现，西安市政区位势在 1997～2013 年表现出波动性提升，年均增长率为 0.26%；2014～2019 年政区位势出现

小幅度下降，年均增长率为 -0.64%。1997～2014 年的人均 GDP 占比有小幅度上升，年均增长率为 1.21%；2014～2019 年人均 GDP 占比出现小幅度下降，年均增长率为 -0.87%。

7.3 研究发现与政策含义

7.3.1 研究发现

本章构建了城市政区位势的测度模型，并对第六章需要进行行政区划调整的城市进行了实证分析。研究发现以下特征：

第一，各城市的政区位势与行政区划调整事项有着紧密的联系，说明政区位势测度模型可以展现出中心城市行政区划调整的优势和劣势。

第二，具体来说，石家庄市、合肥市、杭州市、长沙市经过行政区划调整，政区位势提升，城市资源得以整合，促进了区域一体化发展，人均 GDP 占比也相应增加。北京市、武汉市、成都市、西安市经过行政区划调整，从市域层面看，并没有使政区位势增加，也没有从人力资本、财权和固定资产等方面促进经济的发展。

7.3.2 讨论

第一，行政区划调整对城市各方面的发展具有两面性，既有积极的影响也有消极的作用。行政区划是城市基础性的制度要素，通过对其进行合理的调整，有利于促进社会经济环节顺利运行，并能够为城市高质量发展提供必要的支持。行政区划调整已经成为城市规模扩张的重要方式，能够通过增大城市体量和吸纳高端生产要素来提高城市话语权和竞争力。我国各城市可以通过改变经济增长模式、调整产业结构以及提高资源利用率等，来控制城市的人口规模、经济规模和空间规模，使得城市进一步走向可持续发展。虽然我国城市的发展规模不断扩大，其中超大城市甚至出现了"城市病"，但城市规模发展并未达到最优状态，有待进一步优化以提高城市发展水平。通过调整行政区划，可以促进城市化的发展，消除大城市规模扩张的体制性障碍，对地区的发展效率、生产力格局、基础设施建设及生态环境起到调配作用。行政区划调整不但能理顺相邻行政区划之间的关系，突破行政区划的边界，还便于实现资源的优化配置。与此同时，也会对区域经济发展产生长期的影响。

第二，通过采取行政区划调整的方式，对缓解土地资源紧张、推进城市化进程及加快经济一体化等问题具有重要的意义。撤县设区这一行政区划调整方式从提高被撤县的辐射带动作用和扩大中心城市的发展空间这两个方面来对区域发展起到推动作用，但在实施的过程中会对经济协调发展和城市化建设产生一定的消极影响。因此，在实施行政区划调整时，要在政府职能的转变、法律法规的创新、体制机制的改革等方面多做改变，促使市场、社会和政府形成多元主体的相互竞争形态，从而进一步形成基础服务和公共服务多样化的发展模式。撤县设区不仅可以获得基建、规划和政策等方面的支持，也可以增加固定资产投资和财政收入，给第二产业及其相关产业带来积极的影响，从而进一步增加就业和刺激消费，拉动经济发展。综上所述，撤县设区是拓展空间发展、激发城市活力的有效手段。

7.3.3 政策含义

本书分析中心城市行政区划调整对区域发展的影响，为行政规划调整带动城市群区域发展提供了实证依据。以中心城市为核心的城市群行政区划设置扁平化的构建要充分利用行政区划资源，提升中心城市政区位势，进而带动周边城市的政区位势，创新行政管理体制，推动城市群的管理和治理现代化。

第一，构建以中心城市为核心的城市群行政区划设置扁平化政策要提升中心城市政区位势。本书对行政区划调整后城市政区位势变化进行分析时，发现城市不同的政府自主权对城市发展的影响不同，不同城市的政府自主权也存在差异。这就需要加强中心城市的产业建设，同时对行政管理体制进行改革，特别是行政区划调整的县域要优化布局，进而提升中心城市的综合行政管理能力和经济实力。

第二，构建以中心城市为核心的城市群行政区划设置扁平化政策要带动城市群的经济发展。在行政区划设置扁平化的情况下，城市的粗放式发展已经不能满足人口增长的需求，只有进行细致深入的精细化发展，才能优化城市结构，发挥城市发展潜力，增强城市发展活力。同时，不只是进行了行政区划调整的城市，未进行行政区划调整的城市也要重视，运用数字技术构建"云、端、网"现代精准化助力现代化治理，更好地协调区域资源。

第 8 章

中心城市行政区划调整前后的城郊
空间测度及研究空间锁定

8.1　研究目的与方法

8.1.1　研究目的

城市在步入工业化和城镇化后出现了新变化，为了应对这些变化，学者们开始研究中心城市过剩资源疏散向城郊地区的问题。2014 年的国家战略提出，将北京市的部分功能区调整到京津冀城市群，这标志着我国进入中心城市向城郊地区疏散过剩产业的阶段。通过对行政规划调整的中心城市进行调整前后的城郊空间和中心城市建成区扩展情况进行分析，对以中心城市为核心的城市群行政区划设置扁平化进行"空间锁定"，即锁定中心城市行政区划扁平化的区域，可以在带动中心城市建成区扩展及城郊经济发展的同时，间接带动中心城市和城市群综合承载力的提升。

8.1.2　测定方法

城郊是具有城市和农村双重特征的空间范围，城郊空间边界的界定决定了城郊经济的特征。本书认为，城郊是城市群内中心城市管辖范围内周边县（市）的空间范围，具体来说，依照离中心城市的距离和中心城市的经济辐射半径，可以将城郊分为近郊和远郊。城郊地区邻接城市地区，因此，城郊融合连接了城乡发展，为中心城市的社会经济活动服务。所以，城郊经济具有经济和空间上的双重属性特征。

为了更加全面地了解城郊经济，本书参考年猛等学者对城郊经济的研究方法，使用全球夜间灯光数据分析城郊地区并对其进行空间范围识别。

城市建设用地和农用地之间的夜间灯光具有明显差异，其中，夜间灯光图中介于传统农村和城市间的区域就是城郊地区，所以，可以采用夜间灯光阈值法，确定城市建成区和城郊地区的灯光阈值区间。在夜间灯光数据上提取的数值便是城市建成区和城郊地区的空间范围，可以真实反映城市建成区和城郊地区的经济空间格局。因此，本书用等高线识别空间范围，DN 值范围在 20~49 内的空间是城郊地区，DN 值低于 20 的空间是农村地区，DN 值范围在 50~63 内的空间是城市建成区。但是，一些城郊地区由于经济发达，DN 值范围在 50~63 内，导致夜间灯光数据的区域与行政区划上的区域会出现偏差，如果想要用夜间灯光数据 DN 值范围来体现行政区划上的经济特征，就要将行政区划图匹配夜间灯光图上的城市建成区和城郊地区。

8.1.3　数据来源及研究对象

本书使用的是 2014~2018 年的全球夜间灯光数据，来源于国家地球物理数据中心网站，将 2014~2018 年夜间灯光数据的月份数据进行平均处理得到其年份数据。研究对象为北京市、成都市、郑州市、西安市、石家庄市、合肥市、洛阳市以及其所包含的区县，具体如表 8-1 所示。

表 8-1　　　　　　　　　　　　城市及包含的区县

城市	区县
北京	东城区、西城区、朝阳区、丰台区、石景山区、海淀区、顺义区、通州区、大兴区、房山区、门头沟区、昌平区、平谷区、密云区、怀柔区、延庆区

续表

城市	区县
成都	成华区、崇州市、大邑县、都江堰市、简阳市、金牛区、金堂县、锦江区、龙泉驿区、彭州市、郫都区、浦江县、青白江区、青羊区、邛崃市、新津县、新都区、武侯区、温江区、双流区
郑州	登封市、二七区、巩义市、管城区、惠济区、金水区、上街区、新密市、新郑市、荥阳市、中牟县、中原区
西安	灞桥区、碑林区、鄠邑区、高陵区、蓝田县、莲湖区、临潼区、未央区、新城区、阎良区、雁塔区、长安区、周至县
石家庄	高邑区、藁城区、晋州市、井陉矿区、井陉县、灵寿县、鹿泉区、栾城区、平山县、桥西区、深泽县、无极县、辛集市、新华区、新乐市、行唐县、裕华区、元氏县、赞皇县、长安区、赵县、正定县
合肥	包河区、巢湖市、肥东县、肥西县、庐江县、庐阳区、蜀山区、瑶海区、长丰县
洛阳	吉利区、涧西区、老城区、栾川县、洛龙区、洛宁县、汝阳县、嵩县、西工区、新安县、偃师市、宜阳县、瀍河回族区、伊川县、孟津县

8.2 中心城市行政区划扁平化设置城市空间锁定

8.2.1 城郊空间测度

利用夜间灯光数据识别出城市的城郊空间范围，再运用 Arcgis 软件对京津冀、长三角、中原、关中平原、成渝城市群的灯光强度空间进行分级显示，结果如图 8-1 至图 8-5 所示。

从图 8-1 至图 8-5 可以发现，城市群的灯光强度空间以中心城市为中心向周围不断下降，京津冀城市群主要围绕着北京市、天津市和石家庄市，长三角城市群主要围绕着上海市、南京市、合肥市，中原城市群主要围绕着郑州市和洛阳市，关中平原城市群主要围绕着西安市，成渝城市群主要围绕着成都市和重庆市。

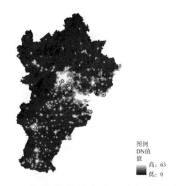

图例
DN值
值
高：63
低：0

图 8－1 2018 年京津冀城市群平均灯光强度空间分布

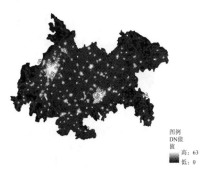

图例
DN值
值
高：63
低：0

图 8－2 2018 年成渝城市群平均灯光强度空间分布

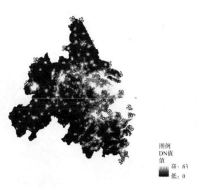

图例
DN值
值
高：63
低：0

图 8－3 2018 年长三角城市群平均灯光强度空间分布

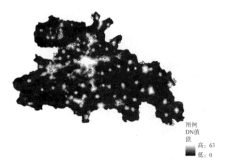

图 8 - 4 　2018 年中原城市群平均灯光强度空间分布

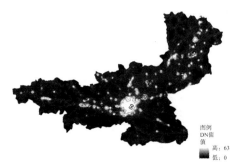

图 8 - 5 　2018 年关中平原城市群平均灯光强度空间分布

8.2.2 　城市合并方式的行政区划扁平化设置空间锁定

对京津冀城市群中的北京市—廊坊市广阳区进行空间锁定，如图 8 - 6 所示，可以看出北京市城市建成区和城郊地区的面积变化。

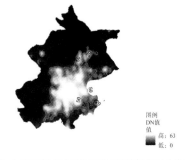

（a）2014年北京市平均灯光强度空间分布

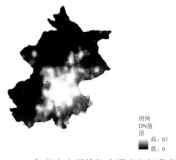

（b）2016年北京市平均灯光强度空间分布

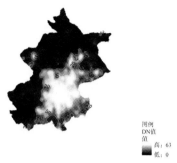

图例
DN值
值

■ 高：63
■ 低：0

（c）2018年北京市平均灯光强度空间分布

图 8 - 6　北京市平均灯光强度空间分布

根据图 8 - 6 可以得出以下结论：北京市城市建成区面积不断扩大，同时城郊地区面积也不断扩大；北京市建成区向东部、东南部和南部扩张，城郊地区向北部扩张；随着经济的发展，原来属于北京市灯光 DN 值 50 以上的面积不断扩大，城郊地区逐渐演变成城市建成区，临近城郊地区的农村地区也逐渐成为新的城郊地区。

将 2018 年北京市—廊坊市广阳区行政区划图匹配到北京市—廊坊市广阳区2014 年、2016 年、2018 年的夜间灯光数据中，计算出北京市—廊坊市广阳区灯光 DN 值面积，如表 8 - 2 所示。

表 8 - 2　　　　　　　　北京市—廊坊市广阳区灯光 DN 值面积

区域	灯光 DN 值	2014 年（平方千米）	2016 年（平方千米）	2018 年（平方千米）
昌平区	50 ~ 63	445.820889	501.627111	503.86352
	20 ~ 49	547.227967	538.767265	581.099694
朝阳区	50 ~ 63	785.434324	785.434324	785.434324
	20 ~ 49			
大兴区	50 ~ 63	488.281493	558.896201	568.246187
	20 ~ 49	536.831824	640.475268	986.412871
东城区	50 ~ 63	69.59316	69.59316	69.59316
	20 ~ 49			
房山区	50 ~ 63	303.2116	308.9466	616.0721
	20 ~ 49	514.260894	569.493042	356.802464

续表

区域	灯光DN值	2014年（平方千米）	2016年（平方千米）	2018年（平方千米）
丰台区	50~63	439.482244	446.690027	478.095297
	20~49	71.715529	62.117175	39.267685
海淀区	50~63	570.214609	602.810274	585.042313
	20~49	112.419987	90.409426	112.592322
怀柔区	50~63	124.183227	142.339188	171.881499
	20~49	231.458484	221.887248	224.250954
门头沟区	50~63	72.811951	83.822323	83.822323
	20~49	93.100889	112.667554	155.413104
密云区	50~63	64.797088	80.334579	124.386558
	20~49	275.24306	283.841578	330.864725
平谷区	50~63	40.09301	51.944903	64.643685
	20~49	218.620358	250.61664	365.580838
石景山区	50~63	116.591841	120.591575	122.634375
	20~49	28.316254	24.514553	22.471753
顺义区	50~63	410.695844	559.752337	599.538681
	20~49	942.952743	833.973352	930.811071
通州区	50~63	430.486276	459.988228	507.016294
	20~49	802.882313	830.511625	959.265377
西城区	50~63	86.19067	86.19067	86.19067
	20~49			
延庆区	50~63	23.602421	35.723109	42.940524
	20~49	97.38811	118.652763	160.725129
廊坊市广阳区	50~63	159.288846	186.726096	208.307935
	20~49	145.838207	211.729234	289.942169

其中，东城区、西城区、朝阳区、丰台区、石景山区、海淀区、顺义区、通州区、大兴区、房山区、门头沟区、昌平区、平谷区、密云区、怀柔区、延庆区属于北京市建成区，广阳区属于廊坊市建成区。根据表 8 - 2 可以看出，朝阳区、东城区和西城区灯光 DN 值范围在 50 ~ 63 内的面积一直保持不变，没有 DN 值范

围在 20～49 的区域，说明这是北京市的主城区；丰台区、石景山区、顺义区、房山区、怀柔区灯光 DN 值范围在 50～63 的面积逐步扩大，DN 值范围在 20～49 内的灯光面积逐渐缩小；海淀区灯光 DN 值范围在 50～63 内的面积小幅度上升，灯光 DN 值范围在 20～49 内的面积保持不变；通州区、大兴区、门头沟区、昌平区、平谷区、密云区、延庆区的灯光 DN 值范围在 50～63 和 20～49 内的面积都不断扩大。由此可见，2014～2018 年北京市城市建成区的灯光 DN 值范围在 50～63 内的面积不断扩大，灯光 DN 值范围在 20～49 内的面积也不断增大。廊坊市广阳区 2016 年灯光 DN 值范围在 50～63 内的面积是 159.288846 平方千米，到 2018 年达到 208.307935 平方千米。

计算可以得到北京市—廊坊市广阳区在 2018 年行政区划调整前后，建成区和城郊区的空间面积。将广阳区合并到北京市之前，北京市城市建成区的面积不断上升，经过城市合并，北京市城市建成区的面积更大，如表 8 - 3 所示。

表 8 - 3　　　　　　将广阳区合并后的北京市城市建成区和城郊地区面积

区域	灯光 DN 值	2014 年（平方千米）	2016 年（平方千米）	2018 年（平方千米）
建成区	50～63	4471.490666	4894.684601	5150.131874
城郊	50～63			
	20～49			
城市建成区/城郊地区				
区域	灯光 DN 值	2014 年（平方千米）	2016 年（平方千米）	2018 年（平方千米）
建成区（调整后）	50～63	4630.779512	5081.410697	5358.439809
城郊（调整后）	50～63			
	20～49			
城市建成区/城郊地区				
区域	灯光 DN 值	2014 年（平方千米）	2016 年（平方千米）	2018 年（平方千米）
建成区调整后变化	50～63	159.288846	186.726096	208.307935
城郊调整后变化	50～63			
	20～49			

将广阳区设县合并到北京市前，北京市没有城郊地区。将广阳区撤区合并到北京市为广阳县后，北京市建成区面积不变，建成区与城郊间的面积比值从 2014 年的 14.65452054 降低至 2018 年的 10.336143913，如表 8 - 4 所示。

表 8 - 4　　　　　将广阳区设县合并后的北京市城市建成区和城郊地区面积

区域	灯光 DN 值	2014 年（平方千米）	2016 年（平方千米）	2018 年（平方千米）
建成区	50 ~ 63	4471. 490666	4894. 684601	5150. 131874
城郊	50 ~ 63			
	20 ~ 49			
城市建成区/城郊地区				
区域	灯光 DN 值	2014 年（平方千米）	2016 年（平方千米）	2018 年（平方千米）
建成区（调整后）	50 ~ 63	4471. 490666	4894. 684601	5150. 131874
城郊（调整后）	50 ~ 63	159. 288846	186. 726096	208. 307935
	20 ~ 49	145. 838207	211. 729234	289. 942169
城市建成区/城郊地区		14. 65452054	12. 28414889	10. 33643913
区域	灯光 DN 值	2014 年（平方千米）	2016 年（平方千米）	2018 年（平方千米）
建成区调整后变化	50 ~ 63			
城郊调整后变化	50 ~ 63	159. 288846	186. 726096	208. 307935
	20 ~ 49			

　　根据表 8 - 3、表 8 - 4 和图 8 - 6，可以得出以下结论：行政区划调整前，北京市城市建成区的空间扩张 2018 年比 2014 年增加 15.18%，没有城郊地区；合并广阳区后，北京市城市建成区空间扩张 2018 年比 2014 年增加 15.71%。将广阳区设县合并后，北京市城市建成区的空间扩张没有变化，城郊地区的空间扩张 2018 年比 2014 年增加 63.29%。

　　由此可见，若合并广阳区后，北京市城市建成区面积增加，将广阳区设县合并后，北京市城市建成区面积没有变化，城郊地区面积扩大。北京市合并广阳区，可以扩大北京市建成区面积，带动其发展，间接带动北京市和京津冀城市群综合承载力的提升，但其带动能力有待进一步论证。

　　对中原城市群中的郑州市—焦作市武陟县进行空间锁定，如图 8 - 7 所示，从图中可以看出郑州市城市建成区和城郊地区的面积变化。

　　根据图 8 - 7 可以得出以下结论：郑州市城市建成区面积不断扩大，同时城郊地区面积也不断扩大；郑州市城市建成区主要向东部、东南部和北部扩张，城郊地区主要向西部和西南部扩张；随着经济的发展，原来属于郑州市灯光 DN 值 50 以上的面积不断扩大，城郊地区逐渐演变成城市建成区，临近城郊地区的农村地区也逐渐成为新的城郊地区。

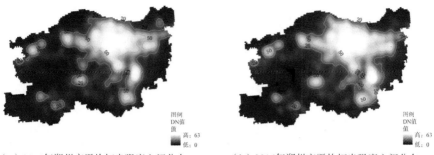

（a）2014年郑州市平均灯光强度空间分布　　　　（b）2016年郑州市平均灯光强度空间分布

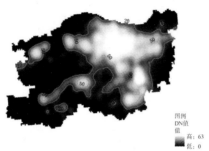

（c）2018年郑州市平均灯光强度空间分布

图 8－7　郑州市平均灯光强度空间分布

　　将 2018 年郑州市—焦作市武陟县行政区划图匹配到郑州市—焦作市武陟县 2014 年、2016 年、2018 年的夜间灯光数据，计算得出郑州市—焦作市武陟县灯光 DN 值面积，如表 8－5 所示。

表 8－5　　　　　　　　　郑州市—焦作市武陟县灯光 DN 值面积

区域	灯光 DN 值	2014 年（平方千米）	2016 年（平方千米）	2018 年（平方千米）
登封市	50～63			6.233233
	20～49	133.707822	86.976703	226.630794
二七区	50～63	103.696911	107.77541	128.025631
	20～49	111.334338	111.752983	100.815641
巩义市	50～63	17.159835	26.419916	46.585633
	20～49	163.578194	170.543372	221.359171
管城区	50～63	233.681126	245.404322	256.212527
	20～49	77.867711	64.982551	53.48682

续表

区域	灯光 DN 值	2014 年（平方千米）	2016 年（平方千米）	2018 年（平方千米）
惠济区	50 ~ 63	89. 053083	119. 480664	124. 461975
	20 ~ 49	153. 663721	167. 286393	159. 485021
金水区	50 ~ 63	306. 163025	315. 211841	313. 681697
	20 ~ 49	48. 627398	40. 460961	45. 393086
上街区	50 ~ 63	32. 360134	31. 997672	39. 382355
	20 ~ 49	38. 008935	38. 189021	34. 105222
新密市	50 ~ 63	6. 197331	31. 629705	63. 711396
	20 ~ 49	175. 934883	174. 610082	463. 176487
新郑市	50 ~ 63	190. 39925	243. 882723	349. 317698
	20 ~ 49	444. 708306	537. 011745	521. 432889
荥阳市	50 ~ 63	36. 908933	60. 387152	103. 955713
	20 ~ 49	377. 353333	284. 957912	326. 058801
中牟县	50 ~ 63	178. 461506	304. 658204	355. 09677
	20 ~ 49	525. 2192	479. 8954	564. 0428
中原区	50 ~ 63	235. 826435	254. 234668	259. 637301
	20 ~ 49	49. 748206	33. 665726	27. 169243
武陟县	50 ~ 63			1. 41332
	20 ~ 49	78. 66682	87. 273352	156. 203373

其中，登封市、巩义市、新密市、新郑市、荥阳市、中牟县属于郑州市的城郊地区，二七区、管城区、惠济区、金水区、上街区、中原区属于郑州市的城市建成区，武陟县属于焦作市的城郊地区。根据表 8 - 5 可以看出，二七区、金水区、上街区、中原区、管城区灯光 DN 值范围在 50 ~ 63 的面积逐步扩大，灯光 DN 值范围在 20 ~ 49 的面积逐渐缩小；中牟县、荥阳市、新郑市、新密市、惠济区、巩义市和登封市灯光 DN 值范围在 50 ~ 63 和 20 ~ 49 内的面积都不断扩大。由此可见，2014 ~ 2018 年郑州市城市建成区灯光 DN 值范围在 50 ~ 63 内的面积不断扩大，城郊地区灯光 DN 范围值在 20 ~ 49 内的面积也不断增大。焦作市武陟县灯光 DN 值范围在 20 ~ 49 内的面积不断增大，2018 年达到 156. 203373 平方千米，在 2018 年开始出现灯光 DN 值范围在 50 ~ 63 区域面积是 1. 41332 平方千米。

计算可以得到郑州市—焦作市武陟县在 2018 年行政区划调整前后，建成区和城郊区的空间面积。将武陟县合并到郑州市之前，郑州市城市建成区的面积不断上升，将武陟县合并到郑州市之后，郑州市建成区的面积保持不变，2014 年郑州市建成区与城郊的面积比值是 0.328546916，2018 年比值降低到 0.253071656，如表 8 - 6 所示。

表 8 - 6　　　将焦作市武陟县合并后的郑州市城市建成区和城郊地区面积

区域	灯光 DN 值	2014 年（平方千米）	2016 年（平方千米）	2018 年（平方千米）
建成区	50 ~ 63	764.954279	819.869909	861.764185
城郊	50 ~ 63	429.126855	1379.072199	924.900443
	20 ~ 49	1820.501745	2044.914121	2322.700966
城市建成区/城郊地区		0.340035808	0.239448944	0.265354049
区域	灯光 DN 值	2014 年（平方千米）	2016 年（平方千米）	2018 年（平方千米）
建成区（调整后）	50 ~ 63	764.954279	819.869909	861.764185
城郊（调整后）	50 ~ 63	429.126855	1379.072199	926.313763
	20 ~ 49	1899.168565	2132.187473	2478.904339
城市建成区/城郊地区		0.328546916	0.233497373	0.253071656
区域	灯光 DN 值	2014 年（平方千米）	2016 年（平方千米）	2018 年（平方千米）
建成区调整后变化	50 ~ 63			
城郊调整后变化	50 ~ 63			1.41332
	20 ~ 49	78.66682	87.273352	156.203373

设想将焦作市武陟县撤县设区合并到郑州市前，郑州市城市建成区的面积不断增大，行政区划调整后，郑州市城市建成区变化微小，建成区与城郊面积之间的比值从 2014 年的 0.340035808 降低至 2018 年的 0.265354049，如表 8 - 7 所示。

表 8 - 7　　　将焦作市武陟县设区合并后的郑州市城市建成区和城郊地区面积

区域	灯光 DN 值	2014 年（平方千米）	2016 年（平方千米）	2018 年（平方千米）
建成区	50 ~ 63	764.954279	819.869909	861.764185
城郊	50 ~ 63	429.126855	1379.072199	924.900443
	20 ~ 49	1820.501745	2044.914121	2322.700966
城市建成区/城郊地区		0.340035808	0.239448944	0.265354049

续表

区域	灯光 DN 值	2014 年（平方千米）	2016 年（平方千米）	2018 年（平方千米）
建成区（调整后）	50～63	764.954279	819.869909	863.177505
城郊（调整后）	50～63	429.126855	1379.072199	924.900443
	20～49	1820.501745	2044.914121	2322.700966
城市建成区/城郊地区		0.340035808	0.239448944	0.265789238
区域	灯光 DN 值	2014 年（平方千米）	2016 年（平方千米）	2018 年（平方千米）
建成区调整后变化	50～63			1.41332
城郊调整后变化	50～63			
	20～49			

根据表 8－6、表 8－7 和图 8－7，可以得出以下结论：行政区划调整前，郑州市城市建成区的空间扩张 2018 年比 2014 年增加 12.66%，城郊地区的空间扩张 2018 年比 2014 年增加 44.36%。将焦作市武陟县合并后，郑州市城市建成区的空间扩张没有变化，城郊地区的空间扩张 2018 年比 2014 年增加 46.25%。武陟县撤县设区合并后，郑州市城郊地区扩张没有发生变化，城市建成区的空间扩张 2018 年比 2014 年增加 12.84%。

由此可见，合并焦作市武陟县，郑州市城郊地区面积增加，将焦作市武陟县撤县设区合并后的郑州市城市建成区面积在 2018 年发生了细微变化。与未经过行政区划调整相比，合并焦作市武陟县后的郑州市城郊地区面积增加。郑州市合并焦作市武陟县的行政区划调整能够带动郑州市城郊地区扩展，间接带动郑州市和中原城市群综合承载力的提升。

对成渝城市群中的成都市—广汉市进行空间锁定，如图 8－8 所示，可以看出成都市城市建成区和城郊地区的面积变化。

根据图 8－8 可以得出以下结论：成都市建成区面积不断扩大，同时城郊地区面积也不断扩大；成都市城市建成区主要向西部、东部和南部扩张，城郊地区主要向东南部和西北部扩张；随着经济的发展，原来属于成都市灯光 DN 值 50 以上的面积不断扩大，城郊地区逐渐演变成城市建成区，临近城郊地区的农村地区也逐渐成为新的城郊地区。

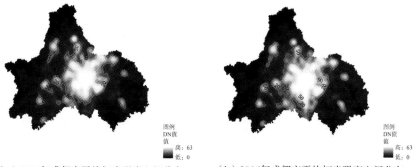

（a）2014年成都市平均灯光强度空间分布 （b）2016年成都市平均灯光强度空间分布

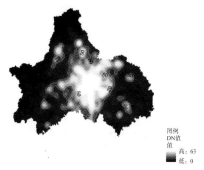

（c）2018年成都市平均灯光强度空间分布

图8-8　成都市平均灯光强度空间分布

　　将2018年成都市—德阳市广汉市行政区划图匹配到成都市—德阳市广汉市2014年、2016年、2018年的夜间灯光数据，计算得出成都市—德阳市广汉市灯光 DN 值面积，如表8-8所示。

表8-8　　　　　　　　成都市—德阳市广汉市灯光 DN 值面积

区域	灯光 DN 值	2014 年（平方千米）	2016 年（平方千米）	2018 年（平方千米）
成华区	50~63	105.815806	108.429648	103.168315
	20~49	6.759224	4.403055	9.12139
崇州市	50~63	100.372604	105.290283	132.957146
	20~49	265.52238	231.531618	236.191466
大邑县	50~63	28.12223	18.65458	4.350973
	20~49	80.301368	79.02305	124.020451

区域	灯光 DN 值	2014 年（平方千米）	2016 年（平方千米）	2018 年（平方千米）
都江堰市	50～63	106. 415085	92. 872055	133. 646381
	20～49	190. 029194	193. 432692	197. 154875
简阳市	50～63		56. 274812	94. 545502
	20～49	72. 737796	129. 780839	213. 004112
金牛区	50～63	108. 573313	108. 573313	108. 573313
	20～49			
金堂县	50～63	88. 505385	119. 807999	118. 289212
	20～49	109. 024229	118. 810046	128. 865622
锦江区	50～63	62. 774675	62. 774675	62. 774675
	20～49			
龙泉驿区	50～63	189. 2393	106. 3022	313. 0666
	20～49	139. 621475	106. 302163	76. 436191
彭州市	50～63	160. 512414	149. 880072	160. 351681
	20～49	259. 414606	234. 508979	288. 155107
郫都区	50～63	157. 532196	162. 804254	179. 162675
	20～49	145. 451799	147. 862486	145. 870601
浦江县	50～63			
	20～49	40. 479008	35. 584382	37. 189078
青白江区	50～63	102. 755158	113. 451198	118. 1334
	20～49	66. 019853	66. 285578	66. 08858
青羊区	50～63	68. 202125	68. 202125	68. 202125
	20～49			
邛崃市	50～63	44. 236321	50. 740136	48. 854206
	20～49	160. 672997	134. 873629	118. 139627
新津县	50～63	4. 409113	21. 123082	41. 493087
	20～49	290. 225322	311. 883825	345. 371444
新都区	50～63	229. 725893	264. 898979	293. 040102
	20～49	370. 636043	354. 965714	363. 625271

续表

区域	灯光 DN 值	2014 年（平方千米）	2016 年（平方千米）	2018 年（平方千米）
武侯区	50 ~ 63	168. 602513	168. 602513	168. 602513
	20 ~ 49			
温江区	50 ~ 63	144. 425663	146. 412675	177. 012877
	20 ~ 49	108. 590504	113. 595907	100. 459931
双流区	50 ~ 63	465. 394436	583. 900476	812. 469376
	20 ~ 49	372. 305974	594. 5094	525. 663777
广汉市	50 ~ 63	57. 451095	64. 058821	99. 054188
	20 ~ 49	226. 979152	238. 632595	300. 385971

其中，崇州市、大邑县、都江堰市、简阳市、金堂县、彭州市、浦江县、邛崃市、新津县属于成都市的城郊地区，成华区、金牛区、锦江区、龙泉驿区、郫都区、青白江区、青羊区、新都区、武侯区、温江区、双流区属于成都市的城市建成区，广汉市属于德阳市的城郊地区。根据表 8-8 可以看出，金牛区、锦江区、青羊区和武侯区灯光 DN 值范围在 50 ~ 63 内的面积一直保持不变，没有 DN 值范围在 20 ~ 49 的区域，说明这是成都市的主城区；新都区、温江区、邛崃市和龙泉驿区灯光 DN 值范围在 50 ~ 63 的面积逐步扩大，灯光 DN 值范围在 20 ~ 49 的面积逐渐缩小；成华区、大邑县和彭州市则与新都区、温江区、邛崃市和龙泉驿区刚好相反；双流区、新津县、青白江区、郫都区、金堂县、简阳市和都江堰市灯光 DN 值范围在 50 ~ 63 和 20 ~ 49 内的面积不断扩大；浦江县灯光 DN 值范围在 20 ~ 49 内的面积下降。由此可见，2014 ~ 2018 年成都市城市建成区灯光 DN 值范围在 50 ~ 63 的面积不断扩大，城郊地区灯光 DN 值范围在 20 ~ 49 的面积也不断增大。广汉市灯光 DN 值范围在 20 ~ 49 内的面积不断增大，2018 年达到 300. 385971 平方千米，2016 年灯光 DN 值范围在 50 ~ 63 内的面积 57. 451095 平方千米，到 2018 年灯光 DN 值范围在 50 ~ 63 内的面积是 99. 054188 平方千米。

计算可以得到成都市—德阳市广汉市在 2018 年行政区划调整前后，建成区和城郊区的空间面积。将德阳市广汉市合并到郑州市之前，成都市城郊地区的面积不断上升；将广汉市合并到郑州市之后，成都市建成区的面积保持不变，2014 年成都市建成区与城郊的面积比值是 0.788935384，2018 年比值提高到 0.851945018，如表 8-9 所示。

表 8 - 9　　　　将广汉市合并后的成都市城市建成区和城郊地区面积

区域	灯光 DN 值	2014 年（平方千米）	2016 年（平方千米）	2018 年（平方千米）
建成区	50～63	1803.041048	2055.078955	2404.20599
城郊	50～63	532.573148	614.643017	734.488188
	20～49	1468.4069	1469.42906	1688.091782
城市建成区/城郊地区		0.901078974	0.986088235	0.992415532
区域	灯光 DN 值	2014 年（平方千米）	2016 年（平方千米）	2018 年（平方千米）
建成区（调整后）	50～63	1803.041048	2055.078955	2404.20599
城郊（调整后）	50～63	590.024243	678.701838	833.542376
	20～49	1695.386052	1708.061655	1988.477753
城市建成区/城郊地区		0.788935384	0.861031669	0.851945018
区域	灯光 DN 值	2014 年（平方千米）	2016 年（平方千米）	2018 年（平方千米）
建成区调整后变化	50～63			
城郊调整后变化	50～63	57.451095	64.058821	99.054188
	20～49	226.979152	238.632595	300.385971

　　将广汉市撤县设区合并到成都市前，成都市城市建成区的面积不断增大，行政区划调整后，成都市城市建成区变化微小，建成区与城郊面积之间的比值从 2014 年的 0.929790452 提高至 2018 年的 1.033303424，如表 8 - 10 所示。

表 8 - 10　　　广汉市设区合并后的成都市城市建成区和城郊地区面积

区域	灯光 DN 值	2014 年（平方千米）	2016 年（平方千米）	2018 年（平方千米）
建成区	50～63	1803.041048	2055.078955	2404.20599
城郊	50～63	532.573148	614.643017	734.488188
	20～49	1468.4069	1469.42906	1688.091782
城市建成区/城郊地区		0.901078974	0.986088235	0.992415532
区域	灯光 DN 值	2014 年（平方千米）	2016 年（平方千米）	2018 年（平方千米）
建成区（调整后）	50～63	1860.492143	2119.137776	2503.260178
城郊（调整后）	50～63	532.573148	614.643017	734.488188
	20～49	1468.4069	1469.42906	1688.091782
城市建成区/城郊地区		0.929790452	1.016825569	1.033303424

续表

区域	灯光 DN 值	2014 年（平方千米）	2016 年（平方千米）	2018 年（平方千米）
建成区调整后变化	50~63	57.451095	64.058821	99.054188
城郊调整后变化	50~63			
	20~49			

    根据表 8-9、表 8-10 和图 8-8，可以得出以下结论：行政区划调整前，成都市城市建成区的空间扩张 2018 年比 2014 年增加 33.34%，城郊地区的空间扩张 2018 年比 2014 年增加 21.07%。将广汉市合并后，成都市城市建成区的空间扩张没有变化，城郊地区的空间扩张 2018 年比 2014 年增加 23.47%。广汉市撤县设区合并后，成都市城郊地区扩张没有发生变化，城市建成区的空间扩张 2018 年比 2014 年增加 34.55%。

    由此可见，合并广汉市，成都市城郊地区面积增加，将广汉市撤县设区合并后的成都市城市建成区面积也增加。与未经过行政区划调整相比，合并广汉市后的成都市城郊地区面积扩张速度更快。成都市合并广汉市的行政区划调整能够带动成都市城郊地区扩展，间接带动成都市和成渝城市群综合承载力的提升。

8.2.3 撤县设区方式的行政区划扁平化设置空间锁定

    对京津冀中的石家庄市进行空间锁定，如图 8-9 所示，可以看出经过行政区划调整后的石家庄市城市建成区和城郊地区的面积变化。

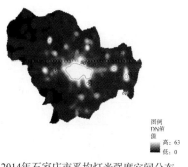 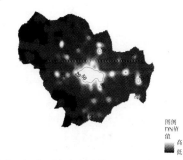

（a）2014年石家庄市平均灯光强度空间分布　　　（b）2016年石家庄市平均灯光强度空间分布

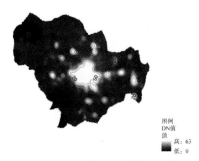

（c）2018年石家庄市平均灯光强度空间分布

图 8 - 9　石家庄市平均灯光强度空间分布

根据图 8 - 9 可以得出结论：石家庄市城市建成区面积不断扩大，同时城郊地区面积也不断扩大；石家庄城市建成区主要向东部和北部扩张，城郊地区主要向南部扩张；随着经济的发展，原来属于石家庄市灯光 DN 值 50 以上的面积不断扩大，城郊地区逐渐演变成城市建成区，临近城郊地区的农村地区也逐渐成为新的城郊地区。

将 2018 年石家庄市行政区划图匹配到石家庄市 2014 年、2016 年、2018 年的夜间灯光数据，计算得出石家庄市灯光 DN 值面积，如表 8 - 11 所示。

表 8 - 11　　　　　　　　　　　　石家庄市灯光 DN 值面积

区域	灯光 DN 值	2014 年（平方千米）	2016 年（平方千米）	2018 年（平方千米）
高邑县	50 ~ 63			
	20 ~ 49	4. 088258	1. 363215	24. 085481
藁城区	50 ~ 63	39. 386388	33. 83053	50. 387649
	20 ~ 49	109. 895478	112. 386088	160. 009747
晋州	50 ~ 63	3. 529042	0. 914256	
	20 ~ 49	58. 72613	55. 665608	59. 985547
井陉矿区	50 ~ 63			0. 463852
	20 ~ 49	43. 433385	35. 071454	44. 758933
井陉县	50 ~ 63			
	20 ~ 49	29. 615112	20. 019675	26. 451503
灵寿县	50 ~ 63			12. 427241
	20 ~ 49	18. 771421	5. 919695	47. 327309

续表

区域	灯光 DN 值	2014 年（平方千米）	2016 年（平方千米）	2018 年（平方千米）
鹿泉区	50～63	54.00939	38.19184	66.778394
	20～49	180.173505	168.509898	180.004251
栾城区	50～63	26.425851	14.369246	61.230466
	20～49	143.024925	146.203542	134.310725
平山县	50～63	0.461816	0.461816	
	20～49	68.846464	60.489063	64.580721
桥西区	50～63	66.014693	66.014693	66.014693
	20～49			
深泽县	50～63			
	20～49	13.639004	7.387114	17.307719
无极县	50～63			
	20～49	17.455793	14.323406	38.091447
辛集市	50～63	14.770564	10.708538	31.793962
	20～49	108.320101	98.049553	117.458294
新华区	50～63	57.969104	59.704495	60.761702
	20～49	32.577912	30.209887	29.127987
新乐市	50～63		0.462149	5.730931
	20～49	45.648004	54.856872	65.380499
行唐县	50～63			
	20～49	14.790186	8.086246	13.65152
裕华区	50～63	103.351444	101.130698	106.380853
	20～49	5.283201	7.378743	3.249348
元氏县	50～63			
	20～49	34.633418	23.755919	68.456512
赞皇县	50～63			
	20～49	9.614183	13.097296	8.757173
长安区	50～63	86.561801	84.55076	114.724808
	20～49	43.299584	45.310625	16.75594

区域	灯光 DN 值	2014 年（平方千米）	2016 年（平方千米）	2018 年（平方千米）
赵县	50 ~ 63			
	20 ~ 49	26. 030825	20. 978623	36. 983961
正定县	50 ~ 63		10. 119166	76. 518073
	20 ~ 49	180. 49178	152. 959133	139. 271347

　　其中，高邑县、晋州、井陉县、灵寿县、平山县、深泽县、无极县、辛集市、新乐市、行唐县、元氏县、赞皇县、赵县、正定县属于石家庄市城郊地区，长安区、鹿泉区、栾城区、井陉矿区、藁城区、桥西区、新华区、裕华区属于石家庄市建成区。根据表 8 - 11 可以看出，桥西区灯光 DN 值范围在 50 ~ 63 内的面积一直保持不变，没有 DN 值范围在 20 ~ 49 的区域，说明这是石家庄市的主城区；鹿泉区、栾城区、长安区、裕华区、新华区灯光 DN 值范围在 50 ~ 63 的面积逐步扩大，灯光 DN 值范围在 20 ~ 49 的面积逐渐缩小；晋州市则与鹿泉区、栾城区、长安区、裕华区、新华区恰恰相反；井陉矿区、灵寿县、藁城区、新乐市、辛集市灯光 DN 值范围在 50 ~ 63 和 20 ~ 49 内的面积都不断扩大；高邑县、平山县、深泽县、无极县、赵县和元氏县灯光 DN 值范围在 20 ~ 49 内的面积上升；井陉县、赞皇县和行唐县灯光 DN 值范围在 20 ~ 49 内的面积则缩小，没有 DN 值在 50 ~ 63 的区域。由此可见，2014 ~ 2018 年石家庄市城市建成区灯光 DN 值范围在 50 ~ 63 内的面积不断扩大，大部分城郊地区灯光 DN 值范围在 20 ~ 49 内的面积不断增大。其中，正定县在 2016 年开始出现灯光 DN 值范围在 50 ~ 63 内的面积是 10. 119166 平方千米，到 2018 年，灯光 DN 值范围在 50 ~ 63 内的面积达到 76. 518073 平方千米。

　　计算可以得到石家庄市在 2018 年撤正定县为区前后，建成区和城郊区的空间面积。撤正定县为区前，2014 年石家庄市建成区与城郊的面积比值是 0. 667842982，2018 年比值下降到 0. 616607222；撤正定县为区后，2014 年石家庄市建成区与城郊的面积比值是 0. 924890976，2018 年比值提高到 0. 944853572，如表 8 - 12 所示。

　　根据表 8 - 12 和图 8 - 9 可以得出以下结论：撤正定县为区前，石家庄市城市建成区的空间扩张 2018 年比 2014 年增加 21. 45%，而同期的城郊地区则增加了 31. 53%。撤正定县为区后，2014 年的石家庄市建成区和城郊地区的面积与之前相比不变，2016 年开始发生变化。在行政区划上，石家庄建成区 2018 年比 2014 年面积增长了 39. 09%，石家庄城郊地区 2018 年比 2014 年面积增长了

36.15%。其中，在行政区划上是石家庄城郊地区，但夜间灯光 DN 值范围在
50~63 和 20~49 的区域面积都扩大了，分别增长了 166.25% 和 30.73%。

表 8-12　　　　行政区划调整后的石家庄市城市建成区和城郊地区面积

区域	灯光 DN 值	2014 年（平方千米）	2016 年（平方千米）	2018 年（平方千米）
建成区	50~63	433.718671	397.792262	526.742417
城郊	50~63	18.761422	22.665925	126.470207
	20~49	630.670679	536.951418	727.789033
城市建成区/城郊地区		0.667842982	0.710829046	0.616607222
区域	灯光 DN 值	2014 年（平方千米）	2016 年（平方千米）	2018 年（平方千米）
建成区	50~63	433.718671	407.911428	603.26049
城郊（调整后）	50~63	18.761422	12.546759	49.952134
	20~49	450.178899	383.992285	588.517686
城市建成区/城郊地区		0.924890976	1.028679103	0.944853572
区域	灯光 DN 值	2014 年（平方千米）	2016 年（平方千米）	2018 年（平方千米）
建成区调整后变化	50~63	0	10.119166	76.518073
城郊调整后变化	50~63	0	-10.119166	-76.518073
	20~49	-180.49	-152.959133	-139.271347

　　由此可见，从行政区划和夜间灯光数据的角度来看，经过撤正定县设区后的
石家庄市城市建成区面积扩大，城郊面积发生微小变化。石家庄城市建成区经济
快速发展、城郊地区经济发展缓慢。石家庄市撤正定县为区的行政区划调整能够
带动石家庄市城市建成区扩展及城郊地区经济发展，间接带动石家庄市和京津冀
城市群综合承载力的提升。

　　对关中平原城市群中的西安市进行空间锁定，如图 8-10 所示，从图中可以
看出经过行政区划调整后的西安市城市建成区和城郊地区的面积变化。

　　根据图 8-10 可以得出以下结论：西安市城市建成区面积不断扩大，同时城
郊地区面积也不断扩大；西安市城市建成区主要向东北部和南部扩张，城郊地区
主要向西部扩张；随着经济发展，原来属于西安市灯光 DN 值 50 以上的面积不
断扩大，城郊地区逐渐演变成城市建成区，临近城郊地区的农村地区也逐渐成为
新的城郊地区。

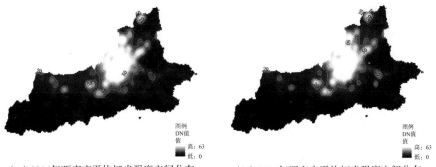

（a）2014年西安市平均灯光强度空间分布　　　（b）2016年西安市平均灯光强度空间分布

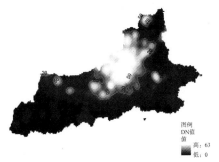

（c）2018年西安市平均灯光强度空间分布

图 8 - 10　西安市平均灯光强度空间分布

　　将2018年西安市行政区划图匹配西安市2014年、2016年、2018年的夜间灯光数据图，计算得出西安市灯光DN值面积，如表8-13所示。

表 8 - 13　　　　　　　　　　　　　西安市灯光 DN 值面积

区域	灯光 DN 值	2014 年（平方千米）	2016 年（平方千米）	2018 年（平方千米）
灞桥区	50 ~ 63	184. 370073	177. 997711	210. 608576
	20 ~ 49	119. 975549	122. 78656	97. 28012
碑林区	50 ~ 63	25. 588342	25. 588342	25. 588342
	20 ~ 49			
高陵区	50 ~ 63	72. 277424	67. 346578	98. 19165
	20 ~ 49	106. 377334	105. 947023	126. 551435
鄠邑区	50 ~ 63	21. 8139	38. 832874	57. 447211
	20 ~ 49	163. 383575	139. 35203	218. 782576

续表

区域	灯光 DN 值	2014 年（平方千米）	2016 年（平方千米）	2018 年（平方千米）
莲湖区	50～63	42.499706	42.499706	42.499706
	20～49			
临潼区	50～63	58.603847	50.597321	71.078956
	20～49	170.768916	178.7156	220.647745
未央区	50～63	262.882524	262.882524	262.882524
	20～49			
新城区	50～63	28.059882	28.059882	28.059882
	20～49			
阎良区	50～63	24.113212	24.481482	37.398785
	20～49	51.639014	56.480888	54.482935
雁塔区	50～63	150.511848	150.511848	150.511848
	20～49			
长安区	50～63	200.234555	212.447796	305.67205
	20～49	375.693601	317.084896	371.646021
周至县	50～63			13.091372
	20～49	99.498128	50.294581	105.500427
蓝田县	50～63			31.082088
	20～49	56.574116	66.996743	62.053377

其中，周至县、蓝田县属于西安市城郊地区，灞桥区、碑林区、鄠邑区、高陵区、莲湖区、临潼区、未央区、新城区、阎良区、雁塔区、长安区属于西安市建成区。根据表 8-13 可以看出，碑林区、莲湖区、未央区、新城区和雁塔区灯光 DN 值范围在 50～63 内的面积一直保持不变，没有 DN 值范围在 20～49 的区域，说明这是西安市的主城区；灞桥区、长安区灯光 DN 值范围在 50～63 的面积逐步扩大，灯光 DN 值范围在 20～49 的面积逐渐缩小；高陵区、鄠邑区、临潼区、阎良区和周至县灯光 DN 值范围在 50～63 和 20～49 内的面积都不断扩大。由此可以看出，2014～2018 年西安市灯光 DN 值范围在 50～63 的城市建成区和灯光 DN 值范围在 20～49 的城郊地区面积不断增大。其中，蓝田县在 2018 年开始出现灯光 DN 值范围在 50～63 内的区域面积是 31.082088 平方千米。

计算可以得到西安市在 2018 年撤蓝田县为区前后，建成区和城郊区的空间面积。撤蓝田县为区前，2014 年西安市建成区与城郊的面积比值是 6.861920387，2018 年比值下降到 6.092458315；撤正定县为区后，2014 年石家庄市建成区与城郊的面积比值是 10.76357249，2018 年比值提高到 11.13923247，如表 8 - 14 所示。

表 8 - 14　　　　行政区划调整后的西安市城市建成区和城郊地区面积

区域	灯光 DN 值	2014 年（平方千米）	2016 年（平方千米）	2018 年（平方千米）
建成区	50～63	1070.955313	1081.246064	1289.93953
城郊	50～63			44.17346
	20～49	99.498128	50.294581	167.553804
城市建成区/城郊地区		6.861920387	9.218465843	6.092458315
区域	灯光 DN 值	2014 年（平方千米）	2016 年（平方千米）	2018 年（平方千米）
建成区（调整后）	50～63	1070.955313	1081.246064	1321.021618
城郊（调整后）	50～63			13.091372
	20～49	99.498128	50.294581	105.500427
城市建成区/城郊地区		10.76357249	21.49826169	11.13923247
区域	灯光 DN 值	2014 年（平方千米）	2016 年（平方千米）	2018 年（平方千米）
建成区调整后变化	50～63			31.082088
城郊调整后变化	50～63			-31.082088
	20～49			-62.053377

根据表 8 - 14 和图 8 - 10 可以得出以下结论：撤蓝田县为区前，西安市城市建成区的空间扩张 2018 年比 2014 年增加 20.45%，而同期的城郊地区则增加了 112.80%。撤蓝田县为区后，2014 年和 2016 年的西安市建成区和城郊地区的面积与之前相比不变，2018 年开始发生变化。在行政区划上，西安市建成区 2018 年比 2014 年面积增长了 23.35%，西安市城郊地区 2018 年比 2014 年面积增长了 19.19%。其中，在行政区划上属于西安市城郊地区，但夜间灯光 DN 值范围在 50～63 的面积在 2018 年增加了 13.09 平方千米，灯光 DN 值范围在 20～49 的面积 2018 年比 2014 年增长了 6.03%。

由此可见，从行政区划和夜间灯光数据的角度来看，经过撤蓝田县为区后的西安市城市扩大了建成区面积，缩小了城郊面积。西安市建成区和蓝田县经济快速发展。西安市撤蓝田县为区可以扩大建成区发展及带动城郊地区经济发展，间接带动西安市和关中平原城市群综合承载力的提升。

对中原城市群中的洛阳市进行空间锁定，如图8－11所示，可以看出经过行政区划调整后的洛阳市城市建成区和城郊地区的面积变化。

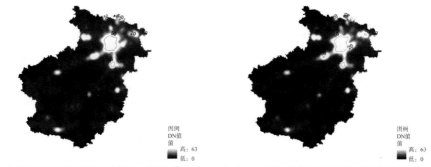

（a）2014年洛阳市平均灯光强度空间分布　　　　　　（b）2016年洛阳市平均灯光强度空间分布

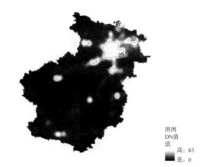

（c）2018年洛阳市平均灯光强度空间分布

图8－11　洛阳市平均灯光强度空间分布

根据图8－11可以得出以下结论：洛阳市建成区面积不断扩大，同时城郊地区面积也不断扩大；洛阳市建成区主要向东北部扩张，城郊地区主要向西南部扩张；随着经济的发展，原来属于洛阳市灯光DN值50以上的面积不断扩大，城郊地区逐渐演变成城市建成区，临近城郊地区的农村地区也逐渐成为新的城郊地区。

将2018年洛阳市行政区划图匹配到洛阳市2014年、2016年、2018年的夜间灯光数据图，计算得出洛阳市灯光DN值面积，如表8－15所示。

表 8 – 15　　　　　　　　　洛阳市灯光 DN 值面积

区域	灯光 DN 值	2014 年（平方千米）	2016 年（平方千米）	2018 年（平方千米）
吉利区	50 ~ 63	0.483604	6.669814	8.275076
	20 ~ 49	47.559099	42.045518	44.09981
涧西区	50 ~ 63	55.006511	56.18496	71.389452
	20 ~ 49	52.44117	49.17047	44.962116
老城区	50 ~ 63	28.074255	28.074255	31.519171
	20 ~ 49	20.787118	20.200342	17.342202
栾川县	50 ~ 63			
	20 ~ 49	35.565996	24.304614	63.305066
洛龙区	50 ~ 63	84.65139	104.225914	189.133961
	20 ~ 49	209.965425	211.31629	218.597855
洛宁县	50 ~ 63			9.784442
	20 ~ 49	29.529332	25.870996	58.376462
汝阳县	50 ~ 63			5.0874
	20 ~ 49	26.88335	27.291538	39.765234
嵩县	50 ~ 63			
	20 ~ 49	5.777095	4.796434	36.418103
西工区	50 ~ 63	31.30841	29.732954	30.719756
	20 ~ 49	18.751263	19.531423	19.415137
新安县	50 ~ 63			3.145693
	20 ~ 49	93.946353	82.14353	104.798332
偃师市	50 ~ 63		4.962316	41.674062
	20 ~ 49	83.626136	114.727271	159.939224
宜阳县	50 ~ 63		0.958571	16.967188
	20 ~ 49	104.642108	99.136572	120.065064
瀍河回族区	50 ~ 63	19.193051	28.285651	32.394865
	20 ~ 49	25.070679	18.735782	13.016369
伊川县	50 ~ 63	21.229456	17.030674	22.914349
	20 ~ 49	126.143309	110.991728	135.808003

区域	灯光 DN 值	2014 年（平方千米）	2016 年（平方千米）	2018 年（平方千米）
孟津县	50 ~ 63			
	20 ~ 49	96. 675665	73. 66311	164. 165545

其中，栾川县、洛宁县、汝阳县、嵩县、新安县、偃师市、宜阳县、伊川县、孟津县属于洛阳市城郊地区，吉利区、涧西区、老城区、洛龙区、西工区、瀍河回族区属于洛阳市建成区。根据表 8 – 15 可以看出，2014 ~ 2018 年洛阳市城市建成区灯光 DN 值范围在 50 ~ 63 内的面积不断扩大，大部分城郊地区灯光 DN 值范围在 20 ~ 49 内的面积不断增大。吉利区、涧西区、老城区、瀍河回族区灯光 DN 值范围在 50 ~ 63 的面积逐步扩大，灯光 DN 值范围在 20 ~ 49 的面积逐渐缩小；洛龙区、洛宁县、汝阳县、新安县、偃师市、宜阳县和伊川县灯光 DN 值范围在 50 ~ 63 和 20 ~ 49 内的面积都不断扩大；西工区则与吉利区、涧西区、老城区、瀍河回族区刚好相反；栾川县、嵩县和孟津县灯光 DN 值范围在 20 ~ 49 内的面积不断上升，没有灯光 DN 值范围在 50 ~ 63 的区域。其中，伊川县 2018 年灯光 DN 值范围在 50 ~ 63 内的面积达到 22.914349 平方千米，孟津县 2018 年灯光 DN 值范围在 20 ~ 49 的面积达到 164.165545 平方千米。

计算可以得到洛阳市在 2018 年撤伊川县、孟津县为区前后，建成区和城郊区的空间面积。撤伊川县、孟津县为区前，2014 年洛阳市建成区与城郊的面积比值是 0.350497807，2018 年比值提高到 0.370013275；撤伊川县、孟津县为区后，2014 年洛阳市建成区与城郊的面积比值是 0.631487863，2018 年比值下降到 0.585971844，如表 8 – 16 所示。

表 8 – 16   行政区划调整后的洛阳市城市建成区和城郊地区面积

区域	灯光 DN 值	2014 年（平方千米）	2016 年（平方千米）	2018 年（平方千米）
建成区	50 ~ 63	218. 717221	253. 173548	363. 432281
城郊	50 ~ 63	21. 229456	22. 951561	99. 573134
	20 ~ 49	602. 789344	562. 925793	882. 641033
城市建成区/城郊地区		0. 350497807	0. 432127213	0. 370013275
区域	灯光 DN 值	2014 年（平方千米）	2016 年（平方千米）	2018 年（平方千米）
建成区（调整后）	50 ~ 63	239. 946677	270. 204222	386. 34663
城郊（调整后）	50 ~ 63		5. 920887	76. 658785
	20 ~ 49	379. 97037	378. 270955	582. 667485
城市建成区/城郊地区		0. 631487863	0. 703305465	0. 585971844

续表

区域	灯光 DN 值	2014 年（平方千米）	2016 年（平方千米）	2018 年（平方千米）
建成区调整后变化	50～63	21. 22946	17. 03067	22. 914349
城郊调整后变化	50～63	−21. 2295	−17. 0307	−22. 914349
	20～49	−222. 819	−184. 655	−299. 973548

根据表 8 - 16 和图 8 - 11 可以得出以下结论：撤伊川县和孟津县为区前，洛阳市城市建成区的空间扩张 2018 年比 2014 年增加 66. 17%，而同期的城郊地区增加了 46. 43%。撤伊川县和孟津县为区后，在行政区划上洛阳市建成区 2018 年比 2014 年面积增长了 61. 01%，洛阳市城郊地区 2018 年比 2014 年面积增长了 73. 52%。其中，在行政区划上属于洛阳市城郊地区，但夜间灯光 DN 值范围在 50～63 和 20～49 的区域面积都扩大了，分别增长了 76. 66 平方千米和 53. 35%。

由此可见，从行政区划和夜间灯光数据的角度来看，撤伊川县和孟津县为区后，洛阳市扩大了城市建成区面积，缩小了城郊地区的面积。与未经过行政区划调整相比，城市建成区面积增加，但是城市建成区的空间扩张速度降低，城郊地区的空间扩张速度提高。洛阳市撤伊川县、孟津县为区的行政区划调整并带动洛阳市城市建成区扩展及城郊地区经济发展的效果不显著。

对长江中游城市群中的合肥市进行空间锁定，如图 8 - 12 所示，可以看出经过行政区划调整后的合肥市城市建成区和城郊地区的面积变化。

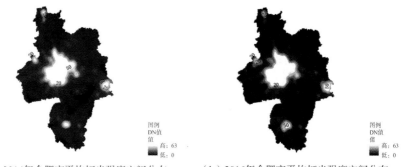

（a）2014年合肥市平均灯光强度空间分布　　　（b）2016年合肥市平均灯光强度空间分布

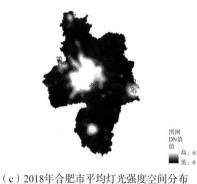

图例
DN值
值
■ 高：63
□ 低：0

（c）2018年合肥市平均灯光强度空间分布

图8-12　合肥市平均灯光强度空间分布

根据图8-12可以得出以下结论：合肥市建成区面积不断扩大，同时城郊地区面积也不断扩大；合肥市建成区向东部扩张，城郊地区向南部扩张；随着经济的发展，原来属于合肥市灯光DN值50以上的面积不断扩大，城郊地区逐渐演变成城市建成区，临近城郊地区的农村地区也逐渐成为新的城郊地区。

将2018年合肥市行政区划图匹配到合肥市2014年、2016年、2018年的夜间灯光数据图，计算得出合肥市灯光DN值面积，如表8-17所示。

表8-17　　　　　　　　　　合肥市灯光DN值面积

区域	灯光DN值	2014年（平方千米）	2016年（平方千米）	2018年（平方千米）
包河区	50~63	159.585709	177.486185	188.850915
	20~49	59.399405	55.972089	54.624794
巢湖市	50~63	50.430623	67.019024	74.837722
	20~49	95.799072	96.389913	114.432637
肥东县	50~63	80.816633	109.995956	140.106665
	20~49	133.563197	125.384024	161.260706
庐江县	50~63	24.245132	54.101151	78.991356
	20~49	50.266987	83.255955	83.871913
庐阳区	50~63	65.829153	64.532645	78.297064
	20~49	31.580243	29.900756	35.775962
蜀山区	50~63	212.114717	220.506401	234.47284
	20~49	46.096784	49.601712	52.712338

续表

区域	灯光 DN 值	2014 年（平方千米）	2016 年（平方千米）	2018 年（平方千米）
瑶海区	50～63	161.084522	180.64816	184.388668
	20～49	42.371259	34.377154	39.378993
长丰县	50～63	67.075049	74.217405	113.156101
	20～49	139.063326	130.7479	187.182449
肥西县	50～63	100.104042	118.839026	167.454012
	20～49	99.178544	138.82423	235.989124

其中，巢湖市、肥东县、肥西县、庐江县、长丰县属于合肥市城郊地区，包河区、庐阳区、蜀山区、瑶海区属于合肥市建成区。根据表 8－17 可以看出，2014～2018 年合肥市城市建成区灯光 DN 值范围在 50～63 内的面积不断扩大，大部分城郊地区灯光 DN 值范围在 20～49 内的面积不断增大。瑶海区、包河区灯光 DN 值范围在 50～63 的面积逐步扩大，灯光 DN 值范围在 20～49 的面积逐渐缩小；巢湖市、肥东县、庐江县、庐阳区、蜀山区、肥西县、长丰县、灯光 DN 值范围在 50～63 和 20～49 内的面积都不断扩大。其中肥西县在 2014 年灯光 DN 值范围在 50～63 内的面积是 100.104042 平方千米，到 2018 年达到 167.454012 平方千米。

计算可以得到合肥市在 2018 年撤肥西县为区前后，建成区和城郊区的空间面积。撤肥西县为区前，2014 年合肥市建成区与城郊的面积比值是 0.712175799，2018 年比值下降到 0.5054286；撤肥西县为区后，2014 年合肥市建成区与城郊的面积比值是 1.089601912，2018 年比值下降到 0.894766316，如表 8－18 所示。

表 8－18　　　　行政区划调整后的合肥市城市建成区和城郊地区面积

区域	灯光 DN 值	2014 年（平方千米）	2016 年（平方千米）	2018 年（平方千米）
建成区	50～63	598.614101	643.173391	686.009487
城郊	50～63	322.671479	424.172562	574.545856
	20～49	517.871126	574.602022	782.736829
城市建成区/城郊地区		0.712175799	0.643962513	0.5054286

区域	灯光 DN 值	2014 年（平方千米）	2016 年（平方千米）	2018 年（平方千米）
建成区（调整后）	50～63	698.718143	762.012417	853.463499

续表

区域	灯光 DN 值	2014 年（平方千米）	2016 年（平方千米）	2018 年（平方千米）
城郊（调整后）	50～63	222.567437	305.333536	407.091844
	20～49	418.692582	435.777792	546.747705
城市建成区/城郊地区		1.089601912	1.028202361	0.894766316

区域	灯光 DN 值	2014 年（平方千米）	2016 年（平方千米）	2018 年（平方千米）
建成区调整后变化	50～63	100.104	118.839	167.454
城郊调整后变化	50～63	-100.104	-118.839	-167.454
	20～49	-99.1785	-138.824	-235.989

根据表 8-18 和图 8-12 可以得出以下结论：撤肥西县为区前，合肥市城市建成区的空间扩张 2018 年比 2014 年增加 14.60%，而同期的城郊地区增加了 61.48%。撤肥西县为区后，在行政区划上，合肥市建成区 2018 年比 2014 年面积增长了 22.15%，合肥市城郊地区 2018 年比 2014 年面积增长了 48.74%。其中，在行政区划上属于合肥市的城郊地区，但夜间灯光 DN 值范围在 50～63 和 20～49 的区域面积都扩大了，分别增长了 82.91% 和 30.58%。

由此可见，从行政区划和夜间灯光数据的角度来看，经过撤肥西县设区后，合肥市扩大了城市建成区面积，缩小了城郊地区面积范围。与未撤肥西县设区相比，合肥市建成区和城郊地区的空间扩张速度降低。合肥市撤肥西县为区的行政区划调整，带动合肥市城市建成区扩展及城郊地区经济发展的效果不显著。

8.3 研究发现与政策含义

8.3.1 研究发现

根据全国行政区划，结合夜间灯光数据计算出城市建成区以及城郊地区空间面积，通过 Arcgis 软件对全球灯光数据进行可视化处理，判断识别出中心城市建成区扩展情况，探讨行政规划调整对中心城市城区建设的影响，研究发现以下特征：

第一，从城市合并的角度，可以看出 2014～2018 年京津冀城市群中的北京市—广阳区、中原城市群中的郑州市—武陟县、成渝城市群中的成都市—广汉市的情况。其中，京津冀城市群中的北京市情况比较特殊，北京市没有城郊地区，广阳区属于城市建成区，合并广阳区到北京市后，北京市建成区的空间扩张速度变化微小；广阳区撤区为县合并到北京市后，北京市城市建成区与城郊面积的比值不断下降，说明广阳区作为城郊地区的发展程度较高。在对原本县（市）进行城市合并后，郑州市和成都市城郊地区的面积增加了，郑州市建成区面积的增长速度低于城郊面积的增长速度，说明郑州市城郊地区的发展程度较高；成都市建成区面积增长速度高于城郊面积的增长速度，说明成都市建成区发展程度较高。在撤县设区后进行城市合并，郑州市的建成区面积变化微小，城市建成区与城郊面积比值增加；成都市的城市建成区面积增加，城市建成区与城郊面积比值增加。撤广汉市为区后与成都市进行合并的行政区划调整，带动了成都市城市建成区扩展及城郊地区经济发展。

第二，从撤县设区的角度，可以看出 2014～2018 年京津冀城市群中的石家庄市、中原城市群中的洛阳市、关中平原城市群中的西安市、长江中游城市群中的合肥市的情况，在进行行政区划调整前，石家庄市、西安市和合肥市的城市建成区与城郊面积比值不断降低，洛阳市城市建成区与城郊面积比值不断增加。在进行行政区划调整后，石家庄市城市建成区与城郊面积比值出现小幅度增加，西安市、洛阳市和合肥市的城市建成区与城郊面积比值不断降低；其中，西安市和合肥市的城市建成区的空间扩张速度提升，洛阳市城郊地区的空间扩张速度提升，石家庄市的城市建成区和城郊地区的空间扩张速度均得到了提升。石家庄撤正定县为区的行政区划调整，带动了石家庄市城市建成区扩展及城郊地区经济发展。

8.3.2 讨论

本书从文献分析、理论分析、实证分析三个层面分析了中国行政区划设置扁平化区域，下面对上述的研究发现进行讨论。

第一，行政等级对城市经济具有推动作用。由于行政级别的制度设计直接决定着城市政府的权力职能（管辖范围）、财政能力（政策实施），更高行政级别的城市无论是在基础设施建设、公共服务供给、资源集聚及调配能力，还是在政策实施灵活性、人力资本水平、政府治理能力等方面都更具备优势。在行政区划调整后，要加强中心城市与调整区域的联系，促进中心城市形成更高效的集聚效应，推动城市经济发展，注重因城市规模扩大而产生的承载问题、社会问题等。石家庄市撤正定县为区的行政区划调整，首先，有利于优化石家庄市和正定县的产业空间布局。正定县各产业发展迅速，2020 年正定县 5 个 "4 + 4" 现代产业项目竣工或部分竣工，完成投资 10.7 亿元。石家庄市的产业发展结构调整和重组，可以向正定县进行产业转移，对正定县和石家庄市的产业延伸、拓展及补给具有推动作用，促使资金、技术及人才等各类生产要素在石家庄市和正定县之间合理配置、相互流动，有利于推动石家庄市和正定县生产效率的提升。对正定县进行撤县设区的行政区划调整，使其归属石家庄市后，石家庄市城市建成区的规模扩大，推动了要素合理流动，可以更大范围地调控产业资源，更好地平衡协调各方利益，有效地避免了资源浪费和产业趋同化。其次，有利于推动京津冀一体化发展。正定县是石家庄市通往北京市和天津市的必经之路，连接了京津冀城市群。石家庄市地铁 1 号线穿过正定县，也为石家庄市和正定县的一体化发展起到了积极的推动作用。成都市与广汉市合并，两个城市的发展程度不同，必然存在实力的差异，成都市扩大了城市规模，广汉市人民的生活质量提高了，但同时广汉市人民的生活成本也提高了。

第二，中心城市行政区划设置扁平化可以增强中心城市的辐射能力，带动城市群的发展。一方面，可以提升中心城市的辐射作用。通过撤县设区或者城市合并，中心城市管辖政区的数量下降，精简了城市管理机构，整合和优化了城市功能区和空间。中心城市建成区面积的扩大，能更大范围地从社会经济、政治、文化和环境的角度发挥城市空间的作用，减小市区和郊区、新区和旧区、富人区与平民区在就业机会、生态环境、教育资源、公共服务等方面的差异，从而塑造城市区位空间公平。另一方面，可以带动城郊经济的发展。资本侵入城市社会经济，分裂和扰乱了人民的日常生活，行政区划扁平化可以改善人民生活、缩小城乡差距，既可以引导务农经商的农民向城市集聚，加快农业人口市民化的进程，又可以鼓励城市的人才、资本走向农村，构筑城乡融合的空间形态和发展格局，推动公共资源要素在大中小城市之间、城乡之间上配置更加优化。

8.3.3　政策含义

通过对行政规划调整前后的城郊空间和建成区扩展情况进行分析，为行政规划调整影响中心城市城区建设提供了实证依据。以中心城市为核心的城市群行政区划设置扁平化的构建要充分提升城市的承载能力，利用好中心城市为核心的城市群行政区划扁平化，带动中心城市建成区扩展及城郊经济发展。实施中心城市行政区划设置扁平化,对加强城市群行政区划设置扁平化,增强中国城市群协同发展,拓展城市群发展空间,推动城市群高质量发展具有重要的意义。

第一,构建以中心城市为核心的城市群行政区划设置扁平化政策要推动建成区与城郊一体化。本书在对城市夜间灯光数据进行分析时,发现城市建成区和城郊地区具有显著差异,其中最为突出的问题就是各区域的公共服务差异性较大,包括建成区和城郊地区、中心城市和其他城市、东部地区和西部地区的差异。与此同时,中心城市对人口的聚集能力加强,政策实行者在执行行政区划设置扁平化政策时,不能忽视公共服务一体化的作用,公共服务一体化是应对中国未来劳动力向大城市集聚,缓解人口流入地人口压力的重要政策。

第二,构建以中心城市为核心的城市群行政区划设置扁平化政策要提高城市群综合承载力。研究发现,中心城市行政区划设置扁平化,应加强基础设施建设,不能简单地扩大中心城市建成区面积,配套措施也要及时跟上。通过加强基础设施建设,化解市区和郊区、新区和旧区、富人区与平民区在就业机会、生态环境、教育资源、公共服务等方面的差异,可以进一步增加人民福祉,缩减区域和城乡差距。

第 9 章

以中心城市为核心的城市群行政区划
设置扁平化模式实现路径的研究

9.1 完善行政区划调整政策，提升城市经济发展水平

9.1.1 减少行政区划管理层级，推动城市发展成本降低

第一，因地制宜减少行政管理层级。将行政管理体制中的三级管理转为两级管理，行政区的管辖范围匹配其机构数量，深入推进省直管县和扩权强县改革，降低城市运营成本。全面掌握不同县级城市的发展情况，在此基础上准确进行选拔，挑选经济实力良好并且有独特比较优势的县由省级政府直接管辖，或者由省会城市代管。首先，学习东部地区城市群省直管县的经验，根据当地发展情况，明确一系列相关规定，保障此项工作顺利实施。其次，从财政到人事、经济、社会方面，逐步对该县域进行权力下放。省级政府直接管理县域，管理上减少了市这一层级，省级政府可以用增加的财政收入保障该县域经济发展所需的财政资金，提升该县域经济的总体实力，且县级政府拥有更大的自主权。除去财政和政策支持外，也要对强县的权力扩大进行制约，市级政府要对县级政府进行监督，

根据此权力的实施效果进行奖惩。

第二，谋划建立市、县、区分等级制度。在强化政治引导的前提下，尽可能激发基层活力，尤其是我国中西部地区要更加重视行政转型。通过市、县、区分等，不同的类别划分出不同的级别，对城市进行行政等级科学管理，在行政区划上对乡镇和街道办的数量进行调整，通过合并和撤销的手段将城市管辖资源更多倾注在新城市建设上，降低城市发展成本，激发城市发展活力。

第三，为政府机构减负。将政府机构的专业化和服务化工作分离出来，让行业协会和中间组织自主发展，培育更符合市场需求的组织和协会，政府不参与具体的事务，而是从大方向把握和推动行业协会发展。

第四，通过职能分解来提升整个组织的治理效率。政府应不断调配社会资源，推动城市发展，在治理中推动政府职能与居民相配合，将城市协同中的政府职能分配给不同等级的单位和地区，为政府体制减负。政府应当适度放权给社区自治组织，明晰其职责，更好地带动社区自治，推动社区自治体系建立与完善，实现城市群协同事务的专业化管理。

9.1.2 征求专家和群众的意见，推动区划政策的科学化

第一，请专家评估行政区划政策。根据专家讨论验证后的意见，判断是否撤县设区或者城市合并，并在此基础上建立一个调整城市行政区划的效果验收工作机制，以便于积累行政区划工作经验。对调整高等级城市的行政区划，要谨慎对待，负责的部门要收集不同方面的资料，寻求不同专家的意见，部门负责人要将专业化知识与当地情况相结合，设计不同的行政区划调整方案，针对实施行政区划政策过程中可能面对的困难制定相应的解决方案，避免跟风。在行政区划调整的同时，要有管理体制和运行机制创新，不能新瓶装旧酒，避免个人借行政区划调整获取利益，避免地方政府借行政区划调整扩大其政府控制资源的能力，特别是土地资源的能力，保障地区实施行政区划调整的效果。

第二，充分保障社会公众在行政区划调整过程中的参与权。学习陕西省撤勉县设市的经验，在行政区划调整的过程中保障公众参与，利用现代通信手段，改变社会公众参与行政区划决策的方式和途径，为民众提供便捷，通过多平台多渠道进行行政区划调整通知，加快政务信息化平台建设，将政务不断公开，实现社会多元参与，公开相关信息并收集公众意见。针对民众的意见及时进行反馈互动，及时调整更新政策方向，提升民众的参与感，构建政府—社会—民众一体化的长效合作机制，推动行政区划政策顺利实施。

　　第三，制定具体化的行政区划政策。从自然条件来看，修改行政区划政策时要避免地理分割，尤其是大山大河，避免因地理分割造成地理优势的下降；从全国整体来看，优先调整成熟区域的行政区划；从长远计划来看，优先调整有经验且城市规模大的地区的行政区划，科学配置行政区划，联合中央政府政策倾斜和城市群内合作机制建立，加大对欠发达地区教育文化、社会保障、医疗卫生等领域的扶持，自上而下整体提升行政区划政策对城市群的协调作用。

　　第四，设立专门管理行政区划的部门。综合多个部门的力量成立专门的行政区划扁平化协同部门，解决在行政区划调整工作中遇到的难题，以及难以实施和落地的问题，指导行政区划相关工作，并且为该部门提供必要的财政支持以解决棘手难题。对政策的落实情况要及时检查和通报，明确各项细化工作流程的效果，积累当地行政区划设置扁平化的经验，上级政府根据其工作效果进行奖惩。

9.1.3　制定合理城市发展规划，推动城市发展战略优化

　　第一，制定差异化的城市规划。落实国家对所在区域的战略发展定位，依据城市中资源、历史和环境的独特优势，合理制定城市发展中每一步的目标。根据城市在城市群中承担的不同功能角色，摸清城市间发展不平衡的特征，差异化制定城市发展中各方面的底线原则，明确各主体功能区的功能定位，进行行政区划扁平化调整。整合城市在土地、环境、民生等维度的发展情况，明确城市发展定位，以城市群发展为目标，提出行政区划扁平化政策。

　　第二，制定重点化和特色化并重的城市群战略规划。在中国城市群的战略规划制定过程中，应当充分将重点论和两点论相结合，秉承从现实出发的原则，对城市群发展优势进行深层次剖析，在此基础上对中心城市和城市群内大中小城市（镇）之间的经济发展进行协调。根据城市发展的优劣势和机遇，实现中国城市群体系优化发展的重要路径就是加快构建其内部经济互联网络，推动城市群之间的经济交流，提高各类要素资源在城市群之间的自由流动效率。在行政区划调整前，要对该城市的社会经济发展进行全面论证，结合国家战略和地方优势，在城市拥有较强势的地方组织结构基础上，通过规划对其进行全面的行政空间整合，合理配置城市内部的资源要素，推动产业不断集聚，提升城市竞争力。

　　第三，将行政区划调整协同土地规划使用。新时期要规划好土地开发利用和建设情况，调整行政区划使其更好地支撑国家空间管理。将临近中心城市的县域城郊地区，纳入中心城市的扩张开发范围内，实行撤县（市）设区或者城市合并扩大中心城市的发展规模。中心城市的城区空间由此产生变动，不同城区的定位

及其功能、未来发挥的作用也会随之变动，土地利用规划要随之进行完善。

第四，统一行政区划和城市规划的信息统计标准。将偏离城市主城区的管辖区单位独立出来，通过将县城、特大镇等纳入城市实体地域的统计体系，对城市空间进行精准管理，将城市实体地域的城区人口，纳入行政区划调整的参考标准。在城市规划中及时考虑最新的地区实际空间面积和人口数量。

9.1.4 完善行政区划管理规范，推动行政区划政策实施

第一，依法依规设立行政区划管理规范，确保行政区划调整的科学性。适时调整行政区划的相关法律，保障行政区划调整的每一步都有法可依。明确在行政区划中省级和国家直接管辖的市级建立、变化的标准，并细化这些城市内部行政层级的成立标准，特别是要将对行政区划的非正式管理上升到一定高度。在进行行政区划调整时，当地政府应该同时提交相关非制度因素的情况材料，审批机关要综合考虑，确保撤县（市）设区或城市合并的行政区划调整满足地方城市化发展的需要。

第二，解决好行政区划实施过程中的问题。在整个行政区划调整过程中，要切实解决好行政区划调整前后行政单位和行政人员安排的问题，特别是行政单位这个最容易出现矛盾的地方。此外，要建立征求社会公众意见的机制。设立跨行政区的法院，更好地监督行政区划管理法规的实施，确保当法院审理当地政府确定的重点工程，如征地拆迁和城市建设案件等方面时，不受当地政府的干涉。确保司法作为国家法制统一的捍卫者，发挥其切实的功能。克服司法地方化，使国家事权的审判权由中央行使，构建公正、高效、权威司法体制，解决长期以来干预司法屡禁不绝的问题，从制度上确保行政区划设置扁平化得到司法保障。

第三，创新管理组织体系，激活行政区划资源。科学地整合行政区划的制度资源和空间资源，形成合理的行政区划资源格局，创新非正式的管理组织体系，推进"多中心治理"，激活行政区划的制度资源和空间资源。破除不同等级城市间需要跨越行政区的障碍，通过撤县（市）设区、城市合并、省直管县的方式进行城市群行政组织扁平化，打通城市群内跨省、市、县间的行政联系，对上级单位政策通知到基层单位的中间环节进行精简，形成城市群内自上而下的行政垂直管理体系。

第四，构建动态机制下的行政区划管理。通过高新技术手段了解和掌握城市自然环境和社会环境的情况，充分利用人工智能、计算机模拟以及大数据挖掘等现代技术，对大规模的地理、人口和产业等数据进行处理。统一乡级层面的行政

区划设置和调整标准，对县级以上的城市均设立街道办事处；对规模上与市级单位不相上下的县域，进行局部的行政区划调控，释放其政府在人事、财事等方面的自主权，从而构建动态机制下的行政区划管理，用恰当的指标来科学地调整行政区划政策。

9.2 挖掘中心城市发展潜力，提高区域资源配置效率

9.2.1 加强城市旧城区的改造，推动城市资源协调分配

第一，从住房方面，在增加保障性住房供给的过程中，不仅要关注住房困难的低收入人群，也要聚焦中心城市中新市民和青年人的住房困难问题；在改造城区的过程中，不仅要整顿房地产市场，也要对危房旧房进行综合治理，加强绿色治理，将环保和居住相结合，改善当地居民的居住环境。

第二，从科教文卫方面，政府应对居民生活进行公共服务供给以满足城市内部的社会需求。在教育方面需要对中小学、幼儿园等学校进行合理的规划建设，确保城市内部的教育资源能够合理利用，更好地满足当地居民的上学需求，覆盖区域内的全部居民。强化大学、大院、大所间的全面合作，结合新区重点产业领域、产业集群，引进国内外知名大学分校或研究院，强化企业合作，建立职业技术学院，完善继续教育和终身教育综合体系。在文化方面，需要不断建设公共图书馆、博物馆等文化传播、教育相关的公共服务设施，满足当地居民的文化需求。在医疗方面，要不断满足不同医疗患者的需求，在区域内部建立起妇幼医院、传染病医院等多样化的医疗设施建设，构建医疗卫生服务网络，提高医疗服务质量和效率。

第三，从公共交通和市政建设方面，通过对公交车企业职能的不断明晰，推动公共服务信息化建设，加快公共出行交通系统的智能化建设，实现城市公共交通信息共享，有效利用多种公共交通资源，提高公共交通的运行效率，让居民在出行的过程中有多种选择，制定合理的收费标准，以更好地刺激居民选择公共交通出行。政府应当不断完善城市公用设施的建设水平，将市政公共设施不断完善，构建完善的市政公共服务网络体系，实现信息共享，不断推进不同地区的市政设施建设均衡化发展，以更好地解决公共服务水平不均的问题。

第四，在其他城市公用设施建设方面，应当加快农产品和菜市场的构建，确保城镇居民在日常生活中 15 分钟内可以满足需求，形成新型的蔬菜配送模式，加快物流圈建设，实现居民生活的便捷化、舒适化。应当加快住宅区周围的配套设施建设，合理规划一系列商超、娱乐场所，在为居民提供便利的同时提升居民的生活质量。在用电用气方面，不断推进管道入地的手段，在减少用地的基础上有效地保护管道正常运输。在用水方面，不断加快供水设施的升级改造，保证居民正常用水，同时加大科技投入和科技产品的购买使用，加强污水处理以及循环利用，实现资源利用的可持续。在城市垃圾处理方面，不断增进科技研发，将垃圾无害化处理并重新利用，实现城市资源的循环利用，保护当地的生态环境，推动城市的可持续发展。

9.2.2 加强中心城市生产建设，推动区域要素配置优化

第一，转变发展模式。中心城市行政区划扁平化的调整方式能够以要素扩张与技术进步的方法来推动经济的快速增长，促进该城市的经济发展从粗放式转为集约式，从要素和投资规模的驱动方式转为结构优化和发展创新的方式，进而推动该城市经济社会向高质量发展的道路迈进。所以，要重点进行供给侧结构性改革，促进经济发展在质量、效率以及动力上的改革，进而提升全要素的生产率。提高产业技术，将技术进步作为核心力量提高中心城市要素生产率，加强中心城市与其他城市的产业技术合作和共同分享，以此为契机实现城市群要素优化配置。

第二，完善市场机制。在行政区划设置扁平化的过程中，要积极顺应社会主义市场经济体制的发展规律，充分发挥市场在资源配置中的决定作用，逐步完善市场经济体系，在此过程中还要防止出现干预过度和监督不到位的情况，充分释放行政区划设置扁平化过程中的红利；加强关于行政区划设置扁平化的配套制度建设，充分发挥政府引导的作用，消除阻碍生产效率与资源配置效率的体制机制障碍。

第三，实现人力资本优化。加大对农村剩余劳动力职业教育的投入，加强对高素质和高技能人才的培养，促使高科技含量的物质资本与高技能劳动力相互匹配，实现地区人口红利到人才红利的转变；同时要加强人口健康方面的投资，提高人力资本的质量，同时推动实现教育、医疗和社会保障等方面的服务均等化，避免因服务不均等而造成的人力资本流失。

第四，合理配置各类要素资源。中心城市的扩大对各类要素资源的合理配置

具有积极推动作用。通过完善的改革制度，可以有效地解决行政区经济造成的土地和资本等要素资源流动性不强、配置不完善的问题，提高和扩大区域一体化水平和市场规模。协调各城市之间、各要素之间的关系，避免相同产业之间产生冲突，防止重复建设相同的项目，消除产业结构同化问题，积极地为城市发展注入新动力和新能量，加快推动城市经济总量由简单的加总向复合效应的乘数倍增过渡，进而提升周边城市的能级。

9.2.3 加强国家中心城市建设，推动中心城市释放潜力

第一，增加直辖市数量。对中东部地区城市群，在经济实力雄厚的省会城市以及杭州、青岛、深圳中进行挑选，成立直辖市，在城市群内形成双中心的辐射源。对西部地区城市群，支持喀什升为直辖市，进一步推动区域发展，推进西部开发，进而促进国家均衡发展。对有利于"一带一路"倡议、长江经济带和京津冀协同发展的国家战略实施的城市，可以深思熟虑，配合国家"一带一路"倡议和城市群发展战略，充分发挥其优势地区增长极、稳疆固边、带动区域发展的能力，改革国家政府层级、减少行政成本，将缩小大省的管辖幅度发挥到最大效应。

第二，加大已有中心城市建设。需要进一步配置北京市的行政区划资源，计划提高雄安新区的行政级别，推动京津冀城市群内各城市协调共同发展。需要进一步配置广州市的行政区划资源，合理增加深圳的行政管辖面积，以广东省的经济增长推动建设粤港澳大湾区。大力扶持中型和小型中心城市的建设，将区位临近、与其经济联系密切的城市纳入其管辖范围内，为中小型中心城市开拓更多的建设空间用来发展。同时，要避免其犯大型中心城市的错误，充分释放中小型中心城市的发展潜能，中央赋予中小型中心城市更多的事权，给予其更多的财政支持，提升中小型中心城市的独立发展能力，解决我国大型中心城市不足的问题。支持中心城市调整行政区划和行政管理，均衡其管辖区域内面积和人口的关系。

第三，增加新的中心城市。重点放在城区人口大于50万的市级城市，对人口密集并且管理县域多的市级城市，以及远离中心城市、有发展潜力、处于区域交界地带、管辖区域内行政层级少的城市，要进一步扩大其管辖区域面积，增加设立地级市。为新的中心城市储备更多的备选项，进而有序地帮助中心城市均衡管辖区域内的人口和面积，优化全国中心城市格局。

第四，数字经济助力中心城市发展。用信息科技连接城市的不同系统来打造智慧城市，将城市运行数字信息化，动态监测城市的各个方面，及时预警和防范

城市风险，提升中心城市治理水平，依托大数据为城市公共安全风险治理注入强心剂。利用数字经济提升中心城市治理水平，对城市发展数据进行全面监控，帮助政府做出全面科学的决定措施。利用数字经济对城市优势产生的正效应，提升城市技术创新水平，发展新经济，帮助中心城市产业转型以使其更好地适应市场发展，形成中心城市发展中新的产业优势。

9.2.4　加强中心城市引导作用，推动城市应急资源管理

第一，以中心城市作为城市群应急管理的核心。由中心城市牵头统筹城市群应急管理工作，并在城市群内其他城市成立管理分支单位，监督执行应急措施，为实现城市资源分配优化提供保障。加强城市群应对突发公共事件的配套制度建设，转变应对城市公共安全管理的思维。

第二，中心城市联合其他城市防控重大险情。打破现有部门分割的单一灾害种类的城市应急管理模式，多个执行部门联动合作，在城市应对紧急情况时，用法律惩戒其资源分配不合理和低效率的问题，集中管理应急资源，提高应急资源的配置效率。中心城市负责整个城市群的指挥工作，给每个城市分配任务，其他城市根据任务，做好预案工作，进行具体工作的实施，构建以中心城市为核心的城市群跨区域应急救援指挥调度平台。

第三，建立城市群信息共建共享、互联互通的交流平台。有效地协调各地方政府间的沟通，实现各地政府间的信息畅通，化解由于信息不平衡、不对称而产生的矛盾，最大限度减少信息交流所花费的行政成本、经济成本，提高公共资源的使用效率，形成快速反应、有效实施的政府联动机制，在应对公共突发事件时形成最优决策，提高城市群区域协同度。

第四，使"利益共同体"向"命运共同体"转变。基于跨区域突发公共事件的现状，利用府际合作理论指导跨区域突发公共卫生事件治理，进一步完善区域合作治理机制，建立地方政府间持续性合作治理机制的制度框架。规范各城市行政单位在应对突发事件时的流程，细化各城市行政单位的职责，推动应急资源在城市群内优化配置。对地方差异性利益应构建良性竞争机制，在城市群内做出明确分工，形成互补、协作、共赢的城市群体系。建立跨域危机治理问责制度，完善跨域危机中的责权划分，赋予政府合法化的权力来消除各经济体间的行政壁垒，进而提升其治理危机的能力和效率，提高城市群内多个城市之间处理复杂行动的协调能力。

9.3 明确中心城市辐射范围，提升区划扩张的合理性

9.3.1 加强城市发展边界管理，优化中心城市行政空间

第一，在自然生态系统的大背景下，思考行政区划调整中城市空间范围的扩张。将城市建成区作为空间发展的核心，应匹配本区域的生态环境承载能力，考虑交通在内的基础设施情况，规划以县域为单元的城市边界。首先，对城市经济社会发展与外围城市的关联强度进行分析，尤其要关注对城郊区域民众的影响，着重考虑人文因素，鉴别以中心城市为增长极的都市圈发育程度。其次，研究中心城市细分的各项调整模式对城市经济的影响，以城市所处地区的生态环境为核心的综合因素对城市的作用，推动城市发展保持健康可持续的状态。需要结合切实有效的控制技术和管理政策，从而实现保护区域生态环境与城市建设的平衡。将向外延伸发展的城市模式升级为内涵集中增长，城市空间扩张中要分析城市的发展规模并以此进行合理规划，防止城市以及城市群无限扩张。再次，基于现实情况对中心城市行政区划资源在行政区划扁平化前后的空间变化进行科学可信的测算，对以中心城市为核心的城市群行政区划设置调整范围进行测算评估，进而推动中心城市空间合理扩张。最后，将城市空间的扩张与区域发展相适应，形成城市群的梯度化网络结构，实现行政区划带动城市群区域发展，解决行政区域界线不明确的问题，锁定以中心城市为核心的城市群行政区划设置扁平化的调整区域。

第二，将城市规模的高速度发展转变为城市规模的高质量发展。主要是从优化城市布局、提高城市效率和优化城市环境三个方面来调整城市规模。一是优化城市布局。不仅要关注新城区的开发，同时也要注重老城区的改造。要注重城市存量的发展，避免陷入城市规模无限扩大的思维误区，积极建设公共基础设施，提高城市的基建环境质量，针对不同的区域特点确定不同的城市发展模式。二是提高城市效率。中心城市规模扩张后，要抓住数字经济的机遇，全面建设数字化、智能化城市，在线上链接城市中的人和事务，打造智慧城市。中心城市吸引了整个区域内要素资源向其集聚，要抓住这个机遇，充分利用高新科技为建设智慧市奠定现实基础。避免城市管理中出现逆经济发展的现象，改变原有的传统的城市治理方式，从而提高城市的效率。三是优化城市环境。始终坚持以人为本

的发展理念，"金山银山不如绿水青山"，提高城市的居住环境，对城市中不适宜人居住的环境及时进行整修，使城市环境增加人们的幸福感，从而吸引更多的人才和要素资源在此集聚，从而提升该城市的综合水平，使城市经济不是快速发展，而是高质量发展。

第三，提升城市影响力。培养自身的文化软实力，形成鲜明的城市特色，明确城市文化内涵和核心，积极打造城市文化名片，提高城市影响力。城市发展规划应遵从其历史底蕴和文化习俗，在保证硬件条件扩充的同时，加强文化的积累和传承，形成完整的、重点鲜明的城市文化产业链，构建一个有丰富内涵的文化城市。积极引入重大战略试点，扩大中心城市的影响力度。通过国家自主创新示范区、自由贸易试验区等政策来提高城市的综合实力，发挥其先发优势，提高中心城市的知名度和影响力；通过港口、机场和高速路等交通运输业基础设施的建设发展，增加各个城市之间要素资源的流动途径，从而提高城市经济要素利用率，提升城市在整个城市群内的影响力。

9.3.2 加强重点地区政策倾斜，优化城市群的发展格局

第一，行政区划调整审批政策要有所倾斜。因地制宜，反对"一刀切"，在行政区划调整中要在整体性中坚持特殊性，考虑不同区域城市化进程的差异性，探索不同地区行政区划调整的差异化策略。在城市群这个大的范围内，对中心城市和节点城市的要求是不一样的。在区域方面，应根据东部、中部和西部地区的不同情况，选择行政区划扁平化的时间和方式。应增加中部和西部地区中心城市数量，以培育新的大规模城市为目标，对一部分市级城市加大建设，同时增设一部分中小型城市，加快农业人口的城市化进程。在偏远的西部地区，进一步调整中心城市和节点城市的行政区划，壮大其发展规模。对紧邻中心城市的县域，进行撤县（市）设区或城市合并，解决中心城市管辖面积小的问题；对管辖面积大但人口分布分散的地区，鼓励易地搬迁进行集中发展，培育出新的西部中心城市；重点培育边境地区的中心城市，形成边境经济带，主动融入国家国际战略的大局中；以传统农业为主的地区，要培育实力好的县域进行农业转型，推动其农业现代化发展进而提升其城市化水平。

第二，创新都市圈行政区划空间布局。根据城市群空间指向性、轴线成长性、群带集群性、区域差异性等空间结构特征，合理有效地对城市等级进行划分，运用行政区划扁平化的手段，调整城市群内部空间结构。城市群空间结构的形成不仅有当前经济因素推动的作用，行政区划调整的历史因素也在其中发挥着

重要的作用，城市群应明确所处发展阶段，推动其由单中心阶段向协商合作的双中心或者多中心阶段转变。在行政区划调整中，应协调中小城市与大城市合作的关系，平衡多方利益，满足城市发展过程中多样化的诉求。不断深化和完善城市之间的政府合作，明确各个城市的定位，避免城市间的无序竞争。应融合当地的地理、交通、人口、产业等条件，通过调整行政区划为其社会经济发展保留充足的空间，适应新型城市要求，满足产业多元化升级需求，依托基础设施建设，调整中心城市的行政区划，助推都市圈经济社会发展。

第三，构建城市群内部核心经济发展轴。在进行行政区划设置扁平化时，中心城市应更好地发挥辐射带动作用，而节点城市应注重发挥传递作用，比如一些比较重要的轴线和廊道等应充分发挥作用。建立起真正意义上的核心发展轴，在中心城市的城郊地区选择合适的县撤县设区，通过加强交通便利性来提高行政区间的合作，推动城市群的发展。在核心发展轴的枢纽城市，提高其行政等级和话语权，促进其与中心城市展开更密切的合作，并增加合作的顺畅性；同时与分支发展轴的城市群中心城市确立合作关系，推动城市群内不断合作发展，加强城市群内部的经济互联性和相互依赖性。

9.3.3　加强城市功能定位划分，优化城市群的结构体系

第一，明确各城市的发展定位。通过行政区划调整构建城市群特色协同发展机制，明确中心城市与城市群内大中小城市（镇）的职能和分工定位，实现城市群内产业的错位发展。大力发展中心城市的高新技术产业，加速转移资源、劳动力密集型的产业；对城市群内具有地位优势的城市，着重建设其区位优势产业；对自然资源上具有比较优势的城市，加强其基础设施建设，做好其承接中心城市产业的准备工作，并在此基础上对相关产业进行升级改造，形成城市创新型产业。

第二，优化城市群空间结构。首先，加强管理中心城市的管辖区域，合并产业重叠且相邻的城区，在联系密切的周边城市中，对经济实力强的县域实施撤县（市）设区，补齐中心城市的短板，发挥其在城市群经济发展中的核心作用，建立以中心城市为核心的都市圈。其次，调整中心城市的管辖区域空间，通过扩大城市管辖空间，提升其行政权力，增强中心城市在城市群中的凝聚力，推动建设国家级中心城市，实现城市群乃至全国的一体化经济社会发展。最后，在不断发展中心城市的同时，加强城市群内周边城市与中心城市的联系，周边城市主动承担中心城市向外溢出的功能，协调中心城市与周边城市的发展关系，转换城市群发展模式。

第三，调整中心城市城区功能定位。在不增加城市数量的原则下，进一步扩大中心城市的管辖面积，用行政体制改革优化城市空间布局，优化城市群结构体系。超大城市和特大城市下一步行政区划调整的工作重点应放在对建成区的撤销与合并上；中心城市政府在市辖区调整的过程中，应对基础设置进行统一规划、对公共资源进行统一调整和分配、对行政进行统一管理，避免简单粗放式的城区合并。对建成区中功能重叠、规模小的城区，将其与相邻的中心城区进行合并，形为规模更大的市辖区。通过建成区的调整，增强中心城区对其他城区的带动作用，缩小中心城市内部的发展差距。

9.3.4　加强生态保护底线原则，优化城市土地资源利用

第一，提高城市环境容量。将环境容量作为城市发展的重要指标，重点关注城市垃圾处理、污水处理和绿色美化等问题，加大中心城市绿色投资；加强生态保护宣传，促进政府、企业和民众共同建设城市生态网络，联合预防和治理环境污染，挖掘城市环境潜力，提高城市环境容纳量。

第二，推动城市绿色发展。政府为企业和机构协作建立一个良好的研发环境，通过采取引进人才等措施，为技术进步输送大批人才，加大科技资源投入，发展高技术产业，实现生产绿色化，让绿色生产成为城市经济发展的新动力。支持投资绿色发展相关的经济领域，联合金融机构创造加快绿色技术和绿色产业发展的条件；政府应为城市绿色发展创造良好的营商环境，找准政府在绿色发展中的定位。

第三，加强土地的绿色利用。转变政府以土地为筹码的发展理念，政府在招商引资时应更加关注绿色标准，对高损耗和高污染的企业加强环境要求，杜绝因增加财政收入而放任其盲目扩张的现象，督促已有企业产业创新。加快土地市场发展，促进土地要素在企业、产业间合理搭配，提高城市生态治理效率。

9.4　弥补中心城市发展不足，提升中心城市政区位势

9.4.1　加大城市公共财政投入，推动优化基础设施建设

第一，加大公共安全的资金投入。加强建设城市基础设施，着力解决老城区

中道路狭窄、房屋违建等基础设施差的问题，通过改良城市管道、信息网络和环境治理等问题，提升城市的基础建设水平，保障城市顺利运行，避免基础设施差而引起的公共安全问题，从而提升城市居民的生活环境。对可能产生的公共安全风险，政府应做好风险防范工作，用保险的方式缓解其可能产生财政压力。同时也应加大公共安全治理资金投入的力度。

第二，鼓励非营利性组织的发展。对服务于民众和社会的单位给予一定的税务优惠，鼓励这些单位进一步发展；对服务于民众和社会的社区活动给予一定的费用支持，通过公开的招投标程序，社团在公平竞争中获得政府提供的专项款，同时政府也可以提供场地支持这些活动。

第三，加大公共服务资金投入。在中央财政支持下，当地政府也投入一部分资金，成立发展基金去扶持欠发达地区的教育和医疗等公共服务。特别是教师和医院方面，政府应促进中心城市对农村地区、城郊地区的一对一帮扶，提高农村地区和城郊地区相关工作者的待遇，定期对农村地区和城郊地区的相关工作者进行教学培训。

第四，公开财政支出。特别是城市公共安全风险治理方面，政府应该积极主动地公开财政信息，让公众参与管理城市公共安全风险，让公众监督政府在风险管理上的措施和财政支出，确保资金用在关键的地方，尤其是一些多年停滞的项目，提高财政支出的利用效率。政府在财政支出分配上应注重其社会效益，在对政绩进行考核时也要关注这方面，通过引入政绩考核指标去引导政府财政分配进行调整，在分配时考虑是否能让公众受到切身的优惠，推进建设关于民生问题的财政机制。

9.4.2 加大发展城市数字经济，推动中心城市经济发展

第一，以数字经济推动区域发展。增加城市经济中数字经济的含量，提高其在城市经济中所占的比例，在补足短板的同时培养新的增长点。东部城市群在数字经济的应用方面，基本行业转向核心行业，争做世界一流，提升城市群的竞争力；中部城市群应利用其人才多和数字化的比较优势，创建全新的数字经济相关的市场；西部城市群应进一步完善数字经济相关的基础设施，一方面，中央政府应对其加大财政支持，为西部数字经济的产业发展奠定基础；另一方面，西部地区应参考东部地区经验并与东部地区建立合作，积极寻求数字型企业和产业进入西部城市群，为其创造一个优良的营商环境，将数字经济与西部特色融合形成独特的西部特色数字经济竞争力。

第二，深入拓展数字经济。前期，需要用基础设施和科技资源的投入，支持数字经济的建立。后期，通过技术创新来提升数字经济的带动水平，政府应加大对技术创新的资金支持，还需为人才创造良好的就业环境，给企业优惠的政策扶持。在大面积推广数字经济的同时，挖掘数字经济的深度，不断推陈出新产品和技术，提高中心城市数字经济的效率和利润。

第三，加快产业数字融合。转变企业原有路径的依赖思维，推动实体行业深度融合数字经济，对实体行业的产业链进行周期性和联动性的数字化管理，提高相关企业每个生产步骤的数字化利用率，延长原有产业链，发展新型数字产业，促进中心城市产业多元化发展。金融机构借助数字技术提高其服务能力，帮助传统行业发展、技术和管理进步，进而提升整个城市群的产业效率。在鼓励发展经济的同时，应对数字经济发展进行监管。借鉴国外的成功经验，吸取失败教训，加速完善和建立相关领域的法律法规，建立负面清单来规范数字经济行业的发展，管控传统产业与数字经济融合过程中的风险，同时政府应做好市场调查，避免企业骗取支持技术创新的资金，使数字经济更好地服务于城市经济建设。

第四，营造城市群创新氛围。通过鼓励保护和资金支持，打造中心城市创新发展的社会环境和资金环境；由政府牵头加强企业与高校之间的科研合作，促使中心城市拥有创新发展的科研环境，鼓励有实力的公司与高校成立联合研发机构，推动科研成果产业化。此外，中心城市可以运用知识传播的广泛性，带动周边地区的创新发展，推动城市群技术创新环境的建设。

9.4.3 加快中心城市产业发展，推动区域产业合理布局

第一，促进产业发展，推动城市资源环境升级。在更大的范围内实现各类增量和存量资源要素科学合理地优化配置，具体可以通过运用权限调整等方法，促进机场、轨道交通等大型基础设施的建成和完善。另外，不仅应提高城市建设的质量，而且应扩大城市规模的影响和运行的效率，从而提升城市集聚辐射带动的能力。小型城市应集中优势打造高技术和高质量的特色产业，提升经济实力带动创新创业；中型城市应利用承接中心城市产业的机遇，鼓励城市服务业创新创业发展，挖掘城市底层市场的创新创业潜力，通过鼓励创新创业降低城市对资源的依赖性；中心城市应向高科技制造业转型，并不断深化服务业的发展。

第二，加快产业对接，推动城市产业布局一体化。在城市规模的发展进程中，产业起到了至关重要的作用，中心城市具体可以将"产城融合"作为基础，

加强优秀的传统产业的发展，并注重培育新兴产业，以此来达到与高新产业之间的对接，同时还要加强产业链上各要素之间的匹配程度，从而与市中心形成协同发展。通过支持服装科技园区的建设，打造智能工厂和规模工厂，加快城市高质量的发展；通过培育农场、果园等相关企业，促使其成为百亿级的产业集群；重点培育电子信息等高新技术企业来发展智能装备产业，这些可以为周边地区的产业转型升级和区域经济协调发展作出贡献。

第三，合理调整产业发展结构，提高产业生产效率。从顶层设计的角度对产业发展的结构进行调整和合理的重组，从而优化产业的空间布局，使得城市内部的资金、技术和人才等各类要素资源自由流动并且到达最优配置，同时促进产业在空间上的集聚、重组及知识溢出，更好地提高产业的生产效率。

第四，加强产业创新，提高城市发展质量。中心城市要积极发展新能源和新材料等高端产业，努力做到创新发展，使得其技术成果能够为中心城市高质量发展添砖加瓦，并且可以把成果推广到邻近的城市，以便于周边城市搭上中心城市高质量发展的快车，从而加快城市规模发展的进程。同时还需注意不能忽视邻近城市的发展，应提高邻近城市的发展质量和发展速度，可以适当地将中心城市的要素资源转移到邻近城市，以此来缓解中心城市的人口及就业等压力；邻近的城市也不能完全依赖于中心城市的资源转移，应主动探索适合自身发展的模式，从而实现自身的跨越式发展。提高中心城市的质量带动邻近城市的发展，推动中心城市的发展水平更上一个台阶，承担起区域发展的重任，带动周边城市地区的发展，同时将传统产业和先进的科学技术相互融合，为城市规模的发展提供必要的条件。

9.4.4 优化行政区划设置布局，推动城市行政管理发展

第一，对市辖区进行空间优化。推动中心城市管辖区的规模空间调整，促进新城区人口流入和基础设施完善，使得新城区提升中心城市的空间承载能力，推动老城区人口流出和基础设施翻新，改善中心城市的环境承载能力。

第二，对县域进行空间优化。对一些城市群面积小且数量多的县域进行合并避免浪费城市资源，将民族稳定深入到边陲地区的乡镇级别。综合经济、环境、历史和地理等因素推进街道调整，根据不同地区的情况，增设街道或者撤乡设街道，以期更符合当地经济社会的发展趋势，明确街道在市辖区中的功能定位，转变街道的管理职能，适当赋予街道一定的权力，构造街道和社区在管理服务上相互配合、相互衔接的基层平台。

第三，提升新的市辖区行政管理水平。对在城市合并或者撤县设区中，中心城市新增的管辖区，要有序推进街道管理模式，提升新设区的政府管理水平，根据其功能划分区域，调整其街道空间的设置，形成对中心城市的功能补充；对中心城市新增的县域，应推进该县域与中心城市的产业融合，根据产业优势情况，调整该新增县域的乡镇空间以达到最优状态，在县域内形成城区、特色乡镇和中心乡镇、社区融合乡村的行政区划，支撑县域经济的发展，促进该县域更好地承接中心城市产业转移。

第四，加强开发区的建设。用更先进的理念对新城区进行规划设计和高标准建设，使之具备优于中心城区的创业创新和居住环境，带动中心城区的产业发展和人口疏解。控制设立新城区和开发区的数量和面积，提高各类开发区的管理级别，增加开发区的发展弹性。

9.5 建设城郊与城区一体化，提升区域综合承载能力

9.5.1 建立一体化的交通体系，增强城市之间合作交流

第一，搭建区域交通运输网络。从城市群整体出发，根据各个城市所处地理环境以及客货流量的不同，对各城市的主要交通网络建设进行分别规划，合理布局铁路、水路、公路、航线等交通方式，构建起城市群的多样化交通网络体系，在城市群内搭建起区域交通运输网络，推动各城市之间联合互动，构建以中心城市为核心的交通系统，满足大规模的客运和专业化货运需求，以带动城市群内大中小城市（镇）的发展。

第二，完善城市交通网络。政府应当不断提供多样化的城市出行方式，大力推广公共交通出行方式，一方面可以不断减少城市内部相关交通盲区，真正保障城市内部居民都可以享受到公共交通，实现公共服务的均等化。另一方面，公共交通网络的建立也有利于城市的治理和经济发展，在城市的公共交通不断完善中，城市内部割裂资源要素的流动性大大增强，十分有利于资源的合理调配，可以更好带动城市合理化发展。

第三，建设轨道交通网络和高速路网络。以中心城市为核心，以其现有的轨道交通和高速路为基础，建设轨道交通网络和高速路网络，连接其他城市群内大

中小城市（镇），带动城市群内部交通一体化进程，同时加强与城市周边的郊区和乡镇的沟通，在小尺度层面构建起密集型的交通网络。通过行政区划调整，加上以中心城市为核心的城市群交通枢纽协调机制的建设，可以有效协调城市群内部的多种交通枢纽职能，在运营管理方面做好服务工作，保障交通枢纽的建设价值得以凸显，推进城市群交通一体化进程，保证城市群可持续、高质量发展。

9.5.2 建立公共服务合作机制，增强城市群空间承载力

第一，提高公共产品质量。优化城市的空间布局要以提高人民生活的幸福感为基础，进而促进城市公共服务供给结构与行政区划设置扁平化政策相协调；在城市公共服务的供给目标上，政府要与民众之间建立密切联系，通过实时监测网来掌握居民在城市公共服务上的需求，从而达到"按需供给"，这种方式不仅能够使得公共服务提供成本有效减少，而且能够有效降低公共资源浪费率，从而实现公共资源有效使用率达到最优。

第二，实现公共服务供给多样化。公共服务供给主体要做到多样性，通过市场的竞争体制机制，使得城市的公共服务由社会资本来承担，在城市内部，要促进要素资源的流动速度，使其能为城市地公共服务产品提供有效的服务。应当努力健全城市的公共服务体制机制，例如基础设施的建设和医疗水平的提升，避免在行政区划优化调整的进程中掉链子，防止因城市公共服务体系不完善而导致人民幸福感的降低和对行政区划调整的不满等情况发生。

第三，建立公共产品供给实施机制。调整城市在公共服务上的布局和投入，实现不同地区公共服务的平均化和平等化。首先，构建公共产品供应体系，推进公共产品的高质量发展。利用大数据准确找到更符合公众需求的公共产品，同时建立公众对公共产品意见的表达机制，政府在利用数据的同时也要关注使用者的主观感受。其次，完善公共服务合作机制，推动城市群协同发展。确保在法律的框架下推进城市群公共服务和服务质量均等化，针对教育、医疗和体育等方面，细化其实施中的标准、政府和社会的分工等，使得公共服务均等化在规范内实行。最后，公共服务要准确对接公众需求，特别是低保制度，要对其进行城乡统筹，动态管理城市低保标准；着力解决公众异地服务的问题，不断深化和明确跨省份和跨市区的医疗报销和公积金使用的解决方案，提升公共服务在中心城市、普通城市、县域、乡镇间的联动水平。

9.5.3 协调城市行政和功能区，增强城市发展互联互补

第一，正确处理城市群与区域、中心城市与城市群、经济与行政的关系。根据区域情况，推动世界级、国家级和地区级中心城市完善行政区划，优化城市和城市群功能划分，拉大中心城市的行政管理框架，调节中心城市建成区的空间结构，强化中心城市辐射，引导中心城市建成区向新区、城郊地区扩散，减少中心城市的人口数量和交通量，转移中心城市的就业人口到外围城市，进一步带动外围城市发展，使得产业和人口形成从中心城市到城市群的梯度扩散分布态势。周边城市的发展模式要避免与中心城市重叠，挖掘自身在国内市场的独特潜力，发展在资源禀赋上有优势的产业，避免同产业低劣竞争问题出现，使得各城市都能受到国内市场发展的带动而获得红利。

第二，协调中心城市新设区的行政和功能作用。中心城市政府可以派专人对新设区工作进行指导，帮助新设区的政府熟练掌握办事流程的对接，同时也要保持其工作的独立性。促进行政和功能作用的融合，整合行政管理升级行政服务，为新设区的进一步发展打下坚实的基础，推动中心城市协调发展。

第三，加强人口流动，为城市发展注入活力。通过推动户籍制度改革，鼓励人口流动，消除户籍对人口流动范围的限制；通过完善与人才市场相关的社会保障机制，更好为城市的农业人口提供公共服务；通过加大对城市外来人口的教育投资，为城市储备未来人力资源；通过改革农村地区的土地制度，方便农业人口进行土地流转，为区域人口流动提供条件，消除顾虑。同时，人口流动也会导致小城镇经济萎靡，政府要重视其可能存在的风险。

9.5.4 协调城市和乡村的发展，增强城乡建设的一体化

第一，统筹规划城郊空间。从长远的角度规划城郊地区与城市建成区城市发展计划，城郊地区要抓住国家土地规划体系建立的时期，对城郊空间进行合理布局。对城郊地区实行土地细致化利用，平衡城郊地区的空间结构，均等化城郊地区的资源分配，构建城郊地区的发展规划。对于城市建成区和城郊地区的衔接地区要坚持农耕地底线，明确土地开发界线；对大面积的农业种植地区，要鼓励创办农业合作社，实行农业生产规模化和机械化；在进行城郊经济发展的同时，也要加强生态保护，在城郊地区建设垃圾处理、生活用水排放等相关的基础设施。

第二，促进城乡公共服务一体化。推动城郊地区公共服务朝着多元和系统化发展，投入财政经费建设城郊地区基础设施，整合市场和劳动力建立有秩序的农民就业市场，保障农民就业，同时支持农民在家乡就业。在开发城郊地区的土地时，将集体用地通过多元化的方式进入市场，根据当地的情况合理分配利益，政府要帮助农民争取最大的利益。建设城乡突发信息共享。政府和企业合作开发数据，运用现代电子技术，构建基于计算机网络的城乡信息交换平台，满足紧急条件下对信息快速、准确的诉求。突发事件信息交换平台应当包括确保信息快速、准确地传达，确保信息安全的公网、专网平台建设。政府应快速和主动发布信息，实现城郊地区的风险信息与建成区的应急管理平台相互沟通。

第三，提升城郊地区治理。在行政区划上，对中心城市周边城市化水平高的城郊地区，撤销乡镇单位改设街道办事处，用建成区的行政管理经验去管理城郊地区，形成城郊地区的社区管理体系，提高城郊地区的治理水平，在行政区划上形成多个级别共同存在的扁平化形态。在土地使用上，及时处理目前低效率的用地，拆除违规违法的占地建筑，对没有明确使用功能的地区不允许大规模施工，加强土地使用管理。在村容村貌上，要根据村庄的历史和建筑特点，进行差异化保护，结合当地的自然风光对村容村貌进行管理，形成城郊地区和建成区的城乡特色发展。全方位对城郊地区拥有的资源进行梳理，挖掘城郊地区的发展潜力，针对优势制定不同的发展策略，满足市场需求去发展特色产业。推进农业和旅游业的融合，开拓城郊经济的新道路，实现城郊地区多样化发展。

结　论

　　本书把以中心城市为核心的城市群行政区划设置扁平化作为研究对象，通过对以中心城市为核心的城市群行政区划设置扁平化模式的文献分析、现实研判，构建以中心城市为核心的城市群行政区划设置扁平化模式的理论框架，比较静态地模拟出以中心城市为核心的城市群行政区划设置扁平化模式的内在关系以及作用机理。本书进一步用实证检验的方式，先从动态维度测算分析以中心城市为核心的城市群行政区划设置扁平化对城市经济增长和区域资源配置能力的影响，再从静态维度对以中心城市为核心的城市群行政区划扁平化进行范围识别、态势研判，测算中心城市行政区划调整前后城郊空间面积，从而得到一个多元实证分析框架，最后锁定以中心城市为核心的城市群行政区划设置扁平化空间。本书通过实证分析得出结论，并以此提出以中心城市为核心的城市群行政区划设置扁平化模式实现路径的对策建议。研究所进行的创新性工作和所得出的主要结论如下。

　　首先，在明晰以中心城市为核心的城市群行政区划设置扁平化模式的内涵、特征、构成维度、必要性和可行性的基础上，通过对以中心城市为核心的城市群行政区划设置扁平化模式的空间格局及发展趋势的分析，从静态—动态、时空互动两个维度对以中心城市为核心的城市群行政区划设置扁平化模式的影响机制展开分析。按照"城市群行政区划设置扁平化加强中心城市辐射扩散能力→形成城市群经济增长→极化扩散理论，城市群行政区划设置扁平化扩大中心城市的空间载体→形成城市群，资源配置效率提高→区域经济发展协调理论，中心城市行政区划调整范围变化→形成均衡化的城市群格局→聚集→扩散理论，中心城市行政区划调整的政区位势变化→形成以中心城市为核心的增长极→空间相互作用理论，形成以中心城市为核心的城市群行政区划设置扁平化格局→以极化中心城市为核心的都市圈→中心外围理论"构建了以中心城市为核心的城市群行政区划设置扁平化模式的作用机理的分析框架。

其次，构建了以中心城市为核心的城市群行政区划设置扁平化模式的演化过程、作用机制模型。本书静态地模拟出"政策评估—配置优化—空间识别—态势研判—空间锁定"的以中心城市为核心的城市群行政区划设置扁平化模式的作用机理。建立基于"变异—选择—保持"循环过程的主动、被动两个维度的以中心城市为核心的城市群行政区划设置扁平化演化过程，讨论以中心城市为核心的城市群行政区划设置扁平化模式的发展演化一般规律及动力机制。

再次，构建了以中心城市为核心的城市群行政区划设置扁平化的多元分析实证模型，通过测算以中心城市为核心的城市群行政区划设置扁平化对其城市群经济增长影响、中心城市行政区划扁平化对区域资源配置效率的影响，构建中心城市和城市群 GIS 辐射场能模型，测算中心城市行政区划调整前后的政区位势与城郊空间，最后锁定以中心城市为核心的城市群行政区划设置扁平化空间，全方位、多角度地分析以中心城市为核心的城市群行政区划设置扁平化模式的主要影响因素及发展过程中存在的突出问题。通过建立以中心城市为核心的城市群政策评估体系，对以扁平化管理的行政区划优化设置展开政策效用估计，发现行政区划扁平化在国家中心城市和非国家中心城市中对经济增长的估计均为显著正效应；在中心城市中，优先选择对国家中心城市进行行政区划扁平化是更优的选择；除了撤县设区和城市合并，还可以出台配套的政策来帮助发挥扁平化的效果，通过中心城市行政区划扁平化来建设高效组织体系，促进城市群经济发展。通过对城市资源构建评价指标体系，对行政区划扁平化（撤县改区或城市合并）前后文化、科技、公共服务资源配置变化进行分析，发现调整城市群资源配置的关键之一在于中心城市，大城市的聚集作用明显且其聚集区域整体上呈现东多西少的空间格局，一些发达城市群、特大城市在资源存量、资源密集度上占据优势，配置效率却较低，国家中心城市行政区划扁平化对城市资源配置效率影响显著。通过对以中心城市为核心城市群构建 GIS 辐射场能模型，研究中心城市与城市群的地理栅格场强曲率以识别高值区域并进行计算发现，随着城市经济发展的扩张与城市化进程的加快，狭小的城市空间越来越限制和阻碍城市的发展，因此，可以将广阳区合并到北京市，武陟县合并到郑州市，广汉市合并到成都市；撤县设区不仅是行政区划简单的变化，更是一个地区经济发展到一定阶段的必然结果，可以对正定县、肥西县、蓝田县进行撤县设区。通过构建政区位势测度模型，测算识别出中心城市行政区划调整对区域发展的影响，发现由建成区面积占比、地方财政分权度、行政管理分权度、固定资产投资占比、人力资本占比等 5个变量合成的政区位势与各城市行政区划调整事项有着紧密的联系，石家庄市、合肥市、杭州市、长沙市在行政区划调整中的政区位势增加，北京市、武汉市、成都市、西安市在行政区划调整中政区位势没有增加。

最后，构建了以中心城市为核心的城市群行政区划设置扁平化的顶层设计，以撤县改市或城市合并为目标，提出以中心城市为核心的城市群行政区划设置扁平化的政策建议：完善行政区划调整政策，提升城市经济发展水平；挖掘中心城市发展潜力，提升区域资源配置效率；明确中心城市辐射范围，提升空间扩张的合理性；弥补中心城市发展不足，提升中心城市政区位势；建设城郊与城区一体化，提升区域综合承载能力。

在本书研究基础上，还可以做进一步的研究。

一方面，由于中国城市群在地理、要素、经济结构等方面情况复杂，影响以中心城市为核心的城市群行政区划设置扁平化的因素很多，本书建立了"政策评估—配置优化—空间识别—态势研判—空间锁定"的以中心城市为核心的城市群行政区划设置扁平化模式理论框架、实证分析、系统政策设计，但依旧存在一定的局限性。所以，还可以通过更为细致的田野调查与实证分析相结合，在宏观、中观、微观三个维度扩展调查研究范围，加长调查研究深度、调查研究时间，进一步提升研究的准确性。

另一方面，由于《中国城市统计年鉴》中关于中国城市群地级以上城市的数据年份以及指标体系有限，因此，研究以中心城市为核心的城市群行政区划设置扁平化受到了客观数据的限制。在今后的研究中，还可以进一步通过对县域数据的收集，建立中国城市群市县数据库，从而形成省—市—县完整行政区划维度下城市群的分析工作。

参 考 文 献

[1] 安景文，毕胜，梁志霞. 京津冀城市群空间联系研究 [J]. 商业经济研究，2019 (23)：162-165.

[2] 安树伟，孙文迁. 都市圈内中小城市功能及其提升策略 [J]. 改革，2019 (5)：48-59.

[3] 安俞静，刘静玉，刘梦丽等. 河南省人口—空间城镇化耦合协调的多尺度时空格局研究 [J]. 现代城市研究，2018 (5)：115-123.

[4] 白彦锋，鲁书伶. 财政层级改革与企业创新——基于"省直管县"改革的准自然实验 [J]. 中央财经大学学报，2021 (11)：12-23.

[5] 曹炳汝，孙巧. 产业集聚与城镇空间格局的耦合关系及时空演化——以长三角区域为例 [J]. 地理研究，2019，38 (12)：3055-3070.

[6] 曹薇，刘春虎. 科技型人才聚集核心城市空间影响力研究 [J]. 科技进步与对策，2018，35 (20)：38-45.

[7] 曹贤忠，曾刚，邹琳. 长三角城市群 R&D 资源投入产出效率分析及空间分异 [J]. 经济地理，2015，35 (1)：104-111.

[8] 晁静，赵新正，李同昇等. 长江经济带三大城市群经济差异演变及影响因素——基于多源灯光数据的比较研究 [J]. 经济地理，2019，39 (5)：92-100.

[9] 陈波，张小劲. 内部激励与外部约束——新一轮城市竞争中的户籍制度改革逻辑 [J]. 治理研究，2019，35 (2)：88-97.

[10] 陈博文，彭震伟. 供给侧改革下小城镇特色化发展的内涵与路径再探——基于长三角地区第一批中国特色小镇的实证 [J]. 城市规划学刊，2018 (1)：73-82.

[11] 陈明星，郭莎莎，陆大道. 新型城镇化背景下京津冀城市群流动人口特征与格局 [J]. 地理科学进展，2018，37 (3)：363-372.

[12] 陈明星，隋昱文，郭莎莎. 中国新型城镇化在"十九大"后发展的新态势 [J]. 地理研究，2019，38 (1)：181-192.

[13] 陈明星, 叶超, 陆大道等. 中国特色新型城镇化理论内涵的认知与建构 [J]. 地理学报, 2019, 74 (4): 633-647.

[14] 陈鹏. 行政区划改革与区域经济协调发展 [J]. 西华师范大学学报 (哲学社会科学版), 2019 (5): 106-112.

[15] 陈青山, 李名良. 聚集不经济效应失灵对城市体系的影响 [J]. 城市问题, 2017 (8): 22-30.

[16] 陈水英. 京津冀地区生态经济的协调发展与土地空间演化 [J]. 生态经济, 2018, 34 (3): 107-111.

[17] 陈田, 王开泳, 陈妤凡. 行政区划调整对政区位势的影响与定量化测度——以重庆市为例 [J]. 地理科学, 2018, 38 (5): 654-661.

[18] 陈伟, 修春亮. 新时期城市群理论内涵的再认知 [J]. 地理科学进展, 2021, 40 (5): 848-857.

[19] 陈晓华, 吴仕媗. 南京—合肥双都市圈区域空间格局研究——基于城市流的视角 [J]. 华东经济管理, 2021, 35 (11): 35-44.

[20] 陈旭. 城市蔓延、地理集聚与城乡收入差距 [J]. 产业经济研究, 2019 (3): 40-51.

[21] 陈妤凡, 王开泳. 撤县 (市) 设区对城市空间扩展的影响机理——以杭州市为例 [J]. 地理研究, 2019, 38 (2): 221-234.

[22] 陈妤凡, 王开泳. 改革开放以来我国撤县 (市) 设区的变动格局与动因分析 [J]. 城市发展研究, 2018, 25 (10): 41-50.

[23] 崔学刚, 方创琳, 刘海猛等. 城镇化与生态环境耦合动态模拟理论及方法的研究进展 [J]. 地理学报, 2019, 74 (6): 1079-1096.

[24] 邓楚雄, 宋雄伟, 谢炳庚等. 基于百度贴吧数据的长江中游城市群城市网络联系分析 [J]. 地理研究, 2018, 37 (6): 1181-1192.

[25] 丁宏. 产业同构对区域经济增长的空间溢出效应——以京津冀地区为例 [J]. 首都经济贸易大学学报, 2021, 23 (5): 44-54.

[26] 丁金宏, 程晨, 张伟佳等. 胡焕庸线的学术思想源流与地理分界意义 [J]. 地理学报, 2021, 76 (6): 1317-1333.

[27] 董微微, 谌琦. 京津冀城市群各城市的区域发展结构性差异与协同发展路径 [J]. 工业技术经济, 2019, 38 (8): 41-48.

[28] 杜德林, 王姣娥, 焦敬娟. 长江经济带知识产权空间格局与区域经济发展耦合性研究 [J]. 长江流域资源与环境, 2019, 28 (11): 2564-2573.

[29] 段佩利, 刘曙光, 尹鹏. 区域开发强度与资源环境承载力耦合协调分

析——以中国沿海城市群为例 [J]. 资源开发与市场, 2018, 34 (7): 930 - 934, 1009.

[30] 樊杰, 梁博, 郭锐. 新时代完善区域协调发展格局的战略重点 [J]. 经济地理, 2018, 38 (1): 1 - 10.

[31] 樊杰. 地域功能—结构的空间组织途径——对国土空间规划实施主体功能区战略的讨论 [J]. 地理研究, 2019, 38 (10): 2373 - 2387.

[32] 范擎宇, 杨山. 协调视角下长三角城市群的空间结构演变与优化 [J]. 自然资源学报, 2019, 34 (8): 1581 - 1592.

[33] 范毅, 冯奎. 行政区划调整与城镇化发展 [J]. 经济社会体制比较, 2017 (6): 66 - 73.

[34] 范子英, 赵仁杰. 财政职权、征税努力与企业税负 [J]. 经济研究, 2020, 55 (4): 101 - 117.

[35] 方创琳, 王振波, 马海涛. 中国城市群形成发育规律的理论认知与地理学贡献 [J]. 地理学报, 2018, 73 (4): 651 - 665.

[36] 方创琳. 黄河流域城市群形成发育的空间组织格局与高质量发展 [J]. 经济地理, 2020, 40 (6): 1 - 8.

[37] 方创琳. 中国新型城镇化高质量发展的规律性与重点方向 [J]. 地理研究, 2019, 38 (1): 13 - 22.

[38] 方敏, 杨胜刚, 周建军等. 高质量发展背景下长江经济带产业集聚创新发展路径研究 [J]. 中国软科学, 2019 (5): 137 - 150.

[39] 方玮轩, 杨惠, 方斌. 基于通勤行为的小城镇土地利用与格局优化对策研究——以扬中市为例 [J]. 中国土地科学, 2017, 31 (2): 40 - 47, 97.

[40] 房庆方, 杨细平, 蔡瀛. 区域协调和可持续发展——珠江三角洲经济区城市群规划及其实施 [J]. 城市规划, 1997 (1): 7 - 10, 60.

[41] 冯婧, 江孝君, 杨青山. 中国城市群经济社会协调发展水平及效率时空格局 [J]. 资源开发与市场, 2018, 34 (8): 1123 - 1132.

[42] 冯润东, 王开泳. 区域经济一体化视角下"行政区经济"约束强度的定量测度及时空演化分析——以成德绵地区为例 [J]. 地理科学进展, 2020, 39 (9): 1447 - 1459.

[43] 冯伟, 崔军, 石智峰等. 英国城乡规划体系及农村规划管理的经验与启示 [J]. 中国农业资源与区划, 2018, 39 (2): 109 - 113, 133.

[44] 冯曦明, 张仁杰. 产业结构变迁、绿色生态效率与区域经济增长 [J]. 统计与决策, 2021, 37 (21): 104 - 108.

[45] 冯兴华，钟业喜，李建新等.长江中游城市群县域城镇化水平空间格局演变及驱动因子分析 [J].长江流域资源与环境，2015，24 (6)：899 – 908.

[46] 冯兴华，钟业喜，李峥荣等.长江经济带城市体系空间格局演变 [J].长江流域资源与环境，2017，26 (11)：1721 – 1733.

[47] 高丽娜，华冬芳.创新环境、网络外部性与城市群创新能力——来自长三角城市群的经验研究 [J].华东经济管理，2020，34 (9)：55 – 60.

[48] 高鹏，何丹，宁越敏等.长三角地区城市投资联系水平的时空动态及影响因素 [J].地理研究，2021，40 (10)：2760 – 2779.

[49] 高文武，徐明阳，范佳健等.经济发展、城乡二元化对城乡居民收入差距影响的实证分析 [J].统计与决策，2018，34 (3)：147 – 150.

[50] 高新才，魏丽华.新时代西部大开发的新格局 [J].甘肃社会科学，2020 (1)：90 – 96.

[51] 谷玉辉，吕霁航.长江中游城市群协调发展存在的问题及对策探析 [J].经济纵横，2017 (12)：117 – 122.

[52] 顾伟男，申玉铭.我国中心城市科技创新能力的演变及提升路径 [J].经济地理，2018，38 (2)：113 – 122.

[53] 郭晨，张卫东.产业结构升级背景下新型城镇化建设对区域经济发展质量的影响——基于 PSM – DID 经验证据 [J].产业经济研究，2018 (5)：78 – 88.

[54] 郭建科，秦娅风，董梦如.基于流动要素的沿海港—城网络体系空间重构 [J].经济地理，2021，41 (9)：59 – 68.

[55] 郭鹏飞，胡歆韵.基础设施投入、市场一体化与区域经济增长 [J].武汉大学学报（哲学社会科学版），2021，74 (6)：141 – 157.

[56] 郭庆宾，许泱，刘承良.长江中游城市群资源集聚能力影响因素与形成机理 [J].中国人口·资源与环境，2018，28 (2)：151 – 157.

[57] 郭庆宾，张中华.长江中游城市群要素集聚能力的时空演变 [J].地理学报，2017，72 (10)：1746 – 1761.

[58] 韩立达，史敦友.城市面积与城市经济关系研究 [J].区域经济评论，2018 (1)：88 – 96.

[59] 韩林飞，鲁宇捷.大城市的辐射带动与小城镇的均衡发展——意大利米兰及其周边城镇发展的启示 [J].城市发展研究，2020，27 (6)：13 – 18，28.

[60] 韩永辉，黄亮雄，王贤彬.产业政策推动地方产业结构升级了吗？——基于发展型地方政府的理论解释与实证检验 [J].经济研究，2017，52 (8)：33 – 48.

［61］郝凤霞，张诗葭．长三角城市群交通基础设施、经济联系和集聚——基于空间视角的分析［J］．经济问题探索，2021（3）：80-91．

［62］郝闻汉，袁淳，耿春晓．区域一体化政策能促进企业垂直分工吗？——来自撤县设区的证据［J］．经济管理，2021，43（6）：22-37．

［63］何显明．市管县体制绩效及其变革路径选择的制度分析——兼论"复合行政"概念［J］．中国行政管理，2004（7）：70-74．

［64］贺三维，邵玺．京津冀地区人口—土地—经济城镇化空间集聚及耦合协调发展研究［J］．经济地理，2018，38（1）：95-102．

［65］洪银兴，王振，曾刚等．长三角一体化新趋势［J］．上海经济，2018（3）：122-148．

［66］侯祥鹏．中国城市群高质量发展测度与比较［J］．现代经济探讨，2021（2）：9-18．

［67］胡荣涛．新时代推进我国城市群发展的理论逻辑与实践进路［J］．新疆社会科学，2019（5）：23-34，152-153．

［68］胡霞．互联网背景下流通业发展对区域经济集聚的影响及溢出效应——以海岸带城市群为例［J］．商业经济研究，2019（16）：157-160．

［69］黄春芳，韩清．高铁线路对城市经济活动存在"集聚阴影"吗？——来自京沪高铁周边城市夜间灯光的证据［J］．上海经济研究，2019（11）：46-58．

［70］黄敦平，陈洁．我国新型城镇化质量综合评价［J］．统计与决策，2021，37（12）：170-173．

［71］黄寰，郭义盟．自然契约、生态经济系统与城市群协调发展［J］．社会科学研究，2017（4）：106-112．

［72］黄洁，钟业喜．长江中游城市群铁路客运联系及其空间格局演变［J］．世界地理研究，2016，25（2）：72-81．

［73］黄金川．基于辐射扩散测度的中国城市群发育格局识别［J］．经济地理，2016，36（11）：199-206．

［74］黄静，李凯．行政区划调整是否强化了土地运营？——来自长三角的政策效果检验［J］．热带地理，2021，41（3）：554-561．

［75］黄明华，张然，贺琦等．回归本源——对城市增长边界"永久性"与"阶段性"的探讨［J］．城市规划，2017，41（2）：9-17，26．

［76］黄寿峰，向淑敏．财政分权对地方政府债务的影响研究——基于城投债的证据［J］．社会科学研究，2021（5）：60-72．

［77］黄晓星，蔡禾．治理单元调整与社区治理体系重塑——兼论中国城市

社区建设的方向和重点 [J]. 广东社会科学, 2018 (5): 196-202.

[78] 黄燕芬, 张超. 加快建立"多主体供给、多渠道保障、租购并举"的住房制度 [J]. 价格理论与实践, 2017 (11): 15-20.

[79] 黄跃, 李琳. 中国城市群绿色发展水平综合测度与时空演化 [J]. 地理研究, 2017, 36 (7): 1309-1322.

[80] 黄征学, 覃成林, 李正图等. "十四五"时期的区域发展 [J]. 区域经济评论, 2019 (6): 1-12, 165.

[81] 纪小乐, 魏建. 市管县体制对城市化和工业化协同发展的影响——新地级市设立后市辖区经济发展的历史考察 [J]. 经济与管理研究, 2021, 42 (8): 81-95.

[82] 纪小乐, 魏建. 行政区划调整如何推动中国城市化的进程: 动因、类型与方向 [J]. 齐鲁学刊, 2019 (3): 109-116.

[83] 江艇, 孙鲲鹏, 聂辉华. 城市级别、全要素生产率和资源错配 [J]. 管理世界, 2018, 34 (3): 38-50, 77, 183.

[84] 姜东. 财政金融支持资源型城市产业结构调整效率研究——基于推进供给侧结构性改革的视角 [J]. 金融理论与实践, 2018 (6): 78-83.

[85] 姜亚, 陈莫, 刘恒. 基于集聚经济理论确定最优城市规模 [J]. 科技经济市场, 2017 (5): 115-117.

[86] 康江江, 徐伟, 宁越敏. 基于地方化、城市化和全球化制造业空间集聚分析——以长三角区域为例 [J]. 地理科学, 2021, 41 (10): 1773-1782.

[87] 寇冬雪, 黄娟. 生产性服务业集聚对制造业集聚的减排效应——基于2003—2019年285个城市面板数据分析 [J]. 中国流通经济, 2021, 35 (11): 78-88.

[88] 匡贞胜, 申立, 肖莎. 资源型地区的结构变迁与行政区划改革——以伊春市为例 [J]. 经济社会体制比较, 2021 (4): 129-139.

[89] 赖先进. 从赋权转向赋能: "镇改市"治理体制创新的优化路径——基于全国首个镇改市浙江省龙港市的分析 [J]. 经济体制改革, 2021 (5): 27-33.

[90] 兰秀娟, 张卫国, 裴璇. 我国中心——外围城市经济发展差异及收敛性研究 [J]. 数量经济技术经济研究, 2021, 38 (6): 45-65.

[91] 李储, 徐泽. 经济新常态下的城市生产要素投入均衡度及形成机制探讨 [J]. 生态经济, 2021, 37 (11): 92-97.

[92] 李娣. 我国城市群治理创新研究 [J]. 城市发展研究, 2017, 24 (7): 103-108, 124.

[93] 李华，董艳玲. 基本公共服务均等化是否缩小了经济增长质量的地区差距？[J]. 数量经济技术经济研究，2020，37（7）：48-70.

[94] 李佳洺，陆大道，徐成东等. 胡焕庸线两侧人口的空间分异性及其变化 [J]. 地理学报，2017，72（1）：148-160.

[95] 李坚未，孙久文. 城市规模、聚集效应和城市生产率来源 [J]. 学习与实践，2018（7）：14-21.

[96] 李金龙，王宝元. 地方政府管理体制：区域经济一体化发展的重要制度瓶颈 [J]. 财经理论与实践，2007（1）：120-123.

[97] 李金龙，谢哲夫. "省直管县"的现实可能性：改革的战略性调整 [J]. 甘肃社会科学，2010（3）：244-247.

[98] 李金龙，翟国亮. 撤县设区的科学规范探究 [J]. 云南社会科学，2016（5）：18-22.

[99] 李金龙，张琦. 区域文化：我国行政区划体制改革的重要因素 [J]. 江西社会科学，2014，34（4）：220-226.

[100] 李金龙. 论区域经济一体化中的省级政府管理体制创新 [J]. 中国行政管理，2004（12）：46-49.

[101] 李静，陈月萍. 人力资本分布区域极化与动态演进——基于中国省级维度的测算 [J]. 统计与信息论坛，2019，34（6）：44-50.

[102] 李兰冰，刘秉镰. "十四五"时期中国区域经济发展的重大问题展望 [J]. 管理世界，2020，36（5）：36-51，8.

[103] 李磊，徐长生，刘常青. 要素结构与技术进步方向——来自中国城市"撤县设区"的证据 [J]. 经济理论与经济管理，2019（4）：52-61.

[104] 李林山，赵宏波，郭付友等. 黄河流域城市群产业高质量发展时空格局演变研究 [J]. 地理科学，2021，41（10）：1751-1762.

[105] 李琳，龚胜. 长江中游城市群协同创新度动态评估与比较 [J]. 科技进步与对策，2015，32（23）：118-124.

[106] 李明惠. 生命周期视域下大企业集群自主创新模式选择 [J]. 科技进步与对策，2018，35（8）：92-99.

[107] 李培鑫，张学良. 城市群集聚空间外部性与劳动力工资溢价 [J]. 管理世界，2021，37（11）：121-136，183，9.

[108] 李琴，谢治. 青年流动人才空间分布及居留意愿影响因素——基于2017年全国流动人口动态监测数据 [J]. 经济地理，2020，40（9）：27-35.

[109] 李松林，刘修岩. 中国城市体系规模分布扁平化：多维区域验证与经

济解释 [J]. 世界经济, 2017, 40 (11): 144 - 169.

[110] 李松霞. 北部湾城市群空间关联性研究 [J]. 技术经济与管理研究, 2018 (2): 119 - 123.

[111] 李伟, 贺灿飞. 中国区域产业演化路径——基于技术关联性与技术复杂性的研究 [J]. 地理科学进展, 2021, 40 (4): 620 - 634.

[112] 李文钊. 理解中国城市治理: 一个界面治理理论的视角 [J]. 中国行政管理, 2019 (9): 73 - 81.

[113] 李翔, 张雯静. 基于物流增长极的区域一体化发展模式研究 [J]. 商业经济研究, 2018 (15): 84 - 87.

[114] 李晓琳. 适应城镇化未来发展需要的行政区划调整研究 [J]. 区域经济评论, 2021 (2): 116 - 124.

[115] 李晓壮. 中国流动人口社会融合实践模式及政策分析 [J]. 国家行政学院学报, 2017 (4): 110 - 115, 148.

[116] 李鑫, 马晓冬, Khuong Manh - ha 等. 城乡融合导向下乡村发展动力机制 [J]. 自然资源学报, 2020, 35 (8): 1926 - 1939.

[117] 李艳华. 京津冀通用航空产业链协同发展研究 [J]. 区域经济评论, 2021 (6): 125 - 132.

[118] 李一飞, 王开泳. 改革开放以来我国建制市的分类演进过程与规律分析 [J]. 经济地理, 2019, 39 (11): 49 - 59.

[119] 李永友, 周思娇, 胡玲慧. 分权时序与经济增长 [J]. 管理世界, 2021, 37 (5): 71 - 86.

[120] 李月起. 新时代成渝城市群协调发展策略研究 [J]. 西部论坛, 2018, 28 (3): 94 - 99.

[121] 李子联. 中国经济高质量发展的动力机制 [J]. 当代经济研究, 2021 (10): 24 - 33.

[122] 梁军, 从振楠. 产业集聚与中心城市全要素生产率增长的实证研究——兼论城市层级分异的影响 [J]. 城市发展研究, 2018, 25 (12): 45 - 53.

[123] 梁龙武, 王振波, 方创琳等. 京津冀城市群城市化与生态环境时空分异及协同发展格局 [J]. 生态学报, 2019, 39 (4): 1212 - 1225.

[124] 林柯. 兰州—西宁工业产业分工协同体系构建——基于兰西城市群建设视角 [J]. 甘肃社会科学, 2021 (5): 213 - 221.

[125] 林李月, 朱宇, 柯文前. 城镇化中后期中国人口迁移流动形式的转变及政策应对 [J]. 地理科学进展, 2020, 39 (12): 2054 - 2067.

［126］林拓，申立．行政区划优化：与国家治理同行［J］.经济社会体制比较，2016（4）：77－86.

［127］林拓，王世晨．国家治理现代化下的行政区划重构逻辑［J］.社会科学，2017（7）：3－10.

［128］刘秉镰，朱俊丰．新中国70年城镇化发展：历程、问题与展望［J］.经济与管理研究，2019，40（11）：3－14.

［129］刘畅，邓铭，冉春红．东北地区农业现代化与新型城镇化协调发展研究［J］.中国人口·资源与环境，2017，27（6）：155－162.

［130］刘定平，刘培．城市等级差异与资源配置效率——基于280个地级市数据的分析［J］.统计理论与实践，2020（1）：16－21.

［131］刘冬，杨悦，张文慧等．长三角区域一体化发展规划与政策制度研究［J］.环境保护，2020，48（20）：9－15.

［132］刘海猛，方创琳，黄解军等．京津冀城市群大气污染的时空特征与影响因素解析［J］.地理学报，2018，73（1）：177－191.

［133］刘合林，郑天铭，聂晶鑫．城市基本公共服务设施数量与多样性空间配置研究——以武汉市主城区为例［J］.城市规划，2021，45（2）：84－91.

［134］刘继来，刘彦随，李裕瑞．中国"三生空间"分类评价与时空格局分析［J］.地理学报，2017，72（7）：1290－1304.

［135］刘梅，赵曦．城市群网络空间结构及其经济协调发展——基于长江经济带三大城市群的比较分析［J］.经济问题探索，2019（9）：100－111.

［136］刘胜，申明浩．城市群融合发展能成为吸引外资进入的新动能吗——来自粤港澳大湾区的经验证据［J］.国际经贸探索，2018，34（12）：4－16.

［137］刘爽，王震，陈晨．空间视角下的长三角区域一体化发展研究述评——政策目标、现实挑战及规划干预［J］.城乡规划，2020（1）：58－69.

［138］刘婷，王寒梅，史玉金等．特大型城市地下空间资源承载能力评价方法探索——以上海市为例［J］.地质通报，2021，40（10）：1609－1616.

［139］刘晓光，黄惬．我国东西部高层次人才引进政策文本比较——以四川省和江苏省为例［J］.科技管理研究，2018，38（24）：51－56.

［140］柳拯，汤恒，吴国生等．新型城镇化过程中行政区划调整的实施效果——对重庆市撤县改区的调研报告［J］.理论视野，2017（6）：74－78.

［141］龙玉清，陈彦光．京津冀交通路网结构特征及其演变的分形刻画［J］.人文地理，2019，34（4）：115－125.

［142］卢筱茜．基于空间分析方法的全国高等院校资源配置研究［J］.城市

地理，2017（6）：146-147.

[143] 鲁金萍，杨振武，孙久文．京津冀城市群经济联系测度研究［J］.城市发展研究，2015，22（1）：5-10.

[144] 陆铭，李鹏飞，钟辉勇．发展与平衡的新时代——新中国70年的空间政治经济学［J］.管理世界，2019，35（10）：11-23，63，219.

[145] 陆铭．城市、区域和国家发展——空间政治经济学的现在与未来［J］.经济学（季刊），2017，16（4）：1499-1532.

[146] 陆小成．稳妥有序推进行政区划调整的思考［J］.中国国情国力，2021（4）：36-38.

[147] 吕天宇，李晚莲，卢珊．京津冀雾霾治理中的府际合作研究［J］.环境与健康杂志，2017，34（4）：371-375.

[148] 罗丹阳．增强中心城市聚集效应研究——以贵州省贵阳市为例［J］.贵州社会科学，2019（11）：127-133.

[149] 罗鹏程，王军，蔡文君等．国际情报学视角下中国情报学的研究特色探析——基于ASIS&T会议论文的分析［J］.情报科学，2021，39（7）：136-146.

[150] 罗翔，宋鑫，朱丽霞等．京津冀城市群就业密度空间分布特征及溢出效应［J］.经济地理，2020，40（8）：59-66.

[151] 罗小龙，曹姝君，顾宗倪．回流城镇化：中部地区城镇化开启新路径［J］.地理科学，2020，40（5）：685-690.

[152] 罗震东．改革开放以来中国城市行政区划变更特征及趋势［J］.城市问题，2008（6）：77-82.

[153] 马海涛，徐楦钫．黄河流域城市群高质量发展评估与空间格局分异［J］.经济地理，2020，40（4）：11-18.

[154] 马宏．人力资本分布结构对技术创新的影响——兼论收入差距的中介效应与调节效应［J］.华中师范大学学报（人文社会科学版），2021，60（1）：34-44.

[155] 马洪福，郝寿义．产业转型升级水平测度及其对劳动生产率的影响——以长江中游城市群26个城市为例［J］.经济地理，2017，37（10）：116-125.

[156] 马佳羽，韩兆洲，蒋青嬗．粤港澳大湾区经济发展：空间格局、影响因素与启示——基于两级行政区分层数据［J］.数量经济技术经济研究，2021，38（11）：43-61.

[157] 马历，龙花楼，张英男等．中国县域农业劳动力变化与农业经济发展的时空耦合及其对乡村振兴的启示［J］.地理学报，2018，73（12）：2364-2377.

［158］马强，王军．城镇化缩小城乡收入差距的机制与效应——基于中国271个城市面板数据的分析 ［J］．城市问题，2018（10）：12 – 19.

［159］马燕坤，肖金成．都市区、都市圈与城市群的概念界定及其比较分析 ［J］．经济与管理，2020，34（1）：18 – 26.

［160］马振刚，李黎黎，杨润田．资源环境承载力研究现状与辨析 ［J］．中国农业资源与区划，2020，41（3）：130 – 137.

［161］毛敏．国内外大数据技术应用研究热点与前沿——基于2013 ~ 2018年文献的 CiteSpace 可视化分析 ［J］．经营与管理，2020（3）：10 – 13.

［162］孟德友，冯兴华，文玉钊．铁路客运视角下东北地区城市网络结构演变及组织模式探讨 ［J］．地理研究，2017，36（7）：1339 – 1352.

［163］孟祥林．城市化进程中行政区划边界处节点中心地的发展对策——兼论京津冀协同发展背景下的行政区划调整 ［J］．河北农业大学学报（社会科学版），2020，22（1）：68 – 78.

［164］米瑞华，高向东．中国西北地区人口分布影响因素的空间计量分析 ［J］．人口与经济，2019（4）：65 – 78.

［165］年猛，魏后凯．中国城郊经济的概念分歧与空间识别——基于全球夜间灯光数据 ［J］．城市与环境研究，2019（2）：55 – 66.

［166］聂晶鑫，刘合林．我国不同区域空间组织方式的尺度与效率研究——基于城市间物流市场网络的分析 ［J］．城市规划，2021，45（9）：70 – 78.

［167］聂伟，陆军．撤县设区改革与地级市经济增长——整县设区和拆县设区的比较研究 ［J］．经济问题探索，2019（2）：95 – 101.

［168］欧阳晓，李勇辉，徐帆等．城市用地扩张与生态环境保护的交互作用研究——以长株潭城市群为例 ［J］．经济地理，2021，41（7）：193 – 201.

［169］潘家栋，肖文．城市群经济网络结构演化及治理研究 ［J］．社会科学战线，2021（11）：78 – 85.

［170］潘林伟，鲁皓．分权竞争、协同意愿与城市群建设：考虑公平偏好的委托代理解释 ［J］．运筹与管理，2021，30（11）：226 – 231.

［171］潘美莹．促进国家中心城市高质量发展建设的长效机制研究——以郑州市为例 ［J］．科技经济导刊，2021，29（14）：1 – 2.

［172］彭树宏．中国地区人力资本不平等及其空间分布的动态演进 ［J］．中央财经大学学报，2019（11）：115 – 128.

［173］齐宏纲，戚伟，刘盛和．粤港澳大湾区人才集聚的演化格局及影响因素 ［J］．地理研究，2020，39（9）：2000 – 2014.

[174] 齐岳, 秦阳. 城市群公共服务均等化与经济发展不平衡关系研究 [J]. 统计与决策, 2020, 36 (21): 77-81.

[175] 钱吴永, 祁尖. 基于节点城市的物流产业效率与经济增长协同发展测度研究 [J]. 工业技术经济, 2018, 37 (5): 19-28.

[176] 秦华, 任保平. 黄河流域城市群高质量发展的目标及其实现路径 [J]. 经济与管理评论, 2021, 37 (6): 26-37.

[177] 饶常林, 黄祖海. 论公共事务跨域治理中的行政协调——基于深惠和北基垃圾治理的案例比较 [J]. 华中师范大学学报 (人文社会科学版), 2018, 57 (3): 40-48.

[178] 任保平, 张倩. 西部大开发 20 年西部地区经济发展的成就、经验与转型 [J]. 陕西师范大学学报 (哲学社会科学版), 2019, 48 (4): 46-62.

[179] 任博, 田雨. 基于整体性治理视阈的内蒙古科技资源整合与共享研究 [J]. 科学管理研究, 2020, 38 (4): 70-76.

[180] 任宏, 李振坤. 中国三大城市群经济增长的影响因素及其空间效应 [J]. 城市问题, 2019 (10): 63-68.

[181] 任以胜, 陆林, 虞虎. 新安江流域行政区经济非均衡性的行政边界效应 [J]. 经济地理, 2020, 40 (9): 46-52.

[182] 任宇飞, 方创琳. 京津冀城市群县域尺度生态效率评价及空间格局分析 [J]. 地理科学进展, 2017, 36 (1): 87-98.

[183] 任远. 城市病和高密度城市的精细化管理 [J]. 社会科学, 2018 (5): 76-82.

[184] 任宗哲, 张陈一轩. 行政区划调整与企业资源配置效率 [J]. 统计与信息论坛, 2021, 36 (6): 41-50.

[185] 阮杰儿, 陈颖彪, 千庆兰等. 高铁影响下的珠江三角洲城市群经济空间格局的多维度分析 [J]. 地球信息科学学报, 2020, 22 (5): 1023-1032.

[186] 尚永珍, 陈耀. 功能空间分工与城市群经济增长——基于京津冀和长三角城市群的对比分析 [J]. 经济问题探索, 2019 (4): 77-83.

[187] 尚勇敏, 王振. 长江经济带城市资源环境承载力评价及影响因素 [J]. 上海经济研究, 2019 (7): 14-25, 44.

[188] 邵朝对, 苏丹妮, 包群. 中国式分权下撤县设区的增长绩效评估 [J]. 世界经济, 2018, 41 (10): 101-125.

[189] 邵璇璇, 姚永玲. 长江中游城市群的空间网络特征及其影响机制 [J]. 城市问题, 2019 (10): 15-26.

［190］沈洁，张可云．中国大城市病典型症状诱发因素的实证分析［J］．地理科学进展，2020，39（1）：1－12.

［191］石磊，张琢，金兆怀．东北地区城市空间协调发展的动力与对策［J］．经济纵横，2018（10）：98－106.

［192］石立，林海明．经济开放程度的统计评价与实证——以广东省为例［J］．统计与决策，2020，36（24）：89－93.

［193］史安娜，刘海荣．长三角城市群知识密集型服务业的空间极化与辐射分析［J］．河海大学学报（哲学社会科学版），2019，21（3）：29－36，106.

［194］史恩义，王娜．金融发展、产业转移与中西部产业升级［J］．南开经济研究，2018（6）：3－19.

［195］斯丽娟，王超群．中国城市群区域经济差异、动态演变与收敛性——基于十大城市群夜间灯光数据的研究［J］．上海经济研究，2021（10）：38－52.

［196］宋建波，武春友．城市化与生态环境协调发展评价研究——以长江三角洲城市群为例［J］．中国软科学，2010（2）：78－87.

［197］宋美喆．财政分权对资源空间错配的影响——基于"省直管县"改革的准自然实验［J］．云南财经大学学报，2021，37（9）：1－14.

［198］孙桂平，韩东，贾梦琴．京津冀城市群人口流动网络结构及影响因素研究［J］．地域研究与开发，2019，38（4）：166－169，180.

［199］孙慧，原伟鹏．西部地区经济韧性与经济高质量发展的关系研究［J］．区域经济评论，2020（5）：23－35.

［200］孙久文，原倩．京津冀协同发展战略的比较和演进重点［J］．经济社会体制比较，2014（5）：1－11.

［201］孙久文，张翱．论区域协调发展视角下"行政区经济"的演变［J］．区域经济评论，2020（6）：25－29.

［202］孙宁华，覃筱珂．技术空间扩散与长三角地区的辐射带动作用［J］．南大商学评论，2018（1）：68－85.

［203］孙全胜．城市空间生产批判对中国城镇化的现实意义［J］．城市发展研究，2017，24（2）：33－39.

［204］孙学玉，伍开昌．当代中国行政结构扁平化的战略构想——以市管县体制为例［J］．中国行政管理，2004（3）：79－87.

［205］锁利铭．协调下的竞争与合作：中国城市群协同治理的过程［J］．探索与争鸣，2020（10）：20－22，143.

［206］覃成林，杨霞．先富地区带动了其他地区共同富裕吗——基于空间外

溢效应的分析 [J]. 中国工业经济, 2017 (10): 44 – 61.

[207] 汤长安, 邱佳炜, 张丽家等. 要素流动、产业协同集聚对区域经济增长影响的空间计量分析——以制造业与生产性服务业为例 [J]. 经济地理, 2021, 41 (7): 146 – 154.

[208] 唐承辉, 豆建民. 长三角城市群功能性网络结构及其一体化程度研究 [J]. 经济问题探索, 2020 (12): 79 – 88.

[209] 唐为. 经济分权与中小城市发展——基于撤县设市的政策效果分析 [J]. 经济学 (季刊), 2019, 18 (1): 123 – 150.

[210] 唐为. 要素市场一体化与城市群经济的发展——基于微观企业数据的分析 [J]. 经济学 (季刊), 2021, 21 (1): 1 – 22.

[211] 万婷, 孙雪成. 东北区域城市空间重构与生态环境协调发展问题与对策研究 [J]. 生态经济, 2019, 35 (2): 123 – 127.

[212] 汪宇明, 刘高, 施加仓等. 中国城乡一体化水平的省区分异 [J]. 中国人口·资源与环境, 2012, 22 (4): 137 – 142.

[213] 汪宇明, 王玉芹, 张凯. 近十年来中国城市行政区划格局的变动与影响 [J]. 经济地理, 2008 (2): 196 – 200.

[214] 汪宇明. 中国省直管县市与地方行政区划层级体制的改革研究 [J]. 人文地理, 2004 (6): 71 – 74.

[215] 汪增洋, 张学良. 后工业化时期中国小城镇高质量发展的路径选择 [J]. 中国工业经济, 2019 (1): 62 – 80.

[216] 王成港, 宁晓刚, 王浩等. 利用夜间灯光数据的城市群格局变化分析 [J]. 测绘科学, 2019, 44 (6): 176 – 186.

[217] 王德利, 杨青山. 中国城市群规模结构的合理性诊断及演变特征 [J]. 中国人口·资源与环境, 2018, 28 (9): 123 – 132.

[218] 王丰龙, 张传勇. 行政区划调整对大城市房价的影响研究 [J]. 地理研究, 2017, 36 (5): 913 – 925.

[219] 王桂新, 胡健. 中国东部三大城市群人口城市化对产业结构转型影响的研究 [J]. 社会发展研究, 2019, 6 (1): 33 – 48, 242 – 243.

[220] 王海军, 张彬, 刘耀林等. 基于重心—GTWR 模型的京津冀城市群城镇扩展格局与驱动力多维解析 [J]. 地理学报, 2018, 73 (6): 1076 – 1092.

[221] 王家庭, 毛文峰, 臧家新等. 节约集约用地政策对城市蔓延的遏制效应 [J]. 城市问题, 2017 (5): 9 – 16.

[222] 王嘉丽, 宋林, 张夏恒. 数字经济、产业集聚与区域电子商务创新效

率 [J]. 经济问题探索, 2021 (9): 156 – 165.

[223] 王健, 鲍静, 刘小康等. "复合行政"的提出——解决当代中国区域经济一体化与行政区划冲突的新思路 [J]. 中国行政管理, 2004 (3): 44 – 48.

[224] 王金营, 王晓伟. 人口集聚与经济集聚匹配对劳动生产率影响研究 [J]. 人口学刊, 2021, 43 (6): 1 – 13.

[225] 王敬波. "放管服"改革与法治政府建设深度融合的路径分析 [J]. 中国行政管理, 2021 (10): 18 – 21.

[226] 王娟, 齐钰. 旅游边缘城市网络嵌入性及影响因素分析——以山东省为例 [J]. 地域研究与开发, 2021, 40 (3): 80 – 85, 92.

[227] 王开泳, 陈田, 刘毅. "行政区划本身也是一种重要资源"的理论创新与应用 [J]. 地理研究, 2019, 38 (2): 195 – 206.

[228] 王开泳, 陈田. "十四五"时期行政区划设置与空间治理的探讨 [J]. 中国科学院院刊, 2020, 35 (7): 867 – 874.

[229] 王开泳, 陈田. 行政区划研究的地理学支撑与展望 [J]. 地理学报, 2018, 73 (4): 688 – 700.

[230] 王开泳, 戚伟, 邓羽. 2000 年以来中国城市空间扩张的时空平稳性 [J]. 地理研究, 2014, 33 (7): 1195 – 1206.

[231] 王开泳, 王甫园, 陈田. 行政区划调整的政区位势理论与模型构建——以重庆市为例 [J]. 地理学报, 2019, 74 (12): 2495 – 2510.

[232] 王青, 金春. 中国城市群经济发展水平不平衡的定量测度 [J]. 数量经济技术经济研究, 2018, 35 (11): 77 – 94.

[233] 王儒奇, 余思勇, 胡绪华. 技术创新、城市群一体化与经济高质量发展 [J]. 金融与经济, 2020 (7): 59 – 66, 96.

[234] 王少剑, 高爽, 王宇渠. 基于流空间视角的城市群空间结构研究——以珠三角城市群为例 [J]. 地理研究, 2019, 38 (8): 1849 – 1861.

[235] 王胜今, 杨鸿儒. 我国中原经济区人口与经济空间格局演变研究 [J]. 人口学刊, 2019, 41 (5): 35 – 44.

[236] 王士君, 廉超, 赵梓渝. 从中心地到城市网络——中国城镇体系研究的理论转变 [J]. 地理研究, 2019, 38 (1): 64 – 74.

[237] 王韬钦. 发挥长江经济带发展的内外协调作用——双循环新发展格局形成的中介逻辑 [J]. 技术经济与管理研究, 2021 (10): 104 – 108.

[238] 王小鲁. 中国城市化路径与城市规模的经济学分析 [J]. 经济研究, 2010, 45 (10): 20 – 32.

[239] 王亚飞，樊杰．中国主体功能区核心——边缘结构解析 [J]．地理学报，2019，74（4）：710 - 722.

[240] 王彦彭，张高峰．新经济地理学视角下商业集聚与城镇化耦合关系分析——来自中原城市群 17 城市的经验证据 [J]．商业经济研究，2018（14）：146 - 149.

[241] 王颖，孙平军，李诚固等．2003 年以来东北地区城乡协调发展的时空演化 [J]．经济地理，2018，38（7）：59 - 66.

[242] 王永贵，高佳．新冠疫情冲击、经济韧性与中国高质量发展 [J]．经济管理，2020，42（5）：5 - 17.

[243] 王钊，杨山，龚富华等．基于城市流空间的城市群变形结构识别——以长江三角洲城市群为例 [J]．地理科学，2017，37（9）：1337 - 1344.

[244] 王志锋，王优容，王云亭等．城市行政等级与经济增长——基于开发区的视角 [J]．宏观经济研究，2017（11）：115 - 127.

[245] 魏玖长，卢良栋．跨区域突发事件应急合作与协调机制研究——以长三角区域为例 [J]．中国社会公共安全研究报告，2017（1）：59 - 72.

[246] 魏丽，卜伟，王梓利．高速铁路开通促进旅游产业效率提升了吗？——基于中国省级层面的实证分析 [J]．经济管理，2018，40（7）：72 - 90.

[247] 温佳楠．成渝地区城市收缩识别及其驱动因素分析 [J]．经济论坛，2019（10）：69 - 76.

[248] 温彦平，王雪峰．长江中游城市群城镇化视角下产业结构与生态环境耦合协调关系研究 [J]．华中师范大学学报（自然科学版），2019，53（2）：263 - 271.

[249] 巫强，林勇，任若琰．长三角三次产业协调发展程度测算及其影响机理研究 [J]．上海经济研究，2018（11）：77 - 89.

[250] 吴华英，刘霞辉，苏志庆．偏向型技术进步驱动下的结构变迁与生产率提高 [J]．上海经济研究，2021（3）：45 - 59.

[251] 吴建民，丁疆辉．2000 年以来中国县级行政区划调整的类型、特征及趋势分析 [J]．热带地理，2018，38（6）：799 - 809.

[252] 吴金群，巢飞．行政区划治理何以可能——治理嵌入行政区划调整的意涵、条件及其限度 [J]．治理研究，2021，37（5）：41 - 50.

[253] 吴利学，尹俊雅，鞠晶．城市规模、资源配置与政府行为 [J]．产业组织评论，2019，13（4）：99 - 132.

[254] 吴小影，杨山，尹上岗等．快速城镇化背景下长三角城镇建设用地群

态化特征及演变模式 [J]. 地理研究, 2021, 40 (7): 1917 - 1934.

[255] 夏添, 孙久文, 林文贵. 中国行政区经济与区域经济的发展述评——兼论我国区域经济学的发展方向 [J]. 经济学家, 2018 (8): 94 - 104.

[256] 项文彪, 陈雁云. 产业集群、城市群与经济增长——以中部地区城市群为例 [J]. 当代财经, 2017 (4): 109 - 115.

[257] 肖德, 于凡. 中国城市群经济高质量发展测算及差异比较分析 [J]. 宏观质量研究, 2021, 9 (3): 86 - 98.

[258] 肖挺. 行政性"做大"城市有利于区域经济增长吗? 吸血、扶贫还是共赢 [J]. 中央财经大学学报, 2020 (8): 100 - 115.

[259] 肖远飞, 周博英, 李青. 环境规制影响绿色全要素生产率的实现机制——基于我国资源型产业的实证 [J]. 华东经济管理, 2020, 34 (3): 69 - 74.

[260] 谢涤湘, 谭俊杰, 楚晗. 粤港澳大湾区城市群行政区划体制改革研究 [J]. 规划师, 2019, 35 (8): 44 - 50.

[261] 谢涤湘, 文吉, 魏清泉. "撤县 (市) 设区"行政区划调整与城市发展 [J]. 城市规划汇刊, 2004 (4): 20 - 22, 95.

[262] 邢志平. 城镇化对企业生产率的作用: 集聚效应还是拥挤效应? [J]. 现代经济探讨, 2017 (11): 93 - 101.

[263] 熊竞, 胡德, 何文举等. 治理区划: 我国特大城市基层政区改革新理念 [J]. 城市发展研究, 2017, 24 (12): 38 - 44.

[264] 熊竞, 罗翔, 沈洁等. 从"空间治理"到"区划治理": 理论反思和实践路径 [J]. 城市发展研究, 2017, 24 (11): 89 - 93, 124.

[265] 熊竞, 孙斌栋. 超大城市政区治理: 演进逻辑、制度困境与优化路径 [J]. 上海行政学院学报, 2020, 21 (5): 51 - 62.

[266] 熊湘辉, 徐璋勇. 中国新型城镇化水平及动力因素测度研究 [J]. 数量经济技术经济研究, 2018, 35 (2): 44 - 63.

[267] 徐丽婷, 姚士谋, 陈爽等. 高质量发展下的生态城市评价——以长江三角洲城市群为例 [J]. 地理科学, 2019, 39 (8): 1228 - 1237.

[268] 徐宜青, 曾刚, 王秋玉. 长三角城市群协同创新网络格局发展演变及优化策略 [J]. 经济地理, 2018, 38 (11): 133 - 140.

[269] 许芸鹭, 雷国平. 辽中南城市群空间联系测度 [J]. 城市问题, 2018 (11): 65 - 74.

[270] 闫东升, 何甜, 陈雯. 人口聚集、经济扩散及其不一致状况——来自长江三角洲的经验研究 [J]. 经济地理, 2017, 37 (9): 47 - 56.

[271] 闫东升，王玥，孙伟等．区域经济增长驱动因素与空间溢出效应的对比研究 [J]．地理研究，2021，40（11）：3137 – 3153.

[272] 闫东升，杨槿，高金龙．长江三角洲人口与经济的非均衡格局及其影响因素研究 [J]．地理科学，2018，38（3）：376 – 384.

[273] 严亚磊，于涛，陈浩．国家级城市群发展阶段、空间扩张特征及动力机制 [J]．地域研究与开发，2021，40（5）：51 – 57.

[274] 阎东彬，孙久文，赵宁宁．京津冀高质量协同发展的动态评价及提升路径 [J]．工业技术经济，2022，41（6）：129 – 134.

[275] 杨浩昌，李廉水，刘军．产业聚集与中国城市全要素生产率 [J]．科研管理，2018，39（1）：83 – 94.

[276] 杨慧．基于耦合协调度模型的京津冀13市基础设施一体化研究 [J]．经济与管理，2020，34（2）：15 – 24.

[277] 杨继军，刘依凡，陈旭等．城市群空间功能分工、规模功能借用与企业出口增加值 [J]．经济科学，2021（5）：68 – 83.

[278] 杨谨铖．国内外反恐情报研究的进展与趋势——基于 CiteSpace V 的可视化计量 [J]．情报杂志，2020，39（1）：45 – 55，145.

[279] 杨军剑．城市社区治理效能的整体提升及优化路径探析 [J]．学习论坛，2019（8）：85 – 89.

[280] 杨开忠．全面建设现代化国家的西部大开发战略 [J]．China Economist，2021，16（3）：62 – 83.

[281] 杨明海，张红霞，孙亚男．七大城市群创新能力的区域差距及其分布动态演进 [J]．数量经济技术经济研究，2017，34（3）：21 – 39.

[282] 杨佩卿．西部地区新型城镇化发展目标与动力机制的相关性分析 [J]．西北大学学报（哲学社会科学版），2020，50（2）：139 – 149.

[283] 杨佩卿．新发展理念下新型城镇化发展水平评价——以西部地区为例 [J]．当代经济科学，2019，41（3）：92 – 102.

[284] 杨守德，赵德海．城市群要素集聚对区域经济效率的增益效应——以哈长城市群为例 [J]．技术经济，2017，36（4）：100 – 109.

[285] 杨喜，卢新海，李梦娜．空间效应视角下中国城市土地资源尾效及区域差异分析 [J]．经济问题探索，2020（9）：100 – 109.

[286] 杨晓，胡爱君．基于优势特色产业的县域循环经济发展水平实证研究——以陕西省汉中市为例 [J]．农村经济，2018（6）：68 – 72.

[287] 杨振山，苏锦华，杨航等．基于多源数据的城市功能区精细化研究——

以北京为例 [J]. 地理研究, 2021, 40 (2): 477-494.

[288] 姚常成, 宋冬林. 中国城市群空间结构演化机制与优化路径问题研究——中国特色社会主义政治经济学的视角 [J]. 教学与研究, 2021 (10): 20-36.

[289] 姚常成, 吴康. 多中心空间结构促进了城市群协调发展吗? ——基于形态与知识多中心视角的再审视 [J]. 经济地理, 2020, 40 (3): 63-74.

[290] 姚艳玲. 2017年国际人工智能领域研究前沿的分析与研究 [J]. 计算机科学, 2018, 45 (9): 1-10.

[291] 叶林, 杨宇泽. 行政区划调整中的政府组织重构与上下级谈判——以江城撤市设区为例 [J]. 武汉大学学报 (哲学社会科学版), 2018, 71 (3): 164-176.

[292] 叶林, 杨宇泽. 中国城市行政区划调整的三重逻辑: 一个研究述评 [J]. 公共行政评论, 2017, 10 (4): 158-178, 196.

[293] 叶堂林, 李璐, 王雪莹. 我国东部三大城市群创新效率及影响因素对比研究 [J]. 科技进步与对策, 2021, 38 (11): 36-45.

[294] 叶文辉, 伍运春. 成渝城市群空间集聚效应、溢出效应和协同发展研究 [J]. 财经问题研究, 2019 (9): 88-94.

[295] 殷冠文, 刘云刚. 区划调整的城市化逻辑与效应 [J]. 经济地理, 2020, 40 (4): 48-55.

[296] 殷为华, 陈晓玲. 长三角城市群电子信息制造业的空间集聚及生产绩效研究 [J]. 世界地理研究, 2021, 30 (6): 1241-1252.

[297] 游景如, 黄甫全. 新兴系统性文献综述法: 涵义、依据与原理 [J]. 学术研究, 2017 (3): 145-151, 178.

[298] 于光妍, 周正. 城市群产业分工、结构升级与经济增长 [J]. 技术经济与管理研究, 2021 (11): 116-120.

[299] 于杨, 金玥. 《情报科学》的文献计量研究: 热点主题与知识基础 [J]. 情报科学, 2019, 37 (9): 126-132.

[300] 余华义, 侯玉娟, 洪永淼. 城市辖区合并的区域一体化效应——来自房地产微观数据和城市辖区经济数据的证据 [J]. 中国工业经济, 2021 (4): 119-137.

[301] 袁航, 朱承亮. 国家高新区推动了中国产业结构转型升级吗 [J]. 中国工业经济, 2018 (8): 60-77.

[302] 袁婷, 曹卫东, 陈明星等. 多维视角下京津冀地区人口集疏时空变化 [J]. 世界地理研究, 2021, 30 (3): 520-532.

[303] 袁益. 文化差异与中国农村人口流动意愿——基于"稻米理论"的视角 [J]. 中国农村经济, 2020 (10)：17-32.

[304] 昝欣, 欧国立. 交通基础设施会缓和我国城市市场潜力水平的空间失衡吗? ——产业集聚和创新水平的调节作用 [J]. 经济问题探索, 2021 (11)：91-106.

[305] 曾鹏, 陈芬. 我国十大城市群等级规模结构特征比较研究 [J]. 科技进步与对策, 2013, 30 (5)：42-46.

[306] 曾鹏, 黄图毅, 阙菲菲. 中国十大城市群空间结构特征比较研究 [J]. 经济地理, 2011, 31 (4)：603-608.

[307] 曾鹏, 罗艳. 中国十大城市群旅游规模差异及其位序规模体系的比较 [J]. 统计与决策, 2012 (24)：60-63.

[308] 曾鹏, 王云琪, 张晓君. 中国十大城市群综合承载力比较研究 [J]. 统计与信息论坛, 2015, 30 (1)：76-82.

[309] 曾鹏. 区域经济一体化下政府合作治理及其制度权威建设 [J]. 湖北大学学报 (哲学社会科学版), 2021, 48 (1)：145-153.

[310] 曾伟平, 朱佩娟, 罗鹏等. 中国城市群的识别与发育格局判定分析 [J]. 华东经济管理, 2017, 31 (3)：105-110.

[311] 曾贤刚, 牛木川. 高质量发展条件下中国城市环境效率评价 [J]. 中国环境科学, 2019, 39 (6)：2667-2677.

[312] 詹新宇, 曾傅雯. 行政区划调整提升经济发展质量了吗? ——来自"撤县设区"的经验证据 [J]. 财贸研究, 2021, 32 (4)：70-82.

[313] 张飞. 中国城镇化进程中的消费结构升级 [J]. 甘肃社会科学, 2021 (5)：229-236.

[314] 张改素, 魏建飞, 丁志伟. 中国镇域工业化和城镇化综合水平的空间格局特征及其影响因素 [J]. 地理研究, 2020, 39 (3)：627-650.

[315] 张桂蓉, 夏霆. 突发公共事件网络谣言传播长尾效应的控制研究——以新型冠状病毒肺炎疫情为例 [J]. 情报理论与实践, 2021, 44 (3)：69-75.

[316] 张景奇, 周思静, 修春亮. 基于夜间灯光数据的中国五大区域级城市群空间扩张协同性对比 [J]. 中国土地科学, 2019, 33 (10)：56-65.

[317] 张可云, 李晨. 新中国70年行政区划调整的历程、特征与展望 [J]. 社会科学辑刊, 2021 (1)：118-128.

[318] 张亮, 岳文泽, 刘勇. 多中心城市空间结构的多维识别研究——以杭州为例 [J]. 经济地理, 2017, 37 (6)：67-75.

[319] 张绍乐. 中部地区都市圈建设的现实价值与提升策略 [J]. 区域经济评论, 2022 (2): 81-87.

[320] 张学良, 林永然. 都市圈建设: 新时代区域协调发展的战略选择 [J]. 改革, 2019 (2): 46-55.

[321] 张艳茹, 喻忠磊, 胡志强等. 城市舒适物、经济机会、城市规模对中国高学历劳动力空间分布的影响 [J]. 热带地理, 2021, 41 (2): 243-255.

[322] 张占仓. 河南省新型城镇化战略研究 [J]. 经济地理, 2010, 30 (9): 1462-1467.

[323] 张祚, 周敏, 金贵等. 湖北"两圈两带"格局下的新型城镇化与土地集约利用协调度分析 [J]. 世界地理研究, 2018, 27 (2): 65-75.

[324] 赵彪, 王开泳, 王甫园等. 中国县级以上行政边界的特征及其变动趋势 [J]. 地理研究, 2021, 40 (9): 2494-2507.

[325] 赵果庆, 吴雪萍. 中国城镇化的空间动力机制与效应——基于第六次人口普查 2869 个县域单元数据 [J]. 中国软科学, 2017 (2): 76-87.

[326] 赵吉. 城市支点、协调发展与长江经济带城市群走向 [J]. 重庆社会科学, 2017 (2): 42-49.

[327] 赵聚军. 行政区划调整如何助推区域协同发展?——以京津冀地区为例 [J]. 经济社会体制比较, 2016 (2): 1-10.

[328] 赵聚军. 中国行政区划研究 60 年: 政府职能转变与研究导向的适时调整 [J]. 江海学刊, 2009 (4): 118-122.

[329] 赵娜, 王博, 刘燕. 城市群、集聚效应与"投资潮涌"——基于中国 20 个城市群的实证研究 [J]. 中国工业经济, 2017 (11): 81-99.

[330] 赵鹏军, 胡昊宇, 海晓东等. 基于手机信令数据的城市群地区都市圈空间范围多维识别——以京津冀为例 [J]. 城市发展研究, 2019, 26 (9): 69-79, 2.

[331] 赵伟, 余峥. 中国城市群集聚辐射效应测度 [J]. 城市问题, 2017 (10): 13-24.

[332] 赵正, 侯一蕾. 城市群中心城市空间联系演变特征与对策研究 [J]. 城市与环境研究, 2019 (2): 67-79.

[333] 郑艳婷. 中国城市群的空间模式——分散性区域集聚的理论背景、形成机理及最新进展 [J]. 地理科学进展, 2020, 39 (2): 339-352.

[334] 钟粤俊, 梁超. 行政区划调整与企业家时间配置: 基于撤县设区的视角 [J]. 财贸经济, 2021, 42 (8): 97-112.

[335] 周灿, 曾刚, 宓泽锋等. 区域创新网络模式研究——以长三角城市群为例 [J]. 地理科学进展, 2017, 36 (7): 795 - 805.

[336] 周春山, 王宇渠, 徐期莹等. 珠三角城镇化新进程 [J]. 地理研究, 2019, 38 (1): 45 - 63.

[337] 周海波, 胡汉辉, 谢呈阳. 交通基础设施、产业布局与地区收入——基于中国省级面板数据的空间计量分析 [J]. 经济问题探索, 2017 (2): 1 - 11.

[338] 周皓. 中国人口流动模式的稳定性及启示——基于第七次全国人口普查公报数据的思考 [J]. 中国人口科学, 2021 (3): 28 - 41, 126 - 127.

[339] 周柯, 周雪莹. 空间视域下互联网发展、技术创新与产业结构转型升级 [J]. 工业技术经济, 2021, 40 (11): 28 - 37.

[340] 周磊, 孙宁华, 缪烨峰等. 极化与扩散: 长三角在区域均衡发展中的作用——来自长三角与长江中游城市群的证据 [J]. 长江流域资源与环境, 2021, 30 (4): 782 - 795.

[341] 周娜, 李秀霞, 高丹. 基于 LDA 主题模型的 "作者—内容—方法" 多重共现分析——以图书情报学为例 [J]. 情报理论与实践, 2019, 42 (6): 144 - 148, 123.

[342] 周逸欢, 徐建刚, 高思航. 中部五省区县的经济联系与空间格局研究——基于改进引力模型和社会网络分析法 [J]. 南方建筑, 2021 (1): 35 - 41.

[343] 周翼, 陈英, 谢保鹏等. 关中平原城市群城市联系与影响范围分析 [J]. 地域研究与开发, 2019, 38 (3): 54 - 59.

[344] 周振鹤. 行政区划史研究的基本概念与学术用语刍议 [J]. 复旦学报 (社会科学版), 2001 (3): 31 - 36.

[345] 朱建华, 陈田, 王开泳等. 改革开放以来中国行政区划格局演变与驱动力分析 [J]. 地理研究, 2015, 34 (2): 247 - 258.

[346] 朱建华, 陈曦, 戚伟等. 行政区划调整的城镇化效应——以江苏省为例 [J]. 经济地理, 2017, 37 (4): 76 - 83.

[347] 朱庆华, 何振宇. 信息时代下的文献计量学新发展——评邱均平教授的《文献计量学》(第二版) [J]. 情报理论与实践, 2021, 44 (3): 203 - 205.

[348] 庄汝龙, 李光勤, 梁龙武等. 撤县设区与区域经济发展——基于双重差分方法的政策评估 [J]. 地理研究, 2020, 39 (6): 1386 - 1400.

[349] 邹海荣, 王亦男, 吴国强. 长三角城市金融资源集聚与经济发展协调度研究 [J]. 江西社会科学, 2018, 38 (3): 80 - 86.

[350] 邹伟, 李娉. 技术嵌入与危机学习: 大数据技术如何推进城市应急管

理创新？——基于健康码扩散的实证分析 [J]. 城市发展研究，2021，28（2）：90-96.

[351] 左英，钱晓萍. 增长极视角下西安与其他国家中心城市能级比较研究 [J]. 生产力研究，2021（1）：1-6，161.

[352] Abe R. , Kato H. What Led to the Establishment of a Rail-oriented City? Determinants of Urban Rail Supply in Tokyo, Japan, 1950-2010 [J]. Transport Policy, 2017, 58（aug.）：72-79.

[353] A M Y, B W F. Accessibility Impact of Future High Speed Rail Corridor on the Piedmont Atlantic Megaregion [J]. Journal of Transport Geography, 2018, 73：1-12.

[354] Aparicio J. , Barbero J. , Kapelko M. , et al. Testing the Consistency and Feasibility of the Standard Malmquist-Luenberger Index：Environmental Productivity in World Air Emissions [J]. Journal of Environmental Management, 2017, 196（JUL. 1）：148.

[355] Duranton G. , D. Puga. Micro-foundations of Urban Agglomeration Economies [J]. Handbook of Regional and Urban Economics, 2004, 4.

[356] GU Chaolin, HU Lingqian, Ian G. COOK. China's Urbanization in 1949-2015：Processes and Driving Forces [J]. Chinese Geographical Science, 2017, 27（06）：847-859.

[357] He C, Chen T, Mao X, et al. Economic Transition, Urbanization and Population Redistribution in China [J]. Habitat International, 2016, 51：39-47.

[358] Hsieh C. , Hurst E. , Jones C. I. , et al. The Allocation of Talent and U. S. Economic Growth [J]. Econometrica, 2019, 87.

[359] Huang J, Shen G Q. Residential Housing Bubbles in Hong Kong：Identification and Explanation based on GSADF Test and Dynamic Probit Model [J]. Journal of Property Research, 2017, 34（2）：108-128.

[360] Huang W, Y Zhang, School B, et al. Does the Strategy of Regional Integration Affect the High-quality Development of China's Urban Economy? an Empirical Study Based on Urban Agglomeration in The Yangtze River Economic Belt [J]. Industrial Economics Research, 2019.

[361] Jr D. P. , QianXiong, et al. The Urban Hierarchies of China and the United States [J]. 2020.

[362] Krugman P. Increasing Returns and Economic Geography [J]. Journal of

Political Economy, 1991, 99 (3): 483 –499.

[363] Kuang W, Liu J, Dong J, et al. The Rapid and Massive Urban and Industrial Land Expansions in China between 1990 and 2010: a CLUD – based Analysis of Their Trajectories, Patterns, and Drivers [J]. Landscape & Urban Planning, 2016, 145 (145): 21 –33.

[364] Lin X, Maclachlan I. , Sun F, et al. Quantifying Economic Effects of Transportation Investment Considering Spatiotemporal Heterogeneity in China: a Spatial Panel Data Model Perspective [J]. The Annals of Regional Science, 2019, 63 (3): 437 –459.

[365] Mack E. A. , Rey S. J. . An Econometric Approach for Evaluating the Linkages between Broadband and Knowledge Intensive Firms [J]. Telecommunications Policy, 2013, 38 (1): 105 –118.

[366] Martinus K. , Sigler T. J. . Global City Clusters: Theorizing spatial and Non – spatial Proximity in Inter – urban Firm Networks [J]. Regional Studies, 2018, 52 (8): 1041 –1052.

[367] Meijers E. , Burger M. , Camagni R. , et al. Static vs. Dynamic Agglomeration Economies. Spatial Context and Structural Evolution behind Urban Growth [J]. Papers in Regional Science, 2017, 95 (1): 133 –158.

[368] Montis A. D. , Caschili S. , Chessa A. . Commuter Networks and Community Detection: a Method for Planning Sub Regional Areas [J]. European Physical Journal Special Topics, 2013, 215 (1): 75 –91.

[369] Northam R M. New Approaches to Crop Yield Insurance in Developing Countries [J]. International Food Research Institute, 1979 (2): 22 –25.

[370] Ouyang X, Gao B, Du K, et al. Industrial Sectors' Energy Rebound Effect: an Empirical Study of Yangtze River Delta Urban Agglomeration [J]. Energy, 2018, 145 (FEB. 15): 408 –416.

[371] Qi G, Shi W, Lin K C, et al. Spatial Spillover Effects of Logistics Infrastructure on Regional Development: Evidence from China [J]. Transportation Research Part A Policy and Practice, 2020, 135.

[372] Rozenblat, Céline, Zaidi F. , et al. The multipolar regionalization of cities in multinational firms' networks [J]. Global Networks, 2017.

[373] Saltiel J. , Zhang Y, Sears D. F. , et al. Understanding Dual – track Urbanisation in Post – reform China: Conceptual Framework and Empirical Analysis [J].

Population Space & Place, 2010, 12 (6): 497 – 516.

[374] Shapiro J. S. , Walker R. . Why Is Pollution from US Manufacturing Declining? The Roles of Environmental Regulation, Productivity, and Trade [J]. American Economic Review, 2018, 108 (12): 3814 – 3854.

[375] Shi S, Pain K. . Investigating China's Mid – Yangtze River Economic Growth Region Using a Spatial Network Growth Model [J]. Urban Studies, 2020.

[376] Wang J, Feng J, Yan Z, et al. Nested High – resolution Modeling of the Impact of Urbanization on Regional Climate in three Vast Urban Agglomerations in China [J]. Journal of Geophysical Research, 2012.

[377] Wang Z, Yang L, Yin J, et al. Assessment and Prediction of Environmental Sustainability in China based on a Modified Ecological Footprint Model [J]. Resources, Conservation and Recycling, 2017: 301 – 313.

[378] Wei, Tang, Geoffrey, et al. Do City – county Mergers in China Promote Local Economic Development? [J]. Economics of Transition, 2017, 25 (3).

[379] Wenhui, Kuang, Tianrong, et al. Examining Urban Land – cover Characteristics and Ecological Regulation during the Construction of Xiong'an New District, Hebei Province, China [J]. Journal of Geographical Sciences, 2018.

[380] Xd A, Min X B, Nw A. The Industrial Impact of the Beijing – Shanghai High – speed rail [J]. Travel Behaviour and Society, 2018, 12: 23 – 29.

[381] Xuemei, Bai, Yansui, et al. Realizing China's Urban Dream [J]. Nature, 2014.

[382] Xu J, Zhang M, X Zhang, et al. How Does City – cluster high – speed Rail Facilitate Regional Integration? Evidence from the Shanghai – Nanjing Corridor [J]. Cities, 2019, 85 (FEB.): 83 – 97.

[383] Zhang Q, Streets D G, Carmichael G. R. , et al. Asian Emissions in 2006 for the NASA INTEX – B Mission [J]. Atmospheric Chemistry & Physics Discussions, 2009, 9 (14): 5131 – 5153.

[384] Zhang W, Derudder B. , Wang J, et al. An Analysis of the Determinants of the Multiplex Urban Networks in the Yangtze River Delta [J]. Tijdschrift voor Economische en Sociale Geografie, 2019.

[385] Zhang W, Derudder B. , Wang J, et al. An Analysis of the Determinants of the Multiplex Urban Networks in the Yangtze River Delta [J]. Tijdschrift voor Economische en Sociale Geografie, 2019.